宫承波
张君昌
王 甫 主编

春晓三十八年
——伴行改革开放 欢乐国人大年

刘宇书题

中国广播影视出版社

《春晚三十八年》编委会

| 顾　　　问 | 张凤铸　陈文申　耿识博　刘守安 |

主任委员　张振华　廖祥忠

委　　　员　（按姓氏音序排列）

　　　　　　窦　宁　宫承波　郝丽丽　惠东坡　蒋海升
　　　　　　金梦玉　李怀亮　李焕征　李　强　潘可武
　　　　　　田　园　王　甫　王军强　王　琳　翁立伟
　　　　　　吴　迪　闫　伟　闫玉刚　张　洁　张君昌

主　　　编　宫承波　张君昌　王　甫
副 主 编　田　园　王　琳

目　录

破土的春芽　精神的觉醒
　　——1983年春晚记忆 ·················· 1

文化的呼唤　时代的回声
　　——1984年春晚记忆 ·················· 22

"茶座"变"场馆"　兵败"滑铁卢"
　　——1985年春晚记忆 ·················· 38

困境里超越　挫折中奋起
　　——1986年春晚记忆 ·················· 49

点燃"一把火"　烧红"故乡云"
　　——1987年春晚记忆 ·················· 62

四地齐欢歌　相聚庆龙年
　　——1988年春晚记忆 ·················· 75

欢歌送"八零"　团结迎新春
　　——1989年春晚记忆 ·················· 89

现场摆擂台　主席上春晚
　　——1990年春晚记忆 ·················· 104

追求"现代化"　搏击"新潮流"
　　——1991年春晚记忆 ·················· 117

十年磨一剑　锻造新辉煌
　　——1992年春晚记忆 ·················· 132

"竞争"进春晚　改革迎新年
　　——1993年春晚记忆 ·················· 143

舞美新突破　视听新体验
　　——1994年春晚记忆 ·················· 154

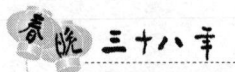

承传统之魂　开现代之先
　　——1995年春晚记忆 ………………………………………… 166
京沪陕互传　北东西共播
　　——1996年春晚记忆 ………………………………………… 178
迎香港回归　奏时代强音
　　——1997年春晚记忆 ………………………………………… 192
欢聚新舞台　相约在九八
　　——1998年春晚记忆 ………………………………………… 207
深情辞旧岁　喜迎新纪元
　　——1999年春晚记忆 ………………………………………… 220
千禧龙年吉　春晚十八变
　　——2000年春晚记忆 ………………………………………… 231
技术引新潮　新人领风骚
　　——2001年春晚记忆 ………………………………………… 242
相约二十年　春天骏马跑
　　——2002年春晚记忆 ………………………………………… 252
凝聚万家情　自信中华魂
　　——2003年春晚记忆 ………………………………………… 262
满眼"中国红"　大做"和"文章
　　——2004年春晚记忆 ………………………………………… 271
开门办春晚　盛世大联欢
　　——2005年春晚记忆 ………………………………………… 281
天地和谐舞　人间大爱歌
　　——2006年春晚记忆 ………………………………………… 293
升级和谐篇　"全民办春晚"
　　——2007年春晚记忆 ………………………………………… 303
雪灾显真情　激情迎奥运
　　——2008年春晚记忆 ………………………………………… 314
悲喜多事秋　同心战国难
　　——2009年春晚记忆 ………………………………………… 325
回首亦展望　迈向后现代
　　——2010年春晚记忆 ………………………………………… 336
"混搭"显时尚　"亲民"趋大势
　　——2011年春晚记忆 ………………………………………… 348
龙飞凤舞祥　回家过大年
　　——2012年春晚记忆 ………………………………………… 360

舞美新突破　节目亮点多
　　——2013 年春晚记忆 …………………………………… 370
导演成噱头　节目"接地气"
　　——2014 年春晚记忆 …………………………………… 383
雅俗共赏美　"微视"展奇观
　　——2015 年春晚记忆 …………………………………… 393
国家意志彰　百姓情怀抒
　　——2016 年春晚记忆 …………………………………… 404
金鸡报春来　科技助风采
　　——2017 年春晚记忆 …………………………………… 415
点亮中国赞　拥抱新时代
　　——2018 年春晚记忆 …………………………………… 429
奋进新时代　欢度幸福年
　　——2019 年春晚记忆 …………………………………… 441
同心聚合力　共筑小康梦
　　——2020 年春晚记忆 …………………………………… 454

破土的春芽　精神的觉醒
——1983年春晚记忆

"春晚""晚会",对于1983年的中国人来说,都还是陌生的词汇。"娱乐"更是像含羞带怯的少女一样,被遮着盖着,人们有时提起它,却极少享受它。多数人的娱乐生活可能还停留于一年难得看上几回的露天电影,收音机中的样板戏、《东方红》《社会主义好》,至多也不过立体电影院里的录像《庐山恋》《天云山传奇》《喜盈门》。

然而有时候,历史的改写就在短暂的一瞬。

彼时,中央电视台还与中央人民广播电台、中国广播艺术团说唱团一起在北京西城区南礼士路上的广播大院内办公。时任央视文艺部歌舞组导演的黄一鹤,正待在广播大楼西侧的一间木头平房里,1982年11月一个飘雪的下午,时任央视台长王枫的一个电话改变了他和很多人的人生轨迹。

放下电话,黄一鹤顶着风雪赶到了台长办公室。进门一看,台长王枫和时任副台长、主管文艺部的洪民生都在。看到黄一鹤进来,王枫开了口:"老黄,这一次的迎春晚会交给你搞怎么样?你要尽力把它办好。"看到两位台领导饱含信任和期望的眼神,黄一鹤感到自己"像一匹听到枪声的战马",血液顿时沸腾起来。

没有宣传,没有预告,黄一鹤接过了任务。很多观众并不知道央视会在1983年除夕夜办这样一台晚会,"节目开播时,北京城还是此起彼伏的鞭炮声。"黄一鹤回忆说。也许连他自己都没有想到,这台在不经意间开始的晚会能在日后备受关注,并风风雨雨走过了三十几年。遥想1983年2月12日那个特别的冬夜,当观众打开电视,看到侯宝林等老艺术家再度亮相,看到王景愚令人捧腹的哑剧小品《吃鸡》,看到李谷一深情演唱禁歌《乡恋》,那一刻的惊喜与感动、温暖与快乐,恐非今天的观众所能体会。①

2007年初,在一项"我最喜爱的历届春晚"观众票选评选中,首届春晚以40万

---

① 佚名:《改革开放30年:央视春节联欢晚会25年起伏》,《中国日报》2008年12月15日。

票高居榜首。① 这是因为，它带来的冲击是难以言喻的。

《三联生活周刊》上曾刊登过这样一段话："1983年的除夕之夜，当中国人团聚在一起欢度中国最重要的传统节日时，发现中央电视台给电视观众准备了一个丰富多彩的新年联欢晚会，陪伴着人们度过了一个难忘的春节。"② 1983年中央电视台创办的春节联欢晚会，是第一届春晚，是中国电视节目的一个里程碑，是打破中国传统春节文化的一个创造。从这一年开始，"春晚"这一新生事物，这一独特文化，成为中国人欢度春节的一种新的形式，也成为老百姓每年除夕夜不可或缺的视听盛宴。

如今，带着笑声与骂声，带着褒奖与批评，带着最初的艰辛与后来的一路光彩，春晚已经走过了38年。

回望，是为了铭记；

盘点，是为了思考。

从"春天"走来的春晚

中国人历来尊崇传统，重视"年"。回顾中华民族几千年的灿烂历史，春节始于殷商时期年头岁尾的祭神、祭祖活动，而"年文化"也由来已久。流传于山东一代的一段民谣即对当地的"年文化"做出了生动的描述：

"小孩儿、小孩儿你别馋，过了腊八就是年：二十三，祭灶五；二十四，扫房子；二十五，冻豆腐；二十六，去买肉；二十七，宰公鸡；二十八，把面发；二十九，蒸馒头；三十晚上熬一宿，初一初二满街走。"

这则民谣，把人们从小年到春节期间每天的主要活动做了一个通俗明了的概括和总结。笔者查阅了从"年"产生以来，能够算得上"年文化"的内容，一直流传至今的大概至少有二三十种，如赶年集、放鞭炮、穿新衣、扫尘、贴春联、守岁、吃年糕、祭祖、踩高跷、社火等。

人们说，有海水的地方就有中华儿女，而有中华儿女的地方就有春节。对于春节的重视和独特情结造就了中国人特有的"年文化"，而"年文化"也伴随其社会性、政治性、时代性在发展演变中催生着多种多样的新形式。

1956年春节，中央新闻纪录电影制片厂就曾经制作过一部以"春节联欢晚会"为

---

① 腾讯新闻专题：《1983：第一届春节联欢晚会》，http://news.qq.com/zt/2009/statestep/1983.htm。

② 蔡琰琰、姚卓珣：《央视"春节晚会"的昨天、今天、明天——浅析春晚的发展历程》，《消费导刊》2007年第7期。

题的纪录片,当时由张俊祥任总执导,谢晋、林农、岑范、王映东任导演。① 在这台最早的"春晚"中,老舍、钱学森、华罗庚等文学家、科学家皆与民同乐,梅兰芳、周信芳、袁雪芬等戏曲界名伶,侯宝林、马三立等相声界大腕都表演了各自的拿手节目。② 这可视为春节晚会的雏形。

"文化大革命"时期,在"抓革命、促生产、促战备"的时代基调下,春节没有假期,照常上班、生产,"过一个革命化的春节"成为春节文化的主题,加上"文化大革命""破四旧"的影响,春节文化乏味到了极致。

1978年2月6日除夕夜,复播不久的中央电视台恢复播出"迎新春文艺晚会",内容包括歌舞表演、相声评书、京剧等节目,还有游戏环节。由于"文革"刚刚结束,采用的仍是录像播出。现在已经很难有人能完整地回忆起那台晚会了,因为当时全国电视机拥有量才100多万台,且绝大部分是黑白电视机,人们一般只有在机关单位或者少数干部家庭才能集体观看。③

1979年,中央电视台单独组织了"茶座"形式的《迎新春文艺晚会》,由央视文艺部歌舞组导演邓在军和杨洁共同执导,晚会在开场部分颠覆了过去大段的政治宣传口号和新年贺词,而是大胆地安排了当时少见的交谊舞,引起了很大反响。晚会中李光羲的一首《祝酒歌》成为当年最流行的歌曲,一时红遍大江南北。此后,每年都有不同规模和形式的新春晚会。

然而,由于经验不足,设备条件不具备,加之十年动乱的耽搁与影响,这之后的连续几届迎春晚会都没有摆脱以政治说教为主的特色,大部分表演内容陈旧,观众普遍反映缺乏气氛,效果不佳,因此也就一直没能获得大范围的关注,更没有引起什么轰动。

而1983年,央视在以往新春晚会的基础上,进行了方方面面的创新,包括整体设计、表演规模、艺术形式、转播时间等都做了重大改变,播出后在亿万观众中激起了强烈反响。自此,春晚开始真正融入中国的寻常百姓家。

那么,为什么"春晚"不是在更早或更晚一些年份出现,而是诞生在1983年呢?在新中国改革开放的历史进程中,1983年注定是一个被打上历史印记的年份。

这一年,是对中国社会产生重要意义的党的十一届三中全会召开五周年;这一年,是实施中共中央《全国农村工作会议纪要》(简称1982年中央一号文件)的第一年;这一年,是全面落实党的十二大、十二届一中全会提出的"建设有中国特色社会主义"这一崭新命题的开局之年。

"土地承包""生产到组、到户""家庭联产承包责任制""个体户""万元户",

---

① http://www.360doc.com/content/12/0524/13/3114071_213354524.shtml.
② http://news.cntv.cn/special/2012cjlhwh/chunwan30nian/.
③ 刘可:《1983年首次"春晚"诞生始末记》,《上海法治报》2010年8月13日B05版。

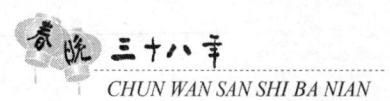

这些新名词的出现、流行,标志着一个旧时代的终结,也意味着一个新时代的开始。纵观古今,经济和文化从来都是一对相伴而生的孪生子,经济强盛的时代,也必然是文化大发展的时候,而推动人类发展进步的无不是引领时代风骚的先进文化:先秦诸子、汉唐气象……一个经济强盛的国家,必定是政治、社会、文化协调发展的国家;一个文明进步的社会,也必定是物质文明和精神文明共同发展的社会。

改革开放前,八大革命样板戏就是当时所有文化艺术的缩影,枯燥而单一。那时人们的物质生活也很贫乏,电视机很少。"文化大革命"时期,在"抓革命、促生产、促战备"的时代基调下,"过一个革命化的春节"成为春节文化的主题,当时流行的春节文化是"干到腊月二十九,吃了饺子就下手",大年初一就开始下地干活,进厂生产,开展革命运动;就连祖辈传下来的上坟、祭祖、贴春联等传统活动,也被当作封建迷信被列入破"四旧"之列予以取缔。在很长一段时间里,老百姓过年就是吃顿团圆饭,在一起打打牌,弄不好还被抓赌。① 这一时期的春节,是一个年文化被大破坏的空白期、断层期。但是,这种漫长的禁锢与封闭中其实隐藏了人们对于解放自我、回归自由的巨大需求。

在这样的背景下,1978年3月,全国科学大会召开,科学技术和知识分子得以从"知识越多越反动"和"臭老九"的污蔑中解放出来,从此科学技术成为生产力,知识分子成为劳动者和工人阶级的一部分,中国的现代化找到了原动力;1979年10月,全国文学艺术工作者第四次代表大会召开,文学艺术得以从"为政治服务"的桎梏中解放出来,从此人民成为文艺工作者的母亲,文艺创作和评论不再受行政命令干涉,中国的文艺开始了一个"百花齐放"的时期。前者被形容为"科学的春天来了",后者则被形容为"艺术的春天来了"。这期间,1978年12月18日至22日,中共十一届三中全会召开,改革开放的大幕由此拉开。

有人认为,中国当代"改革开放"经历了"三次思想解放"②:第一次开始于1978年关于"实践是检验真理的唯一标准"的讨论;第二次开始于1992年姓"社"姓"资"的讨论;第三次则是1997年关于姓"公"姓"私"的争论。1983年,首届春节联欢晚会的推出正好发生在第一次思想解放过程中,这说明当时刚刚摆脱贫穷、走向富裕的中国人在享受物质文明的同时,开始有了对精神层面的独特要求和追求,也开始了文化生活需求的觉醒。1983年前后,中国许多城乡陆续兴起的社区文化、民俗文化、庄户剧团、地方大戏等,都从一个侧面反映出走出贫穷的中国人对精神文化生活的需求。可以说,这时候人们对于文化艺术的渴求恰似一个"无底洞",任何能够带来精神愉悦的形式,哪怕简陋、哪怕单一,都会赢得热烈欢迎,就像一个忍受了

---

① 周霞:《首届春晚导演:83年前央视导演轮流做除夕晚会》,http://www.dzwww.com/rollnews/news/201002/t20100204_5599362.htm。

② 莫正忠:《实事求是与改革开放中的三次思想解放》,《学术论坛》1998年第S1期。

饥渴刚从沙漠回来的旅人初见到水一样。

还有一个对"春晚"诞生有着重要影响的因素不能不提：从1982年下半年开始，国产黑白电视机、半导体收音机开始陆续降低零售价格，彩电也出现在寻常百姓家。1962年，全国电视机数量不到1万台，央视的节目只能在北京地区收看。1971年，邮电部的微波中继干线初步建成后，央视的节目通过微波线路陆续传到附近的省市。1976年7月1日，根据全国省级电视台共同协商的意见，央视第一次试播全国电视新闻联播节目，向全国10多个省、直辖市电视台传送信号。与此同时，电视机也迅速普及，1979年全国电视机拥有量达到485万台，1982年达到2761万台，每年都以几百万的数字在增加。① 在这种情况下，1983年的晚会采用直播方式已经具备物质基础。这也说明，电视机的普及与发展为中央电视台创办春晚、观众观看春晚奠定了较为成熟的基础。社会学家、文艺家艾君2008年曾在中国网回顾改革开放30年活动中撰文如下：

从"春晚"25年的发展历程看，它经历了八十年代启动发展期的火爆，走过了九十年代成长期的壮大，也迎来了二十一世纪成熟期的稳定。但无论如何变化，央视"春晚"这个诞生在改革开放初期的电视综合文艺形式，已经成为家喻户晓、闻名海内外的春节文艺大餐；成为所有炎黄子孙追求和谐、进步、吉祥的民俗文化的盛典。同时，也把一个本来存在的文化传统通过央视春节文艺晚会打造成一个固有的、被广泛认可的概念——"春晚"。总而言之，改革开放后，电视的普及为打造综合文艺晚会提供了展示的舞台。改革开放三十年，也是电视主导了大众文化的劲势传播的时代。如果没有改革开放，就没有电视的普及发展，或许也就不存在被广泛认可和引起关注的"春晚"。②

1983年2月12日，也就是1982年的农历除夕，晚上8点之前，当全国人民像往年一样围坐在一起吃年夜饭时，没有人能够预料到，从这一天起，全中国人度过除夕夜的方式将翻开崭新的一页。

首届春节联欢晚会，就是在这样一个传承中国传统春节习俗和文化，告别"文化大革命"时期"革命化"的年文化，沐浴着改革开放初期的春风春雨，在经济复苏、社会进步、思想解放和文化发展的变革时期，大踏步地走来了。也正是基于这样的背景，它作为一场设置在特定时间、特定背景下的全民大联欢，一出现就迎来了一片鲜花和掌声。

---

① 刘可：《春晚破土——1983年春节联欢晚会诞生始末》，http：//www.bjd.com.cn/ggkf30years/jbwbjzg/200812/t20081215_495445.htm。

② 艾君：《春晚，诞生在改革开放文艺百花园里的一朵奇葩》，http：//www.cnwnews.com/suihua/html/shyl/ylzy/201002/14-193941.html。

"十八般武艺"各显其能的春节"大联欢"

在跳出以往迎春晚会内容和形式的老圈子之后，1983年春晚也一改以往晚会"迎新春文艺晚会"的叫法，改称"春节联欢晚会"，并将主题定为"团结、欢乐、希望"。尽管是"第一次吃螃蟹"，1983年春晚整台晚会的节目架构却已经比较丰满，既有歌舞、相声，也有诗朗诵、黄梅戏、京剧，甚至还有魔术、杂技和武术；为满足观众点播的要求，还播出了3段录像。整台晚会共278分钟，剔除晚会开始时的致开幕词、介绍到场嘉宾等环节和晚会结束时的慰问工作人员环节不算，节目还有40多个。

图1　1983年春节联欢晚会节目单

动画片开场，巧用画面语言

与后来的春晚一亮相就是盛大的开场舞不同，1983年春晚以一则1分29秒的动画片作为片头，这也是当时策划组从简单的画面开场中推陈出新的创造。动画片先是孩子燃放鞭炮的场景，鞭炮点燃，碎屑落下幻化为梅花，接着便过渡到一树梅花绽开、一簇彩灯齐亮的画面。此时，画面切换，通过一只跳动的小狗和小猪"交接"的过程，体现"送走狗年，迎来猪年"的寓意，猪的形象最后凝缩在一幅展开的红纸上，形成人们过年时贴的红底黑色"福"字。动画片最后，将晚会4位主持人的肖像做了拟人化的处理，形成拜年场景，而后幻化为"馒头、桃子、玉米、小猪"形状的灯笼，分别打上"新""春""快""乐"字样，寓意五谷丰登，给人以新颖、新鲜之感和强烈的视觉冲击力，正是"此时无声胜有声"。

图2　1983年春晚动画片头①

这则动画片的片头看似简单，却耗费了工作人员不少心血——当时的策划杨涌找到文艺部导演马靖华，专门组织几位同志用了整整一个月时间，一帧一帧地手工绘制而成，仅用掉的画纸就堆满了一间屋子。

歌曲类节目多"联唱"，影视剧插曲占大半

尽管节目单上明确显示为"歌曲"的节目只有6个，但1983年春晚上的歌曲却占据了整台晚会的大部分比重。这是因为，当时的歌手少，多数时候都是一个人唱完了一首再接着唱第二首、第三首。最为典型的就是李谷一，她不仅唱了开场的《拜年歌》，又在稍后的正式节目中接连唱了《春之歌》《问声祖国好》《一根竹竿》《年轻的朋友》《知音》《乡恋》6首歌曲，还参与了与袁世海、姜昆的对歌三重唱《刘三姐》和京剧对唱《牛皋招亲》。此外，胡松华的《勤劳的比帕尔》《马铃响来玉鸟儿唱》，郑绪岚的《牧羊曲》《大海啊，故乡》《太阳岛上》等都是类似的"一人连唱"，这也与现今的"多人联唱"形成了鲜明的对比。

不仅是歌唱方式，歌曲的选取也不同于现在的多种多样。由于当时唱片业也并不发达，新开发的歌曲较少，1983年春晚上出现的17首歌曲中，有8首都是影视剧插曲，占了47.06%。其中，《马铃响来玉鸟儿唱》是音乐影片《阿诗玛》的插曲，《牧羊曲》是影片《少林寺》的插曲，《大海啊，故乡》是影片《大海在呼唤》的主题歌，《太阳岛上》是纪录片《哈尔滨的夏天》的主题歌，《绒花》是电影《小花》的

---

① 骆俊澎：《对话首届央视春晚导演黄一鹤》，http：//www.dfdaily.com/html/150/2012/1/19/732296.shtml。

插曲,《年轻的朋友》是同名电影《年轻的朋友》的主题曲,《知音》是同名电影《知音》的插曲,《乡恋》是电视片《三峡传说》的插曲。这些歌曲大多都在登上春晚之前就早已为观众所熟知,所以能在春晚上再次与观众见面,也多是应了观众点播的要求。

语言类节目量多时长,紧跟时政热点

1983年春晚中,语言类节目无论从数量上还是从时长上都占有较大比重,单是现场说的相声就有7段,另外还有一段侯宝林和郭全保的相声录像。这些相声普遍与生活联系紧密,反映当时的经济和社会变化。像马季和赵炎的相声《山村小景》,通过模仿家禽的声音,反映了当时农村生活的新变化,表现了党的好政策带给人民的实惠,没有生硬的宏大叙事,主题大而调子不高,反而有很浓的生活气息。类似的还有姜昆和李文华的相声《错走了这一步》,以一个普通的个体为例,宣传了计划生育政策,与当时的大政方针有很强的贴近性;侯耀文和石富宽的相声,从中国封建社会的礼仪说起,谈到了当时的中国、日本和欧洲等许多国内外的众多礼仪标准,反映出社会的进步和变迁。由此,春晚的意义超越了节目本身,成为本年度政治、经济、社会的一个缩影,反映出人间百态。

戏曲节目种类多样,综合节目形式丰富

提到春晚中的戏曲,许多人的第一印象可能都是"一枝独秀"。的确,新世纪之后的春晚,尤其是有了专门的戏曲晚会后,春晚中设置的戏曲节目就越来越少了。但1983年春晚中的戏曲节目却不仅种类多样,表现形式也较为丰富。

最先亮相的是索宝莉和牟炫甫的男女声二重唱——黄梅戏天仙配选段《夫妻双双把家还》,其动作自然到位,唱功自不必说;接下来是儿童演员尹宏伟带来的京剧片段,从头到尾全是清唱;另外,还有袁世海的京剧《坐寨盗马》,马长礼的京剧《空城计》,李维康的京剧选段《霸王别姬》,袁世海、李谷一、姜昆的对歌三重唱《刘三姐》,袁世海、李谷一的《牛皋招亲》,可谓段段都是经典。

除了歌曲、相声、戏曲,1983年春晚上还有一类节目,我们称之为综合类节目,也同样让观众印象深刻。例如,由来自台湾的中国青年艺术剧院一级演员林丽芳带来的诗朗诵《每逢佳节倍思亲》:"山想你,水想你。日东升,月西沉。朝想你,夜想你。眼望穿,梦断魂",其感情真挚,饱含深情,表达了对海峡两岸早日团圆的热切期盼,使许多观众为之动容;又如姚金芬的魔术《彩扇争艳》,把舞蹈和魔术融为一体,没用高科技,也没有所谓"见证奇迹的时刻",整个表演自然、真切、真实,其使用

的道具，演员的动作，表演的节奏，魔术的变幻，步步有戏，环环相扣，可谓艺精技高、扣人心弦。

最"过瘾"的，可能还是5段连续的武术表演，包括八卦掌、双刀、醉拳、长穗剑、空手夺棍，皆由当年在全国武术比赛中取得成绩的演员或运动员表演，赢来观众一阵阵叫好声。此外，上海杂技团带来的杂技驯熊猫和晚会中几度出现的录像节目，也都让观众看得饶有兴致。

作为首届春晚的初次尝试，可以说这些综合类节目都是比较成功的。其中有一些，像魔术、杂技，都在以后的春晚中延续下来；另一些，像录像，已经随着技术的进步被逐渐淘汰，而被创新为主持人串场和节目之间过渡时常用的形式；还有一些，像诗朗诵、武术表演也因为这样那样的原因而很少出现了。

"第一次吃螃蟹"的胜利

尽管节目种类已经比较丰富，但无论从节目形态上看，还是从技术手段上讲，1983年春晚与今天声势、规模皆可谓"浩大"的春晚相比，仍是稚嫩的。时隔35年，以现代人的眼光看，那可以说是一台青涩、略显幼稚，甚至"土"味十足的晚会：没有绚丽的舞台背景，没有先进的LED屏，现场只有5台摄像机，节目甚至没有经过完整的彩排；主持风格随意，演员服饰朴素、单一，节目内容宽泛、衔接松散、比例失调，穿插"笨拙"，甚至摄像机都常常找不到焦点。从整体规模上看，和现在"春晚"的"财大气粗"相比，1983年春晚的各项数据也让人颇感意外——整个演播厅不到600平方米，晚会的工作人员和表演嘉宾总共60多人，现场观众不到200人。演员、主持人都是穿着自己平时的衣服上台，女嘉宾大多数是毛衣配西装裤或者连衣裙。刘晓庆身着红衫黑裙成为当晚最亮眼的明星。据她回忆，1983年春晚播出不久，她在大街上就看到很多女孩穿着类似的衣裙，还起了一个好听的名字：晓庆衫。男主持人和男嘉宾大多穿着中山装或者西装，都没打领带，个别人还穿着卡其布的工装，带着浓重的时代气息。同时，场地布景都是现成的，也没有花钱做焰火。① 演员更不用说，导演黄一鹤至今仍津津乐道地谈起演员们的"义务演出"②：当时的明星和现在的明星不一样，每人都有各自的固定单位，每个月拿固定工资和一定的补贴，找明星上春晚，只要找到他们的上级单位，领导决定后再通知本人即可。明星们都绝对服从上级工作安排，过年前后也比较清闲，不像现在年底忙着赶场表演。大伙听说能参加迎春晚会，

---

① 刘可：《春晚破土——1983年春节联欢晚会诞生始末》，http://www.bjd.com.cn/ggkf30years/jbwbjzg/200812/t20081215_495445.htm。
② 刘可：《春晚破土——1983年春节联欢晚会诞生始末》，http://www.bjd.com.cn/ggkf30years/jbwbjzg/200812/t20081215_495445.htm。

都挺高兴，很快就答应了，压根儿就没想过出场费。整场晚会，只有购买有奖竞猜环节的奖品——蓝色笔记本是从上海订购的，每个5角钱，买了1000本，还是打电话请示了阮若琳副台长才最终确认的。

然而就是这样一台简陋的晚会，却能在时隔30多年后依旧让人们印象深刻：茶座式的观众区、较低的舞台，浓浓的联欢味儿，"土"气却亲切。用于接转观众电话的老式电话机、演员演唱时使用的普通录音机……与现在春晚中使用的高科技、现代化手段相比，少了豪华、气派和规模，却让人难以忘却。而它成功的原因，却绝非仅用"举办时间最早"便可简单概括。

具体说来，1983年春晚还有如下亮点：

第一次现场直播与电话点播

在党的十一届三中全会解放思想的口号号召下，各行各业都做出了积极响应。憋屈了十几年的文艺界也开始有了一丝松动，一些新题材的电影和歌曲开始悄然兴起，受到了广大人民群众的欢迎。但在宣传领域仍然到处是禁区，1978年之后，连续几届迎春晚会都没有摆脱政治说教为主的特色，大部分表演内容陈旧。[①]

要想走出原来的老路，创新在所难免，然而在经历了那么长久的思想封闭和禁锢时期之后，创新最大的难点其实并不在于节目的设置要多出彩，而是怎样最大限度地调动观众的积极性，让他们可以表达自己的想法与意愿，行使自己发表喜怒哀乐的权利，将春晚当作自己的晚会。"电话点播"就是在这样的思路下产生的。

晚会中，导演组安排了同观众联系的4部热线电话，晚会一开始便由主持人赵忠祥介绍了观众点播的方式，并且在画面中特地出现了4部老式电话机及电话号码的特写镜头。据导演黄一鹤后来回忆，这4部电话竟成了打不尽弹药的4门"大炮"，始终"轰鸣"不断。近10个小时的连续超负荷作业使线路全都烧热了，电话86局的领导和工程技术人员急得满头大汗，准备着随时应付各种可能发生的意外事故。

这4部电话也为首届春晚的成功立下了"汗马功劳"。晚会中，电话分别接转和平里十区24楼403刘祥和复兴路22号关燕等观众的电话，并播出接线员与观众的通话画外音，主持人马上将观众的要求送到点播台并及时安排节目。像马季、赵炎表演的相声，索宝莉、牟炫甫演唱的黄梅戏，胡松华的歌曲，姜昆、李文华的相声，郑绪岚、刘晓庆、李谷一等都先后应观众点播出场数次，李谷一一个人加上和姜昆、袁世海的山歌对唱居然先后出场演唱了9首歌曲……晚会的后半段，几乎成了李谷一的个人独唱音乐会。这一方面反映了这台春晚鲜明的开放式特点，本身就成为一个很抓眼

---

① 刘可：《春晚破土——1983年春节联欢晚会诞生始末》，http：//www.bjd.com.cn/ggkf30years/jbwbjzg/200812/t20081215_495445.htm。

球的"特别节目",另一方面也体现了"讲求实效、观众第一"的群众观念,体现了对观众的尊重。

图3 1983年春晚中的4部观众点播电话

从表面上看,电话点播所撼动的,可能只是一种表演方式,但它带给电视工作者的考验,绝不仅仅是多出的4部电话那么简单。因为从传播上来讲,电话点播实现的一个最基本前提是:节目的进行必须符合晚会线性发展的基本规律。因为观众点播什么节目、什么时候点播,既无法提前设计,也不能刻意安排,也就是说,在实际操作时,电话点播要想做得好、做得顺畅,还必须使晚会的进行与观众对晚会的参与同步,这与录播本身就是矛盾的。

电视录像技术是20世纪60年代末产生的,70年代中期传入中国。央视自1958年开播,"文革"之前所有的节目都是直播方式。但由于"文革"期间直播节目曾发生过意外,一度遭到批判,导致央视停播;所以复播以后,为了保证节目质量,很多节目包括《新闻联播》采用的都是录像播出,1982年之前的晚会也是如此。对于央视的导演们来说,直播的功夫已经有点生疏。[①] 但直播的决定上报后,获得了时任台长王枫的认可,开会研究之后最终敲定。

直播的好处是毋庸置疑的。因为直播,晚会有了更多的悬念与"未预设",观众永远不知道下一秒会发生什么,这就在他们脑海中埋下了更多的好奇和"想知道",而这也正是晚会紧紧将观众抓牢在电视机前的"法宝"之一。曾任本届春晚主持人的姜昆在2007年播出的《与您相约》春节特别节目中回顾说,点播和直播使得1983年春晚的即兴成分很多,原本计划中想实施的、没想实施的、不敢实施的、想实施又认为实施不了的内容在晚会直播那天全都实施了。的确,在当时,直播称得上是一个巨

---

① 刘可:《春晚破土——1983年春节联欢晚会诞生始末》,http://www.bjd.com.cn/ggkf30years/jbwbjzg/200812/t20081215_495445.htm。

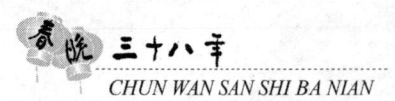

大的突破与跨越。今天看，实况直播已成为区别1983年春晚与以往迎春晚会的最显著标志，也是它获得"首届春晚"称号的最深层原因。以后历届春晚，直播成为一种固定而不容置疑的选择。

第一次设立主持人

在今天的中国电视行业，使用主持人已经成了各类文艺晚会的一种相对固定的模式。而在1983年以前，中国电视行业却没有"主持人"这一职务。1981年春节前夕，中央电视台和广东电视台联合举办了一台春节联欢晚会，非常成功，各类节目都受到了好评。马季带着他的几个徒弟跟着邓在军导演参加了这次晚会，在晚会中，他感受颇深，启发很大，之后他对邓在军导演说："如果中央电视台在除夕之夜也能举办类似这样的一台大型晚会，以娱乐性节目为主，穿插歌舞，设主持人，并让主持人在其中插科打诨、活跃气氛，不也挺好吗？"邓在军当时心里也是这样想的，但没有立即做出反应。回到北京后，马季又把这一想法跟黄一鹤讲了一遍，黄一鹤一听，马上拍板："多好的创意啊，如果中央电视台能把这样的晚会举办成功，将是造福全国人民的大事啊。"① 于是，1983年春晚中开创的又一个"第一"，就是初次在晚会中设置了主持人。

在此之前，广播节目中的主持人都叫"广播员"，电视中的叫"播音员"，晚会中的叫"报幕员"，晚会都是由报幕员上场播报节目、介绍演员，没有"主持人"一说。因此，今天再回看1983年春晚的视频录像，我们仍可以看到这样一个有趣的"桥段"：马季向观众介绍自己是晚会的主持，姜昆是副主持，王景愚调侃："庙里的和尚才叫主持（谐音'住持'）呢！"

其实，设立主持人主要基于两方面的考虑：第一，既然现场直播和电话点播都是为了让观众更好地参与到晚会中，那么如果仍沿用过去报幕员"我报你听""我唱什么你听什么，我演什么你看什么"的老套路，便是与前者相违背的；第二，现场直播本身也要求晚会不能出现冷场，节目要衔接自然。由此来看，1983年春晚中主持人的设立绝非仅仅是对过去"××员"所做的称呼上的变动，而是第一次在表演者和观赏者之间架起了一座进行感情联系和信息交流的桥梁，第一次将晚会的串联也当作晚会的"内核"之一重视起来，第一次以台上台下的互动取代了教科书式的播报，第一次由"我来代言"转变为让"观众开口"。

当然，那时的主持人还并不完全等同于现今的主持人，他们不仅要主持节目，还担负着策划、演出、撰稿、帮演员校对本子（戏称"三校"）等诸多职能。据导演黄

---

① 李庆山、李敬编著：《中央电视台24届春节联欢晚会台前幕后》，中共党史出版社2007年版，第2页。

一鹤回忆，当时在挑选主持人人选上还颇费一番脑筋：中央台播报新闻的播音员，虽背诵能力很强，风格稳重，但没有临场的自我主张和发挥经验，串场时主持人不但要播报下一个节目，还要用小幽默或者笑话带动现场气氛，相比而言，临场发挥型的相声演员更合适。于是扩大挑选范围，广泛寻找。20世纪80年代初，语言类节目主要是相声和话剧，喜剧小品仍未成型，以相声演员为主的中国广播艺术团说唱团正好和央视在一个大院。相声界名人辈出，中青代的领军人物有马季和姜昆。之前黄一鹤就曾和马季、姜昆合作过，彼此很熟悉。当黄一鹤找到他们俩后，三人一拍即合。随即，马季、姜昆加入到晚会策划组。考虑到整台晚会包含了歌舞、戏曲、相声、短节目表演（当时还没有小品的概念），光靠两位主持人支撑近5个小时的直播肯定不行，所以策划组又联系了中国青年艺术剧院演员兼编剧的王景愚。① 因三个主持人全是男的，上台不好看，于是又找来了当时最红的电影演员刘晓庆。就这样，三男一女的主持成就了很新鲜、很时兴的最佳组合。

图4　首届央视春晚主持人（从左至右）王景愚、刘晓庆、姜昆和马季②

春晚中，作为主持人的演员们充分利用自己的优势，用机智、幽默赢得了全国人民发自肺腑的笑声，有时甚至分不清他们到底是在说相声，还是在说串词。从相声演员客串到专业主持担纲，从此，"春晚主持人"的叫法开始叫响并传承下来。尽管，首届春晚的这4位当家与现在大家熟悉的主持风格大相径庭，但接下来的7年间，马季、侯耀文等相声演员轮番出现在春晚主持人阵容中，"专业主持+知名演员+相声演员"这个组合模式沿用了许多年。③ 设立主持人的做法是十分成功的，之后所有的

---

① 刘可：《春晚破土——1983年春节联欢晚会诞生始末》，http：//www.bjd.com.cn/ggkf30years/jbwbjzg/200812/t20081215_495445.htm。
② 骆俊澎：《对话首届央视春晚导演黄一鹤》，http：//www.dfdaily.com/html/150/2012/1/19/732296.shtml。
③ 朱凯：《央视春晚30年之"变"》，http：//njrb.njnews.cn/html/2012-01-23/content_1147556.htm。

晚会都套用了这个模式,并且一直延续了下来。①

第一次设置有奖猜谜

有奖猜谜可谓1983年春晚的一大"看点"。整台晚会共安排了5条谜语,分别是:①"从上至下,广为团结"(打一字);②"年终算总账"(打一句唐诗);③"制定人口政策"(打一成语);④"镜子里面照着人"(打一字);⑤"晚会"(打一字)。5条谜语适时穿插在节目中间,谜面本身即包含了一定的意义,不仅调动了观众的参与感,同时也起到了为晚会掀起小高潮,让观众得到片刻视觉休息,为正在饱食这顿"文化大餐"的观众添加调味品的作用。

还值得一提的是,当时猜谜的奖品是笔记本和钢笔,现场展示给观众,现在看来也许毫无吸引力,但在当时,这些奖品却还是亮眼的。

图5　1983年春晚中有奖竞猜环节的奖品

演员观众"互串",现场互动性强

尽管是首届,但1983年春晚却是一次开放式的春晚。参加春晚直播现场的观众,多数来自文艺界,分别围坐在十几张圆桌旁,很多人就是晚会的演员,节目一演完,接着回到台下座位上,创造了"人人都是春晚主角,人人都是春晚观众"的春晚风格,大大增强了晚会现场的互动性和感染力。

---

①　刘可:《春晚破土——1983年春节联欢晚会诞生始末》,http://www.bjd.com.cn/ggkf30years/jbwbjzg/200812/t20081215_495445.htm。

全身心投入，原生态演出

1983年春晚中，4位主持人都没有专门的演出服，而是清一色的普通便装。身着红衫黑裙的刘晓庆，乌黑的披肩发，80年代特有的质朴笑脸，透露出年轻、朝气。演员们也并不追求服饰的艳丽、舞台的华美、音响的档次，却十分看重自己的艺技艺德和台风，都把功夫下在提高节目质量、追求最佳演出效果上。第一位参加春晚的儿童演员尹宏伟的京剧表演，李谷一与袁世海的对唱《刘三姐》和《牛皋招亲》，全都是清唱，全都是"吹糠见米""出水才见两腿泥"的真功夫。在当今人人喊打"假唱"的年代，这种真实、可亲、可信的清唱，无疑令人可敬可佩，愈显弥足珍贵。

演员的感情投入，表演到位认真，追求完美，是这次春晚的共性。牟炫甫、索宝莉演唱《夫妻双双把家还》，郑绪岚演唱《牧羊曲》《大海啊，故乡》时，没有夸张的手法，没有矫揉造作的过分动作，其仪表端庄，台风正规，靠纯正的嗓音、优美的演唱征服了观众，演唱时面对观众的甜美笑容、柔和的眼神，谢幕时给观众深深的鞠躬，都给观众留下了深刻的印象。京剧老前辈袁世海表演的《坐寨盗马》，从服饰到动作、唱腔，一招一式，尽显这位时年已68岁的老艺术家的功底。

这些年来的春晚，从筹备到正式演出，往往都得大半年的时间。而1983年春晚，即席、即兴之作占了绝大多数。如姜昆、马季表演完相声《错走了这一步》后，主持人马季拿了一摞观众点播的纸条上台，读了众多观众点播的节目。接下来，他俩又表演了相声《对口词》，而且走到观众席上表演；当主持人宣读有位解放军观众要求演员再演一个战士的节目时，他俩即兴说了一段《战士之歌》，将各军兵种的代表歌曲说学逗唱了一遍。这种临场发挥、即兴表演，靠的是演员的硬功夫、真本领。

亲民、平民化、群众化，浓郁的生活气息，与时代、与现实、与春节的强贴近性，成为1983年春晚的一大特点。

从《吃鸡》到"吃鸡的"

1983年春晚中，让人笑声最多的恐怕是王景愚的哑剧小品《吃鸡》了。但谈到这一节目，却说来话长。

1962年，喜剧、哑剧表演艺术家王景愚在广东吃罐焖鸡时产生了灵感，创作了这则哑剧小品。1963年，在北京饭店举行的元旦晚会以及之后北京电视台（后来的央视）举办的"笑的晚会"上，王景愚曾多次表演过，周恩来和陈毅看了笑得直流眼泪。但在随后的"文革"中，"笑的晚会"和小品《吃鸡》都受到了所谓"笑里藏

刀"的批判，被认为是资产阶级腐朽生活作风的代表，王景愚也多次受到批判。①

从《吃鸡》入选1983年春晚，到最终决定到底上还是不上，中间也几经周折，演员王景愚本人也承受了巨大的心理折磨。据黄一鹤导演回忆："常常是晚上睡觉前说好了要上，睡一夜起来他又跟我说'不行黄导演，还是不上了'，就这么反复了好几天。"最后，为了让王景愚能安心、顺利地在1983年春晚中表演《吃鸡》，晚会导演组专门凑在一起，想了个"铺平垫稳"的办法。

晚会中，李谷一刚唱完开场的《拜年歌》，姜昆就上来了，嚷着没吃晚饭，肚子饿。在晚会进行中，他不时地在观众席转悠找零食。别看是一个很小的细节，其实是《吃鸡》的第一处伏笔。晚会进行到第14个节目，由斯琴高娃和严顺开表演《逛厂甸》。斯琴高娃看中了在一旁候场的王景愚手里端着的一盘烧鸡，嚷着要买，王景愚不答应，说这是自己演出用的道具，顺手把盘子搁在了台子上。这是《吃鸡》的第二处伏笔。中间隔了一个节目，马季宣读完观众来信，刘晓庆说完晚会的第2个谜语，按顺序《吃鸡》也即将上场。可就在刘晓庆要报幕之时，王景愚喊道："晓庆先别报，先别报，我的烧鸡没了。"他急得到处找烧鸡，一看一个角落里，姜昆在下面偷偷把鸡给吃了。王景愚就找姜昆理论，嫌他把自己的道具吃了，姜昆反而有理："谁说不能吃了？这是真的烧鸡嘛。"丢了烧鸡的王景愚气呼呼地找马季评理，马季刚要质问姜昆，姜昆赶紧把一块鸡肉塞到马季嘴里，原本准备为王景愚"争理"的马季马上转过头来批评王景愚："你也是，没有鸡你就不能表演了？老演员嘛，就来个无实物表演嘛！"王景愚没有办法，"鸡丢了，现炖一只吧，咕嘟咕嘟咕嘟咕嘟……烂不烂就是它了。"就这样，王景愚开始了无实物表演《吃鸡》。

从开场姜昆喊饿，到斯琴高娃逛厂甸买烧鸡，再到姜昆偷吃烧鸡，一连串的铺垫原来都是为了引出"王景愚吃了一只没煮烂的鸡"这样一个结果。一系列伏笔铺得巧妙自然，恐怕不知道"内情"的人不会想到这其实是导演组的精心设计，观众只有把全过程都看下来，最后才能恍然大悟："原来是这样！"这种层层铺垫、环环相扣的"戏外戏"出人意料，将观众的胃口吊得高高的，使观众不敢眨眼、舍不得走开，从而增强了晚会的吸引力。

铺垫为表演增添了情趣，表演本身更无可厚非。王景愚夸张的动作，对细节的把握，用锤子砸骨头砸崩了，用手巾擦脸上的汗水，拽骨头筋时的用力，张开嘴用筷子往外拨弄卡在喉咙里的骨头，各种动作、神态惟妙惟肖，令人忍俊不禁。这些，都使《吃鸡》成为1983年春晚的一大笑点。从此，无论走在哪里，王景愚都有了一个新称呼——"吃鸡的"。

---

① 刘可：《春晚破土——1983年春节联欢晚会诞生始末》，http://www.bjd.com.cn/ggkf30years/jbwbjzg/200812/t20081215_495445.htm。

图6　1983年春晚，王景愚表演哑剧小品《吃鸡》

《乡恋》解禁，成为中国社会打破思想禁锢的里程碑

　　1983年之前，李谷一就是最当红的歌星。1983年春晚开场，李谷一独唱《拜年歌》，之后又联唱歌曲6首、参与对唱歌曲2首，在同一届春晚中，一个人就唱了9首歌，这项纪录至今无人打破。最重要的是，在1983年的这9首歌曲中，有一首甚至见证了整个中国对个性解放无可阻挡的追求，那就是《乡恋》。

　　《乡恋》诞生于1979年，原名《思乡曲》，作为电视片《三峡传说》的插曲而红极一时。这首歌由张丕基作曲，采用了探戈节奏，演唱者李谷一运用了"气声"唱法，一开风气之先。歌曲写王昭君离开家乡秭归，把秭归的山水幻化成为昭君心目中的亲人："你的身影，你的歌声，永远映在我的心中。昨天虽已消逝，分别难重逢，怎能忘记你的一片深情……"①歌词情真意切，曲调感人动听，演唱满怀深情，李谷一的大胆唱法更让很多人感到耳目一新。然而，由于当时文艺界仍然受"文革"时期歌曲"高、快、响、硬"的影响，《乡恋》一经播出就受到点名批评。歌曲中，充溢饱满的"情"叠加在一起，招致了一些人的不满，认为歌词写得"不明不白""不知恋乡还是恋人，情、爱、梦、怀、影、声、逢，分不出是哪个世纪的感情""曲子缠绵、惆怅，缠绕着不健康的情绪，隐约含着毒素"，因而被称为靡靡之音。当时一些报纸还为此展开过讨论，反对这个歌的文章旗帜鲜明、言辞激烈、刀光剑影、掷地有声，久

---

① 李杨：《1983年，央视春晚为〈乡恋〉解禁》，《中国新闻周刊》2008年第13期。

而久之,《乡恋》也就成了禁歌,在正式场合谁也不敢再碰。①

不过,就是在一片批驳声中,李谷一在1980年赴天津演出和在1981年除夕北京人民大会堂迎春联欢会上,都分别演唱了《乡恋》,并博得满堂喝彩。大多数群众对这首歌也是一往情深,他们只能遮掩、躲闪,甚至有气无力地哀求:"我们中国人不该有一两首旋律优美的歌儿让我听听、唱唱吗?"② 不过,毕竟是禁歌,晚会导演组在筹备节目时,也就没有准备《乡恋》的伴奏带。谁想,到了1983年春晚进行的过程中,场面却出奇地火爆,《乡恋》不断地刷新着观众的点播记录,这让晚会工作人员坐立不安,陷入矛盾和纠结之中:如果播,就违反了相关的政策;如果不播,就违背了观众的意愿。时间一分一秒地过去,点播《乡恋》的电话仍是一个接一个,最终,5盘条子的点播让坐镇现场的时任广播电影电视部部长吴冷西现场跺脚决定:"播!"于是,一个负责调光圈的小伙子临时骑自行车从自己家现取来伴奏带。

图7 1983年,李谷一的《乡恋》在央视春晚上唱响③

可以说,正是现场直播和电话点播促成了《乡恋》的解禁,这首被人们喻为中国内地流行歌曲的开山之作,借助春晚舞台得到了平反,也凭借自己带给人们的惊喜将春晚推向了高潮。它的解禁,不仅意味着思想的解放,更彰显着时代的进步。如果说以《祝酒歌》为代表的抒情歌曲阶段抒发了被压抑十年的中国人对幸福的渴望和对自由的追求,是中国人在理性的、政治生活层次解放的象征,那么以《乡恋》为代表的轻音乐阶段则是在感性的、娱乐消遣层次解放的象征,开启了一个追求新的生活方式和为心灵的解放而歌唱的新时代。前者是结束一个旧时代的领唱,后者则是指向一个新时期的序曲。

(本文作者:田园)

---

① 佚名:《春晚往事:真正纯粹的直播——1983年首届"春晚"》,http://www.tianya.cn/publicforum/content/funinfo/1/2482540.shtml。

② 姜昆:《笑面人生》,上海人民出版社1996年版,第18页。

③ 骆俊澎:《对话首届央视春晚导演黄一鹤》,http://www.dfdaily.com/html/150/2012/1/19/732296.shtml。

附：1983年中央电视台春节联欢晚会节目单

首播时间：1983年2月12日20：00
总导演：黄一鹤、邓在军
主持人：赵忠祥、王景愚、刘晓庆、姜昆、马季

1. 主持人赵忠祥介绍晚会情况
2. 1983年春节联欢晚会片花
3. 主持人马季等串联，介绍到场嘉宾
4. 晚会艺术顾问代表侯宝林讲话
5. 主持人马季、刘晓庆、姜昆代表各行各业向观众拜年
6. 歌曲：《拜年歌》演唱：李谷一
7. 主持人姜昆等介绍参加晚会的演员
8. 刘晓庆宣布第一个谜语：(1)"从上至下，广为团结"（打一字）
9. 对口相声：《山村小景》表演：马季、赵炎
    相声：木偶戏《小小雷锋》表演：马季、赵炎
    相声：《说一不二》表演：马季、赵炎
10. 诗朗诵：《每逢佳节倍思亲》表演：林丽芳
11. 男女声二重唱：黄梅戏天仙配选段《夫妻双双把家还》表演：索宝莉、牟炫甫
    歌曲：《竹林沙沙响》演唱：索宝莉、牟炫甫
12. 歌舞：《赞歌》演唱：胡松华 伴舞：斯琴高娃
13. 歌曲：《勤劳的彼帕尔》演唱：胡松华
    《马铃响来玉鸟儿唱》演唱：胡松华
14. 表演《骆驼祥子》片段《逛厂甸》 表演：斯琴高娃、严顺开
15. 舞蹈：《节日》表演：赵欣、徐川

主持人马季宣读观众点播来信

16. 刘晓庆宣布第二个谜语：(2)"年终算总账"（打一句唐诗）
17. 喜剧小品：《吃鸡》表演：王景愚
18. 戏曲片段 表演：尹宏伟（音）
19. 京剧：《坐寨盗马》表演：袁世海
20. 相声：《错走了这一步》表演：姜昆、李文华
    相声：《对口词》表演：姜昆、李文华
    相声：《战士之歌》表演：姜昆、李文华
21. 刘晓庆宣布第三个谜语：(3)"制定人口政策"（打一四字成语）

观众邀请袁世海、李谷一表演节目

22. 魔术表演：彩扇争艳　表演：姚金芬
23. 杂技驯熊猫　表演：上海杂技团；
24. 相声《讲礼仪》表演：侯耀文、石富宽

    相声《山东话》表演：侯耀文、石富宽

    相声《借物唱歌》表演：侯耀文、石富宽

主持人宣读观众点播来信

25. 京剧：《空城计》表演：马长礼
26. 歌曲：《牧羊曲》演唱：郑绪岚

    歌曲：《大海啊，故乡》演唱：郑绪岚

    歌曲：《太阳岛上》演唱：郑绪岚
27. 京剧选段：《霸王别姬》表演：李维康
28. 录像：刘晓庆主演影片《火烧圆明园》和《垂帘听政》片段
29. 电影《小花》插曲：《绒花》演唱：刘晓庆

    四川民歌：《盼红军》演唱：刘晓庆
30. 喜剧小品：《弹钢琴》表演：严顺开
31. 相声《猜谜语》表演：马季、姜昆
32. 刘晓庆宣布第四个谜语：(4)"镜子里面照着人"（打一字）
33. 喜剧小品：《阿Q的独白》表演：严顺开
34. 相声录像：《串调》表演：侯宝林、郭全宝
35. 刘晓庆宣布第五个谜语：(5)"晚会"（打一字）
36. 歌曲联唱：(1)《春之歌》(2)《问声祖国好》(3)《一根竹竿》(4)《年轻的朋友》(5) 电影《知音》插曲 (6)《乡恋》演唱：李谷一
37. 对歌三重唱：《刘三姐》演唱：袁世海、李谷一、姜昆
38. 京剧对唱：《牛皋招亲》表演：袁世海、李谷一
39. 录像：电影《武林志》片段（注：该片在当年的春节晚会播放片段时，全片尚在拍摄中）
40. 武术表演：

    八卦掌　表演：戈春燕（电影《武林志》中女演员；1982年全国武术比赛八卦掌冠军）

    双刀　表演：郝致华（1982年全国武术比赛女子个人全能冠军，五枚金牌的获得者，北京市十佳运动员之一）

    醉拳　表演：王珏（电影《少林寺》中半空和尚的扮演者，"北京市武术比赛醉拳和醉剑冠军"）

长穗剑　表演：李霞（全国武术比赛中多次荣获女子个人全能冠军）

　　空手夺棍　表演：王建军（1982年全国武术比赛拳术冠军、男子个人全能亚军）、余少文（1982年全国武术比赛拳术对练亚军）

41. 古彩戏法：《吉庆有余》表演：秦鸣晓
42. 主持人慰问直播现场后台工作人员

文化的呼唤 时代的回声

——1984年春晚记忆

如果说1983年央视举办春节联欢晚会只是电视文艺发展历程中的一次偶然尝试，那么仅仅因其满足了刚从禁锢和封闭中解放出来的人们蓬勃向上的精神需求，这个偶然所带来的巨大轰动与成功也无疑成为偶然中的必然。在当时那个娱乐活动单一、电视节目匮乏的年代，春晚在除夕之夜给喜欢热闹、需要热闹的中国人带来的惊喜自不必说，它使无数家庭在包饺子、守岁的同时也能围坐在电视机前，通过欣赏节目而感受欢乐，感受喜庆、祥和的春节，感受浓浓的年味儿。

从文化发展的角度看，中央电视台春节联欢晚会开创了电视综艺节目的先河，且引发了中国电视传媒表达内容、表达方式等方面的重大变革。它的成功在中央电视台衍生出系列类似的节目，如综艺大观、正大综艺、曲苑杂坛、春节戏曲晚会、春节歌舞晚会、各部委春节晚会，以及国庆、五一、中秋、元旦等各种节日综艺晚会。随后，全国大大小小的地方电视台频频效法。① 此外，1983年春晚的出现也使剧场演出形式的音乐晚会第一次以电子媒介的方式传播出来：全国人民可以在同一时间、不同的地方共享同一场表演，开了电视音乐晚会的先例。

更为重要的是，因为它开始真正关注百姓的所感所想，开始尊重人的内心，这场在600平方米的演播室进行、所有工作人员加起来不到60人的晚会，以"第一次现场直播、第一次观众参与点播互动、第一次设立晚会主持人"等若干个"第一"和整晚的欢歌笑语开创了一个新的时代。甚至时隔20多年，网友票选60年最具影响力的历史事件，"首届春节联欢晚会推出"仍以20910票的总数荣膺1983年最具影响力事件。在此后的30年中，春晚成为一个模板、一种传统、一场仪式，成为与年夜饭一样每个中国人心中挥之不去的"年情"，也为中国电视综艺文化的发展提供了最基本的模式和蓝本，开创了电视艺术的新局面。

---

① 佚名：《中国中央电视台春节联欢晚会》，http://xuexi.guoshi.com/mp/play? guid=12385c3c-13dd-555b-f102-b13f392d20e1。

如何超越 1983

　　1983年春晚结束后，人们反响强烈。一位来自云南的观众谢先生被晚会的节目深深吸引，甚至忘记了家中烧水的水壶，以至于将这件由几位工友集体攒钱为他购买的结婚纪念品——铝壶烧化了，"只怪春晚的节目太好看了！"谢先生说道；因哑剧《吃鸡》而一夜走红的王景愚走在大街上都会时常被唤作"吃鸡的"；《乡恋》的解禁为人们带来了思想上更大的解放，"你的身影／你的歌声／永远印在我的心中"一时成为大街小巷被反复传唱的曲调。可以说，1983年春晚"无心插柳"式的成功为1984年春晚的继续举办提供了最直接的依据。

　　此外，国家经济社会的大发展也为春晚的举办创造了条件。农业生产开始摆脱长期徘徊的局面，农林牧副渔业全面增长，农村商品生产迅速发展；轻重工业协调发展，经济效益有所提高；国家控制基本建设规模取得成效，投资结构显著改善，重点建设有所加强；市场繁荣兴旺，物价基本稳定，城乡人民生活继续改善；对外开放出现新的局面。①

　　这些巨大进步对于春晚的意义，一方面表现为使晚会有了更多的资金投入，硬件设施更加完善：舞台以一个圆形假山喷水池为背景，晚会期间水循环喷出，其上有一只向上跳跃的鲤鱼模型，一些歌舞类节目中，舞台的地板上还会有彩灯闪烁，并同步变换颜色；演员的服装更加多样——尽管仍然比较注重政治性、思想性，艺术和时尚意识淡薄，但在中规中矩、朴实大方的前提下开始有了细微的变化，一些女性歌舞演员穿上了演出服，而不再是身着日常生活中的衣服就登台；另一方面，也表现为春晚话题的增加，无论是政治、经济、文化、军事领域等各项成就的取得，还是过去一年甚至几年中体育界在国际大赛中获得的成绩，都为春晚中相声、小品、歌曲等各类节目提供了丰富的内容，成为其反复说道、歌颂的话题，或许这也是春晚负载政治任务的开始。

　　总之，祖国的春天已悄然降临，1984年春晚作为一种延续，也是一首迎春曲。

　　这届春晚继续由黄一鹤执导，尽管各方面条件都相对成熟，却在编创工作一开始就遇到了困难。1983年10月12日，邓小平在中共十二届二中全会上提出"思想战线不能搞精神污染"，随即开始了"清除精神污染"运动。从1983年10月下旬开始，各大媒体上关于清除精神污染的报道和评论骤然增多。这对于刚刚在政治上获得一些突破的春晚来说，无疑是一件不利的事。可以说，1983年春晚借助各种手段，已经将那层蒙在人们心头的窗户纸捅破了，尽管力度还不是那么大，但密闭于黑暗中的人们

---

　　① 佚名：《中国共产党80年大事记·1983》，http://www.people.com.cn/GB/shizheng/252/5580/5581/20010612/487211.html。

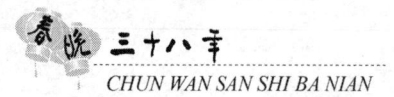

已经透过这道缝隙看到了一丝光明,呼吸到了一股新鲜空气,而就在大范围揭开这层窗户纸的最好时机——1984年,政策却似乎又突然回收,1984年春晚如何在1983年春晚的基础上更上一层,以满足观众对晚会骤然增长的期望值,是一个难解却不能不解的问题。

导演黄一鹤昼夜冥思苦想,晚会的总体设计方案立起来推倒,推倒后再立,反反复复,经历了一番吃不下饭、睡不着觉的"折腾"后,终于,一个大胆的想法萌生了:"中英谈判""一国两制"都是这一年国家政治生活中的大事,为何不能站得高些、"手笔"再大些,把"统一祖国、一国两制"的伟大构想引入晚会中呢?春节是中华民族的节日,港台同胞与我们血脉相连,他们为什么不可以来京与我们共度佳节呢?带着这一构想,黄一鹤立即找到了台领导。当时,内地(大陆)和港台尚没有官方的联系渠道,港台甚至一度被视为"阶级敌人"。尽管想法有了,但这一"破天荒"的想法能否实现,人们会不会将港台味儿当成"污染"的同义词,在黄一鹤心中还是打问号的。

问号的答案我们早已知道了:台领导们以巨大的气魄和胆识坚定地支持了黄一鹤的想法,并指出"这是寓政治性于艺术性的一次很好的尝试,事关重大,影响巨大,一定要搞好"。得令后,黄一鹤与剧组的另外几个人便开始了下福州、闯羊城的征程。就这样,1984年春晚中有了张明敏,有了奚秀兰,有了陈思思,有了春晚历史上的又一个"第一次"。据导演黄一鹤后来回忆,1984年春晚是"春节联欢晚会开始走向成熟的一年,是晚会在国内外的轰动效应空前强烈的一年,是经历艰难坎坷最多的一年,也是在晚会结束后,所有主创演职员都百感交集、激动得抱头痛哭的一年"。

走向成熟的1984

有了1983年春节联欢晚会开创的众多"第一",1984年的春节联欢晚会就显得容易得多了。晚会仍然在中央电视台演播大厅进行,继续采用直播的播出方式,并通过热线电话与观众进行互动。晚会起用了赵忠祥、卢静、黄阿原、姜昆、姜黎黎、陈思思6位主持人,其中,前两位负责晚会开幕词、零点钟声和结束语的播报,后4位则负责节目播报和节目之间的串联。

从晚会形式上看,依旧采取茶话会的形式,歌唱、相声、戏剧、体育等不同领域的观众围坐圆桌,欢聚一堂,既是观众又是演员,舞台与观众席几乎零距离,具有较强的参与性与互动性。此外,晚会取消了有奖竞猜,增添了零点播报环节。

从晚会规模上看,参加晚会的总体人数较1983年有了实质性突破,演员的阵容相应增强,会聚了来自东方歌舞团、中国青年艺术剧院、中央民族歌舞团筹备组、北京八一电影制片厂、中国轻音乐团等不同单位的优秀代表,包括电影演员、戏剧演员、哑剧演员、相声演员等；不单有内地明星，还邀请到了港台的歌唱家。

从节目时长上看，1984年春节联欢晚会的总时长为254分钟，比1983年缩短了24分钟，歌曲、语言类节目仍是晚会的"顶梁柱"，总体时长占到了115分钟。

从节目数量上看，晚会节目大致可分为4组，平均每组10个节目，其中歌曲类节目约占整场晚会的38%。戏剧类节目，继1983年的京剧、黄梅戏登台之后，1984年又增添了豫剧、粤剧、越剧、沪剧等多个其他剧种的节目，共约占节目总体的20%。

从节目类型上看，除常规的歌曲、相声等节目，晚会还新增了儿童节目（实况转播）、评书、乒乓球比赛、游戏、气功表演等类型，小品这种文艺形式也首次亮相并脱颖而出。加上延续1983年的哑剧小品、戏曲、杂技等节目，1984年春晚成为节目类型比较丰富的一届。

"家庭化"场景开篇，亲切感十足

在1983年春晚中，节目正式开始之前，分别有这样几个环节：赵忠祥致开幕辞；主持人介绍到场嘉宾；相声大师侯宝林讲话；主持人代表所在行业向全国人民拜年。在1984年春晚中，这一传统得到了创新性的沿袭。

首先仍然是赵忠祥和卢静致开幕辞，并代表中央电视台全体员工向全国人民拜年。随之，镜头切换到晚会现场，观众首先看到的是演播室的工作人员、演员、主持人等在晚会开始前最后几分钟为晚会作准备的场景。此时，摄像机在不同的人之间切换，并完成了对主持人和部分参与晚会人员的非正式介绍。晚会正式开始后，主持人简单地宣布晚会开始后，便直接由这种非正式的介绍过渡到正式的演员介绍。1984年春晚采取演员分桌、自报家门式的介绍方式，主持人只在一旁作辅助性的补充和调动气氛的调侃，显得随意而具有人情味，处处流溢着大家庭式的温馨感和亲切感。

一人连唱多首歌，以弘扬主旋律为主

音乐作为一定社会文化、政治环境的产物，其存在与当时的时代、文化背景和政治现实密切相关，它不仅能够准确把握和及时反映时代的主旋律，也能够能动地反作用于一定时代的政治。20世纪70年代，我国的歌曲大都以爱国主义为主题；到了80年代，中国复兴起以"富强"为主要内容的民族主义，加上"文革"十年的思想垄断和政治高压骤然解禁，中国大地真正呈现出一派"百花齐放、百家争鸣"的蓬勃景象。其中，音乐也受到活跃思想的影响，蓬勃发展，反映甚至形塑着新兴的民族主义，内容多抒发民族情感，彰显民族精神。该时期音乐的这种特点在1984年的春节联欢晚会上得到了充分体现，晚会上的歌曲呈现出主流、积极、向上的总体风格。

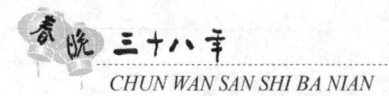

片头之后的拜年歌《恭贺新禧》由蒋大为、李谷一等8位歌唱家合唱，不刻意追求盛大规模，但注重营造喜庆祥和的气氛。殷秀梅演唱的《党啊，亲爱的妈妈》在当时尚属新歌，歌颂了祖国母亲的伟大；郭颂的民族歌曲《甜透了咱心窝》更是歌唱新生活的典型，开头即点出"那中央定下了好政策，农林牧副大发展……"；沈小岑的《请到天涯海角来》《妈妈教我一支歌》分别由37个和27个电话点播，反映出当时群众的精神风貌；于淑珍演唱的《我们的生活充满阳光》为1979年电影《甜蜜的事业》主题曲，歌名即揭示了主旨；朱明瑛一曲《大海啊，故乡》，通俗易懂的歌词和优美动听的旋律中饱含质朴深情，借助对大海的思念与赞颂，表现了对大海、故乡和祖国母亲的深挚感情。

当时在舞台上展现的许多歌曲，无论是事先商定好的曲目，还是观众的电话点播，都成为日后家喻户晓、广为传唱的经典，如于淑珍的《月光照着太湖水》《泉水叮咚响》，奚秀兰的《阿里山姑娘》，李谷一的《那就是我》，每一首都凝缩了当时那个时代的价值观、思想观。直到今天，每当我们回忆起这些经典老歌，仍能从中感受到时代主旋律所带来的力量和思索。

开始负载政治任务，主题色彩鲜明

社会存在是社会意识的前提和基础，它决定社会意识的内容和形式，反过来，社会意识也会能动地反映社会存在。作为一种社会意识，春节联欢晚会不仅是一种简单的全民娱乐形式，它更与所在时代的社会发展状况紧密相关。

受当时时代条件的影响，早期的春节联欢晚会政治基调非常明显，无论是入选的还是群众现场点播的歌曲，大多都是今天所认为的"红歌"，一些相声、小品等语言类节目更是将其内容紧紧围绕在当时社会各领域的发展上，以歌颂为主。1984年春晚被赋予的这种"政治任务"较1983年更为突出。如果说1983年春晚还只是在相声中添加了反映生活新变化的段子，那么1984年春晚则变为直接开宗明义的"宣告"。

杂技《转盘子》结束后，主持人姜昆便上台宣布："今天我们的晚会邀请了在四化各条战线取得成绩的英雄模范人物，我们就把我们晚会预备的一束束鲜花献给他们，来表达我们全国人民对他们的敬意！"接着就是一群孩子手捧鲜花跑向英模人物的镜头。"四化"是1964年12月周恩来总理在三届人大一次会议中提出的，1984年正处于四个现代化"两步走"中第二步走的关键阶段，在春晚中设置这样一个环节，意在鼓励四化建设英模，推动四化建设更好地完成。

以上还只是在节目间穿插的"表白"，而有些节目甚至是为特定主题而设的。以于淑珍的歌曲联唱为例，演员自己是天津人，她在唱第一首歌《滦水茶香斟满杯》之前即说明家乡因引滦入津工程而喝上了甜水，要代表天津人民感谢全国人民和解放军。

接下来的歌也是献给"引滦的英雄",并向观众介绍了坐在观众席的时任天津市市长、引滦工程总指挥李瑞环。这首歌唱罢,主持人马季立即手持记录观众电话点播的条子上台,宣布"天津市的袁学田打电话请李瑞环代表天津市千百万人民向引滦工程指战员及中央领导同志表示感谢"。李瑞环当即起身表达感谢,并祝大家新春愉快,节目才继续进行。

  1984年春晚的另一独特看点是将乒乓球比赛搬上了舞台。由时任中国乒乓球队教练的李富荣、张燮林现场表演打乒乓球,并由当时的中央电视台体育评论员宋世雄作现场评论。这个节目设置的巧妙之处在于,不仅可以使观众亲身感受到比赛的热烈气氛,而且能够在不经意间达到铺设主题的目的。李富荣、张燮林本身即为曾数次为国"出征"并屡屡获奖的优秀乒乓球队员,这场两人之间的比赛拉近了其与观众的距离,比前面那种英模人物"强势"引入的方式要亲切得多。另外,在两人比赛过程中,解说员就不断选取时机向观众"汇报"近几年体育战线上取得的成绩,最后还预祝队员们在1984年7月举办的奥运会中取得好成绩。由于比赛是现场进行,比赛进程谁也无法预料,但解说中,宋世雄显得从容不迫,甚至一度开玩笑说:"我也受了马季的传染,现在比分的报法已经脱离了世界乒乓球比赛的办法。"引来观众一阵笑声。

戏曲、综合类节目再添新彩

  1984年春晚的戏曲节目再次延续了1983年的整体风格,并在其基础上又增加了新的剧种。牛得草的豫剧清唱《迎春曲》是其中较为出彩的一个。豫剧大师从年三十儿唱到了年初三,表示"春天我老牛要唱唱春天的事儿",并"扬言"要"一句里有一个'春'字儿",大师边想边唱,观众边听边数,黄阿原还掏出了电子计算器。"春节联欢晚会""春联""满面春风""碧螺春""迎春花""剑南春""阳春面"等都被纳入唱词,一曲下来,观众已数不清唱了多少个"春"字,整个唱词串联起来描述的正是春节期间人们的日常活动,正可谓"应时应景"。

  京剧中,谭元寿的《定军山》、方荣翔的《将相和》都广受欢迎。此外,马兰的黄梅戏《女驸马》选段、奚秀兰的黄梅调《天女散花》、王文娟的沪剧《慧梅》选段《无限欢颜喜在心》、茅善玉的沪剧《燕燕做媒》和《太湖美》、李谷一和姜昆的花鼓戏《刘海砍樵》,也都进一步丰富了本届春晚的戏曲"大餐",不但剧种增多,选段也个个精彩。

  综合类节目方面,1984年春晚保留了杂技这一节目形式,推出《转盘子》和《伞衣帽》两个搞怪滑稽的新作,将观众逗得前仰后合。同时,又有一批新的节目样式走上舞台。例如游戏,由主持人姜昆、陈思思带领幼儿园小朋友表演的《贴鼻子》,观众参与的《母子连心》,都是互动性、趣味性兼具的典型;再如袁阔成的评书《赠羽扇》，这也是评书第一次走上春晚。另外还有乒乓球表演、气功表演、杂耍表演等不同形式；尤其是气功表演，6岁的侯伟徒手砸开核桃，16岁的侯春雪双手各拎一只装满水的水桶站在了生鸡蛋上，54岁的侯树英撅断了一根钢柱，直看得观众目瞪口呆。

图1　牛得草演唱豫剧《迎春曲》

第一次插入"动情"情节

春节联欢晚会播出时间的特殊性决定了其基调必然是喜庆欢快的，而1984年春晚却"独树一帜"，反常出新，在欢快的基调下，插入了情绪的"反差"，安排了"动情"情节：第一次在北京过春节的台湾同胞李大维献歌一曲，用歌声表达了对远在台湾的双亲和妻子的问候以及深深的思念，唤起了观众的强烈共鸣。观众席中有的在悄悄抹眼泪，有的在静静思索。这情景同前后的欢呼场面形成了鲜明对比，对深化晚会主题起到了意想不到的效果。"感人心者，莫先乎情！""动情"情节的设置使晚会更具思想性，感情色彩更加丰富，此后出现的一系列"动情"节目，如1986年春晚的《婚礼》，1987年春晚的《血染的风采》，1989年春晚中介绍著名围棋高手聂卫平的姐姐聂珊珊热心帮助小保姆治病的事迹等，都是这一构想的演化和发展。

《我的中国心》一夜走红

1984年春晚中一个新兴的现象：中央电视台首次邀请了大量港台明星表演节目。香港歌星奚秀兰登台公开演唱流行歌曲，香港歌手张明敏一口气唱了4首歌，台湾的黄植诚、李大维也被观众点播与黄阿原同台唱歌。甚至主持人中就有两位港台人士——台湾电视人黄阿原和香港演员陈思思。导演黄一鹤后来在一篇回忆文章中写道：

"这个由港、台、大陆三方主持人共同来主持中央电视台春节晚会的做法,在历史上,在台史上还都是第一次。不必再描述了,当把历史回溯到1984年时,只要这几个人往一块一站,就足以震撼每一个中国人的心。"

其实,"邀请港台演员参加内地春节晚会"的想法来自黄一鹤偶然的境遇。有了1983年春晚的成功,为使第二年春晚再上一个新台阶,他一直苦苦寻找着创新的突破口。黄导先是记起一次看到撒切尔夫人要来中国与邓小平谈中英联合声明的报道,有了邀请港台演员参加内地春节晚会的初步想法,与晚会智囊团商量后,大家都说好。可香港那边的消息他什么也得不到,抱着试试看的心情,他与几个同事一起来到深圳。在到深圳的一辆中巴车上,司机从录音机里放歌曲给乘客听。先是些港台歌星的粤语歌曲,黄一鹤他们听不懂,后来突然冒出了一首用普通话演唱的歌曲,其旋律和演唱者表达感情的方式跟港台一些歌手软绵绵的唱法完全不一样,洋溢着高亢激昂的阳刚之气。这就是张明敏的歌曲《我的中国心》。但这盒专辑只有在香港才能买到,当时香港还属于英国管辖。黄一鹤专门办了个边境证,到距香港最近的沙头角去找,几人转了半天也没买到这盒磁带。一不小心,他们还过了地界跑到香港那边去了,马上被武警叫住。后来,武警派了个小伙子过去,终于在香港地界一个小摊的货架上发现了这盒磁带。黄一鹤喜出望外,这首歌的词曲气氛非常符合他对1984年春节晚会的总体设想。后经新华社香港分社一个姓林的工作人员多方联系,终于把张明敏的事落实了。① 这个决定几经曲折,在除夕前三天才获批。1984年除夕夜,5个小时的演播下来,特别顺利。张明敏唱完《我的中国心》,一位中央领导看了非常喜欢,马上给电视台打电话,要歌片儿和录像带。晚会结束后,当黄一鹤从二楼导演台的梯子上爬下来时,场内所有的演员、工作人员泪流满面,大家搂在一起,什么话也说不出来,激情一下子得到了释放。②

事实证明,在正处于改革开放初期的当时,这无疑是一个激进、冒险的举动,但张明敏演唱的《我的中国心》也成为1984年春晚整场晚会中一个新奇的亮点。身着中山装、戴着眼镜、貌不惊人的张明敏一开口,其深情凝重而又不失铿锵有力的歌声立刻风靡全中国。《我的中国心》不仅唤起了观众的爱国热情,更让全世界华人之间的距离一下子拉近了。刚刚开放的内地观众这才了解到,原来港台歌曲也不光是"靡靡之音"。当时只是业余歌手的张明敏瞬间爆红,一下子成为国人心目中颇有地位的巨星。

今天,如果我们将眼光放远再来看这种现象,即会发现其背后深刻的时代根源。

---

① 佚名:《84年春节晚会:〈我的中国心〉背后的曲折故事》,http://ent.sina.com.cn/2004-09-13/1208502592.html。
② 刘玮:《1983年除夕,央视春晚端出视觉年夜饭》,http://news.xinmin.cn/rollnews/2009/01/25/1542193.html。

图2　香港艺人张明敏1984年春晚演唱《我的中国心》①

从政治角度讲，1980年1月，邓小平在题为《目前的形势与任务》的讲话中首次提出，要在20世纪80年代完成"台湾回归祖国，实现祖国统一"大业的设想，并将其与实现现代化之经济建设紧密联系在一起，强调哪怕中间出现了困难，也必须正视它、克服它，措辞中显示出一种强大的、不可动摇的决心。1981年，邓小平会见美国参议院共和党副领袖史蒂文斯以及美国总统出口委员会副主席陈香梅时，对当时的美国总统里根在总统竞选中有关台湾的言论和当时其他议员的言论做出了异常强烈的反应，透露出中国共产党在这个问题上不容妥协的立场与意志。②1983年，美国新泽西州西东大学教授杨力宇到访，邓小平在与其会谈中再次清晰地阐述了统一台湾的方式，即"一个中国，两种制度"，"自治"不等于"完全自治"。由此来看，邀请港台明星上春晚就成为一个政治事件，表现了一种实现祖国统一大业的强烈决心。

从文化自身的角度讲，1984年央视邀请港台明星赴大陆参加春晚也是一次具有开先河意义的行动。彼时，在音乐生活上，中国人已经从1976年那种生发于政治解放的群体性抒情歌曲阶段进一步解放出来，尤其是代表当时最先进音响制作技术的立体声磁带、盒式录音机的引入，唤醒了人们心中享受现世快乐和感官物质美的欲望，也将中国人从"文化大革命"中对美、对享乐追求的禁锢与罪恶感中解放出来：从音乐为政治服务，解放到艺术性的情感表现，再解放到商业性的快感消费。这一切都从根本上改变了当代中国人接受音乐的观念和途径，并促使其开始追求那种叫作流行文化的

---

①　骆俊澎：《对话首届央视春晚导演黄一鹤》，http://www.dfdaily.com/html/150/2012/1/19/732296.shtml。
②　宋祥瑞：《1984：中央电视台与港台歌星——中央电视台1984年春节晚会邀请港台歌星事件的阐释学研究》，《黄钟》2008年第4期。

方式来表达自己的音乐兴趣。

在这样的背景下,一个大陆的电视媒介邀请港台的流行歌星在亿万大陆人眼前演唱大众音乐,不啻一个巨型"文化炸弹"。1984年作为中国音乐生活中具有永久纪念意义的一年,也与中国大陆流行音乐的开禁永远地联系在一起,此后,大陆流行音乐结束了地下活动的历史。也正是从1984年开始,电视台成为大陆流行音乐传播的主要媒介之一,至今一切令人满意与不满意的流行音乐文化现象都起于1984年的春晚,人们一直将它看作是一次授权仪式,即官方对流行音乐的正式承认。正因为这次授权,流行音乐在中国大陆从此获得了蓬勃的发展动力,一发而不可收。① 张明敏上春晚既有开拓性又充满戏剧性。作为第一个登上春晚舞台的港台歌手,他完成的不仅仅是一次表演,也将港台流行歌曲带到内地舞台。如果当年导演组的人没有踏上那辆公车,司机没有播放《我的中国心》,就没有现在的张明敏,而后来的四大天王、陈奕迅、周杰伦、王力宏也许都得再晚几年才能进入内地观众的视野,抑或整个港台流行音乐在内地的发展进程都要受到影响。然而在历史的齿轮上,一切都咬合得那么严丝合缝,所谓的经典,大概就是需要这种天人合一的完美。②

富有艺术生命力的《宇宙牌香烟》

作为一名优秀的相声表演艺术家,马季对春晚的贡献巨大。1983年春晚中,他既是重要的幕后参与者,还担任主持人和主演,除了即兴的串场和助演,还为春晚表演了至少10个完整的相声。1984年,他更是以一段《宇宙牌香烟》的相声表演成就了一个经典。

马季的相声以讽刺手法针砭时弊见长,《宇宙牌香烟》就是以推销宇宙牌香烟为内容,运用河北方言和虚构的商品,通过幽默的相声方式,讽刺了当时社会上一些厂家作虚假广告的现象。马季在相声中像模像样地说道:"你不抽我这宇宙香烟就没有幸福美满的家庭!你不抽我这宇宙香烟,年轻人就搞不上对象!你不抽我宇宙香烟,学生考不上大学!我们宇宙香烟历史悠久,经验丰富,设备完善,技术一流,请您记住电报挂号:一推六二五;电话:不管三七二十一。"引起观众一阵阵笑声,那句"宇宙牌香烟誉满全球"更是成为经典中的经典。

其实,据导演黄一鹤回忆,在确定《宇宙牌香烟》之前,马季曾找过很多段子和本子,但是几经审查都没有通过,他很烦恼,想打退堂鼓;后来在黄一鹤的鼓励下,

---

① 宋祥瑞:《1984:中央电视台与港台歌星——中央电视台1984年春节晚会邀请港台歌星事件的阐释学研究》,载于《黄钟》2008年第4期。
② 佚名:《盘点央视春晚人物之最赵本山单个节目时长最长》,http://ent.jxnews.com.cn/system/2012/01/19/011881390_01.shtml。

图3　1984年春晚，马季表演《宇宙牌香烟》

又从他们内部演出受到"枪毙"的或淘汰的段子中反复琢磨，才找出了这样一个故事，原名叫《一个推销员的故事》，就是现在的《宇宙牌香烟》。

《宇宙牌香烟》播出后，受到了观众的广泛欢迎。同年12月，黑龙江穆棱县卷烟厂立刻"抢注"了宇宙牌香烟的商标，生产出真正的宇宙牌香烟，随后宇宙牌香烟在大江南北火热售卖。1985年2月19日，以为宇宙牌香烟平反为内容，中央电视台现场直播马季的相声，再续了宇宙牌香烟的经典，从此穆棱县卷烟厂的宇宙牌香烟声名鹊起，飞向全国。直到今天，穆棱卷烟厂中还矗立着一面丰碑，上有马季先生手书：宇宙精神。

《吃面条》创造新"工种"，小品开始上春晚

春晚作为综艺晚会的老大哥，成为许多表演形式的开创者。小品最早是演艺界学员艺术素质考试内容，但首度搬上舞台，始于陈佩斯、朱时茂在1984年春晚表演的《吃面条》。

1983年春节期间，在哈尔滨的一场演出中，陈佩斯和朱时茂把电影拍摄工作现场发生的一些趣事稍加润色，搬上了舞台。尽管并不成型，但观众看得很开心。春晚剧组觉得这一作品有潜力可挖，便要求他们将其整理、改变成一种新的节目形式。就这样，陈佩斯和朱时茂住进了体育宾馆，每天把自己关在狭窄的小屋里讨论，也向别的同志讨教，请人指点，以采众家之长。但正如陈佩斯日后所言："尽管当时我们吸收了很多东西，但脑子里还是一片朦胧，处于实验、探索状态"。当时，陈、朱二人已经演了多年的电影，在国内也有了一定的影响力，但是创作小品完全是一个不同的领域，因为"任何艺术形式都有它自身的规律，在还没有发现喜剧的规律之前，探索之中的那种痛苦让人受不了"，创作的艰难让他俩几度放弃。导演黄一鹤回忆："当时他们还是新人，也不知道该创作什么样的作品，整天愁眉苦脸，中间逃跑了两次，我两次把

他们找回来,最后才有《吃面条》的火爆。"①

经过了一段艰难的创作历程,《吃面条》的大体思路终于慢慢厘清,小品也基本成型。但对于其能否被观众接受,大家心里都没底。于是,就在当时国家体委一个食堂里,找体委的人当观众检验一下,好多运动员和领导都来了。当时有个夸张的说法:节目演着演着,朱时茂一抬头,一看台下一个人都没有了。过了一会儿,脑袋一个一个起来了,原来都捂着肚子笑弯腰了。检验的效果好得让大家有点出乎意料,但剧组又开始紧张了,"文革"刚过,一个政治运动接着另一个政治运动,人们的精神还处于高度紧张状态。此前中央电视台没有过喜剧节目,1983年春晚也只保留了王景愚的哑剧《吃鸡》,"那个时代,没有意义的笑是不被准许的,《吃面条》因为'没有高追求',能不能通过审查,谁都不知道。"直到大年三十,《吃面条》还在修改,却还没有最后决定是否要上春晚。最终,导演黄一鹤顶着压力找到了躲在后台二楼播出机房外的过道上背词、排练的陈佩斯和朱时茂,非常严肃地说:"佩斯、老茂,晚会马上开始,我决定让你们上。我个人认为它在政治上没有问题,而且符合中央的精神,出了政治问题我负责。但只求你们二位到了台上,按照咱们审定的节目来演,一个字都不能错,一旦错了,犯了政治错误,你们俩自己也要负责任。"陈佩斯后来回忆:"他说这番话的时候,眼睛里噙着泪水。"

图4　1984年春晚,陈佩斯和朱时茂表演小品《吃面条》

事实上,当舞台上陈佩斯被朱时茂折磨得一碗一碗吃面条时,他已经凭借淋漓尽致的表演深入观众内心。"你再来一碗吧,你再来一碗""我吃不动了,我实在吃不下了",小品结束后,许多人开始不厌其烦地同亲朋好友们演绎这些"经典"台词。《吃面条》成为我国电视晚会中第一个有完整元素的小品,它不仅奠定了陈佩斯和朱时茂春晚明星的地位,使之成为"黄金搭档",连年出现在春晚舞台上,也让观众第一次

---

①　佚名:《盘点历年春晚精彩看点,龙年主创打出复古亲民牌》,《华商报》2012年1月4日。

认识到了"小品演员"这一新"工种",此后的春晚和各类晚会上,也多了"小品"这一新的节目形式。然而,作为一名普通观众,我们看得到的意义可能仅仅是浅层次的,陈佩斯在日后一段回忆性文字中也许能为我们提供更为广阔的思路:"后来有人评价《吃面条》,说这个节目的意义,并不在于它喜剧上的成功,或为电视节目增加了新品种,而在于它把欢乐还给了人们……有了喜剧之后晚会就丰满了,尽管喜剧作品都是小节目,也非常短,但是从此就有了春节晚会的概念,它带给人们欢乐。尽管是那么一点,但却是划时代的。"

《难忘今宵》——永不褪色的经典

有没有那么一首歌,会让你轻轻跟着和?有没有那么一首歌,会让你不由自主地想起春晚?1984年春晚至今的历届春晚中,如果说有一首歌是我们不会忘记的,那就是《难忘今宵》。

这首饱含情感的歌曲,是1984年春晚剧组邀请著名词作家乔羽和曲作家王酩联手创作,并邀请李谷一来演唱的。从1984年到2020年,除1987年、1988年、1989年、2012年外,其他的每届春晚的结束曲都是《难忘今宵》,一唱就是三十几年。

这首歌是春晚总导演黄一鹤为烘托晚会气氛而专门设计的。在邀请乔羽写歌词时,即明确在晚会结束前演唱,内容要有家人团聚、祖国大团圆、亲人间的骨肉之情和对未来的希望,要求马上写出来。乔羽问黄导:"马上是什么意思?"黄一鹤说:"就是我在这儿坐着,你现在就写,写完我就拿走。"乔羽笑道:"这个马上也太快了。这可不行。"一番商量后,最后乔羽答应黄导翌日一早来取。第二天,黄一鹤拿到歌词一看,非常满意,简直是出乎他意料的好,他对乔羽所说的主题思想,在歌词里全体现出来了。乔羽创作这首歌词的基本思路:在全国人民观看春节晚会时,大家的共同想法就是希望祖国更加富强美好,他即从此切入,先共祝愿祖国好;又一想,是这个好看的晚会把大家都团聚在一起,得夸夸晚会;因为晚会好,大家都高兴,所以就很难忘,所以就难忘今宵。歌词完成了,但还要谱曲。黄一鹤很快找来了当时知名的作曲家王酩。但没想到的是,王酩作完曲,导演组内部对这首还没全部完成的歌曲发生了争议。王酩的曲子写得特别抒情,有人就说这曲子写得不太健康,软绵绵的。但作为总导演的黄一鹤并没有被这种声音所左右,他明白自己策划的这场晚会的主题,坚持要把这首歌做到位,而且一定得找李谷一唱,因为1983年她是最红的歌星。李谷一坦言,拿到此歌一看,大为赞叹:"当时感觉歌词太棒了,曲子也非常好听,决心用自己的声音去进一步地美化它、唱好它。"

这首歌曲歌词朴实、大气,既有对祖国的美好祝愿,又有对晚会的总结、眷恋,经李谷一演绎,不仅别开生面,而且令人耳目一新。一改往日晚会结尾一成不变的高潮大合唱形式，成为以后几乎历届春晚的固定结束曲。一位观众曾说："春晚在我耳边响起的优美旋律，是1984年由李谷一演唱的《难忘今宵》。《难忘今宵》最切合春晚喜庆氛围，唱出了家人团聚、祖国大团圆、亲人间骨肉之情和对未来的美好希望。在难忘今宵告别今宵之际，亲人团聚留恋不舍；青山在人未老的坚定信念；新友与故交明年春天再相邀的深情期盼——情景交融，汇聚成了'共祝愿祖国好'的虔诚向往。恰如身临其境，让人感受到了中国人民欢欢喜喜过大年的温馨。旋律优美，自然欢唱，真挚感人，让我经久难忘。"[1]

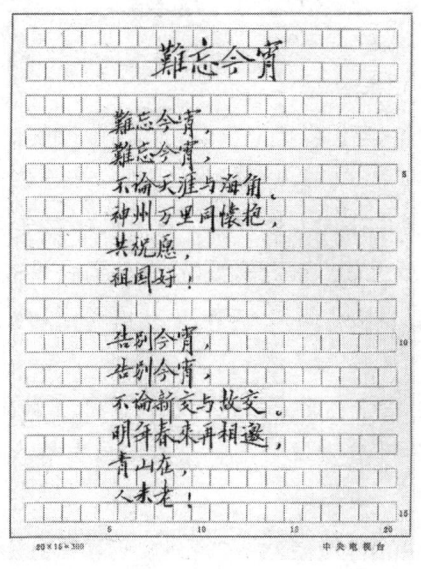

图5　乔羽先生手书《难忘今宵》歌词

（本文作者：田园）

附：1984年中央电视台春节联欢晚会节目单

首播时间：1984年2月1日 20：00
总导演：黄一鹤、张淑芬
主持人：赵忠祥、卢静、黄阿原、姜昆、姜黎黎、陈思思
1. 开场串联，主持人串联

---

[1] 刘文周：《我的最爱》，《中国电视报》2006年第42期。

2. 拜年歌：《恭贺新禧》 演唱：蒋大为、李谷一、于淑珍、苏萍、沈小岑、朱明瑛、茅善玉、郭颂
3. 杂技：《转盘子》 表演：李春来、郑宇霆
4. 主持人卢静出第一道谜语（画谜）
姜昆宣读观众电话留言
小朋友向英雄模范人物献花
5. 游戏：《贴鼻子》 表演：幼儿园小朋友，姜昆、陈思思带领
6. 儿童节目：动物篮球比赛 解说：姜昆、李文华
7. 相声：《宇宙牌香烟》 表演：马季
8. 游戏：《母子连心》 观众参与
9. 杂技：《伞衣帽》 表演：李春来
10. 主持人串联：
主持人黄阿原的女儿打电话向全国人民拜年，黄阿原代表全家向全国人民拜年
11. 歌曲：《幸福在哪里》《党啊，亲爱的妈妈》 演唱：殷秀梅
12. 歌曲：东北民歌《甜透了咱心窝》、东北单鼓调《串门》、赫哲民歌《山水醉了咱赫哲人》 演唱：郭颂
13. 主持人卢静宣布第二个谜语：全家共聚电视前，喜看节目候新年（打三种花卉名）
主持人马季在中央电视台春节联欢晚会电话点播间同主持人姜昆通电话，并向大家介绍观众点播情况
14. 歌曲：《请到天涯海角来》《妈妈教我一支歌》 演唱：沈小岑
15. 豫剧清唱：《迎春曲》 演唱：牛得草
16. 哑剧小品：《淋浴》 演唱：游本昌
17. 歌曲：《故乡行》 演唱：丁凡
18. 歌曲：《南海渔歌》 演唱：林锦屏
19. 舞蹈录像：《胜京谏鼓》 表演：王明珠、刘建华、武军
20. 京剧：《定军山》 演唱：谭元寿
21. 京剧：《将相和》 演唱：方荣翔（已故，1989年4月）
22. 小品：《吃面条》 表演：陈佩斯、朱时茂
23. 录像：大型彩色纪录片《海灯法师与少林》片段
24. 黄梅戏：《女驸马》选段 演唱：马兰
25. 哑剧小品：《电视纠纷》 表演：王景愚、李辉
26. 歌曲：《莫愁啊，莫愁》《大海啊，故乡》《回娘家》 演唱：朱明瑛
27. 歌曲：《滦水香茶斟满杯》《我们的生活充满阳光》《月光照着太湖水》 演唱：于淑珍

28. 歌曲：《花儿为什么这样红》 演唱：奚秀兰
    黄梅调：《天女散花》 演唱：奚秀兰
    歌曲：《阿里山姑娘》 演唱：奚秀兰 伴舞：海政歌舞剧团
    歌曲：《我的祖国》 演唱：奚秀兰
29. 评书：《赠羽扇》 表演者：袁阔成
30. 乒乓球表演 表演：李富荣、张燮林 解说：宋世雄
31. 沪剧《慧梅》选段：《无限欢颜喜在心》 演唱：王文娟
32. 游戏：金银猜 表演：现场观众 主持人：黄阿原、姜昆
33. 相声：《敬献春联》 表演：马季、赵炎

新年祝福及新年钟声敲响

34. 合唱：《辞旧迎新歌》 演唱：蒋大为、李谷一等8人
35. 歌曲：《大眼睛》《妹妹的山丹花儿开》 演唱：苏萍
36. 沪剧：《燕燕做媒》《太湖美》 演唱：茅善玉
37. 歌曲：《我的中国心》《垅上行》《外婆的澎湖湾》《乡间的小路》 演唱：张明敏
38. 气功表演（父子、女，一家3人）
    （1）《砸核桃》 表演：侯伟（6岁）
    （2）《踩鸡蛋》 表演：侯春雪（16岁）
    （3）《撅钢柱》 表演：侯树英（54岁）
39. 杂耍表演：耍皮球扎气球 表演：李春来、姜昆
40. 歌曲：《友情》《默默地祝福你》《天黑黑》 演唱：黄植诚、李大伟、黄阿原
41. 电影插曲《三笑》 演唱：陈思思
42. 相声：《夸家乡》 表演：姜昆、李文华
43. 歌曲：《要问我们想什么》《战士与梅花》 演唱：蒋大为
44. 歌曲：《跳吧，年轻的伙伴》《那就是我》 演唱：李谷一
45. 花鼓戏：《刘海砍樵》 演唱：李谷一、姜昆
46. 赵忠祥诗朗诵
47. 主题歌曲：《难忘今宵》 演唱：李谷一

"茶座"变"场馆" 兵败"滑铁卢"
——1985年春晚记忆

中国的20世纪80年代，被称作"一个民族返老还童的年代"。走出"文革"，迎来改革开放，"就是这样一个气血衰沉的民族，突然迎来了一个青春浪漫的岁月"，复旦大学历史系教授朱学勤如此评价20世纪80年代。[①] 1985年恰好位于这段浪漫岁月的中点上，尚未完全褪去前一段的青涩，同时带着后一段的激情。

刚刚过去的1984年，我国一直跟随着改革开放的步伐稳步前进，国内经济体制改革顺利、健康发展，经济发展形势总体向好；全国各族人民在实现80年代至90年代的三大任务方面取得丰硕成果，工农业建设、重点建设、技术改造、人民生活等各个方面都取得了新的进展，全国政治、经济、文化等各条战线的形势也越来越好。春晚已经具备了继续举办下去的物质基础。与此同时，"一国两制"构想已具雏形，我国的国家影响力和国际地位有所提升。1985年春晚"团结、奋进、活泼、欢快"的主题，正体现出中国人民对国家改革发展、统一进步大好形势的强烈企盼。

1985年春晚的亮眼之处，是舞台上继续迎来了许多港台明星，这与1984年《中英联合声明》的签订不无关系，该声明在有关收回香港和如何保证过渡时期香港局势稳定的相关问题上取得了决定性胜利。香港在内地人心中已不再只是一个陌生的地名，人们提到"港台明星"时也已不再像当初那么敏感。

与前两届相比，1985年春晚的最大不同之处是，晚会由"茶座式"的演播室搬到了四面环坐的北京工人体育馆，变成了"场馆式"晚会。据导演黄一鹤后来回忆："我看了国庆阅兵、奥运会，再也坐不住了。我们是国家一级的电视台，晚会节目应该符合身份，向世界展示我们的繁荣，让人民看到希望。另外，连续两年搞茶座，模式上不创新，观众容易厌倦。"[②] 对于这个大胆的想法，当时姜昆有过这样的评价："前无古人，后无来者，突出一个气派！全都是香港的灯光音响，开场的时候，有贵宾从天而降；分四个演区，也就是四个景观。那边亭台楼阁，这边小桥流水，要细微有细

---

① 佚名：《1981年世界冠军，女排精神照亮80年代》，《南方都市报》2008年12月12日。
② 黄望南主编：《黄一鹤的电视艺术道路》，中国广播电视出版社1993年版，第22页。

微,要壮观有壮观……"①

然而,将过多注意力集中到场地布置上的黄一鹤便顾不上节目编排了。此时,春晚的前期策划还没有一套完备的体系,而具体负责节目编排的又另有其人,这其中显然有明显的不合理之处。然而那时候,黄导本人对晚会的质量也没有引起警觉,大部分节目连一次审查都没有,整体彩排就更不用说了,到最后晚会开始时,演员们心里却没底,只好硬着头皮仓促上阵。

到了除夕之夜,北京工人体育馆内人头攒动,所有观众都在期待着一场精彩的演出拉开大幕。两个篮球场大的舞台上,亭台楼阁、小桥流水、灯火闪烁、云雾缭绕,一切仿佛都在昭示:1985年的春节联欢晚会气势非凡。② 然而,随着节目的进行,一个又一个不祥的景象出现在眼前:由于经验不足,晚会彩排等准备工作不到位,背景音乐与节目的表演配合错位;场子太大,灯光不好,各个岗位之间难以联系;观众席距场中央的舞台太远,现场观众看不清舞台上演员的表演,有的还要借用望远镜;距离太大,演员声音太小,在座的观众有时会听不清,演员们即使对着话筒,也要大声喊话,完全失去了表演的美感;从电视机里呈现出来的画面空旷、黑压压一片,演员和舞台形成了强烈反差,没有营造出热闹喜庆的过年气氛;广告太多,港台风太浓,节目太陈旧,观众没有情绪……由于缺少相互联系的通信手段,加之排练不够,晚会节奏拖沓,成了一盘散沙。整台晚会失控,像一匹脱缰的野马。

今天看来,这种"失败"与当时技术条件的落后有着很大关系。如果暂且抛开这些不谈,仅从节目内容来看,1985年春晚也还是大有可圈可点之处的。

同胞齐唱祖国,《十五的月亮》照"亮"神州

歌曲类节目依然是重头戏,许多歌曲也正是通过春晚这个平台一炮走红,"火"遍大街小巷。1985年春晚推出的好歌不少,有维吾尔族花腔女高音歌唱家迪里拜尔的《一杯美酒》《我的歌会飞到你的身边》,有脍炙人口的通俗流行歌曲《万里长城永不倒》《小草》,也有港台歌星演唱的《中国梦》《故乡情》《万里长城万里长》《问候你,朋友》。

与1984年春晚歌曲类节目中张明敏的"一枝独秀"相比,1985年的整台晚会中,港台歌星演唱的歌曲占到近三分之一。这些歌曲大多抒发对祖国的热爱、对家乡的思念、对朋友的祝福以及对理想的追求,动听的旋律、明快的节奏是人性之美、人伦之情、时代主流价值观的最生动体现。"幸福的乐园""我的母亲大地""渴望中国强""爱我的中国强"等一字一句都表现出华夏儿女、炎黄子孙对祖国统一富强的责任感

---

① 李庆山、李敬编著:《中央电视台24届春节联欢晚会台前幕后》,中共党史出版社2007年版,第25页。
② 李庆山、李敬编著:《中央电视台24届春节联欢晚会台前幕后》,中共党史出版社2007年版,第25页。

与使命感。港台同胞们的爱国精神、渴望回归祖国的热情也都体现在歌词中:"那天中国展开大步,要全世界都看着我,冲天飞向前路,巨龙声威穿过"(《中国梦》),"他乡的山也美,他乡的水也清,难锁我爱乡—呀片心"(《故乡情》),"我的家乡的家乡,我心向往心向往它啊;我的家乡的家乡,我忘不了忘不了它啊;你像一幅美丽画,岁月改变不了它,我永远永远想念着我的家"(《家乡》)……

经中国驻美国旧金山总领事唐树备的推荐,美国首位华人市长、美籍华人黄锦波参加了 1985 年春晚。一曲《龙的传人》不仅使他声名大噪,在春晚结束后收到内地 16 个省市举行个人演唱会的邀请,也为他贴上了"春晚舞台上第一位美籍华人"的永久标签。据回忆,当时,还不会说普通话的他凭借工作人员标的拼音背下歌词,最后靠着拼音标注唱完了整首歌,但也正是从这首歌开始,黄锦波与大陆结下了深厚情谊,后来学会了普通话。

图 1　黄锦波《龙的传人》

还有一首歌也赢得了观众的好评,那就是柳培德和董文华的《十五的月亮》。事实上,这首歌的首唱者应是柳培德,在 1984 年中秋晚会上,这位军旅歌手的一曲吉他弹唱《十五的月亮》声情并茂,打动人心。而彼时,董文华刚从青年歌手大赛上获得三等奖,被为春晚挑选节目的黄一鹤选中。这首歌搬上春晚后,改成了男、女声二重唱,风格也从通俗转为民族,被安排在春节午夜钟声敲响后出场。前奏过后,董文华激情满怀地放开了歌喉:"十五的月亮,照在家乡照在边关,宁静的夜晚你也思念,我也思念……"不一会儿,全国各地的观众纷纷把电话打到北京工人体育馆春节晚会剧组,都真诚地称赞董文华演唱的《十五的月亮》。尤其受感染的是军人、军人家属,董文华的《十五的月亮》不知赢得了他们多少眼泪。就这样,一个响亮的名字伴随着一首响亮的歌曲,在全国迅速传开了。① 1985 年春晚遭遇滑铁卢,却火了这首《十五

---

① 本部分参考《董文华〈十五的月亮溢深情〉》,http://tieba.baidu.com/p/151616527,2006-11-30.

的月亮》。从此，这首歌家喻户晓、广为传唱。①

湖北省歌舞团的《长袖舞》和总政歌舞团的《迎来新时光》是此次晚会仅有的两支舞蹈，一个展现了古代长袖服饰的绝伦之美，一个表现了新一代青年男女"迎接新时光"的美好憧憬和期望，形象生动，各有特色。虽然在节目总量中所占比重较小，但涉及的演员最多，也是最能产生舞台美感的两个节目。

戏曲花样多，"老牛"唱女排

戏曲是我国历史最悠久的节目之一，京剧作为国粹，也一直被视为中华民族的文化瑰宝。春晚的舞台自然少不了戏曲。1985年春晚的戏曲节目包括京剧《百猴迎春》《打渔杀家》，粤剧《花市》《花城之春》，越剧《五女拜寿》，豫剧《老牛接班》，其剧种繁多，形式多样。

与其他节目相比，这类节目的明显特点就是重在展现典故中的人物，以表演为主，与时代背景联系不是很密切，但有自身独特的形式魅力。值得一提的是，晚会以京剧《百猴迎春》开头，显示了独到的喜庆场面，每一位演员都扮成猴子模样，从小猴到猴王，形态各异，阵容强大。他们个个身怀绝技，动作伶俐，戏曲绝活、功夫动作贯穿整个表演始终，满是一派"百猴迎春"的喜庆热闹场面。

图2　京剧《百猴迎春》

豫剧《老牛接班》则是作者自编唱词，将传统豫剧曲调和社会时事相结合，歌颂了"改革春潮滚滚流"的大好局面，赞美了中国女排姑娘和领导班子的雄厚实力，唱出了人们的心声，道出了人们的期望。

1978年至1984年，我国体育事业发展迅速，全民体育运动已初步展开，大批优秀体育运动员、教练员涌现出来，其中，尤以中国女排成绩突出。1984年在美国举行

---

① 李海卉：《春节联欢晚会大盘点1983—2001》，辽宁美术出版社2002年版，第43页。

的第 23 届女子排球决赛场上，中国女子排球队以 3∶0 战胜美国女子排球队获得冠军，这是自 1981 年 11 月中国女排在日本首夺第三届世界杯女子排球赛冠军后的三连冠，创造了世界纪录，是具有历史意义的突破，标志着我国已经走上了世界体育舞台。由此，"无私奉献、团结协作、艰苦创业、自强不息"的女排精神不仅成为当时社会上男女老少崇拜的对象，也成为中国体育界的一面旗帜，成为中国人民不断奋进的动力，甚至影响了几代人。

在这样的背景下，《老牛接班》将时事写在唱词里，用豫剧的形式唱出来，可谓匠心独运，恰合时宜地表达了亿万观众对女排姑娘们的感情，"要说那中国姑娘们打排球啊有勇又有谋，他想的是领导班子要选好主攻和二传手，整体配合更要那严要求……好成绩啊靠的是认真打好，一个一个一个一个球，八五年要稳扎稳打打出节奏，才能够在比分上来它一个大丰收，为了咱中华腾飞翱翔宇宙，我要全力拼搏争上游，不是我老牛夸海口，定叫那百业兴旺更上一层楼"，句句唱词都道出了中国人民对女排姑娘们再创佳绩的强烈祈望。

图 3　豫剧《老牛接班》

相声小品数量少、内容精

语言类节目的主要任务就是给观众带来欢笑，并在其中蕴含深刻寓意，给人们以启迪与思考。其喜剧手法和幽默表演形式对晚会起到增砖添瓦的作用，使观众可以在欣赏歌舞戏曲之余活跃神经，回味无穷，所谓"无小品不成晚会"正在于此。1985 年春晚中的语言类节目数量不多，尤其是 1984 年春晚时第一个真正意义上的小品才刚刚诞生，1985 年春晚的小品仍然只有一个。不过要论精彩度，1985 年春晚上的语言类节目却毫不逊色。

马三立的相声《大乐特乐》最先引起笑声。此外，担任晚会主持人的姜昆与李金宝搭档表演了相声《看电视》和《语言研究》。其中,《看电视》通过塑造一位在观看中国女排决赛时紧张兴奋的老奶奶的典型形象,反映出中国女排夺冠带给国人的激动情绪,也反映了20世纪80年代人们生活水平的普遍提高,家家都买到了彩色电视机,看电视成为老百姓生活中不可缺少的一部分。语言现实风趣、动作逼真到位,无论是内容还是表演,都堪称佳作。

图4　相声《看电视》

小品方面,陈佩斯、朱时茂这对黄金搭档继1984年《吃面条》一炮走红后,再度联手,在1985年春晚上为观众捧出新作《拍电影》。小品依然延续了1984年中导演与演员的剧情设计,只是这次陈佩斯"被虐"的方式从吃面条变成了冬天穿背心。朱时茂依然是"导演",陈佩斯作为演员,在小品中要扮演的是一位借改革之力走上富裕道路的农民。"乡亲们呐,我王老五活了大半辈子了,从来没见过这么多钱,没啥说的,都到我家喝酒去吧……"朴实的话语道出了农民王老五的激动心情,一件背心、

图5　小品《拍电影》

一件小褂和一条毛巾更是将这一农民形象表现得淋漓尽致。尽管演员仅两人,道具也十分简单,但两人幽默风趣的表演和北京伙计"陈小二"憨厚的形象已深深地刻在观众心中。

除了这些"规规矩矩"的传统相声小品节目以外,众多著名演员还合演了两个小品小段,以小串场节目出现。我们从中可以看到许多新面孔,像冯巩、唐杰忠、刘伟等都是首次登场,虽然台词不多,却给大家留下了深刻印象。可以说,他们的首次亮相算得上是一次小小的完美预演。

"非主流"节目看点多

1985年春晚中,还有一些"非主流"节目,如器乐演奏《编钟乐曲》,杂技《悠绳》,硬气功《二指拉石》《手指钻砖》以及武术表演。作为"非主流"节目,它们对整台晚会起到了映衬、补充的作用。这类节目看点很多,例如,乐器演奏全体演员整体配合得空前默契、中奖节目三个环节贯穿晚会的独特创新、哑剧演员和杂技演员的完美配合、硬气功表演得出神入化、武术表演得新颖有创意……除此之外,开始部分还有为小朋友们准备的美术片《除夕的故事》和动画片《黑猫警长》,均以另类方式吸引观众注意力。遗憾的是,由于场地较大,屏幕离观众较远,并未完全达到预期效果。

录像的使用也是早年春晚的一大特色。1985年春晚中有两处运用了录像资料,一是在介绍中国女排时,由于队员们在漳州集训未能到达现场,晚会便用一段录像记录了姑娘们辛苦训练的过程,感谢默默无闻、无私奉献的无名英雄,感人至深;另一处是零点钟声敲响时,也是一段录像,回顾了中国人民在过去一年中的美好生活和新年全家庆祝团圆的火热气氛,让观众感受到了浓厚的年味儿。这两段影像短片的插入不仅使整台晚会兼具艺术性和欣赏性,同时也起到了"四两拨千斤"的作用,在当时是一种很具创新性的表现手法。

图6 女排姑娘们在排球上签名

还有一个不算节目的节目，也为晚会增添了一抹亮色，那就是台湾主持人黄阿原主持的《中奖节目》。该节目由三部分组成，均衡地穿插于整场晚会其他文艺节目中间，以黄阿原与观众互动做游戏的形式（例如猜题、投篮等）向人们赠送春节晚会金、银、铜牌纪念币。虽然黄阿原没有继续担任春晚的主持人，但是他以这样一种独特的形式出席晚会主持，与现场观众互动，其幽默风趣的主持风格引来场上笑语不断，始终是人们心中深受欢迎的人物。他也是唯一进驻春晚并连续两年进行主持的台湾主持人，这在当时海峡两岸对峙的凝重气氛下可谓很大的突破。姜昆后来曾谈道："现在想起来，他无非是在商业社会待的时间久，看的娱乐性节目多，在当时，他就是重复在台湾都是老汤老水的花招，也让我们这些人感到新鲜。"①

创新失败遭批，春晚首次道歉

1985年春晚有许多亮点值得我们回忆，但回到最初的话题，我们不得不承认，这不能算是一届成功的春晚。

仅就节目来说，1985年春晚从整体上来看只能算是差强人意，从细节上挑毛病，更是问题多多。从1983年春晚到1985年春晚，一个最普遍的现象就是有些歌手会一人连唱多首歌曲，尽管这在当时人力匮乏的条件下是不得已而为之的方式，但"个人演唱会"式的表演形式也造成了晚会形式的单一，且无形中加大了晚会的容量限制，新面孔甚少，整体没有新意，观众情绪不高，感受自然就上不去。此外，可能是由于经验不足，晚会彩排等准备工作不到位，背景音乐没有与节目的表演配合好。比如杂技《悠绳》中，结尾部分演员从高空悬挂的绳子上直到落地的整个过程中，没有任何背景音乐进行配合，完全是演员在做动作，大大降低了节目的美感。

连续执导两届春晚的导演黄一鹤完全没想到，他的创新会导致晚会的严重失控，虽然整个舞台上亭台楼阁、小桥流水，花样百出，但灯光不到位、联系不密切、节目无新意，都严重影响了晚会的整体效果。而且，陈冲的一句"你们中国人……"不知一下子激怒了多少中国人。观众的胃口被吊得老高，结果晚会的质量却跌得很惨，除了陈佩斯、朱时茂、董文华、罗文的节目免遭责骂外，其余节目几乎全都受到了观众的强烈批评。"水平之低，出乎意料，简直难以想象是中央电视台办的！""你们浪费国家大量资金，浪费观众时间，难道问心无愧吗？""晚会破坏了我们的情绪，害得我们都没有过好。"②……上百封批评信骂得滔滔不绝。黄一鹤的心情是说不上的复杂："对不起事业，对不起合作的同志们……明年……中央还要举办……不过，到时候，

---

① 杨晓民、陈亦文主编：《难忘今宵——中央电视台历届春节联欢晚会大写真》，长江文艺出版社1998年版，第141页。

② 黄望南主编：《黄一鹤的电视艺术道路》，中国广播电视出版社1993年版，第8页。

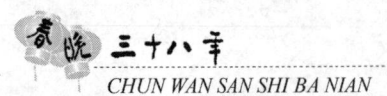

同诸位碰杯的,将不是我了……"① 晚会后,台领导组织召开总结大会,中央电视台副台长洪民生说:"我们分析了砸锅的原因。锅砸在哪儿?一个格调问题。过年应有民族气氛,晚会民族传统不够。还有,电视特点没有抓住。场子很大,效果出不来,黑乎乎一大片。"② 另外,港台风太浓、新节目不多、广告插播严重也是晚会失败的致命弱点。但观众对晚会的某些节目也表示了肯定。北京的阎鸿勋说道:"整台节目最使我感动的是香港歌星汪明荃演唱前讲的一句话,大意一个曾到太空的宇航员说,他在太空能看到的唯一的人类建筑是中国的长城!"③

在如此强烈的群众反响下,中央电视台领导不得不在晚会播出后的1985年3月2日晚间《新闻联播》中,向全国人民道歉:"……由于我们组织领导不力,致使1985年春节晚会严重失控,未能体现'团结奋进,活泼欢快'的宗旨,在此向全国广大观众致以诚恳的歉意,并欢迎大家继续来信批评……"④ 这是中央电视台首次公开向全国人民道歉。导演黄一鹤也在后来接受采访时说:"1985年的春晚受到了严重挫折,失败的最根本原因就是当时没有根据我们国家的科学水平,可以发展的能力,来掌握春晚的动向……"

1985年的春晚就像遭遇了"滑铁卢",很少有人说它的好,总导演黄一鹤更是内心无比惭愧。其实,许多批驳未免言过其实,尽管1985年春晚的失败已是不争的事实,但它也并非一无是处。例如,这年春晚的舞台被分成若干个表演区,有中央表演区、小桥流水、亭台楼阁等,演员可以根据表演需要自由选择表演的场地,这是"茶座式"晚会场地无法比拟的优势。此外,在周围观众席的空隙处还布有霓虹灯,可以随着节目的进行不断改变颜色和形态。比如主持人报幕豫剧《老牛接班》节目时,灯光区就会摆出一头牛的画面;新年敲钟的"恭贺新禧"、歌曲《万里长城永不倒》的"长城"画面等,也都是借助这种手段给观众呈现出立体之感的。从另一角度看,尽管1985年春晚因场地的变更带来了一系列问题,受到媒体舆论的强烈批评,也遭到观众种种诟病,但它毕竟开创了"场馆文艺"的一条新路,我们今天的奥运会开幕式表演等一些场馆文艺演出,都是源自1985年那次"失败"的春晚。

(本文作者:田园、薄璐)

---

① 黄望南主编:《黄一鹤的电视艺术道路》,中国广播电视出版社1993年版,第10页。
② 黄望南主编:《黄一鹤的电视艺术道路》,中国广播电视出版社1993年版,第25页。
③ 中国广播电视年鉴编辑委员会:《中国广播电视年鉴1986》,中国广播电视出版社1987年版,第630页。
④ 泥子、善良、偶然:《21年春节联欢晚会内部消息》,新华出版社2003年版,第435页。

附：1985年春节联欢晚会节目单

首播时间：1985年2月19日20：00
总导演：黄一鹤
主持人：马季、姜昆、张瑜、朱苑宜（中国台湾）、斑斑（中国香港）

1. 片头
2. 朱苑宜、张瑜等向全国人民拜年
3. 京剧：《百猴迎春》 表演：中国京剧院
4. 美术片：《除夕的故事》（录像）
5. 动画片：《黑猫警长》（录像）
6. 乐器合奏：《编钟乐曲》 表演：湖北省歌舞团
7. 歌曲：《南乡子》 演唱：李元华
8. 歌曲：《万里长城永不倒》 演唱：吕念祖 舞蹈：北京工人武术队

中国女排队员给老教练、老队员、家属及服务人员拜年
主持：马季、姜昆 嘉宾主持：宋世雄

9. 歌曲：《共享快乐年》《在我生命里》《中国梦》 演唱：罗文
10. 小品表演 表演：王景愚、冯巩、赵炎、李文华、唐杰忠、刘伟

片花广告

11. 《中奖节目》 主持：黄阿原
12. 歌曲：《赤子之心》 演唱：周烽
13. 歌曲：《新春我们干一杯》《祖国慈祥的母亲》 演唱：张建一（杭州歌舞团演员）
14. 粤剧：《花市》《花城之春》 演唱：红线女
15. 高空杂技：《悠绳》 表演：王景愚、张小卉
16. 相声：《大乐特乐》 表演：马三立
17. 越剧：《五女拜寿》 演唱：何赛飞（饰翠云）、茅威涛（饰邹士龙）
18. 歌曲：《一杯美酒》《我的歌会飞到你的身边》 演唱：迪里拜尔（维吾尔族，中央音乐学院花腔女高音）
19. 歌曲：《龙的传人》《四海都有中国人》《楚留香》 演唱：黄锦波（美国加州喜瑞都市华裔市长）
20. 《中奖节目——投篮球》 主持：黄阿原
21. 歌曲：《谁知我心》 演唱：吕念祖、李志秀
22. 喜剧小品：《拍电影》 表演：陈佩斯、朱时茂

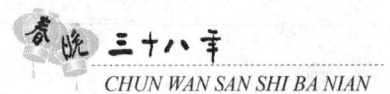

23. 歌曲：《小草》《欢腾的小路》 演唱：房新华

    新年零点钟声 主持人姜昆、朱苑宜、张瑜、斑斑宣读第八届大众电影百花奖评选办公室、陕西彩色显像管厂等单位发来的贺电，并与现场观众迎接牛年新年倒计时

24. 杂耍 表演：马季、姜昆、李文华、吴芸等
25. 小品表演 表演：唐杰忠、陈佩斯、李文华、姜昆、马季、赵炎
26. 豫剧：《老牛接班》 演唱：虎美玲、小香玉、王全真（河南省郑州市豫剧团）
27. 舞蹈：《长袖舞》 表演：湖北省歌舞团
28. 歌曲：《十五的月亮》《生命之花》 演唱：董文华、柳培德
29. 硬气功表演：《二指拉石》《手指钻砖》 表演：李登来（武警总队战士）
30. 游乐机械设备厂赠送儿童玩具车 主持：姜昆、马季 受访者：易启民（中国儿童少年活动中心负责人）
31. 歌曲：《故乡情》 演唱：奚秀兰（中国香港）
32. 歌曲：《登上高峰》 演唱：张明敏（中国香港）
33. 《中奖节目——试试看、比比看》 主持：黄阿原

    张瑜宣读来自英国伦敦的贺电

34. 武术表演 表演：郝勇、张小燕（浙江武术队）、赵长军（陕西武术队）、王建军（北京武术队）、李燕龙（河北武术队）、邱建国（深圳武术队）、王群（北京武术队）
35. 歌曲：《长城脚下一朵小花》《年景》 演唱：董岱（广州唱片社）
36. 相声：《看电视》《语言研究》 表演：姜昆、李金宝
37. 京剧：《打渔杀家》（选段） 演唱：孙岳（饰萧恩，北京京剧院著名青衣演员）、王馥荔（饰桂英）
38. 歌曲：《问候你，朋友》《万里长城万里长》《家乡》 演唱：汪明荃（中国香港）
39. 《游戏节目》 主持：黄阿原

赵忠祥宣读广播电视中心的来电，并向观众宣布，中央电视台发行的春节晚会纪念券的一部分收入，将代表购券电视观众捐助给残疾人基金会、"修我长城"和儿童福利基金会等单位

40. 舞蹈：《迎来新时光》 表演：总政歌舞团

    片尾 主持人马季、姜昆、朱苑宜、张瑜、斑斑致结束语

困境里超越　挫折中奋起

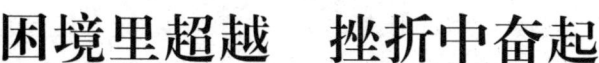
——1986 年春晚记忆

1986 年，农历丙寅虎年，春晚又回到了人们熟悉的 600 平方米演播室。

尽管 1985 年春晚失利了，但中央电视台领导仍毅然决定由黄一鹤担任 1986 年春晚的总导演。"在哪儿跌倒，就在哪儿爬起来。"黄一鹤用这句话，来表达他担任 1986 年总导演的心情。[①] 他最终也不负众望，又为观众呈现了一台高水平春晚。整台晚会高潮迭起，无论是现场观众，还是电视机前的朋友，都带着满心的期盼和欣喜看完了 4 个多小时的节目。从祖国四面八方传来的赞扬声不绝于耳，包括国家领导人在内，也充分肯定了晚会的独特立意，衷心祝贺晚会成功。国家领导人首次出现在春晚现场并参与节目，与民同乐，实现了黄一鹤期盼已久的梦想。

刚刚过去的 1985 年是国家"六五"计划的最后一年，此时，中国在改革开放大步走的 20 世纪 80 年代已经走过了 5 个春秋。5 年中，工农业生产、交通运输、基本建设、技术改造、国内外贸易、教育科学文化等方面取得了巨大成就，人民生活水平也逐年提高。我国第一个南极考察站长城站在南极乔治岛建成，长江三角洲等三个地区被开辟为沿海经济开放区，改革开放的广度和深度都有了进一步提高，四化建设的新局面初步形成。

仅就体育事业来说，许多优秀健儿在一系列国际重大比赛中获奖夺魁，奋勇争先。1985 年中国运动员共获得了 46 个冠军，并打破 5 项世界纪录，创下 1 项世界最好成绩。深受人们喜爱的中国女排更是在 1985 年举行的第四届世界杯中获得了冠军，开创了中国大球翻身的新篇章。

在国际事务方面，我国也取得新进展。1985 年 3 月 4 日，邓小平提出"和平与发展是当代世界的两大问题"，成为联结我国与世界各国政治和经济各方面的纽带。

有了经济基础的逐步提高、体育事业的蓬勃向上、和平环境的稳定保障、人民生活的安居乐业做后盾，1986 年春晚在改革开放的浪潮中汹涌而来。当得知仍由自己担

---

① 杨晓民、陈亦文主编：《难忘今宵——中央电视台历届春节联欢晚会大写真》，长江文艺出版社 1998 年版，第 11 页。

任总导演时，黄一鹤落泪了："我没想到今年组织上决定还让我搞春节晚会，我是请了不少次战，可我并没有抱百分之百的希望。这一年我多难呀，不是让我检讨，就是查我们剧组的问题。查我们剧组的问题不难，因为那都能说清楚，难的是一个名牌节目创下了，能不能坚持下去，今年要再砸了，明年组织上就会决定不能再搞了。我不能生了个儿子，又把他毁喽……"① 抱着这样的心情，他决定拿起指挥棒，背水一战。

黄一鹤没有受1985年春晚失利的过多影响，再次恢复信心，大胆起用人才，大胆创新。他将晚会的主题定为"团结、奋进、欢快、多彩"，在选择节目的同时充分考虑不同层次观众的口味，以达到"众口不难调，大家齐欢笑"的目的，力求精益求精，尽善尽美，和民心、顺民意。

1985年7月，"春节晚会筹备小组"就组建起来了，黄导吃住都在剧组里。有观众问过为什么春晚要搞半年，黄一鹤说道："一个节目，从无到有，先是提出设想，然后提出设计，一稿不行搞两稿，光汇报提纲今年就写了六稿，台本写了四稿。光大联唱，就搞了五个月的时间。"② 小组成立之初，便初步探讨了晚会的形式、节目类型、演员阵容以及主创人员名单等。这一次，考虑到内容与形式之间的矛盾，黄一鹤还是选择了600平方米的茶座式演播现场，而把工作重点放在了内容的创作上。他换掉了前三年的创作人员，请来一些老作家做骨干，他们分别是：中国广播说唱团的赵连甲，铁道兵文工团的团长焦乃积，空军政治部文工团的词作家阎肃。③ 1985年的失败在时时警示着创作组的成员们，同时也让大家心里无形中给1986年的晚会树立了一个目标，那就是找回1983！这也成为这场晚会在筹备之初所定下的基调。黄一鹤翻出以前调集的大批录像资料，有香港的新春晚会、美国的颁奖晚会、苏联的圣诞晚会，从中寻找启发和可以借用的思路。

同1983年一样，突出主持人的作用仍是黄一鹤的指导思想之一。晚会的主持人阵容里，依然能看到姜昆这个熟悉的面孔，据他回忆，黄导曾跟他说了这样一句话："姜昆，去年我跌了一个大跟头，今年要再跌的话，我可就爬不起来了。半年多了，我净对付工作组了，现在刚静下心来。像1983年一样，我把'宝'又押在主持人这儿了！你到关键的时候得冲得上去！"④ 可见导演对这位"老春晚主持人"的重视。

就这样，一切准备工作就绪，所有的演员都铆足了劲儿，决心搞好1986年春晚。

---

① 杨晓民、陈亦文主编：《难忘今宵——中央电视台历届春节联欢晚会大写真》，长江文艺出版社1998年版，第154页。
② 黄望南主编：《黄一鹤的电视艺术道路》，中国广播电视出版社1993年版，第31页。
③ 杨晓民、陈亦文主编：《难忘今宵——中央电视台历届春节联欢晚会大写真》，长江文艺出版社1998年版，第11页。
④ 杨晓民、陈亦文主编：《难忘今宵——中央电视台历届春节联欢晚会大写真》，长江文艺出版社1998年版，第153页。

1986年春晚中直接参与的工作人员达300人以上，参与演出的人员有82人①，任务重、责任大。黄导的主创队伍倾注了大量心血，谨慎地忙碌在工作岗位上。晚会决定不播放广告，减少了一部分收入，得到了台里的认可，正如胡乔木指出的："只要下决心按照中央制定的文艺方针办，'向钱看'的倾向是可以克服的。"② 从整体上看，除了黄一鹤一直想改变的茶座式演播现场没有改变外，1986年春晚较前一年有了许多创新之处，内容和编排上都有很多亮点。例如，在演出服装设计上，1986年春晚一改前三届的传统服装样式，进行整体把握，在演员服装安排上协调自然，杂而不乱。殷秀梅的红色长裙、成方圆的休闲衣裤、夏丽蓉的民族服饰、张德兰的现代西服，都洋溢着时代气息，光彩夺目、色彩斑斓，构成了和谐喜庆、变幻多端的艺术效果。

英语主持首次亮相

随着我国改革的深化和对外开放程度的加深，春晚在海外的影响力也逐渐扩大，但是，由于语言上的障碍，许多外国朋友只能看电视画面，却不知所云，深感遗憾。针对这种情况，1986年春晚中首次起用了英语主持，中国国际广播电台的英语广播通过中波波段首次向北京、广州、武汉和杭州等城市对中央电视台春节联欢晚会进行同步报道，这也是大型晚会中主持人设立上的一大创新。

图1　方舒、姜昆、王刚进行英语主持

1986年春晚一开场，主持人的亮相便让观众眼前一亮，这构成了晚会的最大亮点之一。"Ladies and Gentlemen…"手持话筒，面带笑容，操一口流利的英语，他就是晚会主持新秀——王刚，与他搭档的是以演《日出》中的陈白露出名的方舒，外表端庄

---

①　洪民生：《追忆：中央电视台1983—1989春节联欢晚会》，中国国际广播出版社1990年版，第224页。
②　洪民生：《追忆：中央电视台1983—1989春节联欢晚会》，中国国际广播出版社1990年版，第225页。

大方,两人共同向观众介绍:"春节联欢晚会在国际广播电台同时进行英语直播,欢迎大家收听"。他们的英语主持为晚会增色不少,姜昆在中间"插不上一句话",显得有些尴尬,便在旁边做了几个滑稽的动作,颇有点儿"自己不说让他们说、就他们行"的意思,同时给晚会定下了喜庆、幽默的基调。其他两位主持人分别是赵忠祥、顾永菲,导演安排王刚和方舒一组,赵忠祥和顾永菲一组,姜昆一个人在中间插科打诨,串词处处带着幽默,着实给观众留下了深刻印象。

办"大家的晚会"

东南西北中,酸甜苦辣咸,办春晚之难,很大程度上难在了面对的观众群多层多样,"萝卜白菜,各有所爱",众口难调。不过,1986年春晚可以说在很大程度上"调"好了各个层面观众的"口"。

首先,1986年春晚的片头设计就新颖别致,采用喜剧的表现手法,请参加晚会的名角们一个一个地从开来的一部小汽车中连续出来亮相[①],特殊的拍摄手法营造出一种"变戏法儿"的效果。其构思大胆、新鲜有趣,受到好评。

此外,很多人可能还有印象,在这届春晚中,有一个节目是特地为小朋友们准备的,即《海豚表演》(录像),新颖独特的主持串场不仅博得了观众的笑声,而且吸引了小朋友们的注意力。就像主持人所说:"趁着孩子们的精气神儿还足的时候,把小朋友们的节目提前",这样家长孩子都高兴,可以说是两全其美。

与此同时,晚会节目也满足了外国留学生的需求,他们很想在春节前回到祖国、回到亲人的身旁与家人团圆,共度新春,但因种种原因回不去,就像他们自己说的:"再好的良医名药都治不好他们这些海外留学生的思乡病"。苏小明作为法国留学生,演唱了一曲《我要回到家乡去》,唱出了海外游子此刻的心情,"飞翔,飞翔,飞回到妈妈的身旁,再没有思念的忧伤"。与苏小明的歌曲有异曲同工之妙的是蒋大为的《最后一个梦》,歌颂了人们对台湾同胞的思念之情。

这样的节目,前一个体现欢快气氛,后两个表达思乡、思念之情,节目对象明确,扩大了晚会的受众群,层次、类型也不断拓展,随之产生的影响力也越来越大,"大家的晚会"这一理念深入人心。

歌曲"联唱"首登春晚舞台

1986年春晚在歌曲的选择与表现方面做了一个相当大的突破,即摒弃了一成不变

---

① 洪民生:《追忆:中央电视台1983—1989春节联欢晚会》,中国国际广播出版社1990年版,第129页。

的独唱形式，加入了许多新鲜活泼的元素，前几年的一个明星"连"唱几首歌变为众多明星"联"唱一首歌。例如晚会开头的歌曲大联唱、歌伴舞、吉他弹唱、双人对唱、表演唱等，不仅符合观众的审美习惯，有效地调动了参与积极性，也为晚会增添了一种喜庆的过年气氛。

整个晚会的节目中，歌舞类节目占了近半，既有反映民族团结的《五十六个民族同唱一支歌》，也有表达爱国热情的《我的祖国》《祖国啊，我永远热爱你》，鲜明的主题思想贯穿晚会始终，开头结尾前后呼应，从而实现了思想和艺术的完美统一。

晚会一开始便是众明星的歌曲大联唱，名歌与明星齐聚一堂，一下子就把观众的注意力吸引了过去，节日大联欢的气氛骤然而升。这是春晚舞台上第一次出现"联唱"这种形式，现在我们早已司空见惯的歌曲组合、歌曲联唱等，就是由此发展而来的。具体的演唱方式也一反常规，不是每个歌星自己唱自己最拿手的歌，而是全部"反串"。彭丽媛唱李谷一的《拜年歌》，成方圆唱沈小岑的《请到天涯海角来》，让相声演员笑林学张明敏的样子唱《我的中国心》，让刘晓庆和姜昆演《刘海砍樵》。① 演员们不仅展现了自己的演唱功底，更显示出自己卓越的表演天分，个人的表演和群体的衬托相映生辉，拉开了1986年春晚的序幕。

当然，演员们各自的拿手歌曲也没少，如殷秀梅的《祖国啊，我永远热爱你》，苏小明的《军港之夜》，郑绪岚、牟炫甫的《化蝶》，张德兰（香港）的《春光美》，郭颂的《进城送菜》，彭丽媛的《勿忘我》。有些歌曲在春晚播出后广为流传，感动并影响了不止一代人，例如蒋大为的《在那桃花盛开的地方》、彭丽媛的《我的祖国》。另外，成方圆弹着吉他唱歌的潇洒形象、刘晓庆边唱边跳的优美舞姿等也都给观众留下了深刻的印象。

舞蹈、戏曲后来居上

1986年春晚共有两支舞蹈，即夏丽蓉的《盘鼓舞》和谭金凤、梅万明等人的《双回门》。在舞蹈还没有占一席之地的春晚"童年"时期，这两支舞蹈的出现显得新颖别致，给人以新鲜感和趣味感。夏丽蓉鼓上有规律的踢踏、谭金凤杠上悠闲的表演，高难度的动作、协调的配合都让观众赞不绝口，连声叫好。

戏曲节目中，李维康和刘斌表演的京剧清唱《穷人的孩子早当家》和《都有一颗红亮的心》都是比较受欢迎的选段。演员在清唱的同时配有电子琴、贝斯、大小提琴、长号等乐器组成的电声乐队伴奏，显得别有一番风味，现代音乐和传统唱法的结合既给戏迷们以精神上的满足感，又吸引了一些"戏盲"，迎合了现场观众的审美趣味。

---

① 杨晓民、陈亦文主编：《难忘今宵——中央电视台历届春节联欢晚会大写真》，长江文艺出版社1998年版，第12页。

图2 上图分别为：
李维康《回娘家》，苏小明《军港之夜》，张德兰《春光美》

此外，还有由陶长进、小香玉、方亚芬表演的川剧、豫剧、越剧会串《白蛇传》选段《断桥》，不是插科打诨，而是正功唱念做打，既风趣又新鲜。①

语言类节目注入新鲜血液

与上一年相比，1986年春晚的语言类节目占比有所扩大，包括相声《虎年谈虎》《怪声独唱》《戏迷》《照相》《唱歌的姿势》，小品《送礼》《羊肉串》。此外，以《零点七》《吹牛》为代表的新语言形式谐剧和山东快书也首次登上春晚，它们有着不同的幽默风格，各有特点。谐剧虚拟的人物对话，山东快书快节奏的击板叙唱，都体现了鲜明的地方特色，诙谐的内容以及演员一板一眼的表演都值得人们去细细体会。

相声方面，出现"星"人。经姜昆推荐，冯巩在1986年春晚中脱颖而出，他与刘伟表演的相声《虎年谈虎》正好迎合了虎年过年的气氛，令人捧腹大笑。冯巩和刘伟

---

① 洪民生：《追忆：中央电视台1983—1989春节联欢晚会》，中国国际广播出版社1990年版，第9页。

师从马季,从业余宣传队到中国铁路文工团,两人的表演成长之路可谓坎坷,直到在广播说唱团遇见了姜昆这个"伯乐",才实现了上春晚的梦想。其实,在1985年春晚中,冯巩和刘伟就已经与观众见面,如果说前一年的春晚是一次预演的话,那么他们二人在1986年春晚上的表现可谓异彩纷呈。在这个相声中,几乎每一句台词都围绕着"虎"字展开,"龙腾虎跃""明知山有虎,偏向虎山行""虎胆英雄""猛虎下山""谈虎变色"等一系列关于虎的词语都被搬上台面。而刘伟在表演结尾处的"冯巩是老虎,我是武松"更是画龙点睛,将晚会推上了一个小高潮,不可不说是一段佳作。也正是从这一年开始,冯巩与春晚结下了不解之缘,每年春晚,观众们都会看见冯巩的身影,甚至有人"授予"他"春晚钉子户"的名号,那句经典的"亲爱的观众朋友们,我想死你们了"更是成为一个"不见不散"的约定。其实,不光观众们需要冯巩,冯巩对春晚也有着深厚的情意,导演们每年都会招他进春晚商讨节目的准备事宜,曾经有一位导演这样说过:"千不怕万不怕,就怕冯巩半夜三更打电话,下半夜三点钟说不定这位先生就又有什么馊主意了。"①

图3 相声《虎年谈虎》

小品方面,仍然只有两个,尽管数量不占优势,但都是精品。由《四世同堂》中的"大赤包"李婉芬和周国治合演的小品《送礼》刻画了一个企图"走后门"却又处处"碰壁"、最后在矛盾中受到教育的人物形象,针砭时弊,批评了办事先送礼、用礼品买通关节的不正之风。周国治扮演送礼的人,而李婉芬一人连换4个角色,用4种方言塑造了4种人物,一个是局长出国、欲收礼但没收成的丈母娘,一个是局长家拒绝收礼的保姆,一个是反对收礼的局长夫人,还有一个则是局长本人。李婉芬把4种人物表现得活灵活现,各有特色,美与丑的形象也表达得清晰分明,送礼人最后得到了应有的教训,观众也从中感受了小品的内涵,"有问题,但不是一团糟"的现实

---

① 李庆山、李敬编著:《中央电视台24届春节联欢晚会台前幕后》,中共党史出版社2007年版,第29页。

问题在小品中充分展现出来，播出后产生了良好的社会反响。

图4　小品《送礼》

另一个小品《羊肉串》是陈佩斯、朱时茂两位老搭档继《吃面条》和《拍电影》后的又一力作。故事围绕"羊肉串"展开，讽刺街边无照经营的不良商贩的偷税漏税行为。该小品反映了当时一个很大的社会问题：商贩和城管作为两个社会阶层的代表，一个"上有政策下有对策"，一个"站着说话不腰疼"，颇具讽刺意味。陈佩斯扮演两种角色，夸张的表演、幽默的神情、圆滑的态度表现得入木三分，特别是他那头戴新疆小帽、嘴上八字大胡、身穿黑白条纹大衣的小贩形象给人以深刻印象，甚至影响了那一时代的行业形象。

图5　小品《羊肉串》

现场办婚礼，纪实节目首登场

在1986年春晚中，有一个比较"另类"而新颖的节目，那就是《婚礼》。从内容上看，这是全国性的大型晚会中第一次引入纪实性节目。该节目歌颂了老山战士的牺牲精神，但是节目没有将这个主题直接渗透进去，而是通过除夕的"团聚"和"分别"这一典型环境中的感情颤动，向人们的心灵深层发起冲击。[1]

婚礼的新郎是老山前线荣获过两次战功的杨晟，新娘是青岛市歌舞团的独唱演员于民刚领唱《十五的月亮》，老山前线战斗英雄史光柱讲话。这种场面的安排进行得顺理成章，在情感撞击的同时也反映了深刻的哲理，呈现出晚会质朴、亲切的风格，唤起了人们内心深处情感的共鸣。据于民刚讲，她结婚后接到几十位姑娘的来信，让她帮助与老山战士牵红绳；她到老山前线时，战士们告诉她："大嫂，看到你的婚礼我们都哭了……"[2] 晚会结束后，有观众专门写信到电视台："晚会上安排的《婚礼》，这种别开生面的节目拨动了电视机前每个人的心弦，产生了强烈的共鸣和遐想，也大大鼓舞了驻守边陲的指战员们。"[3] 足见这场婚礼对人们的影响。

除此之外，晚会还有许多其他综合节目，例如表演细腻幽默的小魔术、为小朋友们准备的海豚表演（录像）和小提琴独奏，还有趣味性极强的猜谜语，这些节目过渡自然，没有矫揉造作之感，不仅有利于保持观众的观赏新鲜度，而且密切了观众与舞台之间的联系，引起了观众的浓厚兴趣，无论是从专业性还是从审美角度来分析，都体现了晚会的鲜明特色。

从批评到好评

社会心理学家曾把带有普遍性的节日心理概括为6个字——"团圆""欢乐""希望"[4]，1986年春晚正是把握和确定了节日的民族心理。晚会圆满结束后，来自社会各阶层的人士都给予了一致好评。国家领导人王兆国说："春节期间人们见

---

[1] 洪民生：《追忆：中央电视台1983—1989春节联欢晚会》，中国国际广播出版社1990年版，第31页。
[2] 洪民生：《追忆：中央电视台1983—1989春节联欢晚会》，中国国际广播出版社1990年版，第83页。
[3] 《我们喜欢这样的春节联欢晚会》，《中国电视报》1986年第8期。
[4] 黄望南主编：《黄一鹤的电视艺术道路》，中国广播电视出版社1993年版，第36页。

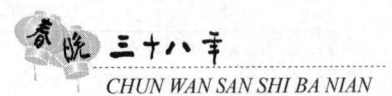

面，主要讲两件事：一是端正党风，二是春节晚会。去年也是这些同志搞的，关键是创作思想端正了……要表扬鼓励剧组人员。要抓紧总结，引导大家正确理解中央关于端正创作指导思想的指示，把思想性和艺术性结合起来。导演、演员都要表扬。"①

据中央电视台官方数据估计，全国有五亿多人坐在电视机前收看了4个多小时丰富多彩的联欢晚会节目，从祖国四面八方传来的赞扬声不绝于耳，包括国家领导人在内的社会各阶层人士都充分肯定了晚会的独特立意，衷心祝贺晚会成功。时任国家主席李先念说，春节晚会节目4个多小时，我后来怕坚持不下来，但是越看越想看，就坚持看完了。胡乔木也说："我是以普通公民的身份，来观看晚会节目的。我感到非常痛快，多少次开怀大笑。一晚上，笑那么多次，是一种幸福，我见到的中央同志，没有哪一位不对今年春节晚会感到满意的。"②

人们普遍反映这年的春节晚会"主题突出""思想境界高""有的节目喜气洋洋，民族风味浓；有的节目幽默诙谐，别具匠心；有的节目令人振奋，催人泪下；有的节目针砭时弊，言辞辛辣""内容丰富多彩、活而不杂，形式新颖活泼、编排紧凑，表演风格雅而不俗""生活情趣浓""主持人的串联简洁明快""各类节目穿插得当，给人一种起伏有致、一气呵成的整体感"，等等。应观众和工作人员的要求，2月18日晚又在电视上进行了重播。

对此，《人民日报》专门发表了题为《去年批评信三麻袋，今年表扬信一千封》的通稿，《中国广播电视报》还发表了黄一鹤的文章《写在春节联欢晚会之后》。辽宁抚宁县退休干部杨辅长在一封信中说："我在痴想，如果我们国家各部门的同志，都能有哪怕是再少一点的您的这种精神，这种对事业的责任感，我们的四化步伐不知会加快多少倍！"③对于黄一鹤，胡乔木说道："同一位导演，去年失败了，今年成功了。我们要相信人，相信我们的同志。犯错误，任何人都难免。不是说犯了错误，就不可以信任……"④

洪民生从三个方面重介绍了这届春晚改进的体会：一是端正业务思想，珍惜人民的分分秒秒，给人民带来振奋和欢乐；二是总结去年的经验和教训；三是在精选节目

---

① 黄望南主编：《黄一鹤的电视艺术道路》，中国广播电视出版社1993年版，第30页。
② 王庚虎：《黄一鹤的启示》，载黄望南主编《黄一鹤的电视艺术道路》，中国广播电视出版社1993年版，第31页。
③ 黄望南主编：《黄一鹤的电视艺术道路》，中国广播电视出版社1993年版，第32页。
④ 黄望南主编：《黄一鹤的电视艺术道路》，中国广播电视出版社1993年版，第31页。

上下功夫。① 总之，晚会是成功的，而它的成功离不开台领导、主创人员以及演职人员的辛勤付出。

（本文作者：田园、薄璐）

附：1986年春节联欢晚会节目单

首播时间：1986年2月6日20：00
总导演：黄一鹤
主持人：赵忠祥、王刚、姜昆、方舒、顾永菲

1. 歌曲大联唱：

    （1）《拜年歌》演唱：蒋大为、彭丽媛

    （2）《请到天涯海角来》演唱：成方圆

    （3）《在那桃花盛开的地方》演唱：蒋大为

    （4）黄梅戏：《天仙配》演唱：郑绪岚、牟炫甫

    （5）《回娘家》演唱：李维康

    （6）《阿里山的姑娘》演唱：郁钧剑

    （7）《我的祖国》演唱：彭丽媛

    （8）《我们的生活充满阳光》演唱：董文华

    （9）《我的中国心》演唱：笑林

    （10）《刘海砍樵》演唱：刘晓庆、姜昆

    （11）京剧：《今日痛饮庆功酒》演唱：耿其昌、刘斌

2. 相声：《虎年谈虎》表演：刘伟、冯巩

3. 小魔术　表演：冯京、金云　协助：陈佩斯、朱时茂

4. 京剧《红灯记》选段：

    《穷人的孩子早当家》　演唱：刘斌

    《都有一颗红亮的心》　演唱：李维康

5. 海豚表演（录像）

6. 谜语："气球"（猜晚会上一演员的名字）

7. 歌曲：《祖国啊，我永远热爱你》演唱：殷秀梅

---

① 黄望南主编：《黄一鹤的电视艺术道路》，中国广播电视出版社1993年版，第31页。

8. 歌曲:《追求》演唱:成方圆

9. 民歌:《过新年》演唱:郁钧剑

10. 歌曲:《我多想》演唱:成方圆

11. 小提琴独奏:《波兰舞曲》演奏:郭昶（15岁）

12. 相声:《怪声独唱》表演:笑林、李国盛

13. 小品:《送礼》 表演:李婉芬、周国治

14. 舞蹈:《盘鼓舞》 表演:夏丽蓉

15. 婚礼:杨晟、于民刚 主婚人:薄一波 主持:赵忠祥

16. 谜语:"红双喜"（打一四字成语）

17. 歌曲:《军港之夜》《我要回到家乡去》 演唱:苏小明

18. 歌曲:《望星空》 演唱:董文华

19. 歌曲:《化蝶》《哦，明天》 演唱:郑绪岚、牟炫甫

20. 川剧、豫剧、越剧会串:《断桥》 演唱者:陶长进（饰许仙）、小香玉（饰小青）、方亚芬（饰白娘子）

21. 谐剧:《零点七》 表演:沈伐

主持人串联:主持人顾永菲向观众展示河北省一位70岁的老人赠送给春节联欢晚会的编织品端午粽、金钱粽

22. 舞蹈:《双回门》（录像） 表演:谭金凤、梅万明等

23. 相声:《戏迷》 表演:侯耀文、石富宽

24. 魔术:《空中悬人》 表演:余剑等

25. 山东快书:《吹牛》 表演:郭秋林

26. 谜语:"四化在心上"（打一字）

27. 表演唱:《太阳出来喜洋洋》 演唱:刘晓庆

28. 歌曲:《燕子》《阿拉木罕》（新疆民歌） 演唱:江桦（中国香港）

29. 歌曲:《春光美》《祝福歌》 演唱:张德兰（中国香港）

30. 主持人王刚表演节目

31. 东北民歌:《送菜进城》 演唱:郭颂

32. 歌曲:《勿忘我》 演唱:彭丽媛

33. 相声:《照相》 表演:姜昆、唐杰忠

34. 歌曲:《最后一个梦》《五十六个民族同唱一支歌》 演唱:蒋大为

35. 谜语:"春节三日不离厂"（打一字） "慢等除夕钟声来"（猜一人名）

36. 小品：《羊肉串》 表演：陈佩斯、朱时茂

37. 相声：《唱歌的姿势》 表演：姜昆、唐杰忠

零点钟声

38. 歌曲：《拜年歌》 演唱者：全体演员

39. 宣布谜底：(1) 彭丽媛 (2) 好事成双 (3) 总 (4) 仄 (5) 徐寅生

点燃"一把火" 烧红"故乡云"
——1987年春晚记忆

"你就像那冬天里的一把火,熊熊火焰温暖了我的心窝……每次当你悄悄走近我身边,火光照亮了我……"

如果你走在1987年的大街小巷,这首歌可谓无人不知、无人不晓。喜欢怀旧的人们也许至今仍可随着它的旋律在心里翻腾好一阵儿。它的律动、它的激情总是可以瞬间把人拉回到那个年代——这与1987年春晚多少有些类似。在春晚历史上,1987年春晚并不是特别值得标注的一年,它既不是开创之年,严格来说也不能算转折之年,但是它却以很多如《冬天里的一把火》这样的节目标注了它自身,甚至标注了20世纪80年代的文艺经典,比如相声《五官争功》《虎口遐想》等,以至于时隔多年,当人们已经忘了"1987年"这个注脚,却依旧在传诵这些经典之作。这个冬天点燃的火光,一直蔓延到了此后的许许多多春夏秋冬。

春晚历史上首位女导演走马上任

1987年春晚,导演易人,曾任北京电视台(中央电视台前身)第一任播音员的邓在军挂帅,成为第一个执导春节联欢晚会的女导演。

台里换导演的决定让人出乎意料,不熟悉她的人,都不会想到这是位身经百战、阅历丰富的女强人。更有趣的是,北京一位少年看了报纸关于晚会的报道后给她写信称:"邓爷爷,我们等着看你的春晚节目,能不能先透露一点消息给我们?"[1] 然而,邓导却胸有成竹,凭借多年执导大型晚会的丰富经验,信心百倍地带领着她的团队投入到了新一年春晚的筹备工作中。结果也不负众望,1987年春晚在一阵阵喝彩声中落下帷幕,在往届春晚的基础上,1987年春晚在内容和形式上又上了一个大台阶。同

---

[1] 杨晓民、陈亦文主编:《难忘今宵——中央电视台历届春节联欢晚会大写真》,长江文艺出版社1998年版,第13页。

时，一批新人通过晚会涌现出来，得到全国观众的认可，并在相当一段时间内产生了极大的影响力，许多新歌、新作在春晚过后一举成名，享誉全国。

1986年3月，六届人大四次会议正式审议通过了"七五"计划，强调继续把改革放在首位，促进改革与建设的相互协调与适应，提高经济效益，注重产品质量，使对外经济技术交流进一步扩大，并把科学、教育事业置于重要战略地位。在这个基础上，人民生活水平得到提高，城乡居民的生活水平逐步改善。

与此同时，思想文化领域也呈现出一派繁荣景象：科技体制改革不断推进，广大科技工作者坚守工作第一线，在农业科技生产领域和航天、交通、生物技术领域都实现了巨大跨越；各条战线上的思想文化工作者都为社会主义文化事业作出了应有的贡献；解放军官兵的素质不断提高，军民关系和谐发展，越来越多的知识分子投身到维护祖国安定团结、保卫国家边疆安宁的伟大事业中。

在民族团结、社会安定的大环境下，我国体育事业发展形势也一片大好。在第十届亚运会上，中国体育代表团共获得94枚金牌、82枚银牌、46枚铜牌，金牌总数位列第一。

国家的繁荣发展是人民用一年的辛劳换来的。"七五"开创了新局面，体育事业的历史突破又让世界了解了中国，人们怀着对祖国发展的期盼、对未来的憧憬，在年终岁尾、欢度新春佳节之时，最企盼的就是那台熟悉的春节联欢晚会了。

在导演风格上，邓在军非常注重亲切、活泼、欢快的年味。在分析观众来信和历年春晚得失的基础上，邓在军把1987年春晚的主题定为"团结、向上、喜庆、红火"，整台晚会的节目要以喜剧为主，还要有动情之处，格调要高，立意要深。在晚会场地和节目形式的选择上，她仍延续"茶座式"方式，以密切同观众之间的联系，更好地同观众互动，加强同观众的友谊；同时摒弃一些一成不变的节目样式，多多容纳一些形式灵活的节目，例如相声小品、动物小品、戏曲小品、群口相声、小品串场等。

在"出新"问题上，邓在军也给自己定了一条原则，就是不新的、重复的东西，宁愿不搞；自己搞出来的东西就是要跟别人的不一样[1]。"不让观众拧台"，是邓在军给这台晚会定下的基本目标。[2] 这个目标并不容易达到，需要从大量优秀作品中挑选出更加优秀、更加贴近晚会主题的节目，以满足观众的审美需要。

1986年的国庆晚会结束后，春晚筹备小组便组建起来。邓在军习惯把全国各地的节目搜罗到一起，先不看节目类型的比例，觉得可以就拿出来，然后看录像、看演员，经过与其他部门导演的商讨，再做下一步的决定。对于这台晚会，她提出了四个方面

---

[1] 杨晓民、陈亦文主编：《难忘今宵——中央电视台历届春节联欢晚会大写真》，长江文艺出版社1998年版，第55页。

[2] 邓在军：《屏前幕后——我的导演生涯》，重庆出版社2003年版，第97页。

的要求,即"欢""新""高""精"。①"欢"就是欢快、喜庆,能把观众逗乐,让充满欢乐气氛的相声、小品、歌曲占据晚会的大部分比例;"新"就是立意新、角度新,节目要有创意,尽量推出一些观众从未看过的作品;"高"就是格调高,节目要健康、向上,晚会要朴素、大方,既要寓意深刻,又要耐人寻味;"精"就是节目要精选、晚会要精练,不能拖沓、无味,要在仅有的时间内表达出饱满的内涵。对于节目的把关,邓在军做到了精益求精、层层审视,不放过任何一颗明星,也不掺进任何一粒杂尘。

欢"歌"热"舞"迎新春

1987年春晚的戏曲、歌舞类节目,依然可以寻觅到1986年春晚创新思想的痕迹,名歌星、新演员齐聚一堂,为观众献上自己最拿手的歌;港台歌星不远万里,倾情助阵;老艺术家幽默反串,欢笑不断……

歌舞节目仍然充当了开场。首先是由叶矛和廖莎演唱的《祝岁歌》:"龙灯舞,鞭炮脆,我们大家来祝岁,大家来祝岁",在一年最后一天的除夕夜里,大家欢聚在春晚现场,一起祝岁、守岁,欢快的气氛立刻呈现在观众眼前。随后是腰鼓舞,平添一份喜气、祥和的过年氛围,孩子们打扮成老虎和兔子的模样,活泼可爱的舞蹈表达出虎年与兔年的交替,格外生动形象。

图1　叶矛、廖莎《祝岁歌》

1987年春晚上的许多歌曲都来源于真实的故事,有献给不畏流血、英勇善战的解放军战士的,有献给默默无闻、不求回报的助产士的,也有献给不辞辛劳、兢兢业业开发大西北的年轻朋友们的,歌手们的深情演唱透露出对奉献者们的真挚感情。

此外,1987年春晚上的民族歌曲较多,尤以最后压轴的《民族团结大联唱》最为

---

① 邓在军:《屏前幕后——我的导演生涯》,重庆出版社2003年版,第98页。

突出。大联唱囊括了十余首脍炙人口且颇具代表性的民族歌曲，所涉民族达十余个，展现出一派民族大团结、社会大安定的繁荣景象。将这一节目设置在晚会的结尾处，恰好紧扣晚会主题，内涵深刻。

李光和葛存壮表演的京剧清唱是整台晚会仅有的戏曲节目，但形式颇有新意。两人利用双簧的形式进行表演，李光在后演唱，葛存壮在前表演。巧妙的是，一开始主持人并未交代实底，只给观众扔下了"包袱"，节目最后李光的亮相让观众大吃一惊，既有趣又新奇。

群口相声、泛小品节目首登台

1987年春晚的相声延续上一年的传统，由几对黄金搭档各自创作新段子，笑点很多，有刘伟、冯巩的《巧对影联》，笑林、李国盛的《学播音》，姜昆、唐杰忠的《虎口遐想》，侯耀文、石富宽的《打岔》。以《虎口遐想》为例，开头与前一个节目葛存壮在台上摔跟头的画面巧妙结合，过渡自然，姜昆的几句简单串场便使观众的注意力从刚刚结束的京剧清唱转移到幽默诙谐的相声中，连贯性较强。姜昆一不小心栽进了老虎洞，猛虎当头，腿都吓软了，姜昆只好施展嘴上功夫，和老虎一个劲儿"套瓷"①，故事生动有趣，人物刻画也形象逼真。

图2　相声《五官争功》

图3　相声《虎口遐想》

另外，群口相声首次登场，由马季创作并与赵炎、刘伟、冯巩、王金宝合演的《五官争功》寓意深刻，它采用寓言体的表现形式，用五官做比喻，讽刺那些因争功而相互诋毁，只在乎眼前个人利益，不求团结、不顾大局的人，演员们的机智尽显无疑，更体现了相声艺术的魅力，这一经典段子至今仍保持良好的收视率。单从艺术形式、结构安排等角度来看，《五官争功》的确堪称当时相声领域——准确地说是群口相声领域的一面新旗帜，远远超过了六七十年代甚至是八十年代初的相声剧及其他群

---

① 李海卉：《春节晚会大盘点1983—2001》，辽宁美术出版社2002年版，第34页。

口相声。马季在其中起到了举足轻重的作用,他的语言风趣俏皮,精湛的表演赢得了观众的阵阵掌声,他的形象也一度引领了相声的一派新活力,并完美推动了《五官争功》达到审美和内涵上的高度统一。

在小品节目中,除了传统的表演形式,如《恩爱夫妻》《产房门前》外,首次出现了一些蕴含小品元素的"泛小品类节目"①,包括戏曲小品《孙二娘开店》、动物小品《家庭宴会》、相声小品《拔牙》。《孙二娘开店》众明星云集,古代与现代的结合、京剧技艺与民间曲艺的结合深受观众好评;《家庭宴会》把动物人格化,展现动物的精彩技艺,发挥调动了动物(驯兽)的精彩表演、配音演员的配音技巧和电视的剪辑等综合艺术,使本来仅仅是单个动物的动作(如狗推小车、猩猩敲鼓等),综合成现在拟人的"演员"之间互相交流的表演②,趣味性十足;《拔牙》则根据传统相声改编,将相声的"说"变成"演",静变成动,更添一份笑意。这些节目都大胆借鉴了小品表情丰富、动作夸张等优势,并与自身节目性质相结合,打造出全新的表现样式,极大地丰富了春晚的节目形态。

图4 左上、右上、左下、右下分别为:
戏曲小品《孙二娘开店》,相声小品《拔牙》,小品《恩爱夫妻》,小品《产房门前》

---

① 耿文婷:《中国的狂欢节:春节联欢晚会审美文化透视》,文化艺术出版社2003年版,第69页。
② 洪民生:《追忆:中央电视台1983—1989春节联欢晚会》,中国国际广播出版社1990年版,第81页。

主持别具一格，表演类、综合类节目别开生面

1987年春晚中，导演邓在军在许多细节上颇费功夫。为了让各个节目过渡自然，达到一种一气呵成的效果，晚会主持人一贯到底的主持串词被淡化，德高望重的老艺术家李默然被请来担任晚会开头和结尾以及重大节目的主持人，他感情真挚、目光深邃，以朗诵的形式向观众介绍晚会的情况。例如，晚会由一段朗诵开始："年年有今夜，岁岁有今宵；时代在前进，明天比今天更美好。经过一年的辛劳，我们又迎来了这个令人陶醉的除夕之夜……今夜千家万户，爆竹声声，亿万人民欢声笑语，都预示着祖国明天更大的欢笑"，三言两语便将观众带进了除夕联欢夜的火热喜庆氛围中，这是前几届春晚未曾尝试过的一种创新。此外，和1986年一样，这次晚会也用英语在中国国际广播电台进行了现场实况直播，中央电视台第八频道同步播出，国际化传播为春晚带来了更多的观众。

图5　李默然主持春晚

小串场也成为1987年春晚上代替主持人串词来串联节目的一大尝试。其设计新颖别致、新鲜有趣，在晚会两处得到了恰当运用：一处是由笑林和刘亚津表演的《音乐欣赏》，另一处是刘亚津表演的《卖鱼》。演员扮成普通百姓，与观众唠家常，唠晚会节目，唠百姓生活，语言幽默滑稽，表演朴实生动，每一处细节都可以与观众达成审美上的共识，十分亲民。

除了别具一格的主持形式和串场方式，1987年春晚中，还有两类节目也占了一小部分比例，丰富了晚会内容，别开生面。

一类是表演类节目。包括体育表演、中学生服装表演、北京饭店厨师的抻面表演，这三个节目各有不同，但都表现出了不同职业的优势。体育健儿矫健娴熟的鞍马动作、中学生活泼阳光的形象以及饭店师傅精湛熟练的抻面绝活儿，都赢得了观众的阵阵掌声，不仅反映出新时期人们的聪明才智，更激发了人们对社会进步的坚定信心。

另一类是综合类节目。有"十佳运动员"授奖仪式、小魔术以及音乐猜猜看等。

授奖仪式的对象是李宁、阎明等1986年首都20家新闻单位评选的"十佳"运动员,主持人宋世雄向大家一一介绍他们的辉煌成就,并邀请国家有关部门的领导为他们颁奖,祝贺其在过去的体育比赛中取得的卓越成绩。宋世雄提到,正是因为这些佼佼者在体育比赛场上的奋勇拼搏,才获得了今天的辉煌成绩:26个世界冠军;刚刚过去的亚运会中94枚金牌,金牌总数排名第一;女子排球、水上项目的比赛中获历史性突破。现场掌声热烈,这个环节的设置也表现出极为深刻的意义。

音乐猜猜看也颇有新意,它是让现场观众猜出乐队演奏的5首中央电视台专栏节目和专题节目的片头曲,猜对有奖。节目环节设置得恰当合理,让对电视节目了解的观众参与到节目中,调动了观众的积极性,在与主持人互动的同时更活跃了现场气氛。

图6 音乐猜猜看

"动情节目"诉真情

1987年春晚一个极大的亮点就是导演刻意将人性的情感、真实的故事融入晚会节目中,以表达一种人伦之情,并通过电视传达一种朴实、诚挚的人间真情,这种节目我们称它为"动情节目",它是春晚的重要组成部分。按照晚会编导组组长、作家苏叔阳的所谓"黄金分割法",晚会分四个部分,每个部分的高潮都是"感情戏",并把整个晚会的高潮设在晚会的四分之三处,是最具"感情"的节目[①]。其实,自1983年首届春晚之后,这类节目就备受主创人员关注,如何在晚会节目中穿插进动情节目直接影响着晚会质量,而1987年春晚的成功也正得益于此。

邓在军曾在部队工作过,她执导的春晚自然少不了军旅作品。歌曲《血染的风

---

① 杨晓民、陈亦文主编:《难忘今宵——中央电视台历届春节联欢晚会大写真》,长江文艺出版社1998年版,第261页。

采》就是一首军旅题材的歌曲,演唱者是徐良和王虹。徐良曾是西安音乐学院四年级的学生,到越南自卫反击战前线慰问演出时自愿入伍,成了一名军人,被战士们亲切地称为"战地百灵",却在一次战斗中失去了左腿。他的事迹感动了许多人,各大媒体纷纷报道,徐良也成为那个时代的英雄,《血染的风采》的男主唱就自然而然地落在了他头上。经过商讨,女主唱由深圳女歌手王虹担当。导演们还给两人设计了表演动作,让徐良坐在轮椅上,请李双江先给观众介绍:"我有一个战友,被誉为'战地百灵'……"然后把他推出来,后面加上伴舞。等他唱完一段后,王虹再从伴舞演员中走出来。① 就这样,两人分别以战士和军嫂的身份出现,仿佛每一句歌词、每一段旋律都在向观众传达:尽管顽强、勇敢的共和国战士倒下,也不要让家人悲哀,因为"共和国的旗帜上有我们血染的风采",感情至深,不仅感动了现场的所有观众,也感动了全国人民。

另一个动情节目是为助产士所唱的《繁星从你眼前升起》。该节目选择人物的过程颇费周折,导演最后把目光定在了一位北京红十字会产科医院院长、名叫李宾的老人身上,她花白头发,非常慈祥,不胖,也不干瘦,人很纯朴,头脑还很清楚②,那一年她刚好80岁。在她接生的人中,有很多人成为国家的栋梁,解放军某研究所副所长杨东胜就是其中一位。舞台表演时,许多漂亮的女孩子作为伴舞,一身洁白,宛如一群随歌起舞的天使。被接生的军官杨东胜给老人献上一束鲜花并敬了军礼,向她致以崇高的敬意。③ 这个节目使许多观众为之动情,充满了强烈的艺术感染力。

图7　王静《繁星从你眼前升起》

---

① 邓在军:《屏前幕后——我的导演生涯》,重庆出版社2003年版,第102页。
② 邓在军:《屏前幕后——我的导演生涯》,重庆出版社2003年版,第103页。
③ 邓在军:《屏前幕后——我的导演生涯》,重庆出版社2003年版,第104页。

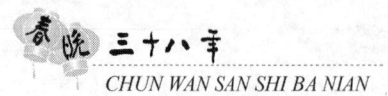

费翔点燃"冬天里的一把火"

1987年春晚舞台上,有一个人特别值得一提,他就是来自台湾的费翔。费翔是有着一半中国血统的歌手,父亲是美国人,母亲是北京人,他在台湾小有名气,但是在大陆却很少被人知晓。

1986年,得益于中美混血身份的费翔拿到美国护照,得以顺利转道香港来北京探望自己的姥姥。由于在台湾地区的演艺事业已经到了瓶颈,费翔此次返回大陆,也在探亲之余更有着一种开辟事业新天地的愿望。很快,他就走入了当时的广州太平洋影音公司,录制了一盘名为《跨越四海的歌声》的磁带。凭借着健康帅气的形象,以及专辑内清一色的台湾流行歌曲,这盘磁带就在当年达到了60万盒的销量。[1]

1987年,费翔以台湾歌手的身份第一次踏上了春节联欢晚会的舞台。晚会请来了费翔的妈妈和姥姥,在演唱之前,费翔深情地道出了当时的心情:"能再回北京过春节,我心里十分的高兴,我想与大家分享这激动与快乐,这次回到祖国,我初次见到了我的外婆,请允许我唱一支歌,献给我的外婆,献给我的母亲,献给我的故乡,这支歌的名字叫《故乡的云》。"这首歌歌词情真意切,旋律优美动人,"归来吧,归来哟,浪迹天涯的游子。归来吧,归来哟,我已厌倦漂泊",可谓句句唱出了华人游子的心声。歌声中透露出游子的情怀以及对家乡的思念,勾连起海峡两岸的乡愁。很快,海外华人的心灵便被这首歌牵动起来。

除了这首触动时代乡愁的《故乡的云》,随后费翔的一句"我第一次来到大陆,但我特别想念我的家乡,下面再唱一首歌,献给我的妈妈,我的姥姥,我在山东的太姥姥",又演唱了另一首歌——《冬天里的一把火》。这是一首快歌,在台湾地区由被称为"青蛙王子"的高凌风首唱,在当时的台湾乐坛,也一时成为红歌。在春晚舞台上,费翔伴随着歌曲的节奏边唱边跳,时而挥手,时而扬头,身体也随着歌曲的律动而扭动,这种劲歌劲舞让那个年代的年轻朋友们兴奋不已,不知迷倒了多少年轻男女。他的翻唱,赋予了这首作品以时代经典的意义。在《冬天里的一把火》之前,处于改革开放初期的中国,因为文艺政策的逐步宽松,已开始走出歌曲听命于政治,而慢慢向人性化回归的倾向。首波的主流,是如《乡恋》和《在那桃花盛开的地方》等一大批抒情歌曲的问世。但在中老年观众对回归抒情已经感到满足的情况下,年轻人对新生世界充满好奇和向往刺激的情绪,却让这一年龄段的歌迷不会仅仅满足于歌曲的抒情。而《冬天里的一把火》正是在这个基础上,以对爱情的一种激情表达,迎合了当时无数年轻歌迷的喜爱,歌曲第一次点燃了他们青春的火焰,也自然地成为一个时代

---

[1] 《冬天里的一把火:点燃青春的激焰》,http://ent.163.com/09/0907/11/5IJRRGQ400033JIP.html,2009年9月7日。

的记忆。

1987年春晚的初次亮相,让费翔很快以迥异于中国大陆流行歌手的时髦和洋气吸引住了全国无数青年观众。几乎是一夜之间,"费翔"这个名字就红遍整个神州大地。他带来的那种边唱边跳的表演方式逐渐为许多人所接受、模仿并开始普及,"费翔旋风"席卷全国,爆炸头与喇叭裤风靡,一时间成为全国年轻人竞相模仿的榜样。而他帅气迷人的风采,也让无数女歌迷以写求爱信的方式表达了自己对这位歌手崇拜和恋慕的心情。费翔成为真正意义上第一个大陆歌坛的偶像,他的出现开启了中国流行乐坛的一个偶像崇拜的新时代。在此之前,中国观众普遍接受的流行音乐标准,必须是作品词曲动人和歌手唱功优秀,很少会对演唱者的长相或造型评头论足。但正是从费翔开始,许多人才突然发现,一个长得帅气或漂亮的歌手,有时候往往会因为第一直觉的原因,而让他(她)的音乐更容易被人接受。① 春晚过后,费翔的专辑《跨越四海的歌》销量竟然达到160万盘,那时商店门口常常可以见到大字广告:"费翔到货"或"费翔无货"②。而关于费翔有多火,还有个心酸的段子。1987年5月6日—6月2日,黑龙江大兴安岭地区发生特大森林火灾,这是新中国成立以来最大、损失最严重的森林火灾。一些妖言惑众之辈造谣是费翔"冬天里的一把火"烧着了大兴安岭,这当然是将偶然事件联系的无稽之谈,但由于当时资讯匮乏、消息闭塞、普通民众受教育程度不高,谣言流传甚广,相信者为数不少——从侧面也可以看出费翔在全国人民心中是怎样神话般的人物。③

图8 费翔《冬天里的一把火》

1987年的春节联欢晚会成功落下帷幕,受到了广泛好评,赞扬、叫好声不断。全

---

① 《冬天里的一把火:点燃青春的激焰》,http://ent.163.com/09/0907/11/5IJRRGQ400033JIP.html,2009年9月7日。
② 李海卉:《春节晚会大盘点1983–2001》,辽宁美术出版社2002年版,第34页。
③ 《歌坛30年之1987:费翔的一把火和大兴安岭火灾》,http://mt.sohu.com/20161110/n472848929.shtml,2016年11月10日。

国数十家报刊载文,赞誉这台晚会"欢快、健康、朴实、昂扬";中央电视台第一次应广大观众要求,连续两次重播了这台晚会。① 2000年春晚的当天,《北京青年报》有一篇专文历数各届春晚的特点,其中有这样一段话:"1987年的春节晚会被看作最成功、最辉煌的一次,那时的导演是邓在军。有华裔血统的费翔给晚会带来了新的空气,《冬天里的一把火》让无数年轻人痴狂,而深情的《故乡的云》再一次唱出了观众的眼泪。那一年的相声节目也很出色。"② 晚会同时受到了台里各级领导的极度夸赞,获得了首届全国电视文艺星光奖的特等奖以及最佳编导奖,这与总导演邓在军卓越的指挥和领导能力是分不开的。据邓导回忆,几年之后,有一位执导当年春晚的导演对她说:"邓导,1987年的春节联欢晚会节目,我们编导组研究了3遍,你在我们面前设置了一个难以逾越的障碍。"③ 实践证明,本次晚会有了明显变革和新的升华,全力调动了电视特点,充分兼顾老、中、青、少多方面感兴趣的节目,现场感、参与感极强,是一场非常成功的春节联欢晚会。它为观众呈上了一桌既丰富又营养的年夜大餐,既延续了往年春晚的传统特色,又有创新和发展,晚会主题充分而又形象地体现出来。

(本文作者:田园、薄璐)

附:1987年春节联欢晚会节目单

首播时间:1987年1月28日20:00
总导演:邓在军
主持人:李默然(朗诵)、王刚、李小玢、姜昆

1. 开场歌舞:
   (1)《祝岁歌》 演唱:叶矛、廖莎
   (2)腰鼓:延安地区群众艺术馆演出
   (3)舞蹈:空军蓝天幼儿艺术团演出
   姜昆、侯耀文介绍4个演区
2. 相声:《巧对影联》 表演:刘伟、冯巩
3. 戏曲小品:《孙二娘开店》 表演:游本昌、董元元、张寄蝶、孙绍东、朱世慧、莫元季、刘丰
4. 歌曲:《小小的我》 演唱:苏红(中央电视台特约演员)
5. 西藏民歌:《酒歌》 演唱:胡松华

---

① 邓在军:《屏前幕后——我的导演生涯》,重庆出版社2003年版,第104页。
② 邓在军:《屏前幕后——我的导演生涯》,重庆出版社2003年版,第105页。
③ 邓在军:《屏前幕后——我的导演生涯》,重庆出版社2003年版,第105页。

6. 动物小品：《家庭宴会》（录像） 配音：王明玉、李扬等 表演：上海杂技团马戏队

7. 歌曲：《除夕圆舞曲》 表演：刘旭峰（中央电视台特约演员）

8. 歌曲：《送给你明天的太阳》《我们见面又分手》 演唱：叶丽仪（中国香港）

9. 小品：《恩爱夫妻》 表演：王馥荔、陈裕德

10. 相声：《学播音》 表演：笑林、李国盛

11. 歌曲：《我爱五指山，我爱万泉河》 演唱：李双江

12. 歌曲：《血染的风采》 演唱：徐良、王虹

主持人赵忠祥宣读各地来电

13. 双簧京剧清唱：《汉宫惊魂》选段——《金钟响》 演唱：李光、葛存壮

　　京剧清唱：《响马传》选段 演唱：李光

14. 相声：《虎口遐想》 表演：姜昆、唐杰忠

1986年首都20家新闻单位"十佳"运动员授奖仪式 主持：宋世雄

15. 体育表演：《鞍马开花》 表演：李宁等

16. 小魔术：《变兔》 表演：冯京

17. 歌曲：《春天你在哪里》 演唱：殷秀梅

18. 小品：《拔牙》（根据传统相声《拔牙》改编） 表演：赵连甲、王刚

19. 中学生服装表演（录像） 指导：胡慧娟、彭阿兰、邓文英

20. 小品：《产房门前》 表演：郭达、杨蕾、高兰村、邹小茜

21. 歌曲：《繁星从你眼前升起》 演唱：王静（中央电视台特约演员） 主持：李默然

　　嘉宾：李宾（北京红十字会产科医院院长）、杨东胜（解放军某部研究所副所长）

22. 歌曲：《你会爱上它》 演唱：彭丽媛

23. 小串场：《音乐欣赏》 表演：笑林、刘亚津

24. 歌曲：《三峡人家》 演唱：蒋大为

25. 相声：《打岔》 表演：侯耀文、石富宽

主持人赵忠祥宣读观众来电

26. 猜猜看：《音乐谜语》 主持：姜昆、侯耀文 颁奖：赵子岳 演奏：王恒、刘林

主持人赵忠祥宣读观众来信，并出了5条谜语

27. 抻面表演（录像） 表演：北京饭店王造柱等

28. 歌曲：《我是春风我是爱》 演唱：郁钧剑

29. 小串场：《卖鱼》 表演：刘亚津

30. 歌曲：《故乡的云》《冬天里的一把火》 演唱：费翔（中国台湾）

31. 歌曲：《日月与星辰》 演唱：董文华（中央电视台特约演员）

主持人赵忠祥宣读观众来信

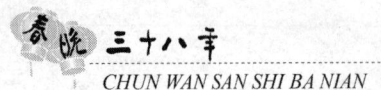

32. 相声:《五官争功》 表演:马季、赵炎、王金宝、冯巩、刘伟
33. 民族团结大联唱:
  (1)《欢欢喜喜度良宵》 演唱:左纯(中央电视台特约演员)、唐佩珠(壮族)
  (2) 江苏民歌 演唱:苏红(中央电视台特约演员)
  (3) 西藏民歌 演唱:格桑曲珍(藏族)
  (4) 新疆民歌 演唱:克里木(维吾尔族)
  (5) 云南民歌 演唱:赵琼霞(纳西族,中央电视台特约演员)
  (6) 朝鲜族民歌 演唱:赵玉衡(朝鲜族,中央电视台特约演员)
  (7) 蒙古族民歌 演唱:拉苏荣(蒙古族)、金花(蒙古族)
  (8)《青海花儿》演唱:马太萱(回族,中央电视台特约演员)
  (9) 陕西民歌 演唱:杜萍(中央电视台特约演员)
  (10) 湖南民歌 演唱:张也(中央电视台特约演员)
  (11) 台湾民歌 演唱:侯耀文(满族)
  (12) 安徽民歌 演唱:张德富
  (13) 陕北民歌 演唱:卢秀梅(中央电视台特约演员)
  (14) 彝族民歌 演唱:安冬(彝族,中央电视台特约演员)、曲比阿乌(彝族)
34. 歌曲:《春天的钟》 演唱:胡晓晴
零点钟声 钟声倒计时
尾声

四地齐欢歌　相聚庆龙年

——1988年春晚记忆

1988年春节联欢晚会的理念和节目设置与1987年大体一致，略有创新，依然由邓在军执导。挑选新人、大胆用新人一直是邓导秉承的理念，因此1988年春晚涌现出了许多新演员和新作品。通过春晚的舞台，他们红遍大江南北，他们的作品也成为那一时代街头巷尾人们争相谈论的热门话题。春晚带给他们的是另一种人生，同时他们也在春晚的历史上留下了浓墨重彩的一笔。总之，在人们眼中，这顿年夜大餐越来越不可替代。

在改革开放的推动下，我国的经济、政治、文化、社会等各方面都有了明显的进步与提高，发展形势总体向好。1987年，城乡居民的生活水平普遍改善，人均收入也有所提高，贫困地区摆脱贫困面貌的工作有了新的进展。

对外开放的不断深入也带来了文化和技术领域的频繁交流，大量国际友人来华学习中国文化，中国学生也纷纷走出国门感受异国风情。1987年4月13日，中葡两国政府正式签署关于澳门问题的联合声明。声明确认，中华人民共和国政府将于1999年12月20日对澳门恢复行使主权。领土问题的和平解决增进了两国之间的友谊，更加深了国际社会对中国的了解。

社会发展如此迅速，人们脸上露出了笑容，社会各界精英被请到春晚，与大家联欢，黑龙江、四川、广东三地齐办春晚，让全国人民感受到了十足的年味儿。这一年春晚的主题是"团结、奋进、欢快"，创新点颇多。

千里对话，天涯共庆

从1983年到1988年，春晚的影响力越来越大，观众的期望值也越来越高，晚会的创新点需要体现在各个方面，因此不仅节目本身要有创新，晚会整体设置也要创新。

办了这么多年的春晚，除了1985年春晚，其余每年都选择在一成不变的演播室内举办，这让邓在军觉得有些遗憾。1985年的失利并非必然，当年的导演黄一鹤只是出于力求改变的想法，大胆地将演播现场搬到了工人体育馆，没想到由于没有抓住电视的特点,技术也比较落后,再加上北京当天的寒冷天气,没有达到预期效果。但是,这一创意给执导1988春晚的邓在军带来了新的想法,那就是"千里对话,天涯共庆"。

尽管有重蹈1985年覆辙的顾虑,但邓导还是提出:春晚不要受演播室的限制,将舞台搬到祖国各地。于是,1988年春晚在时空关系上尝试做新的处理,在主会场外设置分会场,部分节目采取双向传送、千里对话,把观众的视野扩大到祖国天南海北。① 具体来说,就是以北京新建彩电中心1000平方米大演播室为中心会场,同时汇集广东、四川、黑龙江三省台的晚会实况,每台15分钟。广东是花会游览,四川是展现各种风味的小吃摊,黑龙江是来自全国各地各民族几百人的冰上婚礼。② 按晚会节目要求,除播出中央电视台自己的节目外,中间还要实况插入广东、四川、黑龙江三省电视台的节目③,主会场的观众能够在晚会中领略到广州羊城的花会、哈尔滨的冰上婚礼和四川人品尝风味小吃的风情④。环节的增多使整个系统变得十分复杂,晚会由全国数百个微波站传送,与往年相比,技术方面也有了更高的要求。

晚会开始以介绍会场的形式拉开帷幕,颇有新意。1988年是龙年,随着各种龙头造型的画面变化,夜幕降临,北京的街景车水马龙,节日的礼花五彩缤纷,镜头进入主会场,导演切换台等,然后是广东、黑龙江、四川分会场,镜头再次进入主会场,从会场中心推出字幕"春节联欢晚会"。⑤ 一组组极其写实的画面营造出了祥和的气氛,一系列镜头告诉人们,象征吉祥的龙年即将来临。

晚会的场地定下来之后,春晚筹备小组便开始了节目内容的准备工作;同时,各大报纸上都纷纷登出《春节晚会开始筹办》的新闻。消息传出后,许多市民纷纷来信,有的出主意,有的推荐作品和演员。鞍山市一位叫田春明的待业青年,用一年的时间精雕细刻了一件"九龙腾飞"的木雕,无偿献给春晚,表达他向全国人民祝贺节日的心意。⑥

按照惯例,邓在军在节目选择上一向秉持着精挑细选的原则,无论是名人还是新人,有好的题材就上;即使是名人出演,不符合晚会主题,再走后门也行不通。邓在军的"六亲不认"着实让人佩服,有一位演员在打道回府前曾送给邓在军一张纸条:"说你行你就行不行也行,说你不行就不行行也不行——不服不行"⑦。可见邓导的铁

---

① 李海卉:《春节晚会大盘点1983—2001》,辽宁美术出版社2002年版,第14页。
② 杨晓民、陈亦文主编:《难忘今宵——中央电视台历届春节联欢晚会大写真》,长江文艺出版社1998年版,第16页。
③ 洪民生:《追忆——中央电视台1983—1989春节联欢晚会》,中国国际广播出版社1990年版,第92页。
④ 洪民生:《追忆——中央电视台1983—1989春节联欢晚会》,中国国际广播出版社1990年版,第136页。
⑤ 洪民生:《追忆——中央电视台1983—1989春节联欢晚会》,中国国际广播出版社1990年版,第130页。
⑥ 杨晓民、陈亦文主编:《难忘今宵——中央电视台历届春节联欢晚会大写真》,长江文艺出版社1998年版,第15页。
⑦ 杨晓民、陈亦文主编:《难忘今宵——中央电视台历届春节联欢晚会大写真》,长江文艺出版社1998年版,第15页。

图1 1988年春晚的三个分会场

面无私。

可以说，在晚会宏观设置和节目微观内容等许多方面，我们都可以感受到邓在军追求晚会质量、精心雕琢每一处细节的用心。她认为，单一的节目和节目之间相联系，组合起来的新形式就可以引起观众的注意，由此推断，如果出现大量此类节目，那么整台晚会的效果将会得到明显好转。另外，借助这一平台，将更多、更新颖的很少在晚会上出现的节目样式展现出来，例如评书等，也会让观众的印象更加深刻。在这一思想的指导下，1988年春晚不出意料地获得了广大观众好评，现场掌声连连，笑声不断。

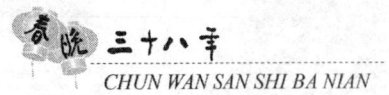

晚会设计"龙"味十足

龙是中华民族的图腾,是中华民族发祥和文化肇端的象征,也是中华民族的精神符号和文化标志。对于每一位炎黄子孙来说,龙的形象不仅是一种纽带,更凝聚着一种血肉相连的情感和信念。1988年是龙年,龙年的典型韵味在布光设计方面首先得到体现。晚会的视觉中心是两条龙的造型和两侧数米高的瀑布,背景光设计以中蓝为基调,观众席背景部分又设置了大幅装饰画,整体上显得形象、夸张、大方,形成了一定气势。此外,晚会的许多节目也都紧扣了"龙"这一生肖主题。

群口相声《求全责备》,围绕冯巩"应该属什么"展开讨论,最后发现,属猪、属狗、属鸡、属猴等无论属什么都有"致命弱点",唯有属龙,只有优点,没有缺点,大家都是龙子龙孙。

歌曲中,以《龙的传人》最为人们所熟悉。而很多人不知道的是,这首歌的背后,有着一段"一波三折"的故事①。1978年,美国与台湾当局"断交",当时正在台湾政治大学读书的侯德健对周遭的"悲情"不以为然,在他看来,1840年鸦片战争以来,中国人一直被悲情笼罩,受外国人牵制,他愤怒于这种儒弱的悲情,写下了《龙的传人》。当时,适逢台湾校园民歌浪潮的高潮,侯德健是其中的重要人物,《龙的传人》很快在以挖掘校园民歌著称的新格唱片录制完成,由李建复演唱,推出后立即成为热门歌曲,被迅速传唱。国民党政府于是也大力推广,十天后,台湾《联合报》刊出歌词全文,可原词中"四面楚歌是奴才的剑"却被改为"姑息的剑"。侯德健感到哭笑不得,他认为,被修改的原因是,有人认为"奴才"二字过于敏感,对鼓舞士气不利。

《龙的传人》诞生后不久,宋楚瑜在成功岭向正在军训的学生演讲,题目干脆就叫"龙的传人"。对于《龙的传人》,宋楚瑜在原词第三段后面又加了一段,以表达自强不息的斗志。歌词里添加了"处变不惊""庄敬自强"的词句,当局官员通过唱片公司传达了修改的意图,侯德健明确表示"无法接受"。宋楚瑜没有甘心,先是叫人把侯德健、李建复请到办公室,对两个年轻人的创作进行了一番表扬,然后又请侯德健的老师和长辈们吃了一顿饭,席间提出想让大家一起帮助劝说侯德健修改歌词。

侯德健的师长们当场反过来劝宋楚瑜,如果非要表达另外一层意思,不如另找人写歌。由于侯德健拒绝按照宋楚瑜的意思对《龙的传人》进行修改,很快,台湾"国民党文化工作委员会"(简称"文工会")开始派人出面游说,邀请他写一首《三民主义统一中国大同盟歌》,还定好了演唱者邓丽君。当时尽管"文工会"没有强人所

---

① 有关《龙的传人》的故事参考"姜弘:《侯德健:'红歌'〈龙的传人〉是怎样炼成的》,《校园歌声》2011年第7期"。

难，但他也没敢当面回绝。1983年3月，侯德健申请到香港参加抗议日本修改教科书的示威活动，被台湾有关部门拒绝。此时，"文工会"传来消息，侯德健把这件事告诉了外公，外公说怕是"鸿门宴"。侯德健由此下定决心出走台湾，从此《龙的传人》被台湾当局禁止在任何场合公开演唱，直到1987年台湾宣布"解严"后才失效。

来到北京后，侯德健被安排在王昆领导的"东方歌舞团"。那几年，他曾在团里的演出中唱过《龙的传人》，他也才得知，这首歌曲在大陆也很受欢迎，包括当时很红的香港歌手张明敏在内，有不少歌手在各种晚会和演出中都唱过这首歌。没多久，侯德健与东方歌舞团产生了矛盾，于是南下广州。

1988年，适逢中国农历龙年之际，当时的广电部副部长听说了侯德健的遭遇，便向春晚导演组推荐侯德健演唱《龙的传人》。春晚之前，进行了多次彩排。"我想他们是要确保安全播出，绝对不能出任何差错。"侯德健回忆，春节晚会的几乎每句话都是事先写好脚本的。但在一次彩排时，主持人蔚华忽然脱稿即兴发问："你说中国人为什么对龙这么情有独钟？"侯德健回答说："十二生肖里，其他十一种动物都是上帝创造的，只有龙是中国人自己想象创造的，希望中国人在龙年里有更多新的创造。"这段脚本里本来没有的即兴发挥被导演认为十分不错，就在除夕之夜的直播中采用了。那晚，侯德健抱着一把吉他，以缓慢、抒情的方式演绎了这首歌曲，引得观众一片喝彩。

图2　侯德健演唱《龙的传人》

除了《龙的传人》，李双江的《中国龙》直接而饶富深情地歌唱了龙与中华民族的历史渊源，"一个古老的民族描绘着龙的身躯，血泪和汗水蘸满历史的笔……描不尽龙的神韵，绘不完龙的悲喜……苦难和光荣交织在一起……五千年哪浓浓的中华情，九万里呀不灭的腾飞意……啊黄河滚滚，发出龙的声息，世世代代的追求深埋在心底，向太阳奔去……"万沙浪、韦唯的《相聚在龙年》则抒发了相聚在龙年除夕这一美好夜晚的难忘之情。作为一位台湾高山族歌手，堂堂七尺男儿在台上泪如泉涌，这一场面深深打动了渴望两岸团聚的观众之心。但是，也许是由于万沙浪的"古怪"打扮，让大陆观众看得有些别扭,并没有形成明显的预期动情效果,节目设计也有其不完善之处,如果接下来插一段台湾同胞回大陆探亲、与分离数十年的亲人抱头痛哭的镜头,或许就能催人泪下了①。

图3　韦唯、万沙浪《相聚在龙年》

戏曲、歌舞节目继续充当"重头戏"

1988年春晚的歌曲类节目中,许多节目以不同的形式出现,例如联唱、合唱、表演唱、吉他弹唱、对唱等,它们所呈现出来的特点也各不相同。

晚会开头仍沿袭歌曲大联唱形式,但这次联唱中不仅有个人独唱,还出现了四人及四人以上的小合唱,各民族的民俗唱法也都在大联唱中体现出来。在这些歌曲中,有歌颂美好生活的,有描写新春喜庆场面的,有描画喜迎新年心情的,每首歌曲都安排得紧凑恰当、短小精悍、热闹欢快,展现出一幅"欢天喜地迎新年,四海同祝新春乐"的祥和图景。结束曲《我们是朋友》将晚会推向高潮,"伸出你的手,伸出我的手,让我们做个朋友,做个朋友",虽然时间短暂,但是回忆永远美好。

1988年春晚的成名曲,首推毛阿敏的《思念》。这首歌表达了朋友之间难舍难别的深厚友谊,"难道你又要匆匆离去,又把聚会当成一次分手",这种情感让人"思念",也不禁让人陷入无尽的感慨。身材高挑的毛阿敏光芒四射,深情款款地从专门用光导纤维为她设计的T形舞台上向观众走来,好像一只蝴蝶飞进了观众的窗口,她那婀娜多姿的舞步、深情甜美的歌声让观众深深地陶醉其中,这首歌也一夜之间红遍大江南北。歌词作者乔羽后来在邓在军艺术研讨会上说:"我写的这首歌,在邓导选上它

---

① 泥子、善良、偶然:《21年春节联欢晚会内部消息》,新华出版社2004年版,第137页。

之前到谷建芬音乐会上首次唱，没有唱开，但在1988年春节晚会上一唱，很快唱开了。"①

图4　毛阿敏《思念》

合唱歌曲也别开生面。男声合唱《男孩》是歌颂男孩阳光、勇敢、潇洒性格的，由五个"大男孩"抱着吉他演唱。"男孩子都有一个响亮的名字，男孩粗着嗓门不会小声说话，男孩子心中燃烧不尽的火，男孩子一生下来就会打天下"，这首歌节奏欢快，歌词新潮，唱出了男孩子们内心的所想所感，深受广大男青年喜爱。另一首合唱《分手时再敬一个军礼》，唱的是老兵将青春献给部队，退伍时离别部队的感人情景，"今宵老兵团聚，分手时再敬一个军礼；军中岁月染白了头，相望一笑，多少青春回忆"。写实的歌词唱哭了在场的几乎所有老兵，席下就座的老兵全都起立敬礼，流下了激动的泪水，晚会的气氛也达到了一个小高潮。

在地方台转播的节目中，广东台的《娱乐升平颂羊城》，黑龙江台的《好凉快》，四川台的《四川小吃人人爱》《迎春的哈达》，都体现出各地过节的不同特色，过年的热闹气氛在歌词和画面中表现得淋漓尽致，让观众感受到了主会场之外的特殊氛围。

这年的晚会，港台歌手完全选用新人，尽管他们在当地都享有盛名，但都是第一次登上春晚舞台。作品包括香港歌手蒋丽萍的《故乡情》、台湾高山族演员万沙浪的《娜鲁湾情歌》、台湾当红明星包娜娜的《三百六十五里路》、香港歌手叶振棠的《游子心》，他们的歌大都流露出海外游子的"故乡情"，虽然在遥远的"三百六十五里路"之外，但思乡的"游子心"永存。

1988年春晚的舞蹈数量仍然不多，仅有的两支舞蹈：一是展现西北特色的《看秧歌》，一是体现五十六个民族大团结的《民族大联舞》。尽管两支舞蹈风格各不相同，但都紧扣晚会主题，一支表现"欢快"，一支表现"团结"，带给观众别样的视觉美感。此外，京剧《单雄信》依旧是戏曲类节目的独角戏，由方荣翔演唱。演唱过后，

---

①　邓在军：《屏前幕后——我的导演生涯》，重庆出版社2003年版，第124页。

方荣翔的学生王开春又采用手拧的方法调节乐器声音的高低,为观众演奏了一曲拧擂拉戏——《包龙图打坐在开封府》,让人大开眼界。

图5 左上、右上、左下、右下分别为:
男声合唱《男孩》,合唱《分手时再敬一个军礼》,
万沙浪《娜鲁湾情歌》,包娜娜《三百六十五里路》

"领导,冒号!"

相较于1984年春晚才第一回露面的小品,相声可以说是早期春晚中语言类节目的"主角",1988年春晚的相声包括《求全责备》《对话趣谈》《攀比》《电梯奇遇》《踢足球》《巧立名目》等。其中,最"红"的当属《巧立名目》。

1988年,当时还名不见经传的牛群带着他的《巧立名目》闯进中央电视台春节联欢晚会。该相声讲了一位巧立名目吃公款的科长,变着法儿的给领导打报告用公家的钱请客吃饭,相声一开始就幽默、鲜明地提出"无理走遍天下,有理寸步难行"的"荒诞理论",讽刺意味不言自明。而贯穿始终的"包袱"——"领导,冒号"则不时引得观众捧腹大笑,一时间,成了众人街谈巷议的口头禅。而这个相声也着实让牛群

"牛"了一把,他幽默的形象很快深印在人们的脑海中,从此,牛群年年入围,成为中央电视台春节联欢晚会不可缺少的一道"菜"。

《对话趣谈》以相声联说的形式出现,整个节目由4对相声演员组成,一对老人和小孩,一对年轻男女,一对双胞胎,一对外国人和中国人。四对搭档上演了不同人物关系的"对话趣谈",形式新颖独特,内容令人发笑。其他如群口相声《求全责备》、独角戏①《踢足球》也都表现出各自的特点,内容连贯有趣,动作生动滑稽,表情丰富饱满,给晚会增添了不少欢乐气氛。

图6 相声《巧立名目》《求全责备》

1988年春晚的小品也是品种繁多,除了常规小品《急诊》《接妻》《门铃声声》,还有戏曲小品《清官难断家务事》、歌剧小品《狗娃与黑妞》,以"小串场"形式出现、不足5分钟的《金牌与黄牌》。

这一年,日后为众多观众所喜爱的小品演员赵丽蓉第一次登上春晚舞台,她也成了当年春晚舞台上年龄最大的新演员。有人说她比过了赵本山,是春晚第一代"小品王",第一次登上春晚便成了全国观众眼中的"老新星"。《急诊》使具有评剧彩旦功底的赵丽蓉凭借着她那特有的质朴与平凡气质,显示了老艺术家的功力,赢得了观众的青睐。② 此后,她凭借着对艺术的忠诚和对观众的热爱,把每一部作品都当作对生活的诠释,其认真执着的态度感染了每一位观众,她自己也乐在其中,我们感受到的是她对生活的乐观精神,是老一辈表演艺术家与时俱进的奋斗精神。

另一个利用新形式表现现实生活内容的歌剧小品是《狗娃与黑妞》。作为泛小品艺术的一种,它是戏曲与小品杂交出来的成果。该作品讲述了狗娃与黑妞的特殊爱情,当年,"自由恋爱"这四个字要实际践行依然很难。为写成这个题材的剧本,陈佩斯几经波折远赴河南体验生活,经历了许多不为人知的挫折,最后仍然有人持否定态度,陈佩斯与他争论:"这个故事一点不过时,过时的是你,你是自由恋爱,就认为包办婚

---

① 陕西独角戏是中国陕西的一种民间曲艺形式,由石国庆于20世纪八十年代首创。
② 张子扬:《视镜心语》,中国广播电视出版社2003年版,第191页。

姻的时代已经过去了，广大人民还没有摆脱那个时代的阴影，你已经脱离了人民。"①陈佩斯的想法得到了邓在军的肯定与支持，《狗娃与黑妞》最终呈现在观众面前，演出结束后，有个小伙子走上台来，拉着陈佩斯的手激动地说："陈哥，狗娃哥，演得太好了，我就是那个狗娃啊。"②

图7 小品《急诊》，歌剧小品《狗娃与黑妞》

"唐僧师徒"春晚"取经"，舞台"惊喜"连连

在所谓的"现代春晚"中，小品、相声、歌舞是"支柱性"节目，戏曲、杂技、魔术也是"标配"。1988年春晚上，杂技、魔术、武术等表演类节目初具规模，在晚会中占据了一定比例。杂技《新春乐》将滑稽、幽默的元素掺进节目里，给人印象深刻；气功表演《纸上悬人》《纸吊日光灯甩秋千》《气球上悬人》则触目惊心，让人大开眼界；"魔术夫妻"姚金芬、秦鸣晓联合上演各种小魔术，让人眼花缭乱，充满了传奇色彩。不过除了这些，晚会上还出现了一些后来春晚中已经不常见到的节目形式。

首先，语言类节目中，除常规的相声和小品，增添了新奇的评书和动画片配音。刘兰芳说讲的《评书贯口》被安排在晚会的开头部分，讲述祖国的大好形势、晚会的热闹场面、参与观众的宏大规模，从整体上为我们展现出一个气势恢宏的宏伟画面；动画片《孙悟空与唐老鸭》则专为小朋友们准备，给孙悟空、唐老鸭等上千部集电影、电视剧、动画片配音的配音艺术家李扬现场配音，以孙悟空和唐老鸭的口吻给小朋友们送去新年祝福。虽然他觉得这个节目精彩不到哪里去，但晚会仍把它列为最受欢迎的节目之一，李扬自己也说："听了这些话，我的眼泪也流了下来，但不是笑出来的……"③ 同时，该节目也引来叫好声一片。

---

① 杨晓民、陈亦文主编：《难忘今宵——中央电视台历届春节联欢晚会大写真》，长江文艺出版社1998年版，第176页。
② 李庆山、李敬编著：《中央电视台24届春节联欢晚会台前幕后》，中共党史出版社2007年版，第42页。
③ 洪民生：《追忆——中央电视台1983—1989春节联欢晚会》，中国国际广播出版社1990年版，第185页。

其次，音乐节目中，音乐猜《影视歌曲联奏》也是早期春晚上互动形式的一种创新。在这个节目中，现场乐队联奏了23部电视和电影插曲，它不仅带观众重温了那些经典旋律，而且埋藏了小小的"游戏"：在规定时间内猜对5首插曲的观众便可获得奖品。选取的插曲既熟悉又受欢迎，节目互动性强，形式也别出心裁。

除了在节目形式创新上下功夫，1988年春晚还根据当时的情况设计了许多亮点。

晚会即将进入尾声时，导演请出了当时广受青睐的唐僧师徒和白龙马，让观众喜出望外。四人在"晚会重地"和"在此下马"的木牌处下了马，一起登上舞台，向观众问好。"猪八戒"马德华跳起了《四小天鹅》的芭蕾舞曲，他踩着有节奏的步点，跳得颇有点"胖小天鹅"的架势；"孙悟空"六小龄童耍起金箍棒，顿时周身亮起几圈白光；"沙僧"闫怀礼则"保护"着"唐僧"迟重瑞，两人依依向观众鞠躬施礼。现场沸腾了，观众呼啦一下全都站了起来，开怀大笑，甚至挡住了摄像机的视线……①

图8　唐僧师徒亮相春晚

鞠萍姐姐是1988年春晚带给观众特别是小朋友们的又一惊喜。虽然在晚会中她只说了几句话，但她的形象给小朋友们甚至全国观众都留下了深刻印象。这是她第一次参加春晚，春晚也给她带来了不一样的欢乐。作为一名少儿节目的主持人，她代表着全国三亿的少年儿童，感谢编导叔叔阿姨每年都忘不了孩子们，想尽办法排一组少儿节目，使孩子们度过愉快的春节②。鞠萍的出现让晚会多了一份活力，越来越多的孩子们愿意看春晚了，越来越多的孩子们也更愿意参加春晚了。

1988年春晚在零点钟声敲响后的一个小时圆满落幕，观众对晚会的评价是"基本

---

①　杨晓民、陈亦文主编：《难忘今宵——中央电视台历届春节联欢晚会大写真》，长江文艺出版社1998年版，第277页。

②　洪民生：《追忆——中央电视台1983—1989春节联欢晚会》，中国国际广播出版社1990年版，第185页。

成功，格调是高的，突出民族风格，有一定创新精神，水平中等偏上"①。天津《今晚报》也发出评论《感谢邓在军导演》，称晚会"节目衔接自然，内容独具匠心，品种搭配得当，照顾了各方面的需要"②。这样的评价无疑是对晚会工作人员的鼓励，那么多的观众用宽容的态度来看春晚，可见他们对春晚从开始筹办到最终展现过程中诸种艰辛的理解。然而，晚会工作人员自己给出的分数是刚刚及格。《人民日报》的文章曾提到，中央电视台的春节晚会可能停办。对此，在座谈会上发言的观众几乎一致反映：春节联欢晚会要办下去，不能停。而问题是，怎样办得更好、更令人满意——这就需要总结经验、推陈出新。③

（本文作者：田园、薄璐）

附：1988年春节联欢晚会节目单

首播时间：1988年2月16日20：00
总导演：邓在军
主持人：孙道临、王刚、姜昆、侯耀文、卫华、薛飞、鞠萍
序幕　介绍1988年春节联欢晚会各会场的情况
1. 联唱：《拜大年》　表演：聂建华、孙立荣、魏金柱、梦歌等
主持人薛飞、姜昆、孙道临向全国人民拜年
2. 评书：《评书贯口》　表演：刘兰芳
3. 小品：《急诊》　表演：游本昌、赵丽蓉、王丽云、薛培培
4. 幽默杂技：《新春乐》　表演：董峥臻、曲舜绪、王解放、覃鸿植、王友民、乔海滨、韩志民、肖永福、王小兵（大连杂技团）
5. 歌曲：《我们的祖国歌甜花香》　演唱者：阎维文
6. 歌曲：《男孩》　演唱：柳培德、李勇等
7. 群口相声：《求全责备》　表演：刘伟、冯巩、牛振华、李艺、戴志诚、郑健、赵保乐
8. 动画片：《孙悟空与唐老鸭》　作者：李扬、瑚紫　制作：上海美术电影厂
9. 歌曲：《故乡情》　演唱：蒋丽萍（中国香港）

---

① 杨晓民、陈亦文主编：《难忘今宵——中央电视台历届春节联欢晚会大写真》，长江文艺出版社1998年版，第360页。
② 杨晓民、陈亦文主编：《难忘今宵——中央电视台历届春节联欢晚会大写真》，长江文艺出版社1998年版，第16页。
③ 杨晓民、陈亦文主编：《难忘今宵——中央电视台历届春节联欢晚会大写真》，长江文艺出版社1998年版，第360页。

10. 京剧唱段：《单雄信》 表演：方荣翔 伴奏：山东省京剧团乐队
11. 拧擂拉戏：《包龙图打坐在开封府》 表演：王开春 伴奏：山东省京剧团乐队
12. 歌曲：《思念到永远》 演唱：程琳
13. 歌曲：《中国龙》 演唱：李双江
14. 舞蹈：《看秧歌》 表演：山西省歌舞剧院
15. 歌曲：《思念》 演唱：毛阿敏
16. 歌曲：《雨中即景》 演唱：邓志乐
17. 评书：《人物速写》 表演：王刚、田连元、袁阔成
18. 相声联说：《对话趣谈》 表演：常宝华、常圆、单联丽、王荃、李博成、李博良、卡尔罗（南斯拉夫）、李立山
19. 插播：广东电视台节目《娱乐升平颂羊城》 演唱：唐彪、安李 荣志行、曾雪麟等人对球迷表示感谢 受访人：荣志行、曾雪麟、宋世雄、高丰文、柳海光、李辉
20. 《火龙表演》 表演：梅县地区丰顺火龙队
21. 小串场：《金牌与黄牌》 表演：朱时茂、刘全利、刘全和
22. 歌曲对唱：《想亲亲》 演唱：卢秀梅、牛宝林
23. 戏曲小品：《清官难断家务事》 表演：牛得草、朱世慧、郭达、杨蕾、石富宽、崔喜跃
24. 音乐猜：《影视歌曲大联奏》 主持：姜昆、侯耀文 表演：中央芭蕾舞团乐队
25. 合唱：《分手时再敬一个军礼》 表演：总政离休干部艺术团 领唱：寇家伦 指挥：孟贵斌

孙道临介绍到场嘉宾 嘉宾：十三大代表、本溪市东明商业集团总经理关广梅，大胡子师长吴长富，原国家女排队长孙晋芳

26. 插播：黑龙江电视台节目《好凉快》 主持：李丹丹 演唱：黄勇、马李华、孙武佳、张志刚
27. 歌曲：《热血颂》 演唱：张暴默、吕金鹤、郁钧剑、佟铁鑫、金曼、温亚丽
28. 歌曲：《道路》 演唱：董文华
29. 相声：《攀比》 表演：笑林、李国盛
30. 歌剧小品：《狗娃与黑妞》 表演：陈佩斯、小香玉
31. 气功表演：《轻功表演》 表演：张加陵（湖北荆州天河武术馆）
32. 歌曲：《娜鲁湾情歌》 演唱：万沙浪（中国台湾）
33. 歌曲对唱：《相聚在龙年》 演唱：万沙浪（中国台湾）、韦唯
34. 相声：《电梯奇遇》 表演：姜昆、唐杰忠
35. 歌曲：《我们是黄河泰山》 演唱：彭丽媛

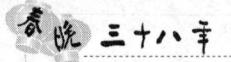

36. 歌曲：《快乐的马车夫》 演唱：帕尔哈提
37. 独角戏：《踢足球》 表演：石国庆（王木犊）
38. 歌曲：《三百六十五里路》 演唱：包娜娜（中国台湾）
39. 小品：《接妻》 表演：沈伐、岳红
40. 歌曲：《游子心》 演唱：叶振棠（中国香港）
41. 小魔术 表演：姚金芬、秦鸣晓
42. 舞蹈：民族大联舞——节日之夜 表演：姜昌善（朝鲜族）、李忠梅、郎晓兰、赵青、高娃（蒙古族）、齐木格（蒙古族）、丁洁、官明军、沈培艺、李恒达、杨丽萍、尹秀哲、张羽军 舞蹈：北京舞蹈学院青年舞蹈团

零点钟声
全国政协主席邓颖超致新年祝词
中国留学生在美国纽约举行迎春联欢会

43. 歌曲：《龙的传人》 演唱：侯德健
44. 小品：《门铃声声》 表演：李文启、熊小田
45. 插播 四川电视台节目主持：任雁
    （1）组合唱：《四川小吃人人爱》 演唱：练正华、李丹阳
    （2）歌舞：《迎春的哈达》 演唱：德喜美多
    （3）《蹬技》 表演：重庆市杂技团
46. 相声：《巧立名目》 表演：牛群、李立山
47. 《西游记》演员表演节目 表演：六小龄童、马德华、迟重瑞、闫怀礼
48. 结束曲：《我们是朋友》 演唱：全体演员、观众

欢歌送"八零" 团结迎新春
——1989年春晚记忆

1988年是中国改革开放的第十个年头，十年来，我国社会面貌发生了翻天覆地的变化，国民经济持续发展，重点建设成就明显，生产力得到提高，城乡居民生活普遍改善。

1988年9月7日，我国成功发射了自行研制的第一颗名为"风云一号"的极地轨道气象星，填补了中国应用气象卫星的空白，结束了中国只能从地面观测气象的历史；10月16日，中国第一座高能加速器——北京正负电子对撞机首次对撞成功，这是继原子弹、氢弹爆炸成功和卫星上天后，我国在高科技领域的又一大突破。科学技术的进步与发展对国家经济的进一步振兴起到了推动作用，大量科技人才的培养也开发和拓展了技术市场，带来了经济效益的提高。

1989年是20世纪80年代的最后一年，带着迎接下一个十年的昂扬姿态，1989年春晚呈现给观众的是一场全新的盛典。

为培养新人，1989年春晚由曾担任过大型晚会副导演的赵安和张晓海任总导演，文艺部主任邹友开任总设计，曾成功执导过春晚的邓在军与黄一鹤则一起担任顾问。春晚导演组从1988年8月份就已组建起来，根据工作需要，由最初的8个人扩展为27个人，并且广泛依靠社会，充分调动本台人员的积极性，前期准备工作进行得有条不紊。

新一届年轻导演的加入为晚会带来了新鲜理念，所以这届春晚从场地选取到节目设置都取得了不小的突破。就晚会会场设计而言，导演组在决策问题上费尽了周折。最初的设想是在彩电中心的演播室以外设立两个分会场：一个是海军游泳馆，一个是中国国家剧院，这样可以容下水上芭蕾等一系列水上节目和大幅度变化的大场面节目①。但是领导小组认为，游泳馆的分会场比较费钱、费工、费时，而且只能表演几个和水有关的节目，在这里建立一个分会场没有太大价值，即使取消了这些水上节目，也不妨碍晚会的整体效果，所以游泳馆的分会场被毅然撤销。

---

① 洪民生：《追忆：中央电视台1983—1989春节联欢晚会》，中国国际广播出版社1990年版，第111页。

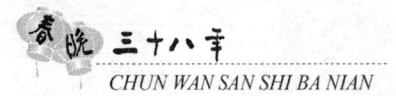

国家剧院分会场的录制采取专场录像和实况录像相结合的方式,既能充分利用舞台优势使主会场外的节目更加集中,增加场景变化,弥补先期不适宜现场演出的节目,也可以大规模使用机械车台、升降台、升降景片,使时空变幻游刃有余,保证节目的热闹气氛,更丰富观众的视觉感受。从开始到结束,约有 50 分钟的时间、11 个节目在国家剧院录制①,一些在主会场难以达到预期效果的节目都在这里先期录制好。比如杨丽萍的《雀之灵》,在硕大明亮的圆月的陪衬下,她的舞姿显得格外优美,而这种效果在主会场是实现不了;还有战士拉歌、歌曲《英雄赞歌》、相声《送别》等。

为了把节目办得更加生动活泼,除了国家剧院,晚会还开辟了一个面向广大外国友人和海外侨胞的英语晚会现场——600 平方米的英语直播现场,并在中央电视台第二套(八频道)节目中转播;主持人是大家熟悉的英语节目主持人彭文兰、卫华、党冰、冯小明和外国专家。② 它比一套的春晚提前 5 分钟与大家见面,主持人利用这段时间向观众介绍春晚和英语频道的基本情况。除一些经同声传译后外国人仍很难理解的节目(如相声)外,英语节目大致与主会场春晚中的节目相同。

在晚会节目的选择上,两位导演更是颇费心思。其实,晚会编导每年都要从来自四面八方的几百个节目中精心选择其十分之一左右的节目,其中现成拿来或加工的约占 20%,另约有 80%的节目是靠专门创作的。③ 由于相声创作一直是个薄弱环节,好段子少,导演便把工作重点放在了相声作品的筛选上。对于送上来的段子,都本着精益求精的原则,对大家不感兴趣的段子"格杀勿论",留下经典的作品再做定夺。这一年,赵本山拿来了他的小品剧本《相亲》,但是由于他那浓厚的东北腔调很难达到全国观众统一的欣赏目标,经过多次修改仍未达到预期效果,最后还是"忍痛割爱"了。

这一年,晚会在总体上摆脱了"四幕八场、自成段落"的条条框框,突出短、新、快的特点,使节目过渡自然而迅速,加快了节奏。从数量看,本次春晚的节目从以往的一般 30 多个增加到近 50 个,是春晚有史以来节目最多的一次,从而丰富了节目形式,不仅让观者更有耐心去看,而且弥补了过去单一节目时间长、形式旧的漏洞,颇有新意。

春晚是集思想性、艺术性、欣赏性于一体的综合性艺术形式,每一个节目都要紧扣晚会主题思想,与单纯的文艺晚会不同,它更多地体现了年终岁尾中国人对一年辛勤劳动的总结、对将至新年的期盼以及对国家繁荣昌盛的祈望。所以 1989 年春晚以"团结、欢乐、向上"为主题,"全国民族大团结,欢欢喜喜过大年"成为晚会的中心思想。

---

① 洪民生:《追忆:中央电视台 1983—1989 春节联欢晚会》,中国国际广播出版社 1990 年版,第 50 页。
② 杨晓民、陈亦文主编:《难忘今宵——中央电视台历届春节联欢晚会大写真》,长江文艺出版社 1998 年版,第 278 页。
③ 洪民生:《追忆:中央电视台 1983—1989 春节联欢晚会》,中国国际广播出版社 1990 年版,第 5 页。

"赞"歌献给劳动者　《爱的奉献》遍九州

歌曲是一个时代的印记，1989年春晚上的歌曲，单是听听歌名就能听出满满的"时代感"。比如张也的《采槟榔》、程琳的《好小子》、胡月的《圆圆的世界》、徐小凤的《明月千里寄相思》、潘安邦的《跟着感觉走》和《外婆的澎湖湾》等。这些歌曲多以歌伴舞的形式出现，节奏韵律多能被观众所喜爱和接受，所表达的也都是新时期的主流思想，比较能适应当时社会的潮流趋势。

歌颂在普通工作岗位上的劳动者是这次晚会的特点之一，许多赞美的语言都被直接写进歌词中演唱，例如歌颂教师的《歌声与微笑》，歌颂平凡劳动者的《你、我、他》，歌颂人民解放军的《英雄赞歌》，歌颂科技工作者的《指南针》等。

《英雄赞歌》唱给所有的解放军战士、全体指战员，演唱时插入了英雄们生活、战斗的画面；《指南针》则赞美了工作在第一线的广大科技工作者，他们用自己勤劳的双手造就了今天祖国的繁荣富强，就像歌中所唱："祖国像磁石把我吸引，心儿就是指南针"；《歌声与微笑》则唱给"辛勤的园丁"人民教师。前国家主席刘少奇的夫人王光美携同她的老师一同来到晚会现场，讲述她与老师四十余年的真挚感情，这首歌紧随其后，唱出了当年的师生情，让亿万观众肃然起敬。

图1　刘少奇夫人王光美出席春晚

港台歌手潘安邦和徐小凤也带来了他们最拿手的歌曲，《跟着感觉走》《外婆的澎湖湾》《明月千里寄相思》《心恋》都带给晚会一种不一样的情调。他们代表港澳同胞、台湾同胞、海外侨胞，用歌声来表达对祖国的思念，传递期盼海峡两岸早日团聚的心情，其歌声也借助春晚的舞台成为人们心中挥之不去的一份真感情。歌手潘安邦的外婆住在澎湖湾边上，潘安邦小时候每天都到外婆家跟外婆聊天、帮外婆干活、挽着外婆的手到海边看夕阳，当他把这些故事讲给叶佳修听，叶佳修觉得这种祖孙之间的情感很特别，立刻萌发了为其创作作品的动机。由此，这首根据潘安邦真实经历创作的《外婆的澎湖湾》便与世人见面了，而这也是叶佳修第一次为其他歌手写歌。这首歌清新明快、曲调优美，以充满激情的抒怀笔调表达了对澎湖湾的赞美之情，同时让人联想到漫步走在童年时熟悉的沙滩，留下了一串串脚印的生动场景，勾起了观众席中来自澎湖、驻扎在中国大陆四十多年的台湾老兵的童年回忆。"晚风轻拂澎湖湾，白浪逐沙滩"的画面仿佛就在眼前，他们与潘安邦紧紧相拥，激动得热泪盈眶。

在1989年春晚舞台上还有一首歌，绝对是当之无愧的经典，那就是《爱的奉献》。这首歌创作于1988年，当时，中央电视台文艺部导演刘瑞琴想把《人与人》栏目中的一些节目改编成小品，便请来了一些词曲作家，黄奇石和刘诗召就在受邀之列。刘瑞琴导演给大家讲了一些自己的想法，并给每人都分配了任务。黄奇石拿到的文章题目是《她比幸子更幸运》，故事说的是北京的一个中学生患了严重的肾病，需要进行换肾手术，可是中学生的父母都是工薪阶层，无力承担高昂的手术费。事情被中学生的同班同学知道后，孩子们纷纷把自己的压岁钱都捐了出来；班主任知道后，又把这件事情及时报告了学校的领导。于是，在学校领导的倡导下在全校范围内展开了捐助。后来孩子父亲单位的同事也知道了这件事情，大家也纷纷捐款。这件事情经《北京晚报》报道后，整个社会都动员起来。刘瑞琴导演希望黄奇石能根据这个故事写成歌词。看完文章后，黄奇石心潮起伏，非常感动。很快便把歌词写了出来，因为要求的是给小品做插曲，所以歌词写得比较朴实。① 1989年春晚上，当主持人介绍了著名围棋高手聂卫平的姐姐聂珊珊热心帮助小保姆治病的事迹后，这首歌随之响起："只要人人都献出一点爱，世界将变成美好的人间"。浅显易懂的歌词、舒缓温暖的旋律，加上韦唯

图2 韦唯《爱的奉献》

---

① 《〈爱的奉献〉作者黄奇石、刘诗召回忆当年创作》，http://ent.163.com/09/0909/17/5IPM4BFR00033JI6.html。

深情的演唱，让许多观众不禁潸然泪下。从此，《爱的奉献》一夜红遍全国，脍炙人口，它不仅成为春晚的经典，更成为公益歌曲的标签，每当国家和人民需要温暖和感动的时候，这首歌的旋律就会响起。

舞台上飞出了"金孔雀"

1989年春晚的舞蹈节目也同样精彩。现代歌舞《跳起来》由老年、青年、儿童三代人的迪斯科舞组成，节奏变化感强，给人以视觉冲击；民族舞蹈《中国风》由维吾尔族、苗族、朝鲜族等各个民族具有独特风格的舞蹈组成，表达了"民族团结、国盛民安"的思想。尤其值得大书特书的是，这一年春晚的舞蹈中飞出了一只美丽的"金孔雀"——杨丽萍。

杨丽萍是生于云南的一位白族姑娘，自幼酷爱舞蹈。1979年，她便开始出演舞剧《孔雀公主》；1986年，在第二届全国舞蹈比赛中，当时的中央民族歌舞团青年舞蹈演员杨丽萍自编自演的舞蹈《雀之灵》荣获编导、表演两项一等奖；1988年，杨丽萍第一次登上春晚舞台，在舞蹈《民族大联舞》中有着短暂的亮相，一身洁白的孔雀裙和优美的舞姿让人们开始对她熟悉起来。到了1989年，杨丽萍这个名字几乎已成为"孔雀"的代名词，"孔雀"不仅成为她的符号，也成为她一生的追求。

在这届春晚上，杨丽萍的舞蹈由三支独舞组成——《舞之魂》《版纳三色》《雀之灵》。通过录像录播的形式截取这三支舞蹈的片段，加以拼凑，这三支舞蹈仅仅被浓缩到4分钟。然而，在独舞还不是很流行的年代，这几分钟在当时产生的影响力是巨大的。上海文艺记者评选活动中，此节目被选为"最优美的节目"①。杨丽萍回想起当年这段经历时说道："舞蹈上电视，其实在当时也是很新颖，在当时很少在联欢会里面有一个纯的舞蹈，印象最深就是覆盖面为什么那么大，一上台所有人都能看到，都觉得这个舞蹈很有特色，传播得很厉害。"后来，在2012年春晚上，已经58岁的杨丽萍登台，与搭档表演了舞蹈《雀之恋》，再次惊艳世人。

戏曲节目"中""外""老""少"皆宜

1989年春晚的戏曲节目改变了往年的"独角戏"状况，比重有所上升，有花鼓戏《补锅》，京剧《铡美案》《苏三起解》《春秋亭》，黄梅曲、越剧对唱《十八相送》。选取的唱段比较经典，最特别的是加入了少儿戏曲表演和外国人戏曲表演。当时，年仅6岁的阎锐和高艳平分别扮演了包公和秦香莲，为大家演唱了京剧《铡美案》的片

---

① 洪民生：《追忆：中央电视台1983—1989春节联欢晚会》，中国国际广播出版社1990年版，第230页。

图 3　杨丽萍舞蹈《雀之灵》

段。虽然他们年龄不大,却唱得字正腔圆、有板有眼,为观众所喜爱。而在北京语言大学学习的南斯拉夫留学生桑样酷爱京剧,不但喜欢听,而且喜欢唱,她的一曲《苏三起解》令观众对这个外国留学生刮目相看,同时也为中国国粹能够被世界人民所接受而深感欣慰。

图 4　京剧《铡美案》《苏三起解》

"英雄母亲"放异彩,宋丹丹首登春晚舞台

1989 年春晚的小品可以用"大获全胜"一词来形容。《英雄母亲的一天》《招聘》《懒汉相亲》《胡椒面》,个个都是经典,剧本里的许多台词至今还可以作为"包袱"拿出来"抖抖"。

一个是一心要拍出英雄母亲伟大形象的导演,一个是整天忙活的平凡老母亲,侯耀文和赵丽蓉联合打造的《英雄母亲的一天》妙趣横生,老太太"打岔"、侯导演着急，两人配合得天衣无缝，憨厚朴实的英雄母亲形象被操着唐山口音的赵丽蓉表现得惟妙惟肖，获得观众的强烈好评，"司马缸砸光"的台词至今仍让人捧腹。《英雄母亲的一天》使赵丽蓉大放异彩，把她推向了一个此前任何人都想象不到的高度，她也因此当选为"最佳表演者"①。这可以从多条对她的评价②中略窥一二：

石林：这个小品从一开始就是冲着她来写的，中国评剧院的一些戏我看过，当时的《杨三姐告状》《花为媒》，通过赵老师表演我发现在她滑稽幽默表演的背后还有一种质朴，就是她的喜剧跟其他的一般的彩旦有不同的地方，含蓄而幽默，所以对她这一点我非常喜欢。

阎肃：看她的戏好像不是在看什么戏剧，而是在看生活本身，就是看自己邻家老太太，就是看自己的婶子、大娘，这么一种感情。《英雄母亲的一天》这样的，我认为是神品，很难得代替的，朴实极了！

张子扬：为什么大家一下就喜欢她了，从《英雄母亲的一天》开始，然后一个接一个的小品确实没她不行，确确实实是一个大艺术家。她积累了几十年的技能、技巧，通过小品，她全方位地一个个展示和奉献。

薛宝琨：赵丽蓉够得上喜剧大师，像马三立、侯宝林在相声领域的地位一样，她小品里面唱的超出了她在评戏里边演的"彩旦"那样的地位。那些在戏曲里意象化的东西，中国戏曲里的程式化的技术、技巧，到了小品里变成一个画睛之笔，那些东西燃烧尽了以后，成为脱胎新生喜剧大师的很好的养料。

就连赵丽蓉自己也说："真没想到，我演了一辈子戏，加起来的观众不顶今儿一晚上多，我也成了一颗老'新星'了。"③

如果说《英雄母亲的一天》让人们进一步认识了赵丽蓉，那《懒汉相亲》则无疑捧红了宋丹丹。

其实在当时，宋丹丹并不知道春晚带给她的人生意义。此前，一位导演推荐她出演1989年春晚小品《懒汉相亲》中的一个角色，宋丹丹满不在乎，认为这种"差事"不是搞"高雅艺术"的人干的，而且扮演的还是土里土气的矫情角色，心不甘情不愿。一位语言类节目的导演告诉他："宋丹丹，你知不知道多少人削尖了脑袋想上春晚？你知不知道我们毙了多少小品？你知不知道上一次春晚得凭多大造化？"④ 最后，

---

① 洪民生：《追忆：中央电视台1983—1989春节联欢晚会》，中国国际广播出版社1990年版，第230页。
② 《赵丽蓉进军小品〈英雄母亲的一天〉大放异彩》，http://ent.sina.com.cn/s/2005-07-16/0012781320.html，2005年7月16日。
③ 杨晓民、陈亦文主编：《难忘今宵——中央电视台历届春节联欢晚会大写真》，长江文艺出版社1998年版，第60页。
④ 宋丹丹：《幸福深处》，湖北长江文艺出版集团、长江文艺出版社2007年版，第180页。

她还是犹犹豫豫、半推半就地上了这个"削尖了脑袋都要上"的春晚。没想到的是，她高超的表演才能竟把一个既急迫又害羞的农村大龄女青年的角色刻画得活灵活现，那身穿红棉袄、头裹绿头巾、淳朴而又忠厚的装扮让观众印象深刻，尤其是那句"俺叫魏淑芬，女，29岁，至今未婚"，格外生动。从此，全国观众都知道了"宋丹丹"这个名字，而宋丹丹与春晚的缘分也就此开始。后来，她搭档赵本山多次登上春晚舞台，为荧屏贡献出《昨天今天明天》《钟点工》《说事儿》这样的作品，成就了一代小品经典。

图5 左上、右上、左下、右下分别为：
小品《英雄母亲的一天》《懒汉相亲》《胡椒面》《招聘》

小品《胡椒面》是陈佩斯和朱时茂这对老搭档捧出的又一经典力作。小品讲述了两名食客同时在一家餐厅就餐，食客甲（朱时茂）拿出自己带来的胡椒面放在桌子上，却被食客乙（陈佩斯）误以为是餐厅准备的胡椒面，中间反反复复抢夺胡椒面而闹出了笑话。从艺术源流上说，该小品接近于哑剧，突出了表演功力和以动作为中心的艺术元素。整个节目仅几句台词，其余全是肢体语言。但正是这肢体语言却展开了人物心理活动的揭示和人物性格的刻画，在肢体的外部纠葛下，蕴藏着二人内心情感和思想活动的对比和冲突。陈佩斯共参加过11届春晚，与朱时茂合作演出的多部小品成为经典,而《胡椒面》这部更纯粹表现人物的作品,也为他个人所偏爱。①

1989年春晚舞台上,还有一个小品也值得一叙,那就是《招聘》。1988年秋,中共十三届三中全会开过后,治理经济环境、整顿经济秩序全面上马,中共中央、国务院于10月3日迅速做出了关于清理整顿公司的决定。小品《招聘》正是以巧妙的视角、传统的结构、夸张的手法、风趣的语言表现了这一严肃的主题:"九州公司"的刘秘书宣布,要公开在职工中招聘年轻力壮、酒量在一斤半以上的特殊业务员,图谋以酒为媒,用不正当手段,解决对外业务往来中的难题,结果适得其反。② 这样的故事,这样的桥段,即便放到今天来看,仍不乏"生活",看似荒谬绝伦,实则典型可信,而《招聘》不过是以夸张的手法表现出其极致罢了。

相声欢乐多,双簧点亮舞台

传统的相声在1989年春晚中数量仍然不多,但欢笑依然,包括《送春联》《送别》《生日祝词》《捕风捉影》《太挤了》。李金斗、陈涌泉两位搭档首次亮相,给大家带来了《送春联》,诙谐幽默的春联分别送给了春晚会场、观众、工矿企业、农民朋友、解放军……老搭档刘伟和冯巩分开,刘伟和马季表演《送别》,逗得解放军指战员捧腹大笑;冯巩和牛群一捧一逗,说起了《生日祝词》,牛群以他较强的舞台表现力和语言能力让观众忍俊不禁,这对新搭档也成为春晚的又一组亮眼明星。而姜昆、唐杰忠的《捕风捉影》由于表现没有到位,没有达到预期效果,被评为"最令人失望的节目"③。

图6 相声《送别》《生日祝词》

---

① 刘玮:《陈佩斯重返央视感慨:好久没来央视大楼盘点陈氏春晚记忆》,http://gd.people.com.cn/n/2015/0122/c123932-23651457.html,2015年1月22日。

② 戴宏森:《如此"招聘"——电视小品"招聘"观后》,《当代电视》1989年第5期。

③ 洪民生:《追忆:中央电视台1983—1989春节联欢晚会》,中国国际广播出版社1990年版,第230页。

双簧是1989年春晚语言类节目中的一个创新点,也是此种曲艺形式首次在春晚舞台上与观众见面。它与相声一样,都是两个人在表演。不同的是,双簧是一个人在前面表演,不说话,另一人在后面说话,不表演,两人合二为一,仿佛是一个人既在说话又在表演。以前曾流传过一副对联:"假说真学仿佛一个,前演后唱喉咙两条。"说的正是双簧。① 据说双簧这种表演形式产生于清末光绪年间,由北京艺人黄大笑和黄二笑两人偶然间创作而成。在1989年春晚舞台上,莫岐、王凤朝表演的双簧已经形成了双簧表演的基本框架,虽然故事叙述的内容比较简单,但演员那垂直向上的冲天小辫、滑稽的小丑形象以及搞笑、诙谐的台词早已成为双簧表演的一种象征,给观众眼前一亮的感觉,所营造的幽默气氛完全不亚于相声和小品。

图7 双簧表演

儿童节目增多,综合表演点缀

1989年春晚有一个明显的特点,就是给儿童看的节目多、儿童参与的节目多。

歌曲类节目中,有称赞"好孩子""好小子"聪明、勇敢的,如程琳的《好小子》。她在歌词中唱到:"好小子好小子,年纪小,路见不平爱拔刀,小偷扒手坏强盗,一个也逃不了,追抓弹腾乱蹦跳,你往哪跑……"一群来自北京体育学校武术队的孩子们随着歌曲的节奏挥舞着拳脚,很有那种"少林武当跆拳道样样都有一套"的气势,尽管年纪小,但机智、勇敢却丝毫不减。还有表达对童年怀念的,如胡月的《圆圆的世界》,圆圆的世界、圆圆的气球、圆圆的瓜果、圆圆的车轮都占据了童年的回忆,"圆圆的太阳",又"一天一天把自己推向了人生的舞台"。歌曲勾起了观众对自己美好童年的回忆,让人感同身受,给人以亲切之感。

---

① 李庆山、李敬编著:《中央电视台24届春节联欢晚会台前幕后》,中共党史出版社2007年版,第47页。

图 8　程琳《好小子》与胡月《圆圆的世界》

此外,《儿童集体速算》《少儿杂技集锦》、京剧《铡美案》、现代歌舞《跳起来》等,也是儿童节目的典型代表。孩子们像是一股新的力量活跃在晚会中,大人们爱看,小孩子们更爱看。主持人鞠萍第二次上春晚,她的感受颇为深刻:"我个人认为,孩子们并不满足于看一段动画片或欣赏一组歌舞,他们更需要的是从中受到教益,寓教于乐,尤其是现在的独生子女,更需要多侧面的教育。"① 春晚是演给全国观众的,当然也包括孩子们,因此,春晚更需要创造出趣味性与教育性兼备的节目。

此外,1989 年春晚上还活跃着许多综合性的节目,如《89'春节序曲》、杂技表演、气功表演、《儿童集体速算》《谜语擂台赛》《活字典》《五花八门》等。《89'春节序曲》以大型乐队演奏民乐为开场,随后是快板表演,出现在国家剧院二楼的观众席中,杂技和民间花会在舞台中央表演,转到主会场时,是一段《蛇舞》表演,一系列画面动静结合,高潮迭起;《五花八门》是一个综合节目,舞台后区是二胡独奏《春江花月夜》,前区则安排了少儿书画、萝卜刻花、双手书法、手指画、气功书法等各种技艺,多种节目穿插在一起,使舞台效果更加饱满,节目内涵也大大提升;《儿童集体速算》是现场出题,让孩子们进行一系列加减乘法的运算。这个节目的出现有着特殊的时代背景,当时 1980 年毕业于中国科学技术大学数学系的史丰收从 11 岁开始钻研速算法,经过 10 年努力,成功地打破几千年来四则运算的传统计算法,创立了能够不用计算工具、不列运算程序、从高位算起、一口报出正确答案的快速计算法,因而轰动海内外。史丰收速算法的计算速度甚至比计算器还快,1990 年由国家正式命名。1989 年春晚上的《儿童集体速算》表演,便是史丰收速算法的一次展示。《谜语擂台赛》则是现场摆起了擂台,请电视机前的观众和现场各省区代表队的谜语高手一起猜谜语,类似的还有《活字典》。在当时那个只能打热线电话进行互动的年代,这类趣味性节目的设置无疑增强了观众的参与感及其与晚会的互动,用一种独特的感染力影

---

① 洪民生:《追忆:中央电视台 1983—1989 春节联欢晚会》,中国国际广播出版社 1990 年版,第 185 页。

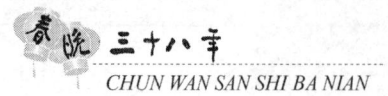

响着观众。

总体看，1989年春晚的格调是高雅的、健康的、向上的，主会场大荷花灯、迎春花廊、音乐喷泉的有机组合都营造出一种和谐的民族气氛，有人情、有人味，充满了诗情画意；声音艺术的合理安排让画面更加美观，并以独特的表现手法感染着观众，给观众以震撼之感；高超的化妆艺术让演员在舞台上挥洒自如，宽松的上衣、裤子、时髦的发型，在春晚中得到普遍应用，整体上给人以活泼、阳光、时尚之感。1989年2月6日零点24分，晚会在一片欢笑声中圆满落下帷幕。这一历史性的时刻也见证了观众对整个春晚主创人员半年来筹备工作的肯定与认可，人们普遍的心理共鸣——团结、欢乐、向上的节日气氛达到了一个新的高潮。当天，春晚平均收视率达到了62%，最高地区高达78%①，晚会获得了巨大成功。

随着晚会的结束，各地观众也参与到了节目点评中。辽宁锦州市人大常委会的章叶舟说："除夕之夜，我们全家看了春节联欢晚会，向晚会全体演职员们的辛勤劳动和艺术创作表示由衷的感谢，有两点看法供你们参考：①晚会已将喜闻乐见、轻松愉快、短小精悍、雅俗共赏的节目奉献给观众，不要加上不必要的政治色彩。②应以文艺节目为主，与节目无关的人物介绍等最好不要。"② 北京的张延华说："我是个年届花甲的老人，请允许我用32个字来评价这台晚会：节目多彩，短小精悍；形式新颖，格调高雅；诙谐幽默，活泼轻松；欢快紧凑，普天同乐。"③《文汇报》还请文艺记者评选晚会"最感人的节目""最佳表演""最优美节目"和"最失望的节目"。④ 总结这届春晚的成功之处，大体上可归结为三点：一是总体节奏较快，变化多端；二是人选、节目不拘一格，较有新意；三是这台晚会最值得重视，虽有进展仍未得到完美解决的，即是如何把握"雅俗共赏"的文化格调问题。⑤

春晚是国家、社会舞台的一个缩影，在这里，人们共同聆听、共同见证。在这届春晚中，人们品出了国家发展的酸甜苦辣，看到了社会进步的曲曲折折，听到了美好未来的殷切呼唤。

（本文作者：田园、薄璐）

---

① 洪民生：《追忆：中央电视台1983—1989春节联欢晚会》，中国国际广播出版社1990年版，第226页。
② 杨晓民、陈亦文主编：《难忘今宵——中央电视台历届春节联欢晚会大写真》，长江文艺出版社1998年版，第371页。
③ 杨晓民、陈亦文主编：《难忘今宵——中央电视台历届春节联欢晚会大写真》，长江文艺出版社1998年版，第373页。
④ 洪民生：《追忆：中央电视台1983—1989春节联欢晚会》，中国国际广播出版社1990年版，第212页。
⑤ 杨晓民、陈亦文主编：《难忘今宵——中央电视台历届春节联欢晚会大写真》，长江文艺出版社1998年版，第369-370页。

附：1989年春节联欢晚会节目单

首播时间：1989年2月5日20：00
总导演：赵安、张晓海
主持人：李默然、赵忠祥、姜昆、阚丽君、李扬

1. 开场：《89'春节序曲》中国广播交响乐团、中国青年交响乐团、中央民族乐团、海政歌舞团电声乐队联合演奏
   （1）舞蹈：《水族霹雳》表演：天津广场民间联谊会
   （2）舞蹈：《金蛇狂舞》表演：吉梅
2. 相声：《送春联》表演：李金斗、陈涌泉、于世猷、石富宽
3. 歌曲：《采槟榔》演唱：张也
4. 歌曲：《幸福歌》演唱：梦鸽
5. 花鼓戏：《补锅》演唱：邢险峰、苏小路
6. 小品：《英雄母亲的一天》 表演：赵丽蓉、侯耀文
7. 气功表演：《喷水断砖》《缩身进笼》 表演：张加陵、黄幼（湖北荆州天河寺武馆）
8. 歌曲：《山情》 演唱：杭天琪
9. 综合节目：《儿童集体速算》 表演：吉林省辽源市第二实验小学
10. 歌曲：《好小子》 演唱：程琳 武术表演：北京市什刹海体育运动学校武术队、北京市东城武术馆
11. 杂技：《少儿杂技集锦》（年龄5-15岁）
    （1）抖杠 表演：湖南省杂技团
    （2）小晃板 表演：山东济南市杂技团
    （3）小顶碗 表演：江苏南京市杂技团（该节目曾在1989年2月1日巴黎国际未来杂技节上获得金奖）
12. 京剧：《铡美案》 演唱：阎锐（饰包公，6岁）、高艳平（饰秦香莲，6岁）
13. 歌曲：《圆圆的世界》 演唱：胡月
14. 黄梅曲、越剧对唱：《十八相送》 演唱：吴琼、何英
15. 歌曲：《是你给我爱》 演唱：安冬
16. 小品：《招聘》 表演：笑林、师胜杰、黄宏、方青卓
宋世雄、鞠萍采访聂卫平及其姐姐
17. 歌曲：《爱的奉献》 演唱：韦唯

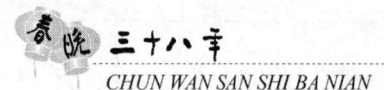

18. 战士拉歌　表演：中国人民解放军陆海空三军、武警部队官兵（中国剧院分会场，近700人参加）

19. 歌曲：《英雄赞歌》　演唱：鞠敬伟

20. 相声：《送别》　表演：刘伟、马季

21. 舞蹈：《舞之魂》《版纳三色》《孔雀》　表演：杨丽萍（白族）

22. 双簧　表演：莫岐、王凤朝

23. 现代歌舞：《跳起来》　表演：陶金、张平、宋波　舞蹈：北京舞蹈学院当代舞团、空政歌舞团、银河少年艺术团、潘家园老年迪斯科队

24. 综合节目：《五花八门》　主持：李默然　演奏：中央民族乐团　舞蹈：中央民族学院音舞系　表演：王祥（刻花）、王雅西（9岁，少儿书法）、程琳（二胡领奏）、李远实（双手书法）、秦超（9岁，少儿绘画）、吴成章（手指画）、贾松阳（气功书法）

25. 歌曲：《指南针》演唱：蔡虹红

26. 游戏　谜语擂台赛

27. 歌曲：《明月千里寄相思》《心恋》　演唱：徐小凤（中国香港）

28. 相声：《生日祝词》　表演：冯巩、牛群

鞠萍宣读观众来信

29. 京剧清唱：《苏三起解》　演唱：桑样（南斯拉夫，北京语言学院留学生）　演奏：冯巩、战友京剧团乐队

30. 歌曲：《故园之恋》　演唱：陈汝佳

31. 歌曲：《春满京城》　演唱：王哲、刘玉婉

32. 小品：《懒汉相亲》　表演：雷恪生、赵连甲、宋丹丹

33. 京剧：《春秋亭》（《锁麟囊》选段）　演唱：迟小秋　演奏：杨登勋（司鼓）、王宏宇（操琴）

34. 歌曲：《跟着感觉走》《外婆的澎湖湾》《太阳与月亮》　演唱：潘安邦（中国台湾）

35. 歌曲：《外国影视歌曲联唱》

　　(1)《红梅花儿开》　演唱：李静娴

　　(2)《丽达之歌》　演唱：马太萱（印度语）

　　(3)《啊朋友再见》　演唱：牟玄甫

　　(4)《卖花姑娘》　演唱：刘艺

　　(5)《哆来咪》　演唱：许丽娟（英语）

　　(6)《单程车票》　演唱：陈红

　　(7)《一路平安》　演唱：韦唯

36. 电影打岔　配音：周贵元

王光美向老师拜年　嘉宾：王光美、褚圣麟（北京大学物理系教授）

37. 歌曲：《歌声与微笑》　表演：银河少年电视艺术团

38. 歌曲：《你我他》　演唱：关牧村

主持人串联：主持人赵忠祥、阚丽君、姜昆向劳动者、军人等拜年，转达观众向各地各界朋友的祝福

39. 小品：《胡椒面》　表演：陈佩斯、朱时茂

40. 歌曲：《刮春风》　演唱：彭丽媛

41. 相声：《捕风捉影》　表演：姜昆、唐杰忠

42. 歌曲：《我的祖国》　演唱：郭兰英

零点钟声敲响

43. 歌曲：《今宵多美好》　演唱：叶矛、廖莎、路浩、曲比阿乌、彭书民、杨二车娜姆

44. 综合节目：《活字典》主持：姜昆　表演：杨术

45. 相声：《太挤了》　表演：笑林、李国盛

46. 民族舞蹈：《中国风》　表演：中央民族学院音乐舞蹈系　舞蹈：满苏荣、金艺华、慈仁桑姆、白莹、易国刚、李桂兰、丁伟

47. 歌曲：《走向未来》　表演：魏洪、张涓、黄应杰、林芳

现场摆擂台　主席上春晚

——1990年春晚记忆

1990年，庚午马年。当承载了数千年来根植于中国人内心深处最朴素家国情怀的春节再一次到来时，凝聚了人们最多悲欣与感动记忆的春节联欢晚会也正式迎来了八周岁生日。

但还未开始，1990年春晚就遇到了前所未有的困难。往年春晚剧组往往在7月下旬就组建并开始展开春晚的节目搜集和筹备工作了，但是1990年春晚剧组一直到8月下旬才组建成，延迟了一个月。又因为1990年春节比往年提前了半个月，所以"两头一挤办晚会的时间就短多了"①。在短时间内，1990年春晚的创作人员和参与者只能靠提高工作强度来确保满足除夕夜国人对春节联欢晚会的期待了。筹备过程中，编创人员住在电视台集体宿舍日夜奋战。

有限的除了时间，还有资金。1990年，电视台将春晚作为试验田来树立勤俭办事业的好作风，因而这年的春晚在开支上进行了最大幅度的缩减。2月13日的全台大会总结中曾提到，"1990年春节晚会开支方面的节约是创纪录的"②。

除此之外，编创组面临着巨大的创作压力。1989年的社会文艺创作不像以往那么活跃，因而在社会上搜集的节目相当有限，春晚中大部分节目都靠剧组自行创作。1990年春晚的4个小品节目中，春晚剧组创作的就有3个，在晚会上演唱的24首歌曲中，剧组组织词曲作家为本次春晚特地创作的就有13首。

不过，这种自给自足、从无到有式的创作也为艰难困苦中的春晚开拓出了一条追求精品的路径。在众人的赞扬与批评声中，在自身的探索与创新之路上，1990年春晚继续忠实地记录了过去一年的获得与拥有，展望着新一年的美好愿景。

1989年6月23日至24日，中共十三届四中全会在北京召开，全会选举江泽民为中央委员会总书记，一个以江泽民为核心的党中央第三代领导集体产生了。会议强调，继续坚决执行十一届三中全会以来的路线、方针、政策，消除了人们近年来内心深处

---

① 黄望南主编：《黄一鹤的电视艺术道路》，中国广播电视出版社1993年版，第52页。
② 黄望南主编：《黄一鹤的电视艺术道路》，中国广播电视出版社1993年版，第52页。

的焦虑和不安。这个国家，这个民族，这块土地上生活的人民，渐渐学会了用更理性的方式解读国家的未来。这一年，人们感觉到了国家的命运与自己是如此紧密相连。

1990年春节联欢晚会就是在这样的大背景下、在全国观众的千呼万唤中走来了。黄一鹤再度出山担任晚会总导演，他所追求的"真情、清新、质朴"的艺术风格也在晚会中得到了充分体现。1985年春晚的失利被黄一鹤自己定义为兵败"麦城"，几乎"全军覆没"。他在导演手记中写道："我的心怅结千千，伤痕点点，'思过'达半年之久。"① 此后，他开始思索春节晚会的模式与构成，并谨慎执导了1986年春晚。3年之后的1990年春晚，他再次顺应中国人"大团圆""皆大欢喜"的审美欣赏情结，使其回归庆新春的现场真实感，回归人与人之间最质朴的家国情怀。晚会长达4个小时20分钟，主题确定为"团结、和谐、欢快"。

春晚现场摆擂台 喜迎"90年代第一春"

为了更完整地串联起整场晚会，调动观众和演员的参与热情，"1990年春节联欢晚会采用了一种比较新颖的节目表演形式：三头并进式。即所有的演员被分成三个队，根据裁判李默然出的一个个题目，由三个队比赛，看谁表演的节目精彩"②。这三个队分别代表不同的表演形式，红队为曲艺队，田连元任队长；蓝队为歌舞队，阚丽君任队长；黄队为戏剧队，朱时茂任队长。三个队在队长的带领下根据裁判的要求进行了一场激烈的擂台赛。除了台上的队员之外，现场舞台中央的观众也被导演组划分成了红、黄、蓝队的啦啦队，他们头戴代表着自己所支持队伍颜色的帽子，手里挥舞着不同颜色的彩球，为自己的队伍加油助威。在完成裁判李默然所规定的四套规定动作即"马子令大联唱""歌唱节目""现场出对联""逗笑一分钟"的比赛之后，三个队还有一套自选动作的比赛，即"推出拿手节目"，然后裁判上台进行统一评分。

1990年春晚上的节目"分别来自北京、辽宁、山西、福建、广西、上海、山东、湖南、香港、台湾等省市和地区来参加演出的约200人（包括伴奏乐队）"③，就在三个队伍的擂台赛形式中，在总共5套比赛动作的串联下，为电视机前全国各地的观众带去了精彩的节目，共同迎接"90年代第一春"。电视机前的人们同现场的观众一样，真切地感受到了由电视这个现代媒体所传播出来的、蕴含着中国人家国情怀和集体记忆的民族大联欢。

据导演黄一鹤回忆，采用擂台赛形式是受日本"红白歌合战"的启发。将这种形式运用于春晚中，能够很好地完成节目与观众之间的互动，带动现场气氛。只是考虑

---

① 黄一鹤：《中央电视台春节晚会（1985）导演手记》，载于《艺术世界》1987年第1期。
② 耿文婷：《中国的狂欢节：春节联欢晚会审美文化透视》，文化艺术出版社2003年版，第279-280页。
③ 黄望南主编：《黄一鹤的电视艺术道路》，中国广播电视出版社1993年版，第48页。

到当时的社会环境，为了更好地把握和控制晚会的整体节奏和走向，导演组将应有的真实竞赛设计为策划好结果的竞赛游戏。在春晚的历史上，这个形式无疑是新颖的，是导演和策划精心设计和编排的，因而获得了"百分之九十观众投书的肯定"，但是黄一鹤自己的评价却是"刚刚及格"。在1990年关于春节联欢晚会的导演工作阐述中，黄一鹤总结了观众的批评意见，其中第二条为"三个队竞赛打破茶座式老框框是好的，但为什么不能搞真赛？现在是安排好的假赛，观众不满足，感到不够劲儿。"① 虽然晚会采取的是擂台赛形式，但最终裁判对每个队的评语却是"蓝队荣获冠军，黄队并列冠军，红队也是冠军"的大团圆式结尾，正是这种早已预料到的结尾让观众感到还差那么点儿劲。用今天的眼光再来看这样的"事先安排"，或许多数观众都能理解，因为无论如何组织晚会都是为了更好地串联和表现节目，春晚的核心还是为忠实守候在电视机前的观众带去精彩的节目，为辞旧迎新的百姓增添珍贵而难忘的春节记忆。

这一点，1990年春晚无疑已经做到了，导演组和演员们精心为观众推出的春晚盛宴，至今让大家津津乐道。每每想起，内心都充满着感动；每看一遍，都饱含着记忆里最真实的温暖。

小品形势大好，赵本山、巩汉林首登台

1990年春晚的小品只有4个，分别为《相亲》《打麻将》《难兄难弟》《主角与配角》。虽然数量不多，但这些小品结构短小精悍、意义深刻隽永、"包袱"笑料迭出，加上演员活灵活现的表演，不仅在当时为观众带去了无限欢乐，更在之后成为广为传播的经典作品。黄一鹤导演曾准确地指出其关键所在："今年晚会上推出的《主角与配角》《相亲》《打麻将》《难兄难弟》等小品之所以能得到广大观众的好评，也是因为这些作品从批评超计划生育，宣传'除六害'建设精神文明等各个方面反映了当前形势下人们的共同心愿，抓住了在90年代伊始时人们希望国家在治理整顿中繁荣发展的共同心理趋向"②。反映社会现实，贴近人们生活，成为这一届小品的共有特性。

尤其值得一提的是小品《相亲》，它不仅作品本身大获成功，也挖掘出了赵本山这一喜剧"新人"。其实，早在1990年以前，赵本山就曾三度冲击春晚，但都兵败而归。这一年，当赵本山再次在春晚编导组面前表演《老有少心》时，导演黄一鹤不禁犹豫了："当年我对他的小品也有一些看法，主要是对格调有些质疑：艺术是为谁服务的？嬉皮笑脸逗人笑，就太没价值了。《老有少心》这个名字就很不雅：这老头花心啊！"事实上，此前《老有少心》在地方已演出上百场，到最后赵本山表演得已经有些"油"——不是戏让观众笑，而是他本人在"逗"大伙乐。"人物形象不美""情

---

① 黄望南主编：《黄一鹤的电视艺术道路》，中国广播电视出版社1993年版，第54页。
② 黄望南主编：《黄一鹤的电视艺术道路》，中国广播电视出版社1993年版，第51页。

感不真实""感觉抓得不准"是编导们看完后的普遍评价。[1]

不过黄一鹤认为,小品框架不错,只是需要改造。他第一次看这个小品时,赵本山表演了长达半个小时,黄一鹤提出这个小品要做大幅度修改、重排,毫无商量的余地:"晚会只能给你这个小品14分钟,多一分钟我就把这个小品砍掉,你要知道春节晚会是以分秒来计算节目时间的,容不得你任意发挥!"赵本山听后一夜未能成眠,从表演方法到小品的喜剧风格都进行了认真的思考,接着由张超重新修改删节小品脚本,黄一鹤还请来王景愚按照戏剧科班的手法来导小品,名字也改为更显大气的《相亲》。

除夕夜,赵本山终于携《相亲》登台了。改革开放以来,人们的思想观念得到了很大解放,中老年人开始逐渐重视自己的生活,敢于冲破传统观念去追求属于自己的爱情。原本是替子女赶来相亲的二位主人公,却在子女的私下安排下变成了为自己相老伴,子女的好意撮合为二人敞开心扉、正视内心提供了机会,最终二人得以终成眷属。小品频出笑料,短短十多分钟,赵本山却一鸣惊人,他所饰演的憨厚、淳朴、幽默的普通人形象给观众留下了深刻印象,那无辜、羞涩的眼神,原地摩挲的腿部动作,还有一口地道的东北腔,都成为"赵本山"的独有标志。自此之后,《相亲》被奉为经典,赵本山也与春晚结下了不解之缘,等待赵本山的精彩表演也成为后来众多观众对春晚的一大期盼。

图1 赵本山、黄晓娟的小品《相亲》

小品《主角与配角》是陈佩斯和朱时茂第五次春晚合作推出的又一经典。小品以"八路军"与"汉奸"的对话为素材,原本饰演"叛徒"的陈佩斯为了当上主角,耍尽各种小聪明,最终在观众的支持下成了"八路军",可最后因习惯问题又回归"叛徒"形象。演出中,小品中还出现了一个小小的插曲——演出开始不久,朱时茂手中

---

[1] 勾伊娜、天蓝、陈然、刘玮:《创作者解读春晚小品三十年的幕后故事》,http://lady.163.com/13/0412/11/8S8O7D4700264M4F.html,2013-04-12。

道具枪套的背带居然绷断了！由于是现场直播，不能停顿、不能求助别人，而且按照情节后来的发展，如果陈佩斯拿着枪演，就没有原来设计的那种背着演的效果，何况陈佩斯并不知道皮带断了，朱时茂害怕陈佩斯下面演不下去，在心里瞬间慌乱之后，沉着冷静若无其事地一边说台词，一边自然而迅速地将背带打好了结。连他自己都没想到，这个看似失误的意外，却给整个小品增添了成功的一笔。当朱时茂与陈佩斯按戏的发展准备交换角色，陈佩斯想当主角的愿望终于得以实现，把枪往身上一背，本来在朱时茂身上自然得体的枪，很滑稽地到了陈佩斯胸前，全场观众大笑，将陈佩斯幽默诙谐的特长诠释得淋漓尽致。两位的精彩表演把春晚的重头戏引领到了小品的艺术领域。"这个小品的文化对应物是我国大陆在改革开放前长期存在于艺术创作中的脸谱化现象"①，是"英雄"还是"坏蛋"从长相上便可一目了然。节目播出后在全国引起轰动，从此小品正式取代相声成为春晚第一主角。陈佩斯和朱时茂也确立了两人"一邪一正""一武一文"的表演模式。②

图 2　小品《主角与配角》

小品《打麻将》的登台也颇有些周折。编导组为了找到适合小品中"惧内"的丈夫一角，先后三易其人，直到巩汉林试戏才出了彩，"这个小品在濒临被'枪毙'的死亡线上四易其稿，挣扎近三个月，在编导组全力扶持下才上了春晚的舞台。"③小品展现了一个女强男弱的特殊家庭，"惧内的丈夫"巩汉林与彪悍的妻子岳红围绕打麻将展开了表演，小品除了在题材上配合"除六害"、有较强的现实意义之外，浓烈的喜剧效果也为观众所津津乐道。同赵本山一样，巩汉林也是第一次出现在春晚舞台上，"惧内丈夫"的形象被他演绎得惟妙惟肖，巩汉林也由此正式踏上了春晚之路。

---

① 耿文婷：《中国的狂欢节：春节联欢晚会审美文化透视》，文化艺术出版社 2003 年版，第 133 页。
② 《湖南元宵再现〈主角配角〉 林依轮杜海涛获陈佩斯授权》，2015 年 03 月 1 日，http：//ent.ifeng.com/a/20150301/42261920_0.shtml。
③ 黄望南主编：《黄一鹤的电视艺术道路》，中国广播电视出版社 1993 年版，第 53 页。

图3 小品《打麻将》

小品《难兄难弟》刻画了在国家实施计划生育政策下，为生儿子而四处流窜的兄弟之间发生的让人啼笑皆非的故事，很发人深省。

必须指出的是，1990年春晚上呈现的小品《主角与配角》《难兄难弟》《打麻将》都是剧组自己创作的，这些作品饱含了春晚剧组创作者和演员的辛劳付出，之所以大获成功，与此是分不开的。

图4 小品《难兄难弟》

除上述喜剧小品外，1990年春晚上的泛小品类节目也十分丰富。自1986年戏曲小品《断桥》作为首个泛小品节目登上春晚以来，多种艺术形式都借鉴了小品的叙事特色和表演风格，"喜剧小品的巨大成功受到了传统艺术品种的青睐，许多艺术纷纷放下架子、借鉴喜剧小品的元素联姻整合，产生了一批蕴含小品元素的'泛小品节目'"。① 1990年春晚的《拷红》可谓将戏曲小品这一艺术形式推向了成熟。《拷红》"融京剧、豫剧、评剧、越剧、黄梅戏于一体，颇具匠心，给传统戏曲注入了新的生命。另外哑剧大师王景愚的《举重》惟妙惟肖，令人捧腹"②。舞蹈小品《背起那小妹妹》《瞧这些婆姨们》则是将舞蹈与小品融为一体，在小品故事的进行中展现舞蹈带来的魅力，同时又用幽默的肢体语言为观众带去欢笑。在1990年春晚舞台上，小品这一艺术形式被广泛地借鉴和创新，其所承载的艺术类型得到不断丰富，同时不同艺术形式之间的合作新渠道也被大大拓展。

相声"说""演"并重，戏说社会现实

1990年春晚中的相声节目同小品一样共有4个，分别为《学唱歌》《无所适从》《三顾茅庐》《二重唱》。相声本身是中国传统的一种"说"的语言艺术，但是随着电视的诞生和逐渐普及，观众又增添了对其"看"的需求，所以相声节目在表演上增添了更多喜剧效果。在1990年春晚的相声节目中，观众看到了《学唱歌》中姜昆和唐杰忠的大幅度的肢体语言，看到了《无所适从》中牛群和冯巩脸上夸张和到位的面部表情。

另外，这一年相声依然完整地保持着传统相声所固有的对社会现实的客观反映和幽默调侃。《三顾茅庐》"控诉"的是在故事拍摄过程中，由于各种人为和客观因素所进行的肆无忌惮的广告穿插行为，由于各色广告的存在，原本简单精练的故事情节被搞得支离破碎。《无所适从》则调侃了商家对产品的夸大和虚假宣传，讽刺了当下不诚信的商业经营活动。这些相声作为时代的感应器，将焦点准确集中于社会中的新生事物和问题，用幽默的语气、调侃的口吻，对新时期产生的社会新问题进行了有力的抨击。

图5 姜昆、唐杰忠：相声《学唱歌》

图6 牛群、冯巩：相声小品《无所适从》

---

① 耿文婷：《中国的狂欢节：春节联欢晚会审美文化透视》，文化艺术出版社2003年版，第69页。
② 李海卉编著：《春节晚会大盘点1983——2001》，辽宁美术出版社2002年版，第15页。

歌曲传"情"达"意",宋祖英首唱展头角

从20世纪80年代开始,新生事物层出不穷,传统价值观念也不断革新,歌曲成为人们表达内心情感和生活感悟的方式之一。1990年春晚的歌曲大致可以分为三类,其一是抒发对新时代、新生活的美好向往,表现昂扬向上的积极心态,如《黑头发飘起来》《1234567》;其二是传达人与人之间的情感,表现质朴真善美的主题,如《小背篓》《好大一棵树》;其三是为了迎接新春的来临,专门创作来渲染节日喜庆气氛的贺岁歌,如《闹新春》《望春》。在20世纪90年代初,"歌曲直抒胸臆的正面表达方式是传达时代情绪的最佳艺术手段"①,这些歌曲饱含中国人迎接新时代的满腔热情以及对这个时代的期盼与感恩,词曲之间传达着最真挚动人的情感力量。其中许多歌曲,如宋祖英的《小背篓》、张晓梅的《好大一棵树》、李谷一的《前门情思——大碗茶》等,都成为日后大街小巷广为传唱的经典曲目。

1990年春晚,导演黄一鹤请宋祖英的恩师,我国著名声乐教育家、歌唱家金铁霖推荐一名新歌手,金铁霖便推荐了宋祖英。当时宋祖英正跟金铁霖老师学唱歌,金老师帮她选了上课时的一首歌,即后来我们熟知的《小背篓》。这首歌迎合了中国人追求意境、追求阴柔之美的审美趣味,"小调式"的歌曲衬托着春节除夕夜的欢庆氛围,传递着举家团聚、温馨和睦的情感基调,不仅在当时赢得了观众的热烈好评,在日后相当长的一段时间内都广为传唱。因这首歌,时年24岁的宋祖英一举成名,广大观众记住了她年轻纯净的脸庞,记住了她婉转动听的歌声。后来,宋祖英深情地说:"我是唱着白老师(《小背篓》曲作者,白诚仁)创作的《小背篓》到北京来的。"②此后的几乎历届春晚,见证了这位苗族姑娘的成长。

《好大一棵树》也是春晚后国人争相学习演唱的歌曲之一。"风雨中你昂起头,冰雪压不服",写出了中国人在经历迷惘和挫折之后的不屈和坚韧,一声声"绿色的祝福"代表的是国人永不磨灭的希望,"深情藏沃土"表达的则是对这片土地及这个国家深沉的热爱与依恋。歌唱黑发、歌唱中国、歌唱亚洲的《黑头发飘起来》是为迎接第十一届亚运会而作。"我们相会在绿茵场上,歌声飞过高山大海,三十三亿兄弟姐妹,闪着黑发的风采……"期盼着世界友人的到来,传达着中国人作为东道主的热情以及对世界和平友爱的呼唤。《前门情思——大碗茶》则于质朴中让大家品出了茶中的清香,品出了茶中的淡然。"世上的饮料有千百种,也许它最廉价,可为什么为什么为什么它醇厚的香味儿,直传到天涯,直传到天涯。"无论外面世界多么稀奇,每天的变化多么迅速,外在的诱惑多么诱人,最醇厚、最清香的依然是家门口那一碗茶水,

---

① 耿文婷:《中国的狂欢节:春节联欢晚会审美文化透视》,文化艺术出版社2003年版,第117页。
② 百度百科"小背篓"词条,http://baike.baidu.com/view/3595740.htm。

永远沁人心脾。

这些广为传唱的歌曲，集中反映了中国人在这个时代的价值诉求和精神面貌，记录了中国为迎接90年代所做的自我突破与创新。

图7　宋祖英《小背篓》

图8　张晓梅《好大一棵树》

港台歌星再献唱，海峡两岸共团圆

自1984年香港歌手张明敏以一首《我的中国心》登上春晚舞台后，这首歌便一夜之间红遍全国，回响在广播电视中，回响在马路边的便利店里，回响在人们嘴边。张明敏也被认定为游子在香港的形象符号。筹划1990年春晚时，为了迎合"团圆"这个大主题，剧组又把张明敏请上了舞台，演唱了《献出心中的爱》和《我们爱这个错》两首歌。除此之外，台湾当红明星文章和凌峰也被邀请到了春晚现场，共同作为香港和台湾的代表性符号与祖国大陆共庆团圆，共迎20世纪90年代第一个春天的到来。

凌峰生于青岛，长于台湾。在台湾走红时投身于电视系列片《八千里路云和月》的拍摄。之所以用这个名字，凌峰说："就是受中国文化的影响，八千里路云和月是抽象的含意，是山河、故土、传统和历史，体现了悲壮之美，我所处的环境何尝不是如此？"①当时，凌峰由于绕道日本来内地拍摄《八千里路云和月》而遭到台湾地区的封杀。导演黄一鹤认为，他作为一个普通艺人敢于冲破台湾当局的封锁而进入内地，勇气实在可嘉，凌峰拍摄的影片能够充分展现出大陆悠久的历史和灿烂的文明，让台湾民众直接感受到大陆淳朴的民风。于是经过一番讨论，决定邀请凌峰到大陆来参加1990年春晚演出。晚会上，凌峰表现得幽默、大方、风趣，刚一上台就说："靠近一点可以吧，我觉得90年代海峡两岸的距离应该拉近一点。"他还调侃自己："本人的

---

① 李庆山、李敬编著：《中央电视台24届春节联欢晚会台前幕后》，中共党史出版社2007年版，第53页。

长相很中国""中国五千年来的沧桑和苦难都写在我的脸上",博得了现场的阵阵爆笑和掌声,将晚会气氛带向高潮。人们不只看到唱着《小丑》、活泼逗笑的台湾艺人凌峰,也看到了 90 年代大陆和台湾关系更进一步的希望。

除上述小品、相声以及歌舞类节目外,1990 年春晚还包含有许多其他节目形式,如京剧清唱《定军山》、艺术体操《健美变奏曲》,同时在晚会进行中还穿插了画家赠画这一环节。这些不同的节目形式相对零散地点缀于三大类型节目中,为观众献上了一桌丰盛的年夜饭。

第一次有党和国家最高领导人参加的春晚

也许因为是 90 年代的第一届春晚,1990 年春晚备受党和国家领导人的重视。早在筹备阶段,其编创工作就得到了李瑞环等领导同志的审查、指导。在直播过程中,零点钟声敲响之时,主持人赵忠祥更是激动地向大家宣布:江泽民总书记、李鹏总理等中央领导同志来到晚会现场,问候大家,看望大家!在观众的热烈掌声中,江泽民和李鹏分别登台致辞,向战斗在各条战线上的同志们、向全国的父老乡亲、向世界各地的华人和国际友人拜年,并同台下的演员亲切交流。从当年一段视频中可以看到,江泽民在握手时对姜昆说:"我一看就知道你的名字,你今晚表演得淋漓尽致,相声演员要有真本事……"又对春晚新面孔冯巩说:"你也是,我已经听过好几次你的相声。"整个见面过程持续了大约 6 分钟,这短短 6 分钟,却赋予 1990 年春晚别样的意义。①"这使得中央电视台春节联欢晚会的演播大厅成为举国上下几亿双眼睛注视的中心"。黄一鹤后来回忆:"这样的盛况在电视史上、在文化史上都是罕见的。"② 直到今天,这仍是唯一一次有国家最高领导人出席的春晚。

"形象包装"概念初形成 演员"服道化"步正轨

1983 年第一届春晚开办时,整个社会还没有形成形象包装的概念。一人连唱多首歌曲的李谷一也只是自始至终穿着在当时最时髦的"的确良"布料做成的黑色衣服进行演出。90 年代之前,演员的衣服和化妆都不具有独立的专业性,从 1990 年开始,演员的着装和化妆才开始变得正规和专业起来。在 1990 年春晚舞台上,"裙装领口开得很大很低,发式极其新颖别致,服装服饰的色彩也变得绚丽无比"③,演员的舞台妆

---

① 本部分参考《中央领导人的春晚故事》,http://bbs.tiexue.net/showclass_26_1.html/post2_4110745_1.html, 2010-02-26。

② 黄一鹤:《中央电视台 1990 年春节联欢晚会导演工作阐述》,载于黄望南主编《黄一鹤的电视艺术道路》,中国广播电视出版社 1993 年版,第 48 页。

③ 耿文婷:《中国的狂欢节:春节联欢晚会审美文化透视》,文化艺术出版社 2003 年版,第 78 页。

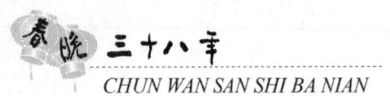

和生活妆不再混为一谈，而是明显地区别开来。

除明确感受到了演员服装和妆容所带来的新鲜和视觉美感冲击之外，电视机前的观众还同时领略到了舞台包装艺术的不断进步为电视媒介带来的革新。1990年春晚的舞台更加立体化，灯光更加明亮，通过电视传递出的画面更加丰富和明朗。

1990年春晚创造了"三个第一"，即"第一次有党和国家最高领导人亲临演播室向全国人民拜年；第一次由国外的通讯社——合众国际社向全世界发专电报道中国的春节晚会盛况；第一次将竞技武术——红黄蓝三组打擂的形式引入晚会"①。这些"第一"，让1990年的春晚记忆变得鲜活和清晰。最为可贵的是，在经过了1985年的失利和1986年的谨慎之后，我们在1990年春晚中依旧看到了黄一鹤导演和创作人员敢于破旧、勇于出新的魄力和精益求精的艺术创作精神。"新"，正是春晚的核心所在，是将春晚与观众紧紧相连的纽带，更是春晚带给人们最厚重的春节礼物。

(本文作者：田园、王杰)

附：1990年春节联欢晚会节目单

首播时间：1990年1月26日 20：00

总导演：黄一鹤

主持人：赵忠祥

裁　判：李默然

擂台赛

　　歌舞队队长：阚丽君

　　戏剧队队长：朱时茂

　　曲艺队队长：田连元

1. 歌曲：《万紫千红》　演唱：杭天琪、屠洪刚

主持人介绍擂台赛队长和裁判

2. 《马字令》大联唱　演唱：杨学进、彭书民、张暴默、刘伟、唐杰忠、刘秉义、刘斌、马玉涛、胡松华、苏红、罗宁娜、陈佩斯、牛群、赵莉、姜昆

3. 第一组独唱歌曲

　　（1）《闹新春》　演唱：李丹阳

　　（2）《1234567》　演唱：韦唯

4. 相声：《学唱歌》　表演：姜昆、唐杰忠

---

① 泥子、善良、偶然：《21年春节联欢晚会内部消息》，新华出版社2003年版，第59页。

5. 提线木偶：《小猴唱歌》　表演：黄奕缺　配音：李扬
6. 三个队献对联
7. 《精彩一分钟》　表演：红、黄、蓝队代表
8. 舞蹈小品：《背起那小妹妹》　表演：贾小平、纪广等（山西省歌舞剧院）
9. 歌曲：《自己的天空》《我是风》　表演：文章（台湾）
10. 相声：《无所适从》　表演：牛群、冯巩
11. 第二组独唱歌曲
　　（1）《大雁的故乡》　演唱：乌云塔娜
　　（2）《牧野情歌》　演唱：李玲玉
　　（3）《边塞风》　演唱：范琳琳
12. 小品：《相亲》　表演：赵本山、黄晓娟
13. 舞蹈：《京剧迪斯科》　演出单位：中央电视台银河少年电视艺术团
14. 歌曲：《献出心中诚与爱》《我们爱这个错》　演唱：张明敏
15. 相声：《三顾茅庐》　表演：刘伟、刘惠
16. 第三组独唱歌曲
　　（1）《好大一棵树》　演唱：张晓梅
　　（2）《小背篓》　演唱：宋祖英
　　（3）《走在大街上》　演唱：鞠敬伟
17. 戏曲小品：《拷红》　演唱：郑岩、小香玉、李玲玉、雷英、吴琼
18. 小品：《打麻将》　表演：岳红、巩汉林
19. 舞蹈：《瞧这些婆姨们》　演出单位：山西省歌舞剧院
20. 相声：《二重唱》　表演：戴志诚、郑健
21. 第四组独唱歌曲
　　（1）《望春》　演唱：苏红、杭宏
　　（2）《边关情似火》　演唱：杨洪基
　　（3）《黑头发飘起来》　演唱：杭天琪
22. 歌曲：《小丑》　演唱：凌峰（台湾）
23. 小品：《难兄难弟》　表演：严顺开、黄宏
　　著名画家向春节联欢晚会赠画　刘帛书、王成喜、姚志华、石余、吴冬奎
24. 艺术体操：《健美变奏曲》　表演：北京体育学院
25. 哑剧小品：《举重》　表演：王景愚
26. 第五组独唱歌曲
　　（1）《当我们年轻的时候》　演唱：翟春萍
　　（2）《西北汉子的红腰带》　演唱：张伟进

27. 小品：《主角与配角》 表演：陈佩斯、朱时茂
28. 第六组独唱歌曲

  （1）《幸福是什么》 演唱：崔海堂

  （2）《前门情思——大碗茶》 演唱：李谷一

29. 京剧清唱：《定军山》 演唱：谭元寿

赵忠祥宣读新春贺电

零点钟声

时任总书记江泽民、总理李鹏到晚会现场讲话

30. 歌曲：《送给你》 演唱：魏金栋、刘玉婉
31. 歌曲：《山丹丹开花红艳艳》 演唱：远征
32. 结束曲:《难忘今宵》 领唱：李谷一

追求"现代化" 搏击"新潮流"

——1991年春晚记忆

1991年2月14日晚8点,中央电视台彩电中心大演播厅,羊年春节联欢晚会与观众准时见面了。

1990年是进一步治理整顿和深化改革的一年,农业、工业、科技、教育和各项社会事业都有了新的发展,人民生活继续改善。人们不断品味着这个滚滚而来的新时代所带来的感动和惊喜。

1990年是凝心聚力、振奋精神的一年。准备达6年之久的第十一届亚运会在北京如期举行,来自亚奥理事会成员37个国家和地区的体育代表团共6578人见证了中国自改革开放以来的惊人发展,见证了中国体育事业的成长和提高,见证了东道主中国人民的热情和真诚。与此同时,北京亚运会吉祥物熊猫盼盼手持金牌做奔跑状的形象几乎天天出现在媒体上,也深深地印在了国人的脑海中。

1990年是扩大开放、大力发展对外经济的一年。在改革开放总方针的指导下,尚未体格健硕的东方大国终于慢慢睁开了双眼,痛定思痛、韬光养晦,奋力追赶世界步伐。中共十三届七中全会指出,从1991年开始,我国进入社会主义现代化建设的关键时期,正迎接"走出去"带来的挑战。

在1991年即将到来的除夕夜,1990年的记忆和情感化为世界华人共同的感动和喜悦,承载着这份沉甸甸情感的1991年春晚就这样在国人的关注中拉开了序幕。

1991年春晚以"团结、欢快、多彩"为主题,中央电视台文艺部主任邹友开披挂上阵,从多年来坚守的后台杀到了前台。"多年来,作为文艺部负责人的他,为春节晚会鞍前马后奔忙,这一次,他自己率一班人马冲锋陷阵到春节晚会上来了"①,在他的率领下,郎昆、胡淼、杨东升、刘铁民、江则理共挑大梁。1990年8月,春晚剧组成立,在准备春晚的一百多个日日夜夜,剧组人员深入大江南北的剧团、剧场,对代表不同艺术形式的节目进行优中选优,"各省市地方台共选送了130个节目参加春节晚

---

① 杨晓民、陈亦文主编:《难忘今宵——中央电视台历届春节晚会大写真》,长江文艺出版社1998年版,第21页。

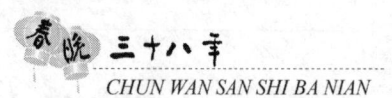

会，经过筛选有 11 个地方台的 12 个节目参加了晚会的现场直播"①。

每年春晚都是频出经典的舞台，1991 年春晚播出后，优美动听的旋律、幽默诙谐的表演、贴切深刻的台词都成为广大观众除夕夜永恒的回忆。

继承、融合、创新，小品经典涌现

从春晚初创期到 1991 年，广受欢迎的小品在春晚舞台上的数量一直呈上升之势。1991 年春晚，小品增加到 6 个，分别为《手拉手》《陌生人》《小九老乐》《乡音》《警察与小偷》和《除夕之夜话渴望》。这些小品将焦点对准了不同行业、不同身份的个人，通过刻画他们之间的沟通和交流、误会和摩擦、欺骗与原谅，表现出当下的典型社会现象和典型时代症候，呼唤着真情、真心和人文关怀的回归。它们将人们身边的社会问题和生活中的小事搬上舞台，通过喜剧表演的形式以小见大，记录着老百姓生活中的点滴变化。

《手拉手》是在《超生游击队》续篇被导演枪毙后的救急之作。一瓶劣质胶水将两人的手紧紧黏在一起，无法分开，故事以此为开端，在两人随即展开的对话中逐一反映出了塑料袋、霓虹灯、门铃、电表、电视等产品存在的质量问题，讽刺了当下社会生产领域普遍存在的产品质量不合格现象，抨击了生产商缺乏诚信、坑蒙拐骗消费者的不良行为。"现在的产品该结实的不结实，不该结实的贼结实"，一时成为人们口中的流行语。在两人诙谐幽默的表演和生动搞笑的台词中，人们对小品所反映的现象也感同身受，爆发出阵阵哄笑和掌声。自从 1989 年春晚上的一句"俺叫魏淑芬，女，29 岁，至今未婚"之后，宋丹丹开始为人们所熟知，她的语调和台词，也成为人们争相模仿的对象。在 1990 年元旦晚会中，宋丹丹凭借《懒汉相亲》声名鹊起，而 1991 年春晚的这个小品中，她和搭档的表演更是让观众笑个不停。这个小品也像小品中的劣质胶水一样将两人"黏"在一起，从此成为真正的黄金搭档。

巩汉林和蔡明的小品《陌生人》是后来另起炉灶新创作的节目，起因是之前的《小窗户》同《小九老乐》相撞车。该小品讲述了深夜里大哥哥（巩汉林饰）护送小妹妹（蔡明饰）回家的故事，两个陌生人由于相互之间的不信任，在路上发生了很多荒诞搞笑的故事，最终小妹妹被大哥哥的真诚所打动。该作品揭示了社会生活中人与人之间的信任危机，人心之间的相互猜忌和提防，令人与人之间的情感关怀显得滑稽和怪诞，同时也是对人与人之间信任、真情回归的呼唤。

---

① 杨晓民，陈亦文主编：《难忘今宵——中央电视台历届春节晚会大写真》，长江文艺出版社 1998 年版，第 21 页。

图1 小品《手拉手》　　　　　图2 小品《陌生人》

　　蔡明对观众来说早已不陌生，1973年，才上小学的她便因扮演电影《海霞》中的"小海霞"而名扬全国，此后又出演了数部电影作品。但值得一提的是，同巩汉林表演小品《陌生人》，是蔡明第一次在春晚舞台上露面。从此以后，她成为春晚的常客，是全国上央视春晚次数最多的小品演员，除1992年、1998年缺席外，几乎参与了全部其他年份春晚的演出。她和郭达搭档演出的小品陪伴了一代人的成长，在近几年的春晚中，她又搭档潘长江，也大获成功。在娱乐文化生活多元、嘘声掌声齐鸣的"新春晚时代"，为春晚贡献了大量经典流行语，其本人也得了个"毒舌女王"的称号。

　　《小九老乐》是赵本山在春晚舞台上继《相亲》之后的第二个作品，他滑稽的表情、具有东北特色的方言、幽默的肢体动作依然使其成为春晚上绝对出彩的小品表演者。该小品的突破在于表演者在表演过程中将台下观众作为戏中人物，两人在观众席中同观众进行交流并将其作为节目的一部分，不仅调动了现场观众的参与热情，也使得整个作品更加真实自然。最终作品的主旨还是回归夫妻之间的相互信任，人与人之间的相互帮助，用坦诚和协助克服生活中的摩擦、消除感情上的误会。

图3 小品《小九老乐》

《警察与小偷》是陈佩斯和朱时茂继《吃面条》和《主角与配角》之后的又一经典力作。这原是为警民联欢晚会排练的作品，因原本为参加春晚准备的《万国运动会》翻身下马而被匆忙搬来救急，"中央电视台的编导前去求情，考虑到全国的利益，公安部只好割爱"。① 小品用夸张的戏剧表现手法刻画了一个小偷和警察相遇的趣事，将小偷见到警察之后的心虚刻画得惟妙惟肖。小偷的笨拙、警察的机智，小偷对自己装扮的警察身份由惧怕、排斥到入戏太深、自觉交代，甚至协助警察抓住了同伙，整个小品情节丰富，精彩不断，两人的表演也十分到位。最终，法网恢恢，疏而不漏，纵使身着一身警察装，假的终归是假的，小偷还是逃脱不了被绳之以法的结局。陈朱两人的表演一直受到广大观众喜爱，此作品同样成为人们广为称道的经典。

图4　陈佩斯、朱时茂：小品《警察与小偷》

　　《乡音》由魏积安、赵连甲、常佩双三人共同演绎。讲述了一位乡音难改、口头禅脱口而出的农民企业家为了与一位将要向其投资的海外侨胞赵先生进行"平等"沟通，费劲模仿侨胞口音的故事。人们被刻意的滑稽模仿逗得乐不停，也对这位最终决定不改乡音、自然沟通的农民企业家印象深刻。有意思的是，从1991年魏积安首次参加春晚，他就因为半句台词、一句"伙计"而名扬天下，此后，他又多次登上春晚舞台，而该小品中的经典方言"伙计"也与他这些作品伴随了多年。

　　《除夕之夜话渴望》是由电视剧组《渴望》的原班人马在春晚舞台上进行的小品演绎。1990年，电视剧《渴望》的播出轰动一时，感动了数以亿计的中国观众。主人公刘慧芳的命运牵动着无数善良的人们的心，该剧被称为中国电视剧发展历史性转折的里程碑。《除夕之夜话渴望》相当于电视剧《渴望》的后续，通过观众来信的形式串联、假设电视剧中人物的不同结局，用小品这种艺术形式带给大家持续的记忆和感

---

① 杨晓民、陈亦文主编：《难忘今宵——中央电视台历届春节晚会大写真》（原载《文汇电影时报》1991年2月16日），长江文艺出版社1998年版，第289页。

动,而这一幽默的风格确实也为观众带去了欢乐。

除喜剧小品外,1991年春晚上依然出现了新奇精彩的"泛小品"节目。戏曲大胆进行自我突破,积极与小品相融合,创作出戏曲哑剧小品《洞房花烛夜》,一直为观众津津乐道。该小品虽归属于戏曲,却用哑剧小品方式演绎,同时还贯穿有矮子功、双手书法等内容,多样的艺术形式使其内容更加丰富充实。

图5 戏曲哑剧小品《洞房花烛夜》

杂技魔术小品《争先恐后》则是融合了杂技、魔术和小品三种艺术形式,小品的架构、杂技和魔术的内容将节目丰富起来,观众在短短的3分钟内便欣赏到数不清的魔术和杂技表演,杂技、魔术和小品的第一次亲密接触也让人耳目一新,只是由于节奏过于紧凑,表演的内容过于繁杂,泛而不精也成为该节目的败笔。但作为首次尝试,它毕竟为创作者们拓展了思路、提供了进一步完善的可能性。

映射、讽刺、模仿,相声风生水起

1991年春晚的相声节目也增加到6个,另外还有杨子春和史琳的对口单弦《体坛新曲》。

姜昆和唐杰忠这对老搭档表演的相声《着急》讲述了一个名叫老急的人,总是焦急万分,不是着急这个就是着急那个,今天担心自个儿,明天担心孩子,虽说生活一天比一天好了,可是每天都过得相当不踏实。该作品"刻画出社会经济快速发展后普遍存在于人们心中的浮躁情绪"[①],生动地表现出经济快速发展带来的人心空虚现状,春晚过后,"老急"成为人们街头巷尾熟悉的称呼。

---

① 耿文婷:《中国的狂欢节:春节联欢晚会审美文化渗透》,文化艺术出版社2003年版,第280页。

牛群、冯巩的相声《亚运之最》也赚足了观众的掌声和笑声。该作品取材于1990年9月份刚刚举办的亚运会，在不同的比赛项目前冠之以"最"，用搞笑的语言和滑稽的表演讴歌了亚运会上辛勤付出的参与者。观众所不知道的是，这一新颖的选段是三易其稿才与观众见面的，该相声的最初版本原本着不以成败论英雄的想法反映中国足球队的悲欢离合，但因效果不理想便开始重新创作，不料第二稿仍被"枪毙"。于是两人"凭借着艺术家的执着追求，飞车追踪张百发副市长，走访了国家体委，来到了教练员、运动员中间，借来了长达10余个小时的亚运会录像带，邀请相声界同行来家'侃大山'，直至演出途中，两人仍在商讨本子"。① 最终通过了审核，在春晚舞台上同大家见面。

图6　相声《亚运之最》

图7　相声《训徒》

相声《训徒》也颇具现实意义，马季和他与丁广泉先生的洋徒弟史可达搭档赵炎为大家合讲了一个师傅训徒的故事。当对方问到"你贵庚了"，究竟该如何回答？该相声以此为焦点展开，讽刺了那些不懂装懂的人，批驳他们总是拿自己的一套歪曲理论四处宣扬的行为。节目中马季严厉地训斥了拿自我杜撰的伪理论误导他人的传播者，揭示出"知之为知之，不知为不知"才是每个人应该秉承的原则理念。

另外，观众还从相声《学唱》中见识了表演者优秀的模仿力，从《笑星劝酒》中品味着各行各业的人们过去一年中的坚守和付出。1991年春晚的相声节目同小品一样，因其精彩，所以令人捧腹大笑；因其深刻，所以让人难以忘怀；因它们汇聚着创作者对生活、对个人细致入微的体会和感悟，所以彰显出持久鲜活的生命力。

串联、感悟、联袂，歌舞呈现大联欢

1991年春晚整台晚会中，歌舞类节目占据了一半以上的比重。这些节目中有的歌

---

① 杨晓民、陈亦文主编：《难忘今宵——中央电视台历届春节联欢晚会大写真》（原载《中国电视报》，1991年2月12日），长江文艺出版社1998年版，第285页。

颂祖国、讴歌时代，如《跟着太阳走》《在中国大地上》；有的歌唱春天，迎接新年，如《欢庆大歌舞》《祝酒请茶大拜年》；有的夸赞家乡、抒发思乡情，如《江南情思》《夸家乡》；有的歌唱真善美、赞美个人和团体，如《都是一个爱》《闪光的心灵》《一点烛光》；还有的描绘日常生活场景，表现劳动乐趣，如《抓沙蟹》《劳动欢歌》。

从选材以及演唱形式上来说，1991年春晚的歌舞可以用"串联"来概括。春节是团圆的节日，春晚是一道南甜北咸、东辣西酸的年夜大餐。东南西北都要在舞台上集中展现。洪民生同志曾就晚会的总体创作风格指出："为了体现'团结、欢快、多彩'的宗旨，整台晚会要具有'五个味'。即所谓：中国味、民族味、地方味、艺术味、电视味。"① 春晚剧组在筹备1991年春晚初期也提出要围绕弘扬民族文化为中心，吸取历届春节晚会的经验，"突出民族文化的主体氛围，突出表现民族团结的主题"②。1991年，"藏族的金羊年和汉族的春节是同一天，又是西藏和平解放四十周年"③，为了更好地突出这一主题，导演组苦思冥想，考虑了很多方案，但都被逐一否决，"后来终于决定将原定的放在节目最后的《祝酒请茶大拜年》移到开头，才算解了燃眉之急"④。这个节目由藏族、维吾尔族、佤族、朝鲜族、蒙古族、苗族、彝族、高山族、回族、羌族歌舞共同组成，尽显民族特色。另一个联奏《江南塞北》也包含了苏州的评弹、新疆的冬不拉、内蒙古高原上的马头琴。其他还有如串联了不同地域民俗活动的开场歌舞《欢庆大歌舞》，串联了刨地瓜、纺棉花、采红菱等不同劳动类型的《劳动欢歌》，串联了湖南、山东、安徽、山西、江南、新疆等不同省区地域风情的《夸家乡》等。在演出时间有限而我国地域广、民族多、文化类型多的情况下，这种串联的形式有效地兼顾到了具有典型性的各个方面，同时又能较好地呈现出全国人民共度佳节的热闹景象，因此颇为成功。

从歌曲的主旨及反映的内容上来说，1991年春晚歌曲的关键词则是"感悟"。这一届春晚上的经典歌曲不再高亢着去歌功颂德，也不再去浓笔描绘康庄大道，而是轻唱着去感悟生活，撇开喧闹和繁华，歌颂情感和心灵，这也是1991年春晚带给人们的思索和感悟。《在中国大地上》歌颂了中华大地上的丰收景象，彭丽媛高唱着"镰刀和斧头闪光在中国大地上，蓬勃的那个太阳升腾在中国大地上"，悠远的歌声凝聚着中国人对新时代、新生活的无限感慨；《同一首歌》凝聚着岁月匆匆的记忆，刻画着每个人内心为梦想匍匐前行的历程，走过千条水、走过万座山，却依然不能自已地在歌声中静静流泪；《再回首》则让许多在幽幽暗暗、反反复复中追问的人们开始思索：

---

① 贾磊磊：《古今融通，雅俗并举——1991年春节联欢晚会的文化意义》，《电视文艺论集》，人民出版社1993年版，第332页。
② 杨晓民、陈亦文主编：《难忘今宵——中央电视台历届春节联欢晚会大写真》，长江文艺出版社1998年版，第21页。
③ 泥子、善良、偶然：《21年春节联欢晚会内部消息》，新华出版社2003年版，第46页。
④ 泥子、善良、偶然：《21年春节联欢晚会内部消息》，新华出版社2003年版，第46页。

也许平平淡淡、从从容容才是真。在经济发展的大潮里，在快速前行的大道上，只有人心、真情才会永远陪伴着我们。

　　从演出主体来看，这年春晚歌曲的最大特点是大陆和港台歌手的"联袂"。1991年春晚上有了更多来自港台地区的歌手的身影，他们演唱的歌曲代表了港台地区红极一时的流行音乐，而这股新鲜的音乐风也被他们带进了中国大陆。甄妮一首歌颂母爱的《鲁冰花》让许多人潸然泪下；香港当红歌手谭咏麟的一首《水中花》让这个黑瘦的小伙子开始红遍大陆；姜育恒的《再回首》唱着时光流走的无奈，唱着平平淡淡的美好，让许多人不禁唏嘘；中性帅气的潘美辰演唱的《我想有个家》给予失落者无穷的力量；邝美云的《留不住的话》及其坐在舞台中央演唱的方式都给人留下了很深的印象。"在当时港台歌曲热的审美背景下，谭咏麟、潘美辰等的倾情演唱着实让那一时期的中国老百姓过了一把瘾，为人们带来港台歌曲的审美满足。"① 这些流行曲目及其表演方式不仅让大陆人对香港、对台湾的了解更进了一步，也记录着时代的进步，歌唱着1990年中华大地上的收获，承载着人们对1991年的期盼和祝福，其中许多经典歌曲，至今唱来仍鼓舞人心，深深地感动你我。

　　当然，1991年春晚中大陆和港台的"拉手"不仅体现在邀请港台歌星唱歌上。因中央电视台和台湾电视台在报道亚运会期间曾有很好的合作，在我国著名体育评论员宋世雄的介绍下，台湾电视体育评论员也走上了春晚舞台向大家拜年。一句"台湾电视台和中央电视台在亚运会期间合作特好、关系特瓷、感情特铁，铁瓷得简直是盖了帽儿了"，引得现场叫好声不断。在家人团圆的除夕之夜，海峡两岸、祖国各地的同胞也都相聚在一起，在这个辞旧迎新的除夕夜里，普天之下的炎黄子孙内心始终回响着同一个名字——中国。

图8　彭丽媛　《在中国大地上》

图9　潘美辰　《我想有个家》

---

①　耿文婷：《中国的狂欢节：春节联欢晚会审美文化渗透》，文化艺术出版社2003年版，第280页。

尝试、突破、探索，戏曲放异彩

1991年春晚的戏曲节目可谓惊喜连连，首先在数量上就大大超过以前，达6组（《少儿戏曲联唱》《梨园彩虹》《甘露寺》选段、《洞房花烛夜》《打滚出箱》《打瓜缘》）之多，打破了之前春晚中戏曲节目零零星星的状况，着实让中华戏曲扬眉吐气了一把。

这年春晚上，戏曲节目的诸多创新让观众颇为惊喜，节目本身的表现也堪称惊艳。在之前的春晚中，戏曲就曾与小品"喜结连理"，衍生出戏曲小品节目，1991年春晚舞台上，戏曲再度与小品联姻并融合哑剧表演形式，组成了戏曲哑剧小品《洞房花烛夜》。这不仅是小品类节目的一个创新，更是戏曲类节目进行自我探索的一次尝试。

英语京剧选场《打瓜缘》则是最让观众"意想不到"的，两位戏曲演员竟然用英文上演了一段由西瓜引起的姻缘！不过，虽说戏曲同英语接轨是一种创新，也是戏曲走向国际的一种尝试，但由于戏曲的台词原本就难以分辨，英文的对白更让人无法理解，所以该节目并没有取得预想的效果。

倒是戏曲艺术内部自身的革新更令人赞叹：在筹备春晚的过程中，编剧阎肃忽然心生一计，让京剧四大流派的传人同台献唱，没想到马长礼、言兴明、辛宝达和耿其昌四人一口赞同，于是在1991年春晚上，大家欣喜地看到了四大流派的传人共同演唱《甘露寺》中的选段《劝千岁》。观众称赞说："此举乃是梨园一奇，该载于京剧史册。"[①] 此外，《少儿戏曲联唱》全部由小朋友表演，尽管年龄小，但一招一式都有板有眼，而且涵盖了豫剧、黄梅戏、京剧、锡剧、越剧等中国几大戏曲类别；戏曲时装表演《梨园彩虹》更是大胆突破，将传统戏曲艺术同现代时装表演秀相结合，将戏曲演唱作为背景曲的同时，让模特们身穿画有京剧脸谱图案的时装一一走台亮相，将传统与现代相结合，听觉与视觉相结合，与其他艺术类型进行借鉴融合，企图实现自我突破。

多元、汇聚、新潮，综合性节目崭头角

除了我们现在熟知的相声、小品、歌舞等常规性节目，1991年春晚舞台上也活跃着许多"另类"的表演形式，其中有一些在此后的春晚中得到了延续，而有些只是"昙花一现"，我们暂且称之为"综合性节目"。

首先，是让人眼前一亮的杂技。杂技集锦《小蹬人》《球技》《风火轮》因成熟的

[①] 杨晓民、陈亦文主编：《难忘今宵——中央电视台历届春节晚会大写真》（原载《文汇电影时报》，1991年2月16日），长江文艺出版社1998年版，第289页。

节目编排、高难度的动作技巧、娴熟的表演,成为1991年春晚舞台上的新秀。作为代表之一的《小蹬人》被称为1991年春晚上最惊险的节目,"14岁的小演员朱慧仰卧在类似体操比赛的鞍马架上,用双脚蹬起年仅8岁的小演员张锦榕,做着各种高难度动作:连抛360度接站脚、连抛后翻360度接站脚、屈体二周连抛、后空翻转体720度"① 等高难度动作,着实让观众为她们捏了一把汗。此时,我国的杂技开始摆脱之前单一的气功表演和混杂于其他艺术形式中的"陪衬"形象,成为一项独立完整的艺术表现形式,开始在春晚舞台上大展拳脚。

通常,杂技类节目是受过多年专业艰苦训练的表演者现场为大家表演的各种惊险刺激的高难度动作和技术,而1991年春晚舞台上的另一个节目《百业奇招》却真实地再现了存在于我们周边领域的普通人拥有的过人技术本领。《蒙眼剪纸》《竖鸡蛋》《快刀削果》《快速成衣》,这些源于日常生活中的奇人绝活为大家带来了轻松、新鲜的生活乐趣,堪称春晚舞台上"绝无仅有"的节目。以后历届春晚中,不乏将转呼啦圈、转圈(小彩旗在春晚舞台上连转4个小时)等"绝活"以节目形式搬上舞台的例子,可以说是类似节目的变种。

1991年春晚舞台上同样让人叫绝的还有动物表演《盼盼与巴斯》。大熊猫盼盼是1990年北京亚运会吉祥物,它的原形是来自四川宝兴县巴斯沟的熊猫巴斯。巴斯出生于1980年,在它3岁那年,巴斯沟遭遇了一场60年不遇的竹子开花,巴斯快饿昏了,觅食时被大水冲进了河道,漂流中巴斯大难不死,被当地农妇李兴玉救起。后经国务院批准,被送到了福州大熊猫研究中心(福州熊猫世界)。"盼盼"是国内外著名的熊猫明星,7岁时曾代表中国野生动物保护协会访问美国半年,轰动美国西海岸,当地市民排5个小时的队,只能看她3分钟。在1991年春晚上,11岁的盼盼登上舞台,展示了一些熊猫也能做的运动项目,作为1990年北京亚运会的吉祥物,盼盼那可爱可亲、憨态可掬的形象着实随着亚洲雄风火了一把。亚运会之后,辽宁省一家企业用"盼盼"的名字注册商标,组建起盼盼集团,借用吉祥物的名闻遐迩替自己公司打广告,仅仅4年时间,这个企业就发展成为亚洲最大的钢门窗生产企业。直到今天,"盼盼到家,安居乐业"的广告词仍然可以说是家喻户晓。

当然,也有后话。从1983年人们第一次在春晚舞台上看到耍杂技的国宝熊猫、1984年春晚上猴子和狗熊表演的《动物篮球会》、1987年春晚上各种动物联袂呈现的动物小品《家庭聚会》,到1991年春晚上的《盼盼与巴斯》、1992年春晚的动物版《超生游击队》、2001年春晚的《动物运动会》,动物表演这一形式虽然在早年春晚中一派繁荣,但在后来的春晚中却日益遭到质疑、争议。2014年春晚中,因为出现马戏表演镜头,与住建部和国家林业局颁布的动物表演禁令相悖,还引来网友炮轰。与此

---

① 杨晓民、陈亦文主编:《难忘今宵——中央电视台历届春节晚会大写真》(原载《中国电视报》,1991年2月12日),长江文艺出版社1998年版,第285页。

图 10　1990 年北京亚运会吉祥物熊猫"盼盼"

同时，多家公益组织同时撰写了一封呼吁春晚撤销动物表演的公开信，超过 60 余家各地动物保护团体就联名发声，要求央视春晚严格遵守住建部和国家林业局有关动物表演的"通知"和"意见"禁止动物表演，而不是为代表残虐和野蛮的动物表演大开其门。此后，动物表演也就在春晚舞台上销声匿迹了。

如果要做一个整体评价，1991 年春晚可以说是一届"新潮""洋气"的春晚。它已经沾上了部分"现代"色彩，表演者的服装造型更加精致，女演员的服饰和化妆都更加符合现代舞台表演的要求，舞台背景和灯光技术更加注重同舞台表现内容相协调，以更好地配合节目主题的表达。这台共调集了全国 450 个演员参演的晚会，在近 5 个小时的时长中，共接到 1146 次观众打进的热线电话，达到了 52.79% 的收视率，吸引了世界各地中国人的共同关注。

而且，这届春晚采取了内景和外景相结合的方式，将舞台现场和普通百姓的实际生活工作场所相结合，让除夕更有现实感，更具现实意义。这一年，中央领导人没有像 1990 年春晚一样走上演播厅现场，而是兵分两路走到工厂、走进人家，在除夕之夜慰问依然坚守在岗位的工人同志们，探望搬进新家的普通百姓。李瑞英和张宏民作为外景主持人分别采访了走基层的时任中共中央总书记江泽民和时任国务院总理李鹏。江泽民来到首都钢铁公司第二炼钢厂，走到钢铁炉前慰问坚持生产的工人同志们，并在现场通过电视镜头向观看春晚的全国人民拜年。李鹏总理也来到刚刚经过旧房改造的菊儿胡同，走访普通百姓，并通过主持人张宏民向全国人民拜年。除此之外，晚会中还播出了来自美国洛杉矶的留学生、海外华侨华人向家乡亲人和全国人民拜年的画面，远在海外的游子们通过镜头前简短的问候和祝福表达着对祖国亲人的思念，这也成为 1991 年春节晚会上的一个动情点，感动着电视机前欢庆团圆的中国人。

(本文作者：田园、王杰)

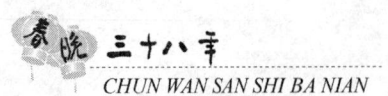

附：1991年春节联欢晚会节目单

首播时间：1991年2月14日 20：00
总导演：邹友开、郎昆、胡淼、杨东升、刘铁民、江则理
主持人：赵忠祥、倪萍、张洪民、李瑞英

1. 开场歌舞：《欢庆大歌舞》

    （1）《百子闹春》演出单位：空军蓝天幼儿艺术团

    （2）《安徽花鼓灯》演出单位：中央歌舞团

    （3）《吴川飘色》演出单位：广东吴川县表演队

    （4）《三星贺喜》表演：李长春、尚长荣、李嘉林（北京戏曲学校）

2. 歌舞：《祝酒请茶大拜年》 演出单位：中央民族歌舞团、吉林市歌舞团 演唱者：达珍（藏族）、尼瓦杰（佤族）、朝鲁（蒙古族）、姬荣（苗族）、曲比阿乌（彝族）、方明、方荣、曹世华（回族）

3. 《少儿戏曲联唱》演出单位：南京小红花艺术团

    （1）豫剧：《花木兰》选段 表演：徐佳

    （2）黄梅戏：《打猪草》选段 表演：孙丽莎、潘健

    （3）京剧：《铡美案》表演：王博文

    （4）锡剧：《双推磨》表演：岳佳、陈鹭

    （5）越剧：《红楼梦》表演：魏婕、庄丽

4. 喜剧小品：《手拉手》表演：黄宏、宋丹丹

5. 歌曲：《山寨相亲》演唱：李玲玉

6. 杂技集锦

    （1）《小蹬人》表演：朱慧、张锦榕

    （2）《球技》表演：曹利民、魏庆文

    （3）《风火轮》表演：赵永华

7. 戏曲时装表演唱：《梨园彩虹》 演唱：张强、刘小娜、陈蕾、张咪 表演：北京市广告公司时装表演团

8. 相声：《着急》表演：姜昆、唐杰忠

9. 歌曲：《鲁冰花》演唱：甄妮

10. 联奏：《江南塞北》

  (1) 评弹《苏州胜天堂》 演唱：黄霞芬、孙小云、蔡红红等

  (2) 冬布拉弹唱《帕米尔洒满金色的阳光》 演出单位：中央民族歌舞团

  (3) 弦乐：《梁祝》选段

  (4) 马头琴演奏：《万马奔腾》 演出单位：内蒙古马头琴乐团

11. 动物表演：《盼盼与巴斯》 作者：赵连甲 配音：李扬 演出单位：福州动物园

12. 相声：《亚运之最》 表演：牛群、冯巩

13. 歌曲：《都是一个爱》 演唱：毛阿敏

14. 表演唱：《抓沙蟹》演唱：谢峰 伴舞：湛江市歌舞团

15. 百业奇招

  (1) 蒙眼剪纸 表演：王西安

  (2) 竖鸡蛋 表演：伍棣明

  (3) 快刀削果 表演：刘爱群

16. 劳动欢歌 演出单位：吉林市歌舞团

  (1)《打麦号子》 演唱：翟宪立

  (2)《刨地瓜》 演出单位：吉林市歌舞团

  (3)《纺棉花》 演唱：孙丽英

  (4)《苹果熟了》 演唱：陈红

  (5)《采红菱》 演唱：叶矛、廖沙

  (6)《赶小海》 演唱：任静

  (7)《丰收喜讯满山乡》 演唱：张洪玲

17. 喜剧小品：《陌生人》表演：巩汉林、蔡明

18. 歌曲：《跟着太阳走》 演唱：胡月

19. 歌曲：《你我是中国》 演唱：万山红

20. 戏曲哑剧小品：《洞房花烛夜》 表演：白淑贤、张寄蝶

21. 歌曲：《水中花》 演唱：谭咏麟

22. 对口单弦：《体坛新曲》 表演：杨子春、史琳

23. 歌曲：《去远方》 歌唱：蔡国庆

24. 歌曲：《江南情思》 演唱：黄霞芬

台湾电视节目主持人傅达仁串场

25. 歌曲：《再回首》 演唱：姜育恒

26. 喜剧小品《小九老乐》 表演：赵本山、杨蕾

27. 歌曲：《同一首歌》 演唱：杭天琪、甄妮

28. 喜剧小品：《乡音》 表演：魏积安、赵连甲、常佩双

29. 《夸家乡》
    (1)《夸山西》演唱：吕继红
    (2)《刘三姐》演唱：罗宁娜
    (3)《夸山东》演唱：彭书民
    (4)《黄杨扁担》演唱：李丹阳
    (5)《江南好》演唱：蔡红红
    (6)《鄂伦春小唱》演唱：赵心
    (7)《凤阳花鼓》演唱：吴琼
    (8)《新疆是个好地方》演唱：李双江
    (9)《节日夜晚》演唱：宋祖英
    (10)《逛新城》演唱：张振富、张华敏
    (11)《挑担茶叶上北京》演唱：吴琼
    (12)《草原晨曲》演唱：胡松华
    (13)《我热恋的故乡》演唱：周皓、牛群

外景采访

30. 歌曲：《在中国大地上》演唱：彭丽媛
31. 京剧联唱：《甘露寺》选段演唱：马长礼、辛宝达、言兴明、耿其昌
32. 歌曲：《闪光的心灵》演唱：安冬
33. 歌曲：《一点烛光》演唱：张丽华

主持人宣读来信来电

34. 桂剧选场：《打棍出箱》表演：卢浩、陈观、阳杰
35. 喜剧小品《警察与小偷》表演：陈佩斯、朱时茂
36. 英语京剧选场：《打瓜缘》表演：侯丹梅、张艺能、郭欣荣、陈少云
37. 歌曲：《我想有个家》演唱：潘美辰

来自美国洛杉矶游子的问候

38. 歌曲：《共同的世界》演唱：成方圆、解晓东、思浓、思雨
39. 相声：《笑星劝酒》表演：阎月明、常佩业、笑林、李国盛

零点钟声敲响

40. 歌曲：《我唱一支羊年的歌》演唱：梦鸽、魏金栋
41. 喜剧小品：《除夕之夜话渴望》表演：《渴望》剧组
42. 歌曲：《路》演唱：张暴默
43. 相声：《学唱》表演：白桦、邓小林
44. 百业奇招：《快速成衣》表演者：刘敏　演出单位：北京广告公司时装表演团

伴随歌曲:《一朵云霞》演唱:杭宏、张继红、周艳红、杨迎
45. 歌曲:《留不住的话》演唱:邝美云
46. 相声:《训徒》表演:马季、赵炎、史可达
47. 歌曲:《遥远的祝福》演唱:赵欣瑜
48. 杂技魔术小品:《争先恐后》表演:姬晓廷、李宝东、都广友
49. 歌曲:《大黄河》演唱:刘君侠
50. 舞蹈:《大秧歌》演出单位:中央民族歌舞团、吉林市歌舞团

十年磨一剑　锻造新辉煌
——1992 年春晚记忆

从 1983 年到 1992 年，春晚已悄然走过十年。

十年间，春节联欢晚会共推出 447 个节目，参加演员多达 5000 余人次，幕后工作的节目编导、电视编导、各工种人员多达 8000 余人次。这台在除夕夜为亿万人所忠实守候的晚会早已不是最初简单甚至简陋的吹吹打打、笑笑闹闹，而是已更多地承载着华夏儿女内心日渐升腾的家国情怀和刻骨铭心的时代记忆。

"吃饺子、放鞭炮、看春晚"，这才叫过年；于电视机前等候着倒数最后一秒钟，这才是迎春。

春晚，已成为中国人辞旧迎新的文化符号。在万家团圆的除夕夜，它引领着国人一起回味 365 天的劳作，细数 12 个月的光景。无论 4 个多小时带来的是欢乐、遗憾还是感动，都化为一个个乐观向上的中国人对来年春天不变的等待和期盼。

1992 年春晚因为站在十年的结点上，被寄予了更多期待，其规划工作也很早就开始了。"1991 年年初夏时节，中央电视台台领导就出面召集各界人士献计献策，酝酿晚会的走向。"① 从 7 月中旬开始就在全国范围内征集优秀节目，9 月份春晚剧组成立之后便确定了晚会的指导思想。晚会主题被确定为"团结、欢乐、祥和"，围绕这一基调，导演赵安试图突破先前春晚现场"大联欢"的形式，尝试充分发挥电视这一现代媒介特性，沿用《拥抱太阳》的成功模式，将之前成功的先期录影和现场直播相结合，"计划以现场直播为主，穿插约三分之一的先期录像"，② 以打破春晚现场空间限制。由此，在 1992 年春晚中，以往惯常的主持人充当传达拜年词专属人的局面被打破，节目表演者事先深入边防哨所、科研单位、工厂和农村等实地拍摄的外景影像被拿到晚会现场上播放，实现了内景和外景的并序表现。尽管不同景别的切换和少量穿插的镜头使节目整体看来稍显碎片化，春晚现场原本的热闹氛围有所减弱，但先期与

---

① 杨晓民、陈亦文主编：《难忘今宵——中央电视台历届春节晚会大写真》，长江文艺出版社 1998 年版，第 22 页。

② 杨晓民、陈亦文主编：《难忘今宵——中央电视台历届春节晚会大写真》，长江文艺出版社 1998 年版，第 22 页。

现场营造的时空变换带来了无限魅力，演员们深入边防、下到基层的影像也深深打动了电视机前的观众。

按照这一总设想，1992年春晚被划分为六大版块，分别为除夕大拜年、爆竹贺新春、十年再回首、荧屏心相印、欢乐进万家以及相聚在今宵，每个版块都有一个相对独立的主题，并且各版块都配有自己的主题曲，春晚所有节目均依据这六个版块进行分类和整合，以版块形式向观众一一呈现。1月28日，晚会进行了彩排，因现场节目频繁地被先期录像所干扰，现场气氛也没有预想中的热烈，整体上没有达到预期的理想效果，于是导演组通宵达旦进行讨论，最终决定将六个版块缩减为五个，并将原版块进行重新排列组合，才有了后来大家在除夕夜看到的春晚。

经过一遍遍假设和推翻，一次次排练和预演，1992年春节联欢晚会终于在2月4日晚8点准时同观众见面。在4个半小时的时间里，共有46组节目上演。节目给人的总体感觉比较平实，由于晚会现场和先期录像穿插进行，所以现场气氛没有以往连贯和热烈，节目表现也没有以往流畅和完整，但仍不乏经典作品出现。小品《我想有个家》、歌曲《让我一次爱个够》、相声《美丽畅想曲》都是这年春晚舞台上的精品节目，给观众留下了深刻印象。

小品融情于理，幽默不失深度

1992年春晚共有5个小品，分别是《秧歌情》《我想有个家》《妈妈的今天》《草台班子》以及《姐夫与小舅子》。如果说这年春晚的小品有什么共同特点，那就是一向充当社会现实反光镜的它们都不约而同地打起了"温情牌"，无论是老来仍旧不忘年轻时喜好的《秧歌情》，还是电视征婚时感人泪下的《我想有个家》，都旗帜鲜明地高喊着"温情"的口号走上了舞台。

《妈妈的今天》由著名编剧石林和李文启共同创作。作品反映了90年代之后随着社会风气的日渐开明，老年人也开始追求自己的晚年幸福生活。赵丽蓉和巩汉林的第一次合作便源于此，两人饰演一对母子，儿子一直鼓动妈妈找个老伴，甚至怀疑妈妈的舞伴就是她找的老伴，但最终误会得以消除。小品中饰演妈妈的赵丽蓉在1991年国内热播的电视剧《过年》中有过不俗的表演，在小品中，她的饰演也恰到好处，一口唐山话让人更感亲切，尤其是小品中她对探戈舞的讲解，"唐——个——奏——是唐个唐个走（探戈就是趟着趟着走），三步一回头，五步一招手，然后接着唐个唐个走。"晚会播出之后引发人们竞相模仿。这次演出之后，赵丽蓉和巩汉林也开始了小品合作，并在之后为大家带来了更多更为精彩的作品。

《秧歌情》讲述的是一位农村老太太为了鼓动自己的老伴捡回年轻时的喇叭，找回往日的生活乐趣，不断地对其做思想工作，鼓励老伴参加秧歌队排练的故事。

演员延续以往小品那种来源于生活的真实和亲切感,继续将故事视角对准生活中的普通人、小人物,通过机智活泼的小品语言、惟妙惟肖的角色塑造、短小精悍的内容架构,明了、深刻地表达了小品主旨:纵使时间在人的脸上刻下一道道皱纹,身份可能会阻碍个人情趣的追求,但老年人也应该有一颗追求美好生活的年轻的心。

图1 小品《妈妈的今天》

图2 小品《秧歌情》

《我想有个家》由著名编剧焦乃积创作,赵本山、黄晓娟倾情演绎。两个到电视台做征婚广告的征婚人因为在后台的聊天倾诉,产生了共鸣,互有好感,最终走到一起。小品鼓舞当下成年男女在家庭破裂之后重新鼓起对生活的热情,勇敢地寻找一个完整的家。赵本山和黄晓娟在演出了小品《相亲》之后,便已成为观众心中的小品黄金搭档,在《我想有个家》中,两人继续坚持了各自的表演特色,赵本山的滑稽加上黄晓娟的煽情让该小品在幽默搞笑中透着真实情感。尤其是两人在表演中还穿插演唱了潘美辰在1990年春晚上演唱的歌曲《我想有个家》,更拉近了观众与该小品之间的距离。

陈佩斯和朱时茂依然没有缺席。1989年11月13日,国务院召开电话会议,部署在全国范围内开展扫除卖淫嫖娼、制作贩卖传播淫秽物品、拐卖妇女儿童、私种吸食贩运毒品、聚众赌博和利用封建迷信骗财害人等社会丑恶现象的统一行动。陈佩斯和朱时茂的新作品《姐夫与小舅子》便是取材于全社会展开的"除六害"活动,讲述了有亲戚关系的两个人在执法过程中产生的尴尬。陈佩斯的表演生动形象地再现了当下违法乱纪之人投机取巧的行为,他夸张的面部表情和肢体动作将现场气氛调动得十分热烈。两人精彩的表演博得了现场阵阵掌声。

图3 小品《我想有个家》

图4 小品《姐夫与小舅子》

另外，潘长江携小品《草台班子》同观众见面，这也是潘长江第一次在春晚中露面，但是该小品反映的依然是插入式广告问题，在春晚之后并没有带来很大的影响力。不过，尽管潘长江没有在当年因《草台班子》而"大红大紫"，却也成为全国著名的小品喜剧演员，此后他又连续参加了多届春晚，推出了许多佳作。

整体而言，本届春晚小品的选题集中于一个"情"字，在幽默搞笑中适当加入煽情细节来触动观众的动情点，加深了小品内容表达的深度。然而，这并没有给1992年春晚的小品带来更加有力的突破。"随着社会生活的进一步发展，多元化思想的出现，大众审美取向逐渐深化，进入深度审美兴趣阶段"①，对于小品节目的欣赏热潮在春晚的带动下产生了更高的要求，单纯的搞笑剧情和滑稽动作已不能满足人们对小品的期待，人们更加看重小品是否正确传达了当下社会的深刻议题，是否能给观众带来更多的反思和感悟。这也是小品在之后进行自我反思和探索的一个分水岭。

在1992年春晚上，除单纯的喜剧小品外，川剧小品《戒赌》和动物小品《超生游击队》也取得了不错的演出效果。《戒赌》依然是戏曲和小品相互融合的产物，延续了"泛小品"节目特色，戏曲的装扮、唱腔和动作，小品的叙事，将《戒赌》表现得妙趣横生。而在动物小品《超生游击队》中，一群小动物们竟然有模有样地在舞台上表演起经典小品《超生游击队》，动物们伴着真人小品的录音进行现场表演，化妆、表情、走位、道具都相当逼真，台下的观众被动物们逗得捧腹大笑，人们惊讶地发现原来动物们也有如此精湛的表演技艺。

---

① 耿文婷：《中国的狂欢节：春节联欢晚会审美文化渗透》，文化艺术出版社2003年版，第83-84页。

相声数量创新高，内容更加生活化

1992年春晚共有相声作品7个，可谓春晚十年来相声数量最多的一届。同时，相声内容也更贴近现实，更加生活化。

《小站联欢会》是较为典型的相声小品节目，表现的是除夕夜依然坚守铁路的职工和返乡途中的乘客在小站上举行即兴联欢会的故事，内容搞笑逗乐，令人捧腹。"参加表演的演员都是相声演员，在形体动作上以两人平行站立面向观众的相声语汇为主，通过侯耀文频繁换衣帽、扮演几个不同角色，把小品的实物性、动作的具象性引入其中"①，相声和小品有机结合，成为相声表演的新形式。

图5　相声《小站联欢会》

姜昆和唐杰忠的《美丽畅想曲》反映了当时刚刚兴起的整容热，极大地讽刺了年轻人中流行的扭曲审美观；牛群和冯巩的《办晚会》讲的是制作单位和投资商合作时无奈的尴尬处境，与小品《草台班子》反映的是类似的滥用植入式广告的问题；《论捧》讽刺了睁眼说瞎话的人，刻画了他们虚伪浮夸的嘴脸；《宠物热》描述的是在养宠物之风盛行的环境下，养宠物带来的乐趣与烦恼。这些作品或是针对当下时兴的社会问题，或是针对生活中出现的新鲜事物，通过相声独有的调侃语气和暗讽作用来唤起人们对事物真假的判断以及价值的评定。

另一个相声《民族乐》由回族演员常佩业和维吾尔族演员克里木共同表演，反映了我国56个民族团结和睦、其乐融融的和谐氛围，虽然作品本身没有引起很大反响，但作为春晚舞台上少见的少数民族相声仍然有着其特殊含义。

---

① 耿文婷：《中国的狂欢节：春节联欢晚会审美文化透视》，文化艺术出版社2003年版，第70-71页。

歌舞回眸十周年，再谱新篇章

为纪念春节联欢晚会十周年，1992年春晚第一个节目便设定为歌曲联唱《难忘的歌》（1983年~1992年），过去九年来的经典歌曲在这曲大联唱中被重新演绎，李谷一、殷秀梅、刘君侠、成方圆、蒋大为、胡晓晴、毛阿敏、彭丽媛等逐一登台，再次演唱那一首首刻印在人们心中的歌曲，与人们共同回味十年来的情感记忆。《我的中国心》《同一首歌》《冬天里的一把火》《好大一棵树》，又把人们带回到曾共同欢度的一个个除夕夜，共同走过的一个个中国年。在十年致敬环节中，晚会"现场表演和先期录像相结合"的理念得到了明显体现，以往春晚的视频资料、事先演唱录影和现场舞台表演被糅合在一起，过去与现在都在同一首歌中缓缓流淌。

除联唱专题，歌曲《共同的风采》也是为十周年专门推出的。这首歌由邹友开创作，导演找来身怀六甲的彭丽媛进行演绎，由于妊娠期体型变化过快，于是导演组决定提前进行录像，彭丽媛回忆说："化妆师徐晶老师为我刻意设计了一件服装，并用她的巧手帮我穿衣服，穿上后根本看不出我是一个孕妇，并用她的巧手把我打扮的特别漂亮"。① 几番不易，大家终于在1992年春晚上聆听到了让人无限感慨的《共同的风采》。这首歌唱出了为春晚辛勤付出的创作人员和表演者的共同心声："花开花落，冬去春来，今又相逢这小小舞台，歌声微笑那是我们共同的风采"。一年又一年，已过十载，这个舞台见证了春晚创作人员无数个通宵达旦的组织筹划，也记录了一个个节目的精彩。

让大家感到新鲜的还有全国各地电视工作者代表们共同演唱的歌曲《荧屏心相印》，全国各省市电视台的节目主持人和中央电视台的部分节目主持人齐聚北京，同台献唱，为大家送去新春的祝福。"只要你有个甜蜜的人生，我就有了人生的甜蜜"，电视人一直用自己的真心陪伴着电视机前的观众们。

1992年春晚的舞蹈节目也带来了新的气息，杨丽萍携新作品《瑞雪》再次登台。寒冬腊月，北风凛冽，雪花从天而降，洋洋洒洒，漫天飞舞，鸟儿也开始伴着雪花尝试挥动翅膀，瑞雪之后便是初春，一袭红裙昭示着来年丰收好年景，迎接着春来万物复苏。

如果说《瑞雪》的风格是严肃唯美，那么戏曲歌舞《庙会风光》可谓相当热闹、喜庆。王熙凤的扮演者邓婕、小白菜的扮演者陶慧敏、严凤英的扮演者马兰、徐九经的扮演者朱世慧带着大家一起逛了次热闹非凡的庙会。该节目将戏曲、歌曲和舞蹈融为一体，戏曲唱腔、歌曲节奏再加舞蹈动作，呈现出一派喜气洋洋、风风火火的庙会

---

① 杨晓民、陈亦文主编：《难忘今宵——中央电视台历届春节晚会大写真》，长江文艺出版社1998年版，第198页。

热闹风光,年味十足。

短剧《拜年》最感人

1991年夏,淮河、长江支流滁河、洞庭湖的澧水和安徽的水阳江都发生了特大洪水。洪水灾害暴发后,中国人民解放军第一时间赶到灾区抗洪。为了保卫人民的生命和财产安全,在抗洪一线发生了许许多多感人至深的故事。

1992年春晚,来自洪水灾区的南京前线话剧团20多位演员来到春晚现场,通过短剧《拜年》表达了对抗洪人员和社会各界好心人的无限感激,同时将现今灾区的日常生活状况向全国人民做了汇报。短剧虽然只有8分钟,却八易其稿。话剧团还抱了两只猪来到北京,并将一只抱上了春晚舞台。《拜年》的几位主演,每人身上都有一个感人的小故事,演员饰演的普通农民将对好心人的感激化作最朴实的动作和语言,催人泪下。

图6 短剧《拜年》

演员开始"走基层"

"走基层"是为贯彻导演的晚会理念而产生的。或深入边陲,或远到南海,或走入乡村,原本只在演播厅的舞台上表演的演员们开始出现在祖国的边远地区和基层,为除夕夜仍坚守在岗位的战士们和普通工人农民带去慰问和新春的祝福,也带回了现场第一手视频资料。

罗宁娜的歌曲《诉说》是特地到我国北国某武警部队哨所拍摄的,战士们在北国黑夜,在寒风大雪中站岗放哨、保卫家园的画面感动着电视机前的观众,罗宁娜在演唱间穿插的对站岗战士的简短采访以及战士家人的话语嘱托都让观众看得泪流满面。

郁钧剑的《说句心里话》也是先期来到南海某舰队进行录影的，南海舰队的官兵们用灯语向全国人民拜年，用大合唱《说句心里话》来表达共同的思乡情，视频中还穿插了1991年洪水来临时中国人民解放军全力抗洪的真实场景，整首歌感人肺腑，"有国才有家"，有了这些战士们才有中国人在除夕夜的大团圆。

除了表演节目，演员们同时成为广大观众了解基层和边远地区人民的一个窗口，通过他们，人们了解了在除夕夜仍默默奉献的人们，并深深感动于他们的坚守，这份感动将凝聚为举国上下的共同力量，为着同一个目标奋进。

大陆港台继续合作，港台新一代年轻偶像力量凸显

从1984年开始，历年春晚都少不了香港和台湾地区当红明星的身影，1992年春晚也不例外。

歌舞类节目中，《心中常驻芳华》就是由大陆歌手毛阿敏和香港歌手刘德华、台湾歌手张雨生共同演唱的。毛阿敏的现场演唱，伴着刘德华和张雨生来自香港和台湾的视音频资料，先期录像和现场直播将大陆、香港、台湾连接在一起，这是1992年春晚的一大突破，也是三地歌手进行合作的一次具有开拓意义的尝试。

除此之外，1992年春晚上来自港台地区的新一代年轻明星尤其"亮眼"。被当地追捧为偶像的他们在大陆春晚的舞台上也散发着年轻的风采，为春晚带来了新鲜、热情洋溢的青春风。小虎队、忧欢派对、少女队、红孩儿……清新俊秀的偶像们将当地的流行风带到了舞台上，这种偶像组合首次亮相便给春晚舞台带来了无限生机和活力，极大地开拓了观众视野，满足了人们伴随时代进步而逐渐提高的审美需求。观众们由此感受到了年轻一代新生力量的成长，并开始记住这些在几年后便红遍大陆的年轻

图7 小虎队、忧欢派对、少女队、红孩儿：歌曲《新年快乐》

面庞。

在1991年年轻人收集的磁带里，还少不了来自台湾歌手庾澄庆的歌曲。1992年春晚上，他的一曲《让我一次爱个够》豪迈奔放，唱出了进入90年代以来青年人的共同心声。庾澄庆将台湾流行音乐特有的青春张扬和激情带到了大陆。春晚之后，这首歌旋即成为卡拉OK的火热歌曲，人们不仅记住了那个潇洒帅气、高声呼喊爱情的年轻歌手，更记住了这种大胆、直白的表达方式。

图8　庾澄庆《让我一次爱个够》

"春兰杯"我最喜爱的春节联欢晚会节目评选初登历史舞台

1990年，《中国电视报》曾与青岛双星鞋业集团联合举办了"双星杯"我最喜爱的晚会节目有奖评选活动。1992年，《中国电视报》再次举办了"春兰杯"我最喜爱的春节晚会节目评选活动。当年，举办部门收到了来自全国各地的24万张选票。相声《办晚会》、小品《我想有个家》、歌曲《心中常驻芳华》分别在曲艺、戏剧、歌舞三类节目中名列榜首。从此，我最喜爱的节目评选成为历届春晚的必备单元。在央视春晚播出之后，投票我最喜爱的春节联欢晚会节目也成为观众表达对春晚评价以及对节目喜爱度的新途径。1992年春晚之后，虽然前面的冠名有所变动，但是"我最喜爱的春节晚会节目"评选活动却一直延续了下来，评选结果的公布也成为观众关注的又一焦点。直到2012年春晚，春晚导演组才撤销了举办达20年之久的"我最喜爱的春节晚会节目"评选活动。

回顾1992年之前的十年春晚，总体而言，其成绩并没有多么斐然，但创新和突破一直未曾中断，作品内容越来越贴近百姓生活，许多歌曲和小品、相声都为人们所牢记并广为传播。站在十年的结点上向后望，春晚走过的十年是不断自我完善、自我突破的十年，是一如既往地忠诚于中国观众的十年，这一段十年路记录的是一个中国独有的电视节目从出生到成长的历程，是东方雄狮鼓足勇气开门纳新后迎来新时代的历程；站在十年的基点上向前望，春晚仍将承载着中国人难以割舍的春节情怀，永远在即将到来的春天里等待着每一个中国人一步步走近。

（本文作者：田园、王杰）

附：1992年春节联欢晚会节目单

首播时间：1992年2月3日20：00
总导演：赵安
主持人：杨澜、赵忠祥、倪萍

1. 开场歌舞

主持人出场串联

2. 联唱：《1983—1992 难忘的歌》演唱：李谷一、沈小岑、殷秀梅、刘君侠、成方圆、蒋大为、段乐、杭天琪、费翔、胡晓晴、那英、毛阿敏、彭丽媛

现场竞猜

3. 相声：《小站联欢会》表演：侯耀文、石富宽
4. 歌舞：《大步流星奔小康》表演：李玲玉、吴琼

主持人串联介绍"春兰杯"我最喜爱的春节晚会节目评选活动

5. 小品：《秧歌情》表演：黄宏、宋丹丹
6. 舞蹈：《瑞雪》表演：杨丽萍（白族）
7. 川剧小品：《戒赌》表演：宋小林、喻海燕、刘玉梅（四川省绵阳市川剧团）
8. 歌曲：《共同的风采》演唱：彭丽媛
9. 相声：《美丽畅想曲》表演：姜昆、唐杰忠
10. 歌曲：《等你来》演唱：宋祖英（苗族）
11. 歌曲：《城市行囊》演唱：胡慧中
12. 小品：《我想有个家》表演：赵本山、黄晓娟
13. 歌曲：《走向奥运》演唱：蔡国庆
14. 相声：《办晚会》表演：牛群、冯巩
15. 歌舞：《飞旋啊飞旋》演唱：解晓东、张咪、张强

外景拍摄国家领导人江泽民和李鹏与人们共同欢度新年

16. 歌曲：《荧屏心相印》演唱：赵忠祥、鞠萍、孙晓梅、吕念祖、丛微、鞠萍、晨光等电视工作者
17. 戏曲欣赏：《梨园精粹》表演：赵飞（武净）、白涛（文丑）、吴健平（武生）、方小娅（武旦）

18. 歌曲：《新年快乐》演唱：小虎队、忧欢派对、少女队、红孩儿
19. 《今夜星辰》表演：孙启新、严顺开、梁谷音、陈述、达式常、陈海燕、赵志刚、白涛、朱文虎、茅善玉、杨华生、龙俊杰、章金莱、胡惠春（5岁）等
20. 歌曲：《杨柳青年画爱煞人》演唱：韩笑
21. 动物小品：《超生游击队》演出单位：上海人民杂技团
22. 歌舞：《欢乐进万家》演唱：陈红、牛宝林、金小凤（傣族）、毛宁
23. 舞蹈：《踩鼓点》表演：宋拉成、艾媛等（山西省歌舞剧院）
24. 《手影》表演者：赵子岳
25. 歌曲：《马兰啊马兰》演唱：李丹阳
26. 游戏：《顶牛》（山西电视台选送）编导：李中豪
27. 歌曲：《诉说》演唱：罗宁娜
28. 歌曲：《说句心里话》演唱：郁钧剑
29. 短剧：《拜年》演出单位：南京军区前线话剧团

主持人倪萍向大家拜年宣读灾区来信

30. 歌曲《站起来》演唱：李双江　伴唱：总政合唱团、北京合唱团、广播之友合唱团
31. 相声：《民族乐》表演：克里木（维吾尔族）、常佩业
32. 歌舞：《欢乐今宵》演唱：董文华
33. 歌曲：《心中常驻芳华》演唱：毛阿敏、刘德华（香港）、张雨生（台湾）
34. 小品：《妈妈的今天》表演：赵丽蓉、巩汉林、李文启
35. 藏族歌舞：《向着太阳》演唱：达珍　领舞：达娃央宗、桑吉加
36. 歌曲：《让我一次爱个够》演唱：庾澄庆
37. 相声：《宠物热》表演：李金斗、陈涌泉
38. 小品：《草台班子》表演：郭闻、黎舒兰、潘长江

主持人宣读贺电并串联节目

39. 戏曲歌舞《庙会风光》表演：陶慧敏、邓婕、朱世慧、马兰
40. 相声：《论捧》表演：阎月明、李建华、王平

零点钟声敲响

41. 歌舞：《十二生肖拜大年》演唱：梦鸽、魏金栋、孙浩、任静、杨学进、刘小娜等
42. 相声：《改门脸》表演：唐爱国、齐立强
43. 歌曲：《乡愁》演唱：胡浩波（旅法葡籍华人）
44. 小品：《姐夫与小舅子》表演：陈佩斯、朱时茂
45. 歌舞：《春天来了》演唱：王蕾、刘小丽、马梅、周建霞、郑莉
46. 歌曲：《难忘今宵》领唱：李谷一

"竞争"进春晚　改革迎新年

——1993年春晚记忆

1992年,又是一个"春天的故事"。这是怎样的一年呢?媒体人杨海鹏曾在一篇文章中做过描述,我们也可从中略微感受一二:

这一年元月到二月,88岁的邓小平"南巡",沿路发表了一系列有关改革开放的重要谈话,呼吁经济改革。经行之处,地方官员头上的"符"没有了,全都跃跃欲试想当改革的孙悟空。街上晃的人少了,人都像充足了电。那时的温州小老板,开始参加"礼仪班",学吃西餐,学跳交谊舞,甚至学服饰搭配和走路,为的是进军大城市,上得大场面。张艺谋的《秋菊打官司》热映,带来了一个流行语:给个说法。发展是硬道理——就是这个说法——那时候,每个人感觉都有希望。①

改革的气息不光吹遍祖国边边角角,吹进人们的生活,也吹进了1993年的春晚。这年春晚自筹备以来就格外引人关注,媒体对于其蛛丝马迹的报道每日见诸报端,它的每一个细节都能够引起人们的广泛讨论。之前,春节联欢晚会的总导演都是中央电视台领导根据各方面情况进行遴选,1993年春晚即将到来,中央电视台台长杨伟光却决定引进竞争机制,在全社会进行公开招标。"1992年7月份,消息公布后,各方人士跃跃欲试。各种关于春节晚会的方案如雪片般飞往中央电视台,'千里马'亟须伯乐挑选"②。

经过台领导的研究、权衡和推敲,10月份招标结果揭晓,由36岁的年轻导演张子扬出任该年度春晚总导演。生于北国冰城哈尔滨的张子扬曾在其执导的《跨入90年代——1990年元旦晚会》中大胆采用旋转舞台,打破了"第四堵墙"的视觉间隔;在执导《祝福明天——1992年元旦晚会》后,为观众带来了强烈的"东北风";"1993年春节晚会前,经他执导的各种晚会达数十台,且有幸拿下了两个'星光奖'一等

---

① 杨海鹏:《1992年:发展才是硬道理》,http://news.qq.com/zt/2009/statestep/1992.htm。
② 杨晓民、陈亦文主编:《难忘今宵——中央电视台历届春节联欢晚会大写真》,长江文艺出版社1998年版,第24页。

奖,被誉为真正的中国幽默"①。在张子扬的率领下,春晚导演组决定将1993年春节联欢晚会命名为《金鸡唱晓》,晚会以"欢乐、祥和、自豪、向上"为主题,进行了大量形式上的创新,同时导演组对内容严把关,集思广益,并设"重奖——价值30万元的ENG摄像机一套,以奖励推荐优秀节目的各电视台,还派出小分队深入大江南北,走访文艺创作活跃的地区和单位,特约创作节目"②。1993年春晚被誉为群星璀璨的一台春节联欢晚会,"在这台晚会上,一大批质量上乘的歌曲、小品、相声与舞蹈节目如群星璀璨、交相辉映……"③

语言"包袱"糅入音乐元素,小品笑、唱齐袭

1993年春晚上的小品数量达到了有史以来的最高峰——7个,虽然与歌舞类节目的20多个无法相比,但是其所占时长与歌舞类节目却基本相当。《擦皮鞋》《老拜年》《张三其人》《桥》《推销》《黄土坡》《市场速写》,每个节目都各有特色与亮点。

《张三其人》是其中较为突出的一例。该小品中严顺开饰演的普通人张三是一个心地善良的好人,但是在处理人际关系上却总是陷入"困窘"的境地。他尊敬领导,却不知为何得罪了新领导和老领导;他乐于助人,却恰巧在帮人捡被单时被人误会故意为之;他帮人看鸡蛋,却不得不将自己准备吃的鸡蛋放入人家的篮中,还被误认为是私拿;他一次次地与人为善,却一次次地被人误解。在大家拍手叫好的同时,许多人就像在看自己的经历一样感慨万千,张三并不是一个个体,而是那个年代中国普通老百姓的一个缩影,他所遭遇的困窘正是许多人都在经历的尴尬。晚会过后,该小品荣获1993年"我最喜爱的春节联欢晚会节目"小品类一等奖,各大报章撰文称赞该小品是新时期以来最有文化品位的一个——"它用短小凝练的形式道出了中国人古来有之的'国民性格',它开启了'文化小品'的先河"④。这个小品让每一个深处这个时代的普通人都若有所思,"它所反映的文化现象就具有某种华夏族群的'共同性',是一个能够折射'共同美'的精品佳作"⑤。

《桥》也是1993年春晚上较为成功的节目。潘长江继1992年登上春晚舞台后又一次有备而来。小品中,他和黄晓娟饰演从小青梅竹马的两个人,在吞吞吐吐好久之后,终于大声喊出"我爱你"三个字,有情人终成眷属。节目中穿插了两位主演对流行歌曲的演绎,通俗的流行歌曲方便了小品人物情感的表达,两者的合作也为人们带去了

---

① 李庆山、李敬编著:《中央电视台24届春节联欢晚会台前幕后》,中共党史出版社2007年版,第66页。
② 李庆山、李敬编著:《中央电视台24届春节联欢晚会台前幕后》,中共党史出版社2007年版,第24页。
③ 耿文婷:《中国的狂欢节:春节联欢晚会审美文化透视》,文化艺术出版社2003年版,第283页。
④ 耿文婷:《中国的狂欢节:春节联欢晚会审美文化透视》,文化艺术出版社2003年版,第163页。
⑤ 耿文婷:《中国的狂欢节:春节联欢晚会审美文化透视》,文化艺术出版社2003年版,第163页。

全新体验，这也成为该小品的一大亮点。自《桥》之后，潘长江屡出佳作，并一直延续了小品中穿插流行歌曲的传统。

许多小品依然将视角对准了时下热门的社会问题。《推销》反映了某些不良商贩对其产品的虚假宣传以及产品伪造问题，小品用喜剧化的表演手段，让两个商贩在极力推销自己的老鼠药、灭鼠灵的过程中，将伪造问题——抖出，自己揭了自己的老底，讽刺了当下社会中存在的普遍现象，揭露了无良商贩的丑恶嘴脸；《黄土坡》表现了中国和西方国家的文化差异和由此引发的一系列搞笑对话；黄宏、魏积山的《擦皮鞋》，通过主仆之间的位置转换，反映了市场经济中的新气象；《老拜年》则启迪人们在新时代、新的经济发展浪潮中，应该学会正确自我定位，既不可好高骛远，也不能自甘堕落。

从1988年春晚第一个戏曲小品《狗娃与黑妞》出现以来，小品和戏曲就开始了合作的道路。1993年春晚的小品也更多地融合了戏曲、歌曲等艺术表现形式。这年的戏曲小品有两个，分别为戏曲小品《群丑争春》和川剧小品《射雕》。两个作品吸收了喜剧小品和戏曲艺术的精华，是对艺术表现形式的探索和创新。但是不得不承认，虽然这种方式打破了不同艺术表现形式之间的界限，但是并没有带来巨大成功，春晚让人们记住的永远是那些喜剧小品，而戏曲小品却慢慢被人们遗忘。有人将1988年春晚上第一个戏曲小品出现到1993年晚会中两个戏曲小品的亮相称为春晚戏曲小品的"实验期"，"客观地说，春晚上的戏曲小品在与喜剧小品共处同一舞台的特定语境下，不宜继续发展，否则也只能是'吃力不讨好'"①。

除了与戏曲融合，1993年春晚中糅入歌曲元素的小品也有不少，如在赵本山主演的《老拜年》中，观众听到了带有浓厚地方特色的东北二人转；《桥》中，潘长江和

图1　严顺开：小品《张三其人》　　　图2　潘长江、黄晓娟：小品《桥》

---

① 耿文婷：《中国的狂欢节：春节联欢晚会审美文化透视》，文化艺术出版社2003年版，第160页。

黄晓娟也共同演唱了一整段流行歌曲；《推销》中，两个男主角则是各执竹板，一个说山东快书，一个表演天津快板。这些艺术形式都大大丰富了小品的表现手段，开拓了小品的表演思路。

老搭档尝试新形式，相声创新不断

继1992年春晚中相声达到高峰值7个之后，1993年春晚上相声持续"高温"，推出6个——姜昆和老搭档唐杰忠的《楼道曲》、牛群和冯巩的《拍卖》、侯耀文和石富宽的《侯大明白》、杨振华和杨瑞库的《"8"字谜》、陆鸣和孙仲江的《多多关照》以及高洪胜和李立山的《新名词》。其中影响较大的有《拍卖》《楼道曲》和《侯大明白》。

相声《拍卖》将原来演员规规矩矩站在台上说、观众认认真真站在台下听的传统形式进行了改变，不可谓不精彩。赵本山戴过的帽子、电影《红高粱》中巩俐骑过的毛驴、国足洋教头施拉普纳的一根白头发，甚至连相声演员冯巩都成为拍卖会上的拍卖品，台下的观众成为竞拍者，争先恐后喊出竞拍价格，台上台下互动自然流畅，现场热闹非凡。该作品"采用演员和观众交流、上下串戏的手法，打破了原先相声表演只顾台上说、台下听的传统，借用的是现代戏剧的'打破第四堵墙'的新颖手法，这在1993年之前是没有的"[①]。作为相声小品的一个代表作，《拍卖》在节目中表演所用的实物"使得该相声与传统意义上的纯相声区别开来，成为相声和小品的结合品，两者结合可谓强强联手，相得益彰。相声小品为相声发展找到了一条可资借鉴的出路，也为小品节目注入了生机"[②]。因而《拍卖》在当年《中国广播电视报》组织的由群众投票评选的"我最喜爱的春节联欢晚会节目"中，获得戏曲、曲艺及其他类节目一等奖。

相声《楼道曲》对准的是普通百姓人人都可能经历的生活场景。楼道是城市居民每天必经，往往又易被忽视的地带。该相声正是以此切入，以搬家为主题，将上楼比作"过关"，展现了由于搬家发生在楼道里的故事：本应属于公共空间的楼道成为废材"杂物间"，摆满了各家各户的旧东西，清朝的盆、唐朝的碗、1957年的鞋、1962年的袜子……还有旧家具、酒瓶子、纸箱子、蜂窝煤、狗等，人根本无法顺畅通过，搬家时家具更是无法上楼。搬家师傅喊着号子，最终也没能将新买的钢琴抬上去。相声中两人生动地塑造了住在居民楼上的若干角色，用滑稽的语言刻画了生动多彩的市民形象，形象地描摹出居民楼里老百姓真实的楼道生活场景，讽刺了某些居民在楼道中占山为王的行为，提醒人们对公共空间的

---

① 李庆山、李敬编著：《中央电视台24届春节联欢晚会台前幕后》，中共党史出版社2007年版，第67-68页。
② 耿文婷：《中国的狂欢节：春节联欢晚会审美文化透视》，文化艺术出版社2003年版，第70-71页。

共同维护，引起了大家的强烈共鸣。

侯耀文和石富宽的相声《侯大明白》同样以讽刺为主，塑造了一个遇到事情时总能说出一二三，却光说不练、最终让人跌破眼镜的人物形象，也为观众带去了阵阵欢笑。

图3　牛群、冯巩：相声《拍卖》

大陆港台齐上阵，歌舞节目展新颜

歌曲向来是春晚中的"重头戏"，1993年春晚也不例外；同时，也照例有一些新的经典作品在春晚之后广为传唱。

毛宁的《涛声依旧》无疑是歌曲中的"佼佼者"。这首歌的词作者陈小奇某次偶然重读张继的诗《枫桥夜泊》，由诗句"江枫渔火对愁眠"引发联想，创作了这首他认为是反映他们这代人"处在传统文化与现代文化夹缝中的那种状态"[1]的歌曲，那句耳熟能详的"这一张旧船票能否登上你的客船"，表达的便是人在处于边缘状态时的困惑。整首歌以《枫桥夜泊》为蓝本，将古诗词的神韵意境完美地融入现代人的口吻和情怀中。"带走一盏渔火，让它温暖我的双眼，留下一段真情，让它停泊在枫桥边"，亦歌亦诗，能唱能吟，配上毛宁如怨如诉的细腻嗓音，激发起许多人的共鸣。可以说，《涛声依旧》开创了20世纪90年代广东流行音乐的高峰，它的成功，宣告中国唱片业成功起航，走向相对的成熟期。[2] 在1993年春晚上，《涛声依旧》被采用舞蹈

---

[1] 《陈小奇:〈涛声依旧〉不是情歌》, http://news.sina.com.cn/o/2008-03-31/040313659099s.shtml, 2008年3月31日。

[2] 《上世纪90年代：直抵心底的才是好歌》, http://www.jhnews.com.cn/jhwb/2009-11/12/content_785961.htm, 2009年11月12日。

和歌曲相融合的手法呈现了出来，令亿万观众耳目一新，也让毛宁一夜走红，从此这首歌传唱于大江南北，传遍每一个80后的心里。后来，这首歌还被小品大王赵本山在春晚上演绎了一次，"我这张旧船票，还能否登上你这条破船"成为民间广为流传的时髦用语，白云和黑土"涛声依旧了"的结局，也为小品大团圆的结尾方式带来了一股清新之风。①

此外，来自港台地区的歌曲依然受到大陆观众的追捧。1993年春晚上，香港歌手同时也是本届春晚主持人之一的梁雁翔演唱的《像雾像雨又像风》，香港歌手邝美云的《除了你还有谁》，通过卫星传送的台湾当红明星王杰的《回家》，郭富城的热歌热舞《把所有的爱都给你》，马萃如的《全心演好每一个自己》，以及由来自大陆、中国香港、中国台湾、新加坡等地的歌手共同演绎的春晚结束曲《携手同行》，都为1993年春晚带来一股新风。通过春晚，人们欣赏到了港台当红明星的经典作品，在歌曲中看到了不同风格，找到了共同归属。

1993年春晚的舞蹈节目也非常出彩。四川省凉山州歌舞团的《山妞与模特》，杨丽萍、陆亚共同演绎的《两棵树》，香港方面选送的《龙鼓喧天震四海》，张艺谋在嘉峪关传回的《威风锣鼓》拜年贺岁片以及歌伴舞《闻鸡起舞》，南京军区前线歌舞团的舞蹈《太湖美》，都因其鲜明的舞蹈特色、独有的创新性表现方式和形象俏皮的肢体语言脱颖而出。"张艺谋与成龙两人在嘉峪关和香港两地的鼓舞贺岁节目，使晚会风格表现出豁达纵横、鼓舞人心的色彩"②。两人各自从香港和长城实时传回的舞蹈场面让1993年春晚显得格外与众不同，时空变换打破了春晚舞台的局域限制，三个场景不时切换，让人们感受到各地共度除夕的春节气息。这一切都从整体上提升了舞蹈作品的表现水平，使舞蹈节目在同歌曲节目同台表演中更为突出。

周洁的《山妞与模特》并不是传统意义上的纯舞蹈，"它把舞蹈与时装表演结合起来，用戏剧表演性加以结构，在形式特征上仍然属于与小品杂交的综合艺术"③。借助时装和小品这两种艺术表现形式，该舞蹈将乡村姑娘对美的追求和较为保守的周边环境之间的矛盾表现得淋漓尽致，多种艺术形式的结合使整个舞蹈更为完整和流畅，表达也更为形象和贴切。

杨丽萍和陆亚的《两棵树》表现了一对恋人凄美的爱情故事，一对原本十分相爱的恋人却不能走到一起，死后也不能一起埋葬，但是从他们的坟墓上却同时长出了两棵树，并且紧紧地缠绕在一起，枝繁叶茂，永不分离。杨丽萍和陆亚充分利用了他们修长而富有动感的身材线条，杨丽萍更是用她那"柔弱似水、如梦如仙的形体韵律表

---

① 《上世纪90年代：直抵心底的才是好歌》，http://www.jhnews.com.cn/jhwb/2009-11/12/content_785961.htm，2009年11月12日。
② 张子扬：《感悟荧屏》，中国广播电视出版社1999年版，第224页。
③ 耿文婷：《中国的狂欢节：春节联欢晚会审美文化透视》，文化艺术出版社2003年版，第70页。

现了树木从发芽到抽条的历史过程，寓意人类顽强的生命力"①。《两棵树》也因此在1993年观众评选的"我最喜爱的春节联欢晚会节目"中荣获歌舞类一等奖。

图4　舞蹈《山妞与模特》

图5　杨丽萍、陆亚《两棵树》

众角纷呈剧种多样，戏曲节目雅俗共赏

　　1993年春晚戏曲类节目的一个最大特点便是"雅俗共赏"，既有让内行研究门道的经典选段，也有让普通观众开怀的武戏表演。在著名京剧表演艺术家梅葆玖和梅葆玥的京剧对唱《坐宫》选段中，男的女妆唱花旦，女的男妆演老生，大屏幕上是两位艺术家带妆的京剧表演，现场舞台上却是两位艺术家身穿便服的现场演唱，屏幕里屏幕外相映成趣，人们真正体会到了艺术家精湛的戏曲表演技艺，也真切地感受到了我国瑰宝艺术的精髓。

　　王树芳的《一角四唱》也让观众叫绝，一个演员同时演唱花旦、小生、老生、花脸，现场演绎这四种角色的不同唱腔，现场叫好声不绝于耳。此外，南京小红花艺术团的戏曲表演《春童献瑞》融合了淮剧、锡剧、越剧、黄梅戏等许多地方戏曲于一炉，也颇惹人喜爱。

　　如果说与此前春晚相比，1993年春晚的节目没有什么明显的与众不同，那么在晚会众多其他环节的设置上，这场晚会确实让人们嗅到了一丝不同的气息。观众最直接感受到的便是开场的不同，1993年春晚开场不再是锣鼓震喧天、众人齐歌舞，而是改为由儿童吟诵的一首歌谣《挂红灯》。红色浓郁的灯笼，温暖人心的灯光，稚嫩可爱的童颜，清脆熟悉的歌谣，让晚会的开场充溢着一股春天悄然走来的温暖与感动。除此之外，认识1993年春晚，不能不说的还有以下几个方面。

---

①　李庆山、李敬编著：《中央电视台24届春节联欢晚会台前幕后》，中共党史出版社2007年版，第67页。

四地主持人同台，华夏大团圆齐乐

1993年春晚设定主持人6人，分别为梁雁翔（中国香港）、李庆安（中国台湾）、张永权（新加坡）、赵忠祥、倪萍和杨澜。

可以说，1993年春晚主持人数量达到了几年以来的最高值，且分别来自不同地区，包括中国香港、中国台湾、大陆以及华人较多的新加坡。这样的主持人设置真正体现了"炎黄子孙大团圆"的寓意，满足了不同受众的喜好，也吸引了各地区观众共同收看1993年春晚。六位主持人配合默契，在节目中，杨澜和李庆安的一段串词还成了佳话。杨澜出身于《正大综艺》，注重现场即兴发挥，却对春晚剧组为主持人准备的有板有眼的官方语言十分不适，于是她便和李庆安决定将串词内容个人化。例如，在一次串场中杨澜说："先由我谈谈过去华人过年的种种共同的风俗，如穿新衣、放鞭炮、发压岁钱等。接下去，由李庆安掏出一个红纸包说：'杨澜，你比我年纪小，我就送你一个红包吧。不过这里面装的不是压岁钱，而是一张台湾地图，有一天来台湾玩，就用得着了'。"① 就是这个小小的设计，让春晚的现场情意浓浓，一个小小的红包，让大陆和台湾紧紧相连。

同时，通过卫星传递，1993年春晚上中国香港、中国台湾、新加坡地区的现场歌舞节目也得以被观众所欣赏，不同地区的主持人可以在春晚现场进行节目串联，每一个地区的主持人引出他所代表的地区的图像，节目进行和场景切换较为自然。

众多"第一次"

1993年春晚在导演张子扬的率领下进行了诸多探索与创新。首先，在现场观众布置上，一改往年演员与观众面对面的旧模式，而是将现场改为包厢式，"即大厅中间为舞台，三面为观众群"②，并且将观众席设计了两层包厢式的立体场景，改变了之前观众和舞台在同一水平面的平视状态，充分利用了二层的空间，突破了春晚现场的空间限制。

对空间的创造性开拓不仅在春晚大厅内。1992年10月1日，中央电视台中文国际频道开播，海外观众从此也可以和国内观众一起同步感受春晚气氛了。1993年春晚首次斥巨资租用了亚洲的3个卫星频道，同时还有北美洲的两套卫星向海内外同步直播，"亚洲的三颗卫星覆盖了整个亚洲以及独联体和东欧等地的60多个国家，北美洲的两

---

① 杨晓民、陈亦文主编：《难忘今宵——中央电视台历届春节联欢晚会大写真》，长江文艺出版社1998年版，第108页。

② 泥子、善良、偶然：《21年春节联欢晚会内部消息》，新华出版社2003年版，第59页。

套卫星覆盖了从加拿大到加勒比海全北美地区"①，这是在春晚播出覆盖范围上的一个全新纪录，远离祖国的中国人可以在除夕夜实时看到祖国人民的大联欢，同国内同胞一起倒数着等待春天的到来。

1993年春节联欢晚会实现了中央电视台春晚节目同中国香港、中国台湾、新加坡节目的卫星传输，观众除了看到春晚现场表演的精彩节目之外，还看到了来自三地分会场实时传递的优秀节目。另外，分会场还邀请了当地著名主持人前来助阵，整台晚会串联为一个整体，体现了天下华人共度新春佳节的祥和气氛。

1993年春晚，第一次采用导演竞标机制，第一次设置幸运观众抽号活动，"第一次使用打出来的光都是图案的电脑灯，第一次采用伸出式舞台，第一次把演员人数扩大到600多人……"② 正是这些第一次的突破，为春节联欢晚会开启了新的一页，新技术带来的革新逐渐推动着晚会布置和节目表现的变化和升级，颠覆着电视观众原有的感官感受和审美习惯。

说到1993年的"幸运观众"抽奖活动，不得不多说几句。春晚帷幕刚落，正当全国人民都为能在全国性的联欢活动中得到新年第一份大奖而羡慕不已时，经对晚会现场产生的幸运观众的身份证号码进行核实后却发现，"所抽取的30个'幸运观众'身份证号码，确系全部空号"③，着实跟全国人民开了一个玩笑，中奖后的喜悦和旁人的羡慕也因此变成一场空，徒留遗憾。

（本文作者：田园、王杰）

附：1993年中央电视台春节联欢晚会节目单

首播时间：1993年1月22日20:00
总导演：张子扬
主持人：梁雁翎（中国香港）、李庆安（中国台湾）、张永权（新加坡）、赵忠祥、倪萍、杨澜

1. 开场曲：《挂红灯》　演出单位：海军海娃艺术团
主持人宣布晚会开始并串联节目
2. 歌舞：《除夕三喜》　演唱：宋祖英、李丹阳、吴琼、陈俊华

---

① 杨晓民、陈亦文主编：《难忘今宵——中央电视台历届春节联欢晚会大写真》，长江文艺出版社1998年版，第26页。
② 杨晓民、陈亦文主编：《难忘今宵——中央电视台历届春节联欢晚会大写真》，长江文艺出版社1998年版，第65页。
③ 杨晓民、陈亦文主编：《难忘今宵——中央电视台历届春节联欢晚会大写真》（原载中国妇女报，1993年2月3日），长江文艺出版社1998年版，第299-300页。

3. 魔术表演：秦鸣晓、姚金芬

4. 戏曲表演：《春童献瑞》 演出单位：南京小红花艺术团

5. 小品：《擦皮鞋》 表演：黄宏、魏积安

6. 歌舞：《好年头好兆头》 演唱：陈红、景岗山 伴舞：前线歌舞团

主持人邀请现场嘉宾抽取幸运号码

7. 戏曲小品：《群丑争春》 表演：朱世慧、寇春华、牛得草、张寄蝶、刘异龙、林继凡、李笑非、任廷芳、王道正、刘淑萍、纪亚福、吴建平、汪永龙、汤碧清、郎石林、王守一、廖红军、庞祖元、阎韵喜、宋久明、宋宏志、刘国庆等

8. 歌曲：《想家的时候》 演唱：阎维文、万山红

9. 小品：《老拜年》 表演：赵本山、王中青、苏杰、阎淑萍

10. 歌曲：《像雾像雨又像风》 演唱：梁雁翎

11. 歌曲：《除了你还有谁》 演唱：邝美云

12. 广场表演：《龙鼓喧天震四海》 表演：成龙等

13. 歌曲：《太阳从你手中升起》 演唱：董文华 伴舞：前线歌舞团

14. 舞蹈：《山妞与模特》 表演：周洁 舞蹈：四川省凉山州歌舞团 时装表演：新思路时装模特经纪公司

15. 歌曲：《走进我的梦幻童年》 演唱：蔡国庆

16. 小品：《张三其人》 表演：严顺开、赵玲琪、杨新鸣、徐小帆、鞠波

17. 歌曲：《赶圩归来啊哩哩》 演唱：罗宁娜 伴舞：四川省凉山自治州歌舞团

18. 相声：《楼道曲》 表演：姜昆、唐杰忠

19. 歌曲：《春的祝贺》 演唱：彭丽媛 伴舞：中国民族之花展演团

20. 时任国家领导人江泽民、李鹏基层拜年

21. 歌曲：《众人划桨开大船》 演唱：付笛声

22. 舞蹈：《两棵树》 表演：杨丽萍、陆亚

23. 小品：《桥》 表演：潘长江、黄小娟

杨澜为大家介绍来自台湾的主持人李庆安

24. 歌曲：《回家》 演唱：王杰

25. 台湾歌手联唱：《热歌热舞》

  （1）《把所有的爱都给你》 演唱：郭富城

  （2）《全心演好每一个自己》 演唱：马萃如

26. 川剧小品：《射雕》 表演：王馥荔、邓婕、陈小艺

27. 歌曲：《涛声依旧》 演唱：毛宁 伴舞：前线歌舞团

主持人倪萍介绍商玉珍母女事迹

28. 歌曲：《妈妈怀里的歌》 演唱：蒋小涵 伴舞：海军海娃艺术团

高敏抽取幸运号码

29. 相声:《拍卖》 表演:牛群、冯巩

主持人杨澜采访中国足球队主教练施拉普纳

30. 歌曲:《东方之光》 领唱:杭天琪、胡月、江涛 演唱:张继红、聂慧芳、唐建华、韩特、刘海波、任静、周燕红、李殊、孙燕、孙小云、李红霞、路群、王庆君、张蒙蒙、孙文江、翁普庆、吴容、孙淑香、杨维丽

31. 主持人采访张百发和何振梁,并请二位抽取幸运号码

32. 歌曲:《为我们的今天喝彩》 演唱:林萍 伴舞:前线歌舞团

33. 京剧选段:《坐宫》 演唱:梅葆玖、梅葆玥 伴奏:北京京剧院

34. 小品:《推销》 表演:张国立、刘亚津、张敬

35. 《粉墨登场迎新岁》 演出单位:新广及黄捷宽舞蹈团

36. 歌曲:《传统光辉耀星河》 演唱:新加坡艺人

37. 相声:《"8"字谜》 表演:杨振华、杨瑞库

38. 歌曲:《风》 演唱:毛阿敏

39. 相声:《多多关照》 表演:陆鸣、孙仲江

40. 民乐演奏:《幸福年》 演奏:中国广播艺术团民乐团

41. 歌曲:《金鸡报春》 演唱:梦鸽、魏金栋 伴舞:蓝天少儿艺术团

主持人杨澜介绍中国邮政公司为1993年春晚而发的拜年封

42. 小品:《黄土坡》 表演:郭达、蔡明

主持人杨澜请两位企业家抽取幸运号码

43. 歌曲:《根》 演唱:陈静、马海云、张娜、聂慧芳、杨迎、潘军、甘萍、李星、张秀艳、胡秀兰 伴舞:前线歌舞团

44. 相声:《侯大明白》 表演:侯耀文、石富宽

45. 戏曲:《武旦绝技》 表演:方小娅(上海京剧院一团) 伴奏:中国京剧院

46. 气功表演:谭强、陈桂芳

47. 京剧:《一角四唱》 表演:王树芳

48. 舞蹈:《太湖美》 表演:南京军区前线歌舞团

49. 小品:《市场速写》 表演:郭冬临、张慈、法比奥(意大利)

50. 舞蹈:《闻鸡起舞》 表演:陶金、阿内、阿兵

51. 相声:《新名词》 表演:高洪胜、李立山

52. "威风锣鼓"——张艺谋拜年贺岁片

53. 歌曲:《携手同行》 演唱:解晓东、罗文(中国香港)、苏芮(中国台湾)、巫启贤(新加坡)、那英

54. 主持人致结束语 以背景音乐《难忘今宵》结束

舞美新突破　视听新体验

——1994年春晚记忆

"宛如春夜里的一个璀璨娇艳的梦，1994年的春节联欢晚会，带着她的欢悦，她的妩媚，她的情愫，她的雍容，飘然而来……"① 这是一位观众对1994年甲戌狗年春节联欢晚会诗一般的感受和评价，同时也是除夕夜在电视机前守候的世界华人对1994年春晚的集体记忆。

1993年，在邓小平同志建设有中国特色社会主义理论指导下，全党、全国全面贯彻党的十四大和十四届三中全会精神，改革开放的前进步伐更加坚定有力。

1993年，体育界热闹非凡，由马俊仁率领的"马家军"在比赛中屡屡突破，国际体坛大惊："世界中长跑进入了一个新时代——马俊仁时代"。第一代"马家军"的赫赫战绩鼓舞着中国人在世界大舞台上更加自信地展示自我。

1993年，中国上下掀起奥运热，人们积极投身于迎接这场体育盛会的倡议中，体验着体育带来的激情和振奋。城市街道上挂满了期盼奥运的标语和横幅，街头巷尾谈论的都是中国申奥的体育大事，"让世界了解中国"成为全中国人寄予奥运会最热忱的期盼。然而，9月24日北京时间凌晨2时27分，当萨马兰奇口中说出"悉尼"一词时，意味着2000年第27届奥运会的举办城市将是悉尼，而不是北京。自1991年2月至1993年9月，中国共走完了两年零七个月的漫漫申奥路，却最终失败。国人的惊愕、失落、委屈和辛酸瞬时取代了原来的满心欢喜。然而，众志成城、万众一心的中国人在挫折中学会了微笑着向对手祝贺，在失望后潇洒地拭泪前行。

1993年，房地产行业开始呈现爆发式的火热投资潮，"下海"经商成为流行的发家之路，经济快速发展让人们惊叹于改革开放政策带来的时代变迁，也让人们逐渐对不道德的社会现象、产品质量低劣问题、某些小商小贩的投机取巧行为见怪不怪。然而，多少辛酸曲折，多少哭笑不得，多少欢欣喜悦，都在临近尾声的1993年幻化为每一个中国人内心由衷的祝愿。春晚，在每一年的这个时候都静静地等候着观众们抒发内心沉淀了一年的期盼。

---

① 贾磊磊：《意映春光》，载于《电视研究》1994年第3期。

1993年春节刚刚过去，广播电视部部长艾知生就做出指示：1994年晚会要"提早动手，尽快准备"①。1993年6月，春晚开始投标，中央电视台文艺部的5位导演参加了竞标活动。"6月19日广电部、中央电视台领导听取了各位导演的方案，6月21日召开了由电视台副总编辑和台长助理参加的座谈会，6月23日召开了文艺部3位主任的座谈会，分别对5位导演的业务能力、综合情况以及方案进行了分析，6月28日台长碰头会对此问题进行了专项研究，最终决定总导演的第一人选为35岁的郎昆。"②业务能力强、艺术感觉好的郎昆曾执导过1991年春节联欢晚会和多次大型晚会，并且有3年组织和导演《综艺大观》的经验。为了参加1994年春晚的竞标，早在1992年就开始了关于观众的调查、节目素材搜集以及晚会总体设计等方面的工作。"1993年春节接连召开座谈会，还带领调查组到广东侨乡和长春等地收集观众对春节晚会的反映、建议和要求，据此他六易其稿写出了详尽的春节晚会总体构思方案。"③ 最终，1994年春节联欢晚会决定把"高举爱国主义旗帜，谱一曲弘扬民族精神的颂歌"作为主题，同时用"团聚、自尊、奋进、期盼"4个副主题加以呈现，从而确定了春晚的总体方案。

在筹备阶段，导演组进行了一系列外围铺垫工作，如和《中国电视报》共同举办"假如我来办春节联欢晚会"有奖征文活动，和北京市劳动人民文化宫共同举办第3届迎春游戏比赛，向社会各文艺团体征集既有地方特色又有时代气息的好节目，在专业音乐工作者中征集好歌，召开各种不同类型的座谈会等④。在经历了一番集思广益、精益求精、广泛挖掘优秀节目之后，39组（个）节目逐一亮相1994年春晚。

"鸡司晨，犬守夜"，在让人们倍感踏实和安全的甲戌狗年到来之时，1994年春节联欢晚会带着春晚导演组和创作组以及表演者们的深情祝愿和精彩节目亮相除夕夜。

小品：数量多题材广，着意勾勒时代图景

1994年春晚小品节目共7个，分别为《越洋电话》《密码》《吃饺子》《打扑克》《上梁下梁》《八哥来信》以及《拆迁变奏曲》，所涉及的题材较为广泛，海外游子思乡情，人与人之间的相互信任，新生活与旧传统的碰撞，子女教育、知识学习、拆迁

---

① 杨晓民、陈亦文主编：《难忘今宵——中央电视台历届春节联欢晚会大写真》，长江文艺出版社1998年版，第26页。
② 杨晓民、陈亦文主编：《难忘今宵——中央电视台历届春节联欢晚会大写真》长江文艺出版社1998年版，第26—27页。
③ 杨晓民、陈亦文主编：《难忘今宵——中央电视台历届春节联欢晚会大写真》长江文艺出版社1998年版，第27页。
④ 杨晓民、陈亦文主编：《难忘今宵——中央电视台历届春节联欢晚会大写真》，长江文艺出版社1998年版，第302页。

等多个方面的问题均有所涉及，这些社会问题借助小品的喜剧手法，以夸张、幽默的喜剧形式在舞台上一一表现，深刻的思想内涵在观众的笑声中深入人心。

在这些小品节目中，给人印象最为深刻的恐怕非《打扑克》莫属。一把小小的扑克牌，把社会这个大舞台演绎得活灵活现。著名小品创作家焦乃积先生讲述说，这个小品是他在《读者文摘》上偶然发现的，只有豆腐块大小的一段文字，春晚剧组发现后觉得这是一个好选题，便立即着手进行加工整理，最终成了极具戏剧性和观赏性的佳作。该小品的选题以及台词都具有相当的社会深度，通过调侃的对话暗讽社会中存在的"怪"现象，"谁管谁"成为代表社会某些领域潜规则的代名词。"该节目对应的社会热点是官场及社会生活领域存在的不正之气，如经理多得满天飞、小秘傍老板、演员出场费惊人等现象"，[①] 既没有尖刻的讽刺，也不是没有任何内涵深度的调侃，而是"恰到好处地运用'幽默'的表现手法，让人们在开怀大笑中得到某种人生的启示"[②]。正如小品结尾的台词点题，"小小一把牌，社会大舞台，生旦净末丑，是谁谁明白"。

图1　小品《打扑克》

《上梁下梁》也是较为独特的小品作品，所谓"上梁不正下梁歪，中梁不正倒下来"，子女教育问题在当时也是较为严肃的一个社会问题。郭柏松和杨瑞瑞饰演的一对父子在舞台上直接还原现实场景，表现的是社会中部分对子女不负责任的父母在子女教育过程中存在的一些问题。演员在舞台上的表演很到位，父亲打儿子、儿子下跪哭泣等场景一度让观众落泪。"小品以中华民族的民族魂——祖辈传统的精神文明，去呼唤家庭、教育下一代的严肃主题，使千千万万个'父与子'们在自我教育、号啕恸哭

---

① 耿文婷：《中国的狂欢节：春节联欢晚会审美文化透视》，文化艺术出版社2003年版，第133页。
② 耿文婷：《中国的狂欢节：春节联欢晚会审美文化透视》，文化艺术出版社2003年版，第284页。

中，用泪水洗刷了心灵上的污垢，两代人同时挺直脊梁站立起来"①。不过，抛除其深刻的思想性和社会性不谈，对于该小品也有人持不同意见，认为在欢乐祥和的节日晚会中不宜出现这样的内容，"对于喜剧小品来说，这不是成功的信号，而是失败的症候"②，因为该作品不具备小品这门戏剧艺术的基本规律——"笑"，在小品这种喜剧艺术中，它运用的是悲剧手法，使其与其他小品相较而言具备相当的特殊性。

郭达和蔡明的《越洋电话》表现了随着通信技术的发展，中国与世界其他国家通过一个电话就可连接的欣喜，同时也饱含了父母对海外学子的关怀和挂念；高秀敏和赵世林的小品《密码》通过表现两人在取钱时回忆密码的过程，反映了人与人之间最真诚的信任，赞颂了真善美；《八哥来信》则把关注点放在了教育层面。1993年2月13日，中共中央、国务院印发的《中国教育改革和发展纲要》提出，到20世纪末，我国要实现基本普及九年义务教育，基本扫除青壮年文盲，全面提高教育质量。该小品敏锐捕捉到国家政策，通过代念信、代写信的故事，呼吁人们尤其是女性积极学习文化知识，提高自身文化水平。《拆迁变奏曲》也颇有意义，小品讲述了一对夫妻为得到更多拆迁款而采用假离婚的伎俩，在拆迁办主任面前演戏，结果却认错人的乌龙事，深刻地讽刺了那些在居民楼拆迁过程中为一己私利沾光取巧而不择手段的人。

说到小品，当然少不了陈佩斯和朱时茂的身影，这年春晚他俩带来的是全新的魔术小品——《大变活人》。该作品采用了小品的表演方式，表现的却是魔术的内容，两个人在台上互相比价魔术功力，从而引发搞笑的表演。该作品跳出了以往两个人在台上说来说去的固定模式，表达出了仅靠两个人表演无法实现的内容，不失为小品的一种变化和创新。

图2　高秀敏、赵世林：小品《密码》

图3　郭达、蔡明：小品《越洋电话》

---

① 朗昆：《我对春节联欢晚会的一些粗浅的认识》，《中国电视》1994年第11期。
② 耿文婷：《中国的狂欢节：春节联欢晚会审美文化透视》，文化艺术出版社2003年版，第124页。

与小品的鼎盛相比，相声倒成了另一个极端。严格来说，1994年春晚中只有一个相声节目（另一个群口相声《跑题》实际是小品的表演形式），即牛群和冯巩的《点子公司》。该节目深刻地反映了社会中的某些不良现象，如假烟假酒假药等，用滑稽的语言进行了讽刺和挖苦。该节目荣获"1994年我最喜爱的春节联欢晚会节目评选"戏曲、曲艺及其他类节目二等奖。

歌曲：现实感强，着意歌唱"群体"

1994年春晚，歌舞类节目共25组（个），它们大多具有很强的现实感，同时关注着不同的群体，如歌唱战士的《一二三四歌》，歌颂人民教师的《长大后我就成了你》，寄托游子思乡情的《思乡》，献给运动健儿的《无悔的选择》等，其中许多歌曲至今仍为人们所喜爱，成为人们春晚记忆中不变的旋律。

由于1994年春晚完全采用现场演唱的方式进行，所以原本就铿锵有力的《一二三四歌》在武警军乐团的现场伴奏下更具震撼力和现场感染力，"一二三四一二三四，战士的歌"，明快的节奏、易懂的歌词让人们很快就记住了这首简短有力的歌曲，也使之成为最经典的军旅歌曲之一。

宋祖英演唱的歌曲《长大后我就成了你》，饱含的是浓浓的师生情。歌曲以教室、黑板、粉笔、讲台等意象深情赞颂了人民教师无私奉献的情怀。"长大后我就成了你"，这句平朴而又饱含深情的歌词一时间家喻户晓，与"人类灵魂的工程师"和"春蚕到死丝方尽，蜡炬成灰泪始干"并列成为对教师的献礼。

春节是一个阖家团圆的节日，但是远在天涯海角的游子却只能在他乡朝着祖国的方向默默思念。《思乡》便是这样一首寄托思乡之情的曲子，由马思聪创作，经孔祥东改编后在春晚舞台上现场演奏，芭蕾舞演员现场伴舞，将这份相思情演绎得婉转唯美。当现场演奏的小提琴响起悠扬婉转的声音，心中的情感便如流水般缓缓流淌，伴着舒缓的钢琴声，芭蕾舞演员轻轻起舞。《思乡》曲毕，许多人潸然泪下。

蔡国庆和林萍的《无悔的选择》则歌颂了艰辛训练、为国争光的优秀运动员们。以马俊仁为教练的"马家军"在国际比赛中为祖国赢得了很多荣誉，成为人们心目中的英雄。应该说，田径并非中国运动员的强项，然而，1993年让国人乃至世界记住了"马家军"。在当年的斯图加特田径世锦赛上，马俊仁调教的弟子王军霞、曲云霞、刘东纷纷夺金，刘东斩获女子1500米的金牌，曲云霞、张林丽、张丽荣包揽了女子3000米的金银铜牌，王军霞将女子10000米的金牌收入囊中。这一届田径世锦赛，中国共获得8枚奖牌，马家军贡献了6枚。可以说，马家军铸就了中国田径颇为惊艳的短暂"黄金时代"。由此，马家军登上了1994年春晚的舞台，在主持人采访"马家军"过程中，运动员们说到情动处不禁哽咽流泪，此时音乐声慢慢响起，两位主唱慢慢走近

"马家军"并在其旁边动情演唱。在演唱过程中,世界冠军们将小朋友献上来的鲜花转而献给了歌唱者,这时蔡国庆却突然又走向"马家军",代表人民把鲜花重新献给了为国家争得诸多荣誉的运动员。"这一突发的情感交流,激起了全场经久不息的掌声。由此可见,真正能打动人的并不是事先刻意的安排,而是现场的真情发挥。"①

原生态无伴奏的《蝉之歌》是由我国云贵高原的七名侗族歌手(被称之为"七大歌")集体演唱的,该组合曾屡次在国际上获得大奖,这些祖祖辈辈天生就爱唱歌、会唱歌的歌者用她们嘹亮的歌声,美妙的和声将人们带到了空旷辽阔、葱绿无边的云贵高原,让人们感受到了蝉鸣带来的阵阵清凉和宁静。该节目显现了极高的艺术价值,是春晚民俗节目的一次突破。"它已不唯是习俗的展览,气氛的渲染,而毋宁更注重从民间艺术捕捉其内蕴的自然美。"②

舞蹈:民族性强,着意营造视听新体验

1994年春晚上,舞蹈节目表现不俗。活泼动感的《足下飞舞跳跳跳》,富有童真童趣的少儿歌舞《狗娃闹春》,激昂奋进、撼人心魄的《追日》,轻柔如春雨、多情如柳枝的《春梦》都将人们带进缤纷多姿的舞蹈世界,让观众们随着节奏、伴着舞姿逐渐走进或天真、或羞涩、或动感、或恢宏的生命。如果说大多届春晚都将"民族"作为一个不可或缺的元素加以"符号化"呈现,那么1994年春晚堪称是大篇幅"歌唱"民族的一届春晚。不仅整场晚会民族特色浓郁,而且许多舞蹈也不失为民族精神的集中体现。甚至有观众来信赞道:"这台晚会好,好就好在她让爱国主义的旗帜高高飘扬,让民族精神的颂歌在12亿人民的心中久久回荡。"(1994年2月21日《中国电视报》)

《狗娃闹春》可谓无心插柳的一个佳作。节目"以一组生动、欢快、朴实、风趣、洋溢泥土芬芳与生命气息的群像造型,表达一代人的欣喜与奋发,生命、土地、春天以及童趣的有机结合,又一次暗示我们民族的新生"③。当时春晚节目审查已基本结束,当大家都投入排练时,鞠萍向郎昆推荐了这个她在山东农村采访时看到过的好节目,第二天又将录像带放给郎昆看,郎昆导演看后有些说不出话来,庆幸没有错过这个好节目。经过细致的再加工之后,《狗娃闹春》终于登上了1994年春晚的舞台。这个节目中,"那群带着一派山野童趣的狗娃和他们的小妞妞,不仅为观众们带来了极大

---

① 李庆山、李敬编著:《中央电视台24届春季诶联欢晚会台前幕后》,中共党史出版社2007年版,第76页。

② 王纪言、刘春:《今宵再度辉煌——1994春节电视文艺晚会观后感》,《中国广播电视学刊》1994年第2期。

③ 王纪言、刘春:《今宵再度辉煌——1994春节电视文艺晚会观后感》,《中国广播电视学刊》1994年第2期。

欢乐，而且获得了这一年'我最喜爱的春节联欢晚会节目'歌舞类一等奖"，① 观众们也记住了那些来自山东郓城宋江武术学校的可爱的孩子们。

集体舞《追日》是根据"夸父追日"这一经典的历史故事编排的，该舞蹈"风格悲壮，气势雄浑，大力度的形体动作，配以灯光音乐构建的激烈氛围，传达出气吞山河的阳刚之气与惊天动地的气魄"②，艺术地表现了中华民族奋进向上、生生不息的追求精神。节目中将"源远流长的黄河作为母亲的形象加以引申，好像炎黄子孙在黄河母亲的指引下，对自己的根、生命、理想、幸福、真理有一种生生不息的追求，而这种持之以恒的韧劲，恰恰是中国文化的典型……"③《追日》体现了晚会舞蹈总编导苏时进所追求的大气悲壮的艺术风格，将气吞山河的阳刚之气、视死如归的无畏精神表现得淋漓尽致。

由南京军区前线歌舞团和大连歌舞团联袂演绎的舞蹈《春梦》则将观众带进了如诗如画的世界。在春天的梦里，牧童的短笛声回荡在葱郁森林，涓涓流水鼓动着山涧小溪，代表着春天的绿色开始慢慢地舒展她的轻柔腰肢，复苏的植物精灵们随风舞动，以曼妙的舞姿呼唤着春天。"轻柔如春雨，多情如柳枝"的《春梦》唤醒着将要灵动的生灵，让置身其中的人宛若走在春天里，感受最轻最柔的生命。《春梦》的音乐创作者张小夫将电子音乐引入音乐创作中，以环绕立体声的音响设计给人以亲临其境之感。编导组在听过集体舞《春梦》的音乐后说道："春梦是对春天的一种祈盼，听了你的音乐，我们盼春天都盼得快要落泪了"④。

图4 舞蹈《春梦》

图5 舞蹈《狗娃闹春》

---

① 李庆山、李敬编著：《中央电视台24届春季联欢晚会台前幕后》，中共党史出版社2007年版，第73页。
② 王纪言、刘春：《今宵再度辉煌——1994春节电视文艺晚会观后感》，《中国广播电视学刊》1994年第2期。
③ 杨晓民、陈亦文主编：《难忘今宵——中央电视台历届春节联欢晚会大写真》，长江文艺出版社1998年版，第89页。
④ 杨晓民、陈亦文主编：《难忘今宵——中央电视台历届春节联欢晚会大写真》，长江文艺出版社1998年版，第89页。

歌舞类节目将观众带入动听唯美的艺术境界，戏曲类节目则让人们再次领略了我国传统戏曲艺术的精髓和魅力。1994年春晚的戏曲节目有来自中国台湾的著名京剧演员王海波表演的名段《铡美案》，王海波与中国著名大陆演员王树芳共同演绎的名段名曲《赤桑镇》片段，还有戏曲集锦《群英荟萃》——该节目中包括了黄梅戏《观灯》（韩再芬、李迎春）、豫剧《花木兰》（小香玉）、越剧《梁祝》（肖雅、吴国兰）、京剧《京剧》（耿其昌）、京剧武戏《战马超》（王立军、郭秉新等）。这些戏曲表演艺术家们都经过了舞台上的千锤百炼，他们带来的名家名段也成为春晚戏曲节目的主打，许多著名的戏曲片段都是流传下来的精品。

亮点：以纪实诠释"见证"的力量

从1984年春晚上海灯法师的亮相，到1986年春晚上杨晟、于民刚的婚礼，1987年春晚上《血染的风采》及歌颂助产士的《繁星从这里升起》，1988年春晚上对于支援西藏的女青年牺牲的追忆，1989年春晚上《爱的奉献》，再到1993年春晚上商玉珍母女的出现，纪实这一本不属于综合性文艺晚会的元素已在春晚舞台上得到频繁的应用。以纪实手法将一些具有典型意义的社会现象、热点人物、热点事件搬上春晚，满足观众猎奇心理的同时，也完成了对一年之中"大事件"的梳理与盘点。步入20世纪90年代后，春晚舞台对于纪实手段的应用已经越来越成熟了，1994年春晚上就有不少纪实元素。

纪实节目《全家福》以直观的、雄辩的事实和45年的时间跨度再现了一个普通农民家庭从贫穷走向富裕的过程，从而折射出共和国45年的历史嬗变。在中国，无论城市还是乡村，逢年过节，家人相聚，照张全家福实属平常。① 然而，浙江的一名摄影记者徐永辉从20世纪50年代起开始拍摄一个普通的农民家庭，竟一直跟踪延续了45年，跟踪时间之长超过了当时由一名英国记者创下的跟踪摄影31年的世界纪录。45年中，他的镜头不仅记录下了这个普通家庭中家庭成员的变化，也记录着以这个家庭为缩影的每个时代的变化。当时，1994年春晚总策划徐然将此事一说，郎昆导演便立即决定将这名记者拍摄的具有不同时代代表性的四张照片放大，搬上舞台同观众见面。

这是一个壮观的场景。新闻摄影的功能与特性决定了它具有无可辩驳的真实性，这一组照片反映的东西太过深刻，照片记录的影像胜过了千言万语。当四幅载有时代印记的照片出现在舞台上时，"当优美的音乐和着倪萍动听的解说响起时，郎昆的眼睛湿润了，徐然的眼睛湿润了，观众的眼睛也湿润了"②。今天，这四幅照片已经被中国

---

① 朗昆：《我对春节联欢晚会的一些粗浅的认识》，《中国电视》1994年第11期。
② 泥子、善良、偶然：《21年春节联欢晚会内部消息》，新华出版社2002年版，第60页。

历史博物馆收藏，作为中华人民共和国成长的见证，被摆放在博物馆一进门最显著的位置上。

另一种纪实元素的融入体现在一个稍显"非主流"的节目中。1993年，中国国内掀起了一阵呼啦圈热，这项群众性的体育运动曾风靡大街小巷。1994年春晚上，一位来自上海马戏学校、年仅13岁的小姑娘欧阳贝妮，要在晚会现场向世界吉尼斯纪录挑战。在全国亿万观众的见证下，她共转动起了98个呼啦圈，打破了之前别人创下的84个的纪录，人们欢喜于亲眼见证了这项新世界纪录的诞生。

图6 纪实节目《全家福》

图7 欧阳贝妮《现场呼啦圈表演》

看点：不断出新的"高科技"

从1983年开始，春晚的每一步成长无不是伴随着电视技术的发展与提高，其中最直接、最明显的变化，就是舞台。

1994年春晚的舞台设计让导演组费了不少心思。

首先，导演组决定在舞台中央搭建一个12米的大转台，转台的转动需要动力，但是若用电机带动会在现场造成大的噪音，影响现场音响效果，于是舞美工作人员用绝缘材料将其包裹，在保证动力转动转台的前提下，将噪音分贝减小到最低限度。

其次，由于舞台占整个演播室2/3的位置，其中心和边缘要在灯光照射下发光，因而要求灯光舞台要有一定的坚固性。但是华丽的舞台却在彩排过程中被砸了一个洞，于是舞美人员只得将舞台材料一块块拆下来，用两三条加强筋进行重新固定，才算解决了这个难题。这个大工程，直到距春晚直播只有两天的2月7日才完成。正是因为有了舞美人员对舞台和现场精心设计和安排，观众才欣赏到了唯美的舞台效果。

而舞台之外，真唱取代"对口型"也可谓1994年春晚最大的突破。这一年在声音的实施上，摒弃了过去晚会现场播放录像带、歌手演唱对口型的老套路，而是全部采用现场真唱并进行现场直播。

由于过去的技术条件和观念制约，春晚基本上都是先期录音，到现场放音带，演员对口型，只有极少数节目进行现场演绎。而1994年，总导演郎昆决定打破这个"魔瓶"。为了从技术上解决真唱的问题，以赵建平为首的三个人从7月份就开始对现场声音进行总设计。"查阅了大量的有关资料，走访录音、作曲等方面的专家，添置必要的调音设备，对大演播室进行了改造"[1]，他们最终按照播出效果要求，将现场伴奏的26人组成的乐队安排到传音效果最佳的位置，同时对现场46个有线话筒、14个无线话筒，4条电缆都进行了恰当安排。"在没有决定是否取消现场伴奏的日子里，音频部门的几个小伙子几乎累得找不到东南西北。"[2] 正是他们的不舍昼夜、通宵达旦，才让1994年春晚因采用现场真唱而成为春节联欢晚会历史上的一座丰碑。

另一项技术上的巨大突破，是首次将电子音乐用于春晚的音乐创作。1994年参与春节联欢晚会音乐创作的张小夫将电子音乐运用于音乐创作中，这在春晚舞台上还是第一次。正如张小夫所说，"就音乐而言，我对自己的要求是今年的音乐一定要有突破，否则我就白来了"[3]。在1994年春晚开场、结尾以及集体舞《追日》《春梦》《千秋万岁为大年》的创作中，张小夫将电子音乐进行了娴熟运用，营造出有纵深、有高度、多层次的音响空间。例如，集体舞《追日》的音乐创作，便充分运用了电子音乐的技术手段，现场8声道立体声的音响设计让人身临其境，仿佛滔滔不绝的黄河水从身边呼啸奔流，让观众感受到了电子音乐在音响档次、制作工艺以及表现空间等方面的独有魅力。"让电子音乐成为21世纪最有魅力的艺术"是张小夫的一句口号，在他对电子音乐的探索中，"无论是古朴生动威武雄壮的《千秋万岁为大年》，无论是激昂奋进撼人心魄的《追日》，也无论是轻柔如春雨、多情如柳枝的《春梦》，在所有的音乐创作上，一种压抑太久的渴望迸发的情怀，一种充满才华睿智、充满理性思索的交响思维，一种落叶归根天宽地阔的情感得以淋漓尽致的展现"[4]。

这就是1994年春节联欢晚会，在旧岁与新年之交，在冬春轮换之际，伴随着零点钟声的准时敲响，这一年又一次完成了它所承载的神圣使命。纵有些许遗憾，纵有少许瑕疵，但总也无法遮掩期盼新年时的欢欣，总也无法影响万物复苏时的感动。

(本文作者：田园、王杰)

---

[1] 泥子、善良、偶然：《21年春节联欢晚会内部消息》，新华出版社2003年版，第402页。
[2] 泥子、善良、偶然：《21年春节联欢晚会内部消息》，新华出版社2003年版，第403页。
[3] 杨晓民、陈亦文主编：《难忘今宵——中央电视台历届春节联欢晚会大写真》，长江文艺出版社1998年版，第89页。
[4] 杨晓民、陈亦文主编：《难忘今宵——中央电视台历届春节联欢晚会大写真》，长江文艺出版社1998年版，第89页。

附：1994年春节联欢晚会节目单

首播时间：1994年2月9日 20：00
总导演：郎昆
主持人：倪萍、程前

1. 歌舞：《千秋万岁为大年》 领舞：黄启成 演出单位：南京军区前线歌舞团、大连歌舞团、武警十三支队

主持人致新春贺词

2. 少儿歌舞：《金铍响鼓送除夕》 演出单位：河南开封市少儿盘鼓队、沈阳市青少年宫艺术团
3. 歌曲：《除夕情》 演唱：毛阿敏
4. 舞蹈：《足下飞舞跳跳跳》 领舞：陈豪 演出单位：二炮歌舞团舞蹈
5. 少儿歌舞：《狗娃闹春》 演出单位：山东郓城宋江武术学校
6. 京剧：《铡美案》片段 演唱：王海波（中国台湾）
   《赤桑镇》片段 演唱：王海波（中国台湾）、王树芳
7. 小品：《越洋电话》 表演：郭达、蔡明

海外游子向全国人民拜年

8. 歌曲：《黎明》 演唱：蔡大生 表演：徐小平时装表演中心
9. 舞蹈：《思乡》 钢琴演奏：孔祥东 小提琴演奏：吕思清 芭蕾舞表演：谭元元、徐刚
10. 呼啦圈表演 表演：欧阳贝妮（上海马戏学校）

主持人倪萍诵读热心观众电报

11. 歌曲：《一二三四歌》 演唱：阎维文
12. 小品：《密码》 表演：高秀敏、赵世林
13. 歌舞：《找朋友》 演出单位：南京军区前线歌舞团
14. 无伴奏合唱：《蝉之歌》 演出单位：贵州黔东南自治区代表队
15. 歌曲：《竹马沙沙》 演唱：思浓、思雨 伴舞：南京军区前线歌舞团
16. 群口相声《跑题》 表演：李金斗、石富宽、阎月明、单联丽
17. 二重唱：《城市面孔》 演唱：杭天琪、红豆
18. 纪实节目：《全家福》 表演：倪萍、徐永辉
19. 歌曲：《今日的中国人》 演唱：殷秀梅
20. 小品：《八哥来信》 表演：王馥荔、戚慧、赵亮

21. 歌曲：《长大后我就成了你》 演唱：宋祖英
22. 小品：《吃饺子》 表演：赵丽蓉、李文启、王涛
23. 小品：《打扑克》 表演：黄宏、侯耀文
24. 歌曲：《回家的人》 演唱：江涛
25. 歌曲：《长城长》 演唱：董文华

主持人宣布目前已收到400个热线电话

26. 小品：《上梁下梁》 表演：郭柏松、杨瑞瑞
27. 二重唱《春花》 演唱：梦鸽、魏金栋 配器：丁小里
28. 《戏曲集锦》之《群英荟萃》
   （1）《看花灯》 演唱：韩再芬、李迎春
   （2）《花木兰》片段 演唱：小香玉
   （3）《梁祝》片段 演唱：肖雅、吴国兰
   （4）《三家店》片段 演唱：耿其昌
   （5）京剧片段：王立军、郭秉新等
29. 相声：《点子公司》 表演：冯巩、牛群
30. 歌曲：《喊太阳》 演唱：聂建华
31. 四重唱《家乡的花》 演唱：翟宪立、李丹阳、周灵燕、董青

主持人倪萍现场采访马家军成员

32. 二重唱：《无悔的选择》 演唱：蔡国庆、林萍
33. 歌舞：《追日》 领舞：刘敏、黄启成 演出单位：南京军区歌舞团、大连歌舞团
34. 魔术小品：《大变活人》 表演：陈佩斯、朱时茂等 助演：北京舞蹈学院

主持人宣布收到820个热线电话

35. 歌舞：《春梦》 领舞：沈培艺 演出单位：南京军区前线歌舞团、大连歌舞团
36. 歌舞《生命之火》 演唱：韩延文 伴舞：南京军区前线歌舞团
37. 歌曲：《听春风》 演唱：张也 伴舞：大连歌舞团
38. 小品：《拆迁变奏曲》 表演：魏积安、杨蕾、韩善续
39. 歌舞：《篝火狂欢》 演出单位：北京舞蹈学院民间舞系、国家民委少数民族代表队

承传统之魂　开现代之先

——1995年春晚记忆

1995年是农历鸡年，也是春晚走过的第13个年头。这一年，中央电视台春节联欢晚会创下了有史以来的最高收视，收视率达96.67%。这年春晚中，占据节目主体的小品和相声佳作汇聚；歌舞类节目更是将古典、传统与现代元素兼收并蓄；节目的串联和板块设置上也注重抑扬顿挫，节奏感极强，高潮迭起。较高的节目质量和合理的节目编排有效地加强了受众选择性注意的强度，使这届春晚在社会上产生了广泛影响。许多作品，如小品中赵丽蓉、巩汉林的《如此包装》，赵本山的《牛大叔"提干"》，歌曲中孟庭苇的《风中有朵雨做的云》，陈红、孙浩的《中华民谣》，那英的《雾里看花》，刘德华的《忘情水》，相声中牛群、冯巩的《最差先生》等，都成为经久不衰的佳作。

关注时局，紧扣时代脉搏

春节是中华民族的传统节日，是自下而上民俗性最强的联欢仪式。春节联欢晚会，顾名思义，具有节庆和联欢的双重属性，重在民间化、大众化，重在庆典和团圆欢乐，但特殊的播出时间、承办媒体的性质及其巨大的影响力，使其负荷的功能也越来越多、越来越重。无论是正面的教化，还是负面的批评；无论是悲情的表达，还是戏剧性的讽刺与幽默，都要考虑到如何宣泄社会欲望、协调社会矛盾，平衡与建构新的社会关系与社会风尚。其政治功能、社会功能、文化功能、审美功能，样样都要承载和体现。

1995年春晚充分体现了对国内国际热点事件的关注。当时，国内政治局势的焦点依旧是台湾问题，"台湾当局"公布《台海两岸关系说明书》，其中鼓吹"两岸分裂分治""两个对等政治实体""两个国际法人"等诸多观点触动了中国政府坚持统一的利益立场。本届春晚便围绕台湾问题安排了"献礼黄河"为主题的纪实类节目，从黄河的源头开始，请十几位在黄河流域有代表地区的群众用当地特色的器皿盛满黄河水样，把沿黄河不同河段、一千多个水源站取来的99瓶水样排列成一幅黄河走向示意图，描绘了黄河水的颜色由青——灰——淡黄——酱黄——灰——蓝的变化。不仅体现了环保的意义，也通过黄河"母亲河"的民族根情结唤起华夏儿女的民族自尊心、自豪感以及对国家的归属感。由于大雪封山，来自青海水源地的送水女孩拉姆行走了12天，才带着所有乡民们的祝福走上春晚舞台，主持人采访送水人的画面充满温情，感人至深。从水样的采集到最后送给台湾同胞，每一个环节都表达出人们对祖国统一的美好愿望。家住黄河两端的送水人握手相见，更蕴蓄丰厚内涵，海峡两岸"一家人"的概念得到了最朴实而又深刻的传达。

图1　倪萍介绍黄河

图2　家住黄河两端的送水人握手相见

在经济领域，1994年中国的年度词汇是"继续深化改革"，一系列包括经济体制、对外贸易、个税法案等的改革方案出台。年初，国务院提出了我国对外贸易体制"统一政策、开放经营、平等竞争、自负盈亏、工贸结合、推行代理制，建立适应国际经济通行规则的运行机制"的改革目标。在当年的春晚中，这些现实主题及经济社会背景都得到了渗透，体现商业精神、反映宏观经济环境变革的新趋势题材的节目层出不穷，例如小品《如此包装》《父亲》《牛大叔"提乾"》，歌曲《算盘歌》等。

在文化领域，江泽民在全国宣传思想工作会议上指出，宣传思想工作要以科学的

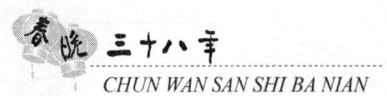

理论武装人,以正确的舆论引导人,以高尚的精神塑造人,以优秀的作品鼓舞人,不断培养和造就一代又一代有理想、有道德、有文化、有纪律的社会主义新人,在建设有中国特色社会主义的伟大事业中发挥有力的思想保证和舆论支持作用。因此,对于文化领域的创新和尝试也在本届春晚中崭露头角,尤其是以《春韵》《鼓舞》为代表的歌舞类节目,更加注重意蕴的传达。

对国际时局的关注也是1995年春晚的一大特点。例如,小品《找焦点》便通过一系列排比,串联起国内外年度重大事件,包括萨拉热窝恐怖袭击事件影响下的"波黑战争""俄罗斯车臣危机""木星和彗星相撞——牛郎织女"等热点话题。

尽管此届春晚对意识形态的渗透无处不在,但这并没有影响晚会的整体质量。总的来看,整场晚会最突出的主题点还是"新"和"变",着重在新旧对比中强调"日新月异",这不仅是其与民众气息相通的努力尝试,更是对"喜庆、祥和、奋进、繁荣"的春晚精神的侧面烘托。

关注互动,紧抓受众情绪

增加受众的参与度是有效调动现场气氛、加强电视机前观众注意力的好方式。在这一点上,1995年春晚在编排上可谓做足了功夫,在前期宣传、现场互动、镜头语言与电视观众的互动等方面,打破了电视媒体"冷媒介"的刻板印象,极大地提高了受众的参与度。例如,筹备期登报,向全社会征集主题歌词,激发观众的参与热情;晚会现场针对节目内容设计与现场观众的互动和配合;变魔术环节,在主持人的引导下,变出来的一盘饺子被分给现场观众;小品《最差先生》中,"母亲"也是由现场观众扮演……

1995年春晚中最让人们印象深刻的互动,恐怕是华丽中略带朴拙的开场。晚会通过片头中的"乐谱""春帖"等元素引出。镜头切至主会场,观众全体起立,人手举一只红灯笼,欢快的音乐伴着观众们喜悦的欢呼。紧接着,吊威亚的华服演员从天飘过,向观众中播撒彩色玻璃纸,拉开一串灯笼,自然过渡到开场歌舞——《吉祥红灯舞》,力量与技巧相结合,台上灯笼与台下灯笼相呼应,气氛欢腾。最后,通过极具现场感、参与感的灯笼在现场充气,打出"春节晚会"几个大字,立于舞台两侧。晚会由此拉开帷幕。

紧随其后的歌舞《你想看什么》更加充满活力,演员跑跳式上场,现代舞加说唱,歌词专为春节、春节联欢晚会而设,与当时已由开场推向高潮的现场气氛十分契合。先说中国人,"说起咱们中国人那过大年,全世界炎黄子孙大团圆,望不尽的黄皮肤像黄河的浪,数不清的黑眼睛比繁星灿烂";后说春节,"盘古爷爷留下这个年节呀,皇帝老祖让它把咱血脉连";再说春晚,"吃了饺子大家都把电视看,电视台里人山人海大联欢"。然后转向与观众的互动，歌词以与观众对话的方式呈现，直接抛给观众，陶金、谢津边舞边问："这位姑娘你别害羞呀别躲镜头"，观众齐喊："上啊！""那位大爷京剧出场靠您把好喊"，观众高呼："好！"话题转向春晚，两位演员说道："领导来宾各族群众坐在一起，大家都盯着这台戏您说怎么演？"观众再次异口同声："难办！"随后两位演员走下舞台，将话筒举到观众面前，让他们对春晚提出自己的意见。观众说毕，演员回到舞台，继续开唱："大红那个灯笼就映红了天，今天咱们中国人就过大年"。两句之后，再次向观众发问："不知道您此时此刻啥心情？"观众齐呼："高兴！""不知道您此时此刻啥心愿？"观众高喊："找乐！"随后，围绕春晚，歌里"说"出了更多问题，而对这些问题的回答无一没有观众参与。临近尾声，最后一个问题被抛出："最后我再请问各位朋友，您看什么节目排在最头前？"这次是所有演员自问自答："拜年！"至此，晚会气氛被推向了一个制高点。

当然，不只是与现场观众的互动可圈可点。从技术层面看，摄像和导播对于画面的把握和切换也较为成功，在鼓舞环节，节奏的把控极好地配合了听觉的震撼，使得视听感受相得益彰。在舞蹈《大年夜》中，舞蹈的情节性强，小朋友的闹腾，配合布偶戏讲故事，争着吃饺子等设计活泼可爱，对于小朋友们各种"睡姿"的特写以及细节的处理，都体现出镜头切换的艺术，布偶和小朋友们融为一体，使得电视画面的视听语言更具说服力。

关注变化，紧跟社会新观念

从晚会主题上看，1995年春晚并没有刻意与"鸡"这一生肖元素相结合，而只是在主持词中略有提及。同时，往届春晚主题的常用词"欢乐""祥和""团结""向上""奋进"等在本届春晚中也没有得到明显的继承，而是更多地凝练为"亲情""友情""乡情"等新的主旨表达方式，它不再仅仅局限于表达对祖国的热爱和崇敬，表达节日的喜庆和祝福，还注重反映社会现实，弘扬道德风尚。

从整体上看，1995年春晚在关注诸种社会变化的同时，也从某种程度上揭示出了现实与传统的冲突。20世纪90年代初期，在商品经济和市场机制的作用下，人们的价值体系、审美观念都发生了一些微妙的变化，这在本届春晚一系列语言类节目中均可找到。这一年，众多语言类节目脱颖而出，它们题材广泛，源于生活，经过艺术的诠释和表达来反讽现实，达到讽谏的目的，价值倡导不言而喻。这些节目中所反映的许多社会现象，都是当时人们有深切感受或切身体会的，不仅是对1994年中国年度主题的艺术表达，更启发了全社会去思考商业精神渗透下社会风气和精神思潮的变化及其对人们日常生活的影响。

小品《找焦点》，以村里举办电视录像大奖赛为由头，通过两个农村人来到天安门广场找焦点，将祖国首都乃至整个国家近几年的巨大变化一一呈现出来。所谓"焦点"，其实主要是围绕农村与城市的差别，城市的快节奏、商业化，农村的纯朴滞后，展开对比。该小品之所以成为精品节目流传至今，离不开恰到好处地针砭时弊，明喻暗讽，包括《焦点访谈》，三陪小姐、"挂历上的姑娘越穿越少"，外地人在北京开饭馆的从商特点，崇洋媚外的豆腐合资厂等，都反映出商业精神渗透下的新变化。

图3　小品《找焦点》

小品《如此包装》是对抱着功利心颠覆传统文化行为的直接讽刺。在巩汉林的"包装"下，赵大妈穿上了时髦衣裳，把评剧改成了RAP，连唱带跳，讽刺了演艺圈流行的包装热。它所要体现的不仅是人们审美衣着观念的改变，也不仅是包装、新潮、说唱，更是一种商业文化的渗透，"你说难受不难受"就是一种传统文化与新潮文化的冲突。传统的中国老太太，穿上摩登的衣服，趔趄地跳着新潮的舞蹈，唱着绕口的曲调，这样的视听冲击，让观众在忍俊不禁的同时，也对节目要表达的主旨心领神会。

图4　小品《如此包装》

看过该小品的观众，相信至今仍记得赵丽蓉老师在节目结尾的"意外"一跪，许多不知情的观众还以为是导演特意设计，其实是赵丽蓉老师关节发炎真的跌倒，她敬业的演出至今仍为大家所称道。

其实不仅社会风气，在商业精神的渗透下，人的思想也发生了微妙的变化，这种变化可以从新旧、洋土的冲突中体现出来。

小品《父亲》中成名的明星女儿和朴实的农民父亲在回答记者的提问时，给出的不同回答彰显的其实就是新旧思想的差异。与"现代"距离更近的女儿往往以名利、金钱为先，而"土鳖"的农民父亲句句话都体现出父母对儿女的真情。小品《牛大叔"提干"》通过描写牛大叔"被提干"的事件，毫不手软地讽刺了社会腐败现象，更暗讽了经理饭局多、社交应酬多等现象及上下级间阿谀虚伪的关系。但其中也潜藏了一种观念的差别，即城市人与农村人对物质生活的不同认识。赵本山和范伟一个代表城市，一个代表农村，城市人用平常的口吻说出菜坏了"倒掉重做呗"，让农村人气得沉默了很久，他们思想的差异可见一斑。小品《有事您说话》中，郭冬临的所作所为也代表了社会上很大一部分人的所作所为，看似互帮互助的邻里关系，助人为乐不图啥，实则抱持着一种功利主义心态，夸海口、虚荣心作祟中体现的是一种源自社会的压力，对成就感空前的渴望而导致的人的心理异态。

不仅小品，歌曲《算盘歌》的歌词中也直白地表述了商业化在意识形态领域的渗透，"哪家贪赃枉法，哪家洁白清楚"，说唱的风格中，表达出写实的含义。

当然，变化也有正面的、积极的。在相声《最差先生》中，为了不让自己被评为"最差先生"，牛群和冯巩争相为女性唱颂歌，其中涵盖了女解放军、女建筑工人、女护士、女企业家等各种职业女性，通过赞美女性、批评女性、扮演女性等不同方式，表达了对女性这个群体的理解与尊重，节目构思巧妙，反映出社会上男女地位权重的新变化，女性尊严价值得到体现。

不过，不管"新"与"变"如何体现商业文化影响下传统观念和价值体系的内在冲突，源于农耕社会形成的一整套年俗是不会完全消解的。在"神圣时刻"的"镜像体验"，都反映了人们对年的盛情并没有褪色与衰减。因此，喜庆与欢聚依旧是春晚不变的基调，人们内心对爱与美的诉求仍是亘古不变的，是最温暖、最淳朴、最本能的。就像成名的艺人女儿和土鳖的农村父亲，即使洋土矛盾激化，最终还是在催泪中回归亲情；又像对新兵严格要求的老兵，即使百般挑剔，最后还是在一片温馨中洒下热泪。

关注创意，推出新态节目《人体复印机》

1995年春晚中有一个节目，由相声演员和主持人共同表演，却不是相声；"奇迹"频现，却不是魔术；观众的注意力最集中、笑声掌声最多，却不是小品，这个节目的名字叫《人体复印机》。

一对双胞胎相声演员声称自己发明了一台人体复印机,可以复印人,主持人赵忠祥不信,于是在他的要求下,两位相声演员现场演示,真的"复印"出了一模一样的人。尽管许多观众料到了其中的端倪,但演员的选取、表演的方式都使整个过程充满温情,观众也乐在其中。

其实,该节目的最初构思源于春晚总策划阎肃:找一群年龄各异的双胞或多胞男女来表演一个轻松而有趣的节目,以体现晚会丰富多彩又不拘一格的特点。所谓"人体复印机"实际是一个面积仅两平方米、高一米七五左右的铁箱子,前面有一个仿控制台,侧面是一个明门,背后则有两个暗门,"复印"出来的人其实都是预先从暗门里躲藏进箱子中的。这个节目中,最关键的其实是演员的挑选。最初挑选成功的是空政文工团的一对孪生姐妹——话剧演员刘焱和刘晶,后来这两位22岁的女军人成了《人体复印机》中的"原件儿媳妇"和"复印儿媳妇"。随后,杭州"四小凤"——出生于1988年5月23日的单佳、单虹、单珠、单婷四位孪生女,无锡"四小龙"——出生于1990年1月15日的李希、李瑞、王苗、王蔚四位孪生子也相继被找到。他们成为该节目中的"原件小朋友"和"复印小朋友"。几番寻找,58岁的罗棣因和罗棠因姐俩、54岁的熊氏兄弟也相继成为该节目中的"原件爷爷奶奶""复印爷爷奶奶"。不过,"人体复印机"也"复印"了一位非孪生的,那便是假赵忠祥,此公姓李名国迎,乃天津某单位的总工程师,与真赵忠祥年龄相仿,因在《正大综艺》中亮过相,被推荐到晚会中。① 这样的一个节目,融娱乐性与奇特性于一体,虽然没有什么"高技术含量",却受到了观众的热烈欢迎。

同时,该节目不仅自身创意好,与下一个节目《包龙图》的过渡也是顺畅自如。

图5 《包龙图》中的8位包公

---

① 万强文:《"人体复印机"之谜》,《南宁晚报》1995年3月12日。

有请包公出场辨真假,"人体复印机""复印"出7个一模一样的包公,再引出最著名的铜锤花脸演绎京剧汇唱——《包龙图》。尽管演员们牺牲了各自独特的扮相,但是8个包公"排排站"依然很有视觉冲击力。

关注纪实,穿插新闻性与纪实性内容

在晚会庆典类节目中穿插新闻性与纪实性内容,不仅可以调节欢乐过度带来的疲乏感,更能增加临场感和现实意义。例如,"黄河之水"这个纪实性环节的设置,就体现了采集水样过程的艰辛,将送水人请到现场,也增加了事件的真实性,达到了感人肺腑的效果;在跨年环节,通过录制好的视频展示生活在全世界各地的炎黄子孙、中华儿女在新春佳节送给祖国母亲的诚挚祝福,有著名的美籍华人科学家、著名的华人企业家、驻外建筑施工队、驻国外大使馆工作人员、港台同胞、演艺明星等,表现出一种四海一家,九州同庆的欢聚感。另一个亮点是在跨年之后,主持人倪萍带领小朋友手捧鲜花,献给国家领导人团队,并邀请江泽民总书记发言,打破了晚会惯有的文艺氛围,这样的发言既不会因政治色彩浓重而显得生硬,又能体现出春节晚会各行各业、各个阶层欢聚一堂、共享盛世的晚会主旨。

关注"情""意",歌曲类节目涌现经典

歌曲和歌组合类的节目在1995年春晚中占据了不小的比重,并出现了许多如《风中有朵雨做的云》《忘情水》《轻轻地告诉你》《中华民谣》《牵挂你的人是我》《笑脸》《同桌的你》《天不下雨天不刮风天上有太阳》等传唱至今的歌曲。

这年春晚的歌曲之所以能获得如此大范围的成功,源于两个方面,即这些歌曲既有"情"又有"意"。

"情"即歌曲中所蕴含的情感,包括亲情、爱情、人情等,最难能可贵的是,这年的歌有情却不止于情,在不同层次情的过渡上也非常成功。例如,在晚会的跨年环节,情绪铺垫上由最感人煽情的情绪点过渡到对国家的认同和爱。一系列拥军爱伍的歌曲进入跨年的视频展示环节,通过来自世界各地的对祖国的真挚祝福,自然过渡到跨年环节。

"意"即意义、意境,1995年春晚中的歌曲,无论在歌曲本身所表达的主题上,还是在歌曲所营造的意境上,都是颇为成功的。例如,将在国际交响乐方面获奖的艺术家邀请至现场演奏世界名曲,就是对高雅音乐的一种展示和诠释,这是"赶新潮"中的新变化,主持人在串场中,强调了严肃音乐和高雅艺术在当时受到追捧,这样的点缀不仅不会显得过于"阳春白雪",而是锦上添花。这种雅俗共"享"的演绎风格

也延续至今。

《中华民谣》便是一首既有意义又有意境的歌曲。"朝花夕拾杯中酒，寂寞的我在风雨之后，醉人的笑容你有没有，大雁飞过菊花插满头……"清新飘逸，深沉淳朴，像一首诗更像一幅画。与现实景物相连，与思想感情相通，融入了感受的音乐和饱含了神韵的艺术，使曲调都有了生命力，表面上轻盈潇洒，骨子里却是深沉睿智。这首贯穿了悠久历史时空、蕴含着新时代节奏气息的新民歌，以独特的方式唱出了一个古老民族的心声。

1995 年春晚留给人们的最直接"遗产"是那些传唱率很高的歌曲，包括宋祖英的《辣妹子》、高林生的《牵挂你的人是我》、陈红和孙浩的《中华民谣》、谢东的《笑脸》、老狼的《同桌的你》等。这一年，导演提出了每届春晚力求推出"一首好歌、一个好相声、一个好小品、一个新人、一个好形式"的"五个一工程"，可以说，这届春晚基本实现了。有人说，1995 年春晚可以看作现代春晚的开始，一是大量的唱片歌手进入，很多歌曲都是已经过市场考验的作品；二是"串烧歌"（或称"拼盘歌"、晚会称之为"歌组合"）的出现，晚会出于各种考虑，把每个歌手的歌曲精练到不许反复，5—6 分钟内演出数首歌曲。这一切，都是春晚自身在求变之路上所做的坚实努力，仅仅从这样的力度与决心来衡量，本届春晚大概都能担得起现代春晚"开山祖"的头衔吧。

（本文作者：田园、黄一苓）

附：1995 年中央电视台春节联欢晚会节目单

首播时间：1995 年 1 月 30 日 20：00
总导演：赵安
主持人：许戈辉、赵忠祥、倪萍

1. 开场歌舞：《吉祥红灯舞》 舞蹈：黑龙江省歌舞剧院舞蹈团、兰州军区战斗歌舞团、北京军区战友歌舞团、湖北省宜昌市歌舞团、蓝天幼儿艺术团
2. 歌舞：《你想看什么》 演唱：陶金、谢津
3. 笑星拜年、歌舞辞岁：牛群、冯巩、赵丽蓉、赵本山、黄宏、郭达、蔡明等
4. 歌舞：《大年夜》 舞蹈：山西省歌舞剧院黄河少年艺术团 表演：方明、张帆、卢崧、苏青
5. 歌曲：《万事如意》 演唱：张也 表演：黑龙江省歌舞剧院舞蹈团
主持人串联 介绍"春兰杯我最喜爱的春节联欢晚会"评选活动
6. 小品：《找焦点》 表演：黄宏、杨蕾

7. 歌组合：

    （1）《火火的歌谣》　演唱：林依轮

    （2）《梦在他乡》　演唱：毛宁

    （3）《今儿个高兴》　演唱：解晓东

主持人介绍春晚向社会征集歌曲情况

8. 小品：《如此包装》　表演：赵丽蓉、巩汉林、孟薇等

9. 舞蹈：《醉鼓》　领舞：黄豆豆　舞蹈：兰州军区战斗歌舞团、黑龙江省歌舞剧院舞蹈团

10. 歌组合：

    （1）《轻轻地告诉你》　演唱：杨钰莹

    （2）《江南柳》　演唱：甘萍

    （3）《辣妹子》　演唱：宋祖英

    伴舞：黑龙江省歌舞剧院舞蹈团、兰州军区战斗歌舞团

11. 相声：《谁有毛病》　表演：刘俊杰、赵炎

12. 《世界金曲》

    （1）歌曲：《当我们年轻时》　演唱：郑咏、幺红　伴舞：北京爱士国标舞蹈学校

    （2）歌曲：《斗牛士之歌》　演唱：袁晨野　舞蹈：北京蓝天幼儿艺术团

    （3）歌曲：《欢乐颂》　演唱：杜吉刚、王蕾、王霞、雷岩

13. 歌曲：《风中有朵雨做的云》　演唱：孟庭苇

主持人赵忠祥、许戈辉宣读贺电

14. 小品：《父亲》　表演：郭达、蔡明、赵宝乐、于海伦等

15. 歌组合：

    （1）《回家》　演唱：蔡国庆

    （2）《爱的港湾》　演唱：张迈

    （3）《骨肉情》　演唱：阎维文

    伴舞：黑龙江省歌舞剧院舞蹈团

16. 《人体复印机》　表演者：李博成、李博良等

17. 京剧汇唱：

    《包龙图》　操琴：迟彦春　司鼓：李养元

    《铡美案》选段　演唱：李欣、康万生、杨燕毅

    《赤桑镇》选段　演唱：马名骏

    《普天乐》选段　演唱：宋昌林、邓伟、孟广禄

    《打龙袍》选段　演唱：尚长荣

    伴奏：北京军区战友京剧团

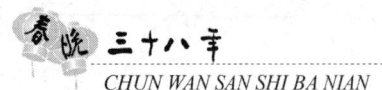

18. 相声：《最差先生》 表演：牛群、冯巩
19. 歌曲：《中华民谣》 演唱：陈红、孙浩 伴舞：兰州军区战斗歌舞团、黑龙江省歌舞剧院舞蹈团、蓝天幼儿艺术团
20. 歌组合（演唱："94"新生代）
    (1)《小桃红》 演唱：白雪
    (2)《牵挂你的人是我》 演唱：高林生
    (3)《笑脸》 演唱：谢东
    (4)《同桌的你》 演唱：老狼
    (5)《天不下雨天不刮风天上有太阳》 演唱：于文华、尹相杰
    伴舞：黑龙江省歌舞剧院舞蹈团、兰州军区战斗歌舞团、山西省歌剧院、黄河少儿艺术团
21. 小品：《牛大叔"提干"》 表演：赵本山、范伟、张玉屏
22. 歌曲：《算盘歌》 演唱：江涛、张秋秋、谢若琳
23. 歌曲：《雾里看花》 演唱：那英
24. 小品《有事您说话》 表演：郭冬临、李文启、买红妹
25. 舞蹈《春韵》 表演：周洁 舞蹈：兰州军区战斗歌舞团
26. 歌曲《遥远的朋友》 演唱：彭丽媛
27. 魔术 表演：付腾龙、徐秋、徐越
28. 主持人倪萍讲解黄河并展示99段黄河水样
29. 歌曲：《不朽的黄河》 演唱：董文华
30. 歌曲：《忘情水》 演唱：刘德华

主持人阅读海外贺电贺信

31. 小品：《纠察》 表演：孙涛、郭月
32. 歌组合《当兵的人》
    (1)《什么也不说》 演唱：郁钧剑
    (2)《士兵小唱》 演唱：范春梅、范琳琳、刘小娜
    (3)《当兵的人》 演唱：刘斌
    伴舞：北京舞蹈学院、北京卫戍区仪仗队、北京武警总队
33. 《金陵十二钗》——芳草青青 表演：何英、颜恝、邱华芳、吴俊、张志红、张妙玲、熊菲、管海燕、邹依军、陈珠、陈辉玲等
34. 杂技精粹 演出单位：成都军区战旗杂技团、天津市杂技团
35. 歌曲《远方伴着你》 演唱：毛阿敏
36. 歌曲《难忘今宵》 演唱：费翔、杨澜、张明敏、吴秀兰等海外华人
37. 群口相声《新春乐》 表演：李金斗、石富宽、常贵田、阎月明

38. 歌曲:《美丽的心愿》 演唱:李丹阳、罗宁娜 伴舞:中央民族大学舞蹈系、兰州军区战斗歌舞团

主持人赵忠祥阅读阿坝高原人民的来信

39. 《过年是什么》 表演:金铭、宫傲 山西歌舞剧院黄河少年艺术团
40. 新年钟声敲响

国家领导人江泽民向全国人民拜年

41. 舞蹈:《欢聚》 领舞:何晓佩 舞蹈:黑龙江省歌舞剧院舞蹈团、兰州军区战斗歌舞团、北京军区战友歌舞团
42. 歌曲:《中国大舞台》 演唱:殷秀梅
43. 歌曲:《贺年卡》 演唱:梦鸽、李星、王英民、赵欣、相玲、朱砂

   伴舞:黑龙江省歌舞剧院舞蹈团、兰州军区战斗歌舞团、北京军区战友歌舞团、湖北省宜昌市歌舞团
44. 小歌剧:《克里木参军》选段 表演:孙丽英、阿不力孜·聂
45. 舞蹈:《土里巴人》 领舞:戴莉、陈东 舞蹈:湖北宜昌市歌舞剧团、兰州军区战斗歌舞团、黑龙江省歌舞剧院舞蹈团、北京军区战友歌舞团
46. 歌曲:《今夜难眠》 演唱:杨洪基、林萍

主持人致辞,晚会结束

京沪陕互传　北东西共播

——1996年春晚记忆

今年的春节联欢晚会中有一压轴戏式的段落：北京、上海、西安三地歌手大联唱，这个节目构思精妙，大胆出奇，有力地渲染和烘托了春节——作为中国人阖家团圆的节日这个古老、温暖、富有亲情意味的主题，将海内外十多亿炎黄子孙比作一个大家庭。大家在四面八方同唱一支歌，共听一支曲，普天同庆。这个立意高远深长。但是，搞过影视的人都知道，一个立意再高明，如果技术上得不到保障，等于白说。三地大联唱最大的技术难题就是节目传送过程中的时差问题，北京的信号从地面到上海，上海接收到之后，再作表演，表演完再送到天上的卫星，再由卫星打回北京，中间的时差是0.7秒，0.7秒就会直接从画面上看到声画不同步，也就是演员声音已经传出来，但是画面上的人嘴还没张开……①

上述这段话出自一篇对1996年春晚总导演张晓海的专访。里面提到的这个"压轴戏式"的段落，最终当然实现了。事实上，即便是今日，如果说起1996年春晚，很多人还是会对那次别开生面的"三地联演"记忆犹新，中央电视台联合上海东方电视台、陕西电视台，经过精心策划与组织，使三地的演员共唱一支歌、共跳一支舞，第一次实现了三地互传共演直播。与1988年首次设立分会场时三个分会场"各自为政"不同，1996年的这次实践取得了圆满成功，实现了技术水平和操作水准上的双重飞跃。当时有文章这样描述这场晚会的成功：

今年春节联欢晚会创造了中国电视史上三个之最：一、收视人数为中国所有电视节目之冠。这台晚会除了占用邮电部两套全国微波传输路线之外，还租用了泛美2号、4号两颗通信卫星的传送时间，电视信号覆盖了100多个国家与地区。巴黎有线电视台、法国电视三台、澳大利亚有线电视台、英国电视四台、台湾中视全部或选播实况，收看人数超过了12亿。二、参加人员为大型联欢晚会之最。北京、上海、陕西三地光

---

① 水明：《潇洒大手笔——访1996年春节联欢晚会总导演张晓海》，《当代电视》1996年第5期。

直接参加晚会的演员有1200多人，连同现场观众和工作人员，参与者在15000人之上。三、三地同演一台戏、三地大对歌、三地群口相声、三地连环小品、三地歌舞会串，"京味饺子""本帮小笼""羊肉泡馍"各具风味，开创了历年春节晚会形式之最。①

今天的观众也许会对这样的收视人数和晚会规模不以为然，因为随着技术手段的进步，这种规模早已稀松平常了。但是在1996年，这场实际播出时间长达4小时41分20秒的晚会确实实现了传送手段的一次革命。为了突出三地同庆贺的效果，许多节目也有意安排穿插进行，真正让人体会到"神州一台戏，天涯共此时"，充分展现了"欢乐、祥和、凝聚、振奋"的晚会主题。

联"播"：走出平面的立体化舞美

平面性是电视屏幕的一个显著特征，对比电影三维立体空间的营造，单一、平面化一直是电视画面营造的明显缺点。1996年春晚设计的北京、西安和上海三地互传模式，在一定程度上弱化了这种局限。此外，在北京主会场中，还设计了两层包厢式立体场景，一改以往台上台下、平面相向的现场图景，不仅扩大了观众席的视野，更使之融入舞美的一部分。三个会场画面的交叉显示，隐去了单一会场平面视觉感的单调枯燥，加强了立体感和可观性。

此外，"探索时空的变化"也成为1996年春晚在舞美设计上突破的要点。舞美设计是舞台演出的一个重要组成部分，包括布景、灯光、化妆、服装、效果、道具等。其任务是根据活动内容和演出要求，在统一的艺术构思中运用多种艺术手段，创造出环境中角色的外部形象，渲染舞台气氛。春节联欢晚会的舞美每年都别出心裁，回顾春晚演播厅的变迁，从最初1983年、1984年在600平方米演播室的"茶座式"现场录制直播，到1985年在北京工人体育馆的初次"户外"探索，再到1986年重回演播室、1989年启用中国大剧院，导演组在现场的舞美调度上可谓做足了功夫。此届春晚由于有户外的场景，因此，舞蹈节目在构图上呈现开放性，运用影视时空运动的特点将空间之外的意旨艺术化地表现出来，这主要是考虑整个舞台的视觉美感和节目时空运动的需要，这也正是三地会场、开阔会场的优势，有利于展示节目大气磅礴的气势和主旨宏大的特征。香港歌手叶倩文的歌曲《我的爱对你说》就是此届春晚对舞美设计的重要尝试。通过歌手对歌曲的诠释，配合视频播放，营造出MV的效果，现场感极好，意境营造也添彩不少。

---

① 金希章：《为了这顿年年难烧年年烧的"荧屏年夜饭"——1996春节联欢晚会札记》，《新闻记者》1996年第4期。

然而，尽管三地联演为1996年春晚贡献了巨大力量，但在当时的技术条件下，它依然有无法突破的局限。在三地互动的节目中，语言类和歌曲演唱类都有尝试，但是由于设备技术的限制，会产生现场收声以及影响传输的信道障碍，又或是导播的切换过于频繁，造成电视机前的观众短时记忆不足，使其对于节目的整体印象零碎而混乱。就节目本身的创意而言，缺少精品节目的产出，三个会场平分秋色，主会场的控制优势削弱，导致此届春晚整体上平缓而冗长。但是三地互动联播的尝试，为春晚音频、灯光、舞美设计发掘出了一系列亟待改进的问题，正是技术的不断提升才造就了今天春晚视听观感的日臻完善。从这样的意义上讲，这次尝试不仅是对春晚导演组的一次考验，更是春晚这台综合性文艺晚会向全媒体时代迈出的坚实一步。

联"演"：全景呈现地域文化的语言类节目

过去，有一句话形容中国人"南腔北调"，说我国是"十里不同音，百里不同俗"，可谓把我国多民族、多地域国家不同语言习惯、民俗习惯的特征形容得淋漓尽致。然而，在中国人的传统观念中，春节是最重要的节日，遍布神州各地的中国人都渴盼团圆、欢庆、平安、祥和，从古代就吟诵着"天涯共此时"的中国人更是希望在这样一个节日里实现一种"普天同庆"的心愿。正是基于此，1996年春晚设计了分会场。北京是首都，恢宏大气，强调政治、文化中心的特点和民族凝聚；上海是经济中心，气派、现代，着力表现改革开放的蓬勃春潮及都市文化的清新魅力；西安则是十三朝古都，古朴凝重，突出传统文化的丰厚底蕴。整场晚会的许多语言类节目也通过联演、轮演的方式，着力呈现三地不同的地域文化。

三地相声《一样不一样》，以两位表演者在北京会场的表演为主场景，另外两个会场的表演者出现在舞台中央的屏幕上，以北京、上海、西安三地不同的地域文化为主线展开，从语言、艺术、风土人情、性格特征等诸多层面揭示出三地鲜明有趣的人

图1　三地相声《一样不一样》

文特点。"我说你听、实时对话"的形式新颖好看,在同一个空间内,观众同时看到了6位演员的相声表演,不但互动性更强,笑点也无形中增多,自然被逗得不亦乐乎。

三地小品《一个钱包》是较能展示三地文化、心理结构特点和差异的一个典型。9位演员联袂在三地分演,同是外地人遗失钱包,本地人拣到归还,巧妙的是,在北京,掉钱包的是西安人;在上海,掉钱包的是北京人;在西安,掉钱包的是上海人。而不同的民风民情表现出大相径庭的处理方式,北京人的热情有余和饶舌不已,上海人的过分较真和不厌其烦,陕西人的粗犷朴实和生硬冷倔,构成了三幅鲜丽夺目的民俗风情画卷,① 折射出京味文化、海派文化、长安文化三种不同的文化寓意。当然,小品的结局都是钱包完璧归赵,在做什么都讲钱的商品社会背景下,这样的结局设置也饱含警示意义,让人深思。

联"欢":跨越时空的歌舞

很多时候,呈现在舞台上的大型歌舞效果往往没有预想中的好,也许现场的观众感受到了"大片儿"似的宏大舞台效果,但对于电视机前的观众来说,舞蹈再宏大,表演者再多,气氛再热烈,也失去了强大的冲击力,因为这一切只发生在32英寸至98英寸不等的电视屏幕上。但是,1996年春晚三地联演、三地联播的形式将空间无限延展,使大型歌舞也具有了恢宏的气势和宏大的舞台调度。三地齐开场中,不同歌舞在不同背景的映衬下,借助不一样的舞台形式,共同烘托出"天涯共此时"的气氛。导播在直播三地切换的过程中,也着重向观众渲染这样一种感觉:变化的是景与人物,不变的是热闹欢腾的迎春氛围。此外,三地会场画面的自由切换,也使鲜明的地域特色取代了主持人或字幕介绍呈现出的僵硬感,时空交汇,拉近了晚会与观众的距离。例如联舞《贺岁锣鼓》中,北京会场展示的是京剧表演,东方明珠下的上海会场呈现的是女子群体舞蹈,西安会场则是颇能传达节日喜庆气氛的腰鼓表演。在歌舞表演《这是美丽的祖国》中,北京和西安会场的演唱者都以半身镜头亮相,镜头的拍摄采取平滑的位置变换,各会场镜头角度相互衔接,以仰拍居多,着重体现各会场整体欢乐祥和的氛围。

跨越时空的演绎,还有歌舞表演《兵哥哥》,采用了歌、舞、奏三者分场表演的形式,上海会场的宋祖英与北京会场的张玉萍隔空合作,歌曲细腻,形式新颖;三地歌组合《神州大对歌》,采用赛歌的形式,北京会场的吕继宏、李丹阳、林萍、林依轮、陈思思,上海会场的佟铁鑫、红豆、甘萍、白雪、周灵燕,西安会场的王静、魏金栋、孙浩、陈俊华、何静,15位歌手跨越祖国三地共唱一首歌,是为名副其实的神

---

① 陈孝英:《春节晚会的新界碑——看中央电视台1996春节晚会漫议》,《中国电视》1996年第5期。

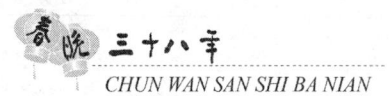

州"大对歌";三地歌舞《迎春钟声》中,更是穿插进了远在英国、法国、德国、美国的华人为祖国人民拜年的镜头,精彩纷呈。此外,还有三地地方戏选萃《三洞房》、三地少儿歌舞《童心童趣》等。

当然,常规歌曲也不乏脍炙人口的佳作。解晓东的《火火的北京》将流行元素融入传统春晚"欢欢喜喜过大年"的整体氛围,他自己也特别发力,一身酷黑亮相,为观众带去了90年代的流行音乐。"火火的北京火火的情,火火的城市火火的歌,火火的时代火火的爱,火火的明天,火红年代"。这首爆发火热情感的《火火的北京》不仅是流行元素的载体,更向全国观众介绍了北京的火红变化,反映了新时代中不断发展变化的北京,更映射出在机遇与挑战中不断崛起的中国,以小见大,迎合了"三地联播,中华同乐"的理念。歌曲第一段尾部,融入二胡乐段,配以秧歌舞蹈元素,实现了流行与传统的结合;同时,解晓东在唱法上也融入了京剧腔调,力求在流行中融入传统。此外,1996年春晚对于"歌组合"形式的运用也更为自觉,一个儿童节目《童心童趣》就包含了多种类型、多种风格的表演,从爵士鼓到经典儿歌再到少儿老鼓,层次丰富,其他的歌组合还有诸如通俗唱法的《1995流行风》、美声唱法的《江河共举杯》、以民族风情为主题的《乡风乡韵》、歌唱爱情的《欢歌恋曲》等,算上《神州大对歌》这一三地组合曲目,1996年春晚中歌组合节目多达9个。

联"动":新形式串起的别样互动

作为一台综合性的文艺晚会,历年春晚都会力求在节目形式、内容等各个方面寻求创新和突破,有时是增添新的元素,有时是改变传统的形式。从大的层面来说,增设分会场、三地互传是1996年春晚最大的创新,但除此之外,也有一些小的方面可圈可点。

首先是开场的说唱拜年——台上与台下的互动。晚会伊始,主持人赵忠祥、倪萍亲和亮相,他们的开场白简短自然,没有过度拔高,也没有华丽的辞藻,几句话不离拜年,观众们也对此做出了热烈回应。随后,北京、上海、西安三个会场依次开场,主持人分别用当地方言向观众拜年,更具亲切感,三个会场的6位主持人更像是在进行一场收放自如的"隔空对话",回到主会场,主持人一句"团团圆圆辞旧岁,欢欢喜喜过大年",第一个节目《过大年》由此引出。

在这个说唱节目中,灯光的色彩变换,以明亮而不饱和的蓝色、黄色为主,边说边唱的曲风活泼生动,节奏感强,"二十三,糖瓜儿粘;二十四,写福字;二十五,扫尘土;二十六,炖牛肉;二七二八把面发,二九对联贴门口,三十晚上闹一宿,大年初一扭一扭",年味儿也伴着这欢快的歌声升级。赵丽蓉、潘长江等笑星也加入其中,增添了开场歌舞所带来的热闹气氛。"大年初一起得早,见面就问过年好;敬个礼微微笑，压岁钱我不要；大年初二特别特别忙，逛完了公园逛商场；手提灯笼亮堂堂，秧歌队里捉迷藏"。第二段说唱继续围绕年节内容展开，杭天琪与台上儿童"对唱"，活泼可爱，儿童伴舞也对节目整体起到了很好的配合效果，表演者上下场自然，提升了画面的融合感。第三段，笑星再度登场，采取"说"的形式拜年。"初三会友摆酒席，初四结伴看大戏，初五的饺子捏花边儿，十五的元宵滴溜溜儿的圆，每逢佳节倍思亲，团团圆圆就是年，吉话说多没人嫌，我给各位拜个幸福年，春节晚会人人都爱看，我给各位拜个幸福年，祝大家大吉大利、大富大贵、大喜大顺，天天像过年！"随后各位表演者和伴舞全体来到台下，向观众撒糖、送饺子、送花，与观众进行了很好的互动。从春晚发展的历史看，开场节目中，通常歌舞类节目占据着较大比重，而这样活泼的说唱类节目，即便放到今天，依然十分新颖。

其次是 1996 年春晚所设置的一个特殊环节——慰问演员和电视工作者——可视为台前与幕后的互动。在春节联欢晚会上连线除夕夜仍然坚守在工作岗位上的各行各业工作者并不新鲜，然而，鲜有哪一年的春晚连线过在春节联欢晚会上表演节目的演员和为保证晚会正常播出忙碌在导演台的电视工作者们，1996 年春晚做到了。在舞蹈《丰收夜》之后，全国观众便跟随主持人赵忠祥来到了后台，看到了刚刚表演过节目的演员们，感受到了他们为晚会一次次排练付出的艰辛。紧接着，镜头又跟随主持人倪萍转向导演台，作为整场晚会的指挥中心，坐在导演台后的工作人员舍掉了与家人过除夕的机会，而是兢兢业业、认认真真地为全国观众服务，相信每个观众看到这里，都会在内心升起一丝感动。

图 2　主持人倪萍在导演台

可贵的是，晚会并没有止于此，而是继续将对演员、对晚会工作者的敬意表达下去，紧随其后的小品《今晚直播》，便以夸张、幽默的手法描述了一个演员的除夕之夜。小品中，演员的艰辛与不易尽在表演者的一颦一笑中体现出来。小品最后，当一番热闹的"狂舞"后，摘下面具的演员说了一句让人无比心疼的话："笑比哭难，节目被拿下来，心里还真不是个滋味。"面具上的笑脸与演员那张饱含沧桑的脸形成了鲜明的对比，台下有观众感动得流下了热泪，演员的几多辛酸、几多不易全在那一刻呈现。

联"谊"：中国足球与球迷的难忘记忆

1995年中国体育界捷报频传，乒乓、游泳、举重、游泳、射击、羽毛球都取得了令人振奋的好成绩，"95甲A联赛"掀起的热潮更让"足球"成为老百姓茶余饭后聊得最多的话题。

1996年春晚中，姜昆和戴志诚的相声《其实你不懂我的心》，说的就是有关足球的事儿。那时候，职业足球刚刚开展两年，全国各地都掀起一股足球热，球迷这个群体受到重视。这个节目取材于现实，贴近时政又贴近百姓，姜昆身穿白色休闲装，生动地展现了一个球迷的热情与疯狂，表达了球迷对中国足球未来的美好祝愿和殷切希望。两位相声演员你一句我一句，球员们训练的艰辛、足球的精神、足球的魅力、足球给人的启示都在不经意间传递给观众。节目进行中，现场观众竖起"球迷与中国足球心连心"的字幅，表达自己对中国足球的深重关切。节目最后，姜昆的一句"你们赢了球我们球迷爱你们，你们输了球我们照样爱你们"，更是将球迷的奉献精神及其对中国足球的深厚感情刻画得淋漓尽致。伴着《真心英雄》的音乐，在"95甲A联赛"中取得冠军的上海申花队和亚军北京国安队都来到晚会现场，全体队员合唱，并打出"谢谢了，全国球迷们""国安永远争第一""中国足球腾飞"的巨型条幅，舞台背后的大屏幕上，回放着足球队员们在球场上挥汗如雨的画面，至此，该相声已经远远不是一个简单的语言类节目了。

图3　姜昆、戴志诚表演相声《其实你不懂我的心》

图4 "95甲A联赛"中的足球队员上台

值得一提的是,该节目除了立足于足球本身,也捎带着反映出一些当时人们的风貌,正如姜昆在节目中所说:"睁开眼看看我们周围的生活,现在,工资该涨的涨了,房子该分的分了,京九开通了,三峡开工了,我们香港回归也倒计时了,现在的日子过得非常舒服了,越舒坦越来事,一个礼拜让你休息两天,这两天这么多,闲着干什么去呀?看球!"走出中国,望眼世界:"冷战结束了,两伊不打了,中东也肃静了,波黑也和平了,反法西斯战争都胜利50年了,也没什么大热闹事儿了,老百姓睁着两只眼睛干什么?看球!"

如今,"姜球球"已成过去,"中国足球"也没有再出现在春晚的舞台上。

不能不说的小品:在讽喻现实中成就经典

可以说,历年春晚积累下来的优秀小品有不少,但时隔多年后,能让观众记忆深刻的还是少数。但1996年春晚后,有一个小品做到了。也许人们已经忘记了它的名字,但是其中的一句台词却怎么也忘不掉——"它为什么那么脆?它就是一盘大萝卜!"没错,它正出自赵丽蓉老师的小品《打工奇遇》。赵丽蓉风趣的唐山口音和精湛的演技,也成为一代人心中的深刻回忆。小品最后的"货真价实"四个字可谓点睛之笔,教育和提醒了那些不法商家或法人代表一定要抛弃不道德的商业行为,不能用假冒伪劣产品欺骗顾客,而应秉承着"守法经营、诚信兴商"的经营理念,把顾客视为衣食父母和"上帝",用真品、实价让顾客满意。小品富有时代气息,具有深远的现实意义。

图5 小品《打工奇遇》

除了《打工奇遇》,赵本山、范伟、李海的小品《三鞭子》也让人印象深刻。石县长和司机小吴考察农村公路,小轿车陷入泥泞的道路中动弹不得,农民老赵赶驴车被小轿车挡住了去路,与司机小吴发生争吵,县长为两人劝架,并请老赵用毛驴将小轿车拽出。老赵在帮忙拽车的同时,向县长讲述了路不好对经济发展的影响和农民群众期盼早日修好路的呼声,县长表示马上安排修这条路。老赵这才知道来人是县长,专程前来考察修路,立马跪地向县长叩谢,用三声鞭响召唤乡亲们为县长抬车,迎接县长。手拿红缨鞭、挎着水壶和手电筒的农民善良而热情,穿着朴实、平易近人的县长一心为民,虽然观众的眼睛被拉回到了那个交通不便的年代,但内心却一直充盈着感动。小品在富于历史感的新旧对比中表现出老百姓对一心为民的好干部的期盼、热爱,以及对富裕、文明生活的渴望。"这条路要是再不修,这车陷到里边,大伙能给它抬出来,这人心要是陷里边……"县长的话耐人寻味。农民老赵三声鞭响,乡亲们帮县长抬车,"嘿呦、嘿呦"的吆喝声响了很久,而三人的背影却一直绵延在观众的视线中。

图6 小品《三鞭子》

潘长江的音乐小品《过河》也格外精彩。1993年春晚中,他曾在小品《桥》中唱了一曲《不能这样活》,三年之后再次登台,与阎淑萍合作,一开场便奉上了一首亲自演绎的小品同名歌曲《过河》。这是一首以北方民歌为基调写成的流行歌,同《大花轿》《纤夫的爱》等歌曲相似,这首歌也成为那个年代流行一时的经典歌曲。今天,我们依然能从"凤凰传奇"等歌手的作品里找到这种民歌的影子。其实流行民歌,一直以来也正是内地流行音乐最大的特色,在抛开一切音乐的概念、西洋的技术之后,真正最能打动中国老百姓的,往往是这些看起来比较俗,但实际上最顺口、也最容易传唱的新民歌。[①]《过河》与《打工奇遇》的异曲同工之妙在于,它们都不仅有传统小品的"说"和"做",而且是同时将"唱""念""舞"熔铸其中,使小品的表现力得到进一步强化。

---

① 佚名:《潘长江、王春梅经典音乐小品〈过河〉》,http://ent.qq.com/a/20100209/000535.htm。

图7 小品《过河》

（本文作者：田园、黄一芩）

附：1996年中央电视台春节联欢晚会节目单

首播时间：1996年2月18日 20：00
总导演：张晓海
主持人：赵忠祥、倪萍（北京）；程前、袁鸣（上海）；张晓、周涛（西安）

1. 开场歌舞　演唱者：张也、魏松、冯健雪　伴舞：中国京剧院青年团、陕西省歌舞剧院、上海市东方青春舞蹈团、陕西省青少年艺术团

   主持人致辞，晚会开始

2. 歌舞：《过大年》　演唱：杭天琪、红霞、徐樱　舞蹈：广州军区战士歌舞团　表演：中央电视台银河少年电视艺术团

3. 三地相声：《一样不一样》　表演：王平、唐杰忠（北京）；王谦祥、李增瑞（上海）；常贵田、王培元（西安）

4. 歌组合：《童心童趣》

   （1）爵士鼓演奏《威廉·退尔序曲》　表演：胡珊珊（7岁）、中央电视台银河少年艺术团　伴舞：空军蓝天幼儿园、海军海娃幼儿园

   （2）《数鸭子》　演唱：洪潇（5岁）　表演：广州军区战士舞蹈团

   （3）《摇啊摇》　领唱：柳婕莹（10岁）　表演：上海中国福利会少年宫、小伙伴艺术团

   （4）《找朋友》　演唱：欧阳梦婷（6岁）、唐婉（5岁）　舞蹈：广东省武警总队艺术团

(5)《少儿老鼓》　表演：陕西省富平县老庙乡少儿老鼓队

5. 小品：《机器人趣话》　表演：蔡明、郭达
6. 歌曲：《火火的北京》　演唱：解晓东　舞蹈：广州军区战士歌舞团
7. 音乐小品：《过河》　表演：潘长江、阎淑萍
8. 歌与舞：《兵哥哥》　演唱：宋祖英　舞蹈：张玉萍
9. 三地小品：《一个钱包》　表演：李丁、刘淑萍、杨新鸣（北京）；魏启明、童正维、何冰（上海）；李琦、句号、王艳梅（西安）
10. 歌组合：《乡风乡韵》　舞蹈：广州军区战士歌舞团

    (1)《蝴蝶泉边》　演唱：曲比阿乌

    (2)《刘三姐》　演唱：李蓉、陆莉莉、徐秀霞

    (3)《五哥放羊》　演唱：杨华

    (4)《龙船调》　演唱：金永玲

    (5)《掀起你的盖头来》　演唱：阿不力孜·聂、凯玥、凯璐

    (6)《道拉吉》　演唱：耿国际、张世嵘、松鹿、马文杰

11. 戏歌：《中国戏曲真神奇》　演唱：刘斌、孙丽英、郭公芳、程桂兰、韩延文
    表演：中国京剧院青年团
12. 相声：《其实你不懂我的心》　表演：姜昆、戴志诚、北京国安足球队、上海申花足球队、西安球迷
13. 歌曲：《我的爱对你说》　演唱：叶倩文（香港）
14. 小品：《打工奇遇》　表演：赵丽蓉、巩汉林、金珠
15. 舞蹈：《丰收夜》　领舞：熊健、李晓燕　伴舞：广州军区战士歌舞团
16. 小品：《今晚直播》　表演：黄宏、徐帆
17. 歌曲：《真情永远伴着你》　演唱：董文华
18. 小品：《路口》　表演：郭冬临、魏积安、赵亮
19. 主持人串联介绍三地互传直播
20. 歌曲：《我属于中国》　演唱：彭丽媛
21. 歌曲：《我们一起来唱歌》　演唱：阎维文　伴舞：广州军区战士歌舞团
22. 小品：《三鞭子》　表演：赵本山、范伟、李海
23. 京剧名段荟萃：《行云流水》　编配：张延培　京胡：张素英　鼓师：马学义

    (1) 京剧《三家店》选段　演唱：于智魁

    (2) 京剧《锁麟囊》选段　演唱：李海燕

    (3) 京剧《铡美案》选段　演唱：邓沐玮

    (4) 京剧《穆桂英挂帅》选段　演唱：梅葆玖

    (5) 京剧《大登殿》选段　表演：赵葆秀

  (6) 京剧《四郎探母》选段　表演：李维康、耿其昌

24. 相声：《明天会更好》　表演：牛群、冯巩

25. 激光琴演奏：《流光溢彩》　领奏：周小燕、程不时　合奏：国家科委"863"科学家乐队

26. 游戏小品：《侯大丹》　表演：朱时茂、侯耀华

27. 歌组合：《'95流行风》　伴舞：广州军区战士歌舞团

  (1) 歌曲：《不能没有你》　演唱：蔡国庆

  (2) 歌曲：《心情不错》　演唱：孙悦、黄格选

  (3) 歌曲：《九月九的酒》　演唱：高松、伊扬、安伟、韩特

  (4) 歌曲：《楼兰姑娘》　演唱：俞静、谢若琳、钟梅、季红、杨洋、王智慧

  (5) 歌曲：《中国》　演唱：高枫、刘小娜

28. 独舞：《绿》　表演：刘晶

29. 地方戏曲集锦《三洞房》　编导：宋捷

  (1) 豫剧《抬花轿》选段　表演：小香玉

  (2) 越剧《碧玉簪》选段　表演：胡敏华

  (3) 秦腔《梵王宫》选段　表演：李梅、董利森

  (4) 黄梅戏《天仙配》　表演：赵忠祥、倪萍

30. 歌曲：《穿越霓虹》　演唱：苏红、朱虹　伴舞：上海东方青春舞蹈团、上海旱冰队

31. 歌曲：《总会等到那一天》　演唱：那英、毛宁　伴舞：广州军区战士歌舞团

32. 相声：《老少乐》　表演：马季、刘伟

33. 歌曲：《名人名曲组唱》　编配：方天行

  (1) 歌曲：《童年》　演唱：成方圆

  (2) 歌曲：《小白杨》　演唱：郁钧剑

  (3) 歌曲：《打起手鼓唱起歌》　演唱：关牧村

  (4) 歌曲：《在那桃花盛开的地方》　演唱：蒋大为

34. 三地歌组合：《神州大对歌》　演唱：吕继宏、李丹阳、林萍、林依轮、陈思思（北京）；佟铁鑫、红豆、甘萍、白雪、周灵燕（上海）；王静、魏金栋、孙浩、陈俊华、何静（西安）

零点钟声敲响

35. 三地歌舞：《迎春钟声》　表演：袁晓红、李星、吕薇、肖玫、朱砂、刘媛媛、相玲、陈静

36. 歌曲：《中国我可爱的故乡》　演唱：江涛、张迈

37. 幽默串场：《现场评论》　表演：赵世林、何冰、李琦

38. 歌曲:《畅饮回忆》 演唱：童安格
39. 歌组合:《欢歌恋曲》 伴舞：广州军区战士歌舞团
    (1) 歌曲:《马铃儿响来玉鸟唱》 演唱：陈真、聂建华
    (2) 歌曲:《康定情歌》 演唱：泽娜卓玛、多吉次仁
    (3) 歌曲:《敖包相会》 演唱：乌日娜、乌兰那日苏
    (4) 歌曲:《采红菱》 演唱：戴滨
    (5) 歌曲:《花儿与少年》 演唱：王英民、梁音
    (6) 歌曲:《阿里山的姑娘》 演唱：孙静
40. 魔术:《隔夜修书》 表演：傅腾龙、徐越、傅琰东
41. 歌曲:《公仆赞》 演唱：万山红
42. 歌组合:《江河共举杯》 编配：丁晓里
    (1) 歌曲:《长江之歌》 演唱：殷秀梅
    (2) 歌曲:《黄河颂》 演唱：袁晨野
    (3) 歌曲:《祝酒歌》 演唱：黄越峰、王霞、顾欣、余佩敏、王静、孙毅
43. 尾声:《难忘今宵》 演唱：李谷一 表演：参加晚会的三地全体演员
    二胡独奏：陈军 二胡领奏:马晓晖、鲁日融、陈慧雯 合奏：上海市学生艺术团、西安音乐学院民乐系

迎香港回归　奏时代强音

——1997 年春晚记忆

一百年前我眼睁睁地看你离去
一百年后我期待着你回到我这里
沧海变桑田　抹不去我对你的思念
一次次呼唤你　我的一九九七年
……
一九九七年　我悄悄地走近你
让这永恒的时间和我们共度
让空气和阳光充满着真爱
一九九七年　我深情的呼唤你
让全世界都在为你跳跃
让这昂贵的名字永驻心里
……

　　这是 1997 年春晚中歌曲《公元一九九七》的歌词。这首歌是 1997 年专门为迎接香港回归而创作的。正如歌中所表达的那样，1997 年是让人热切期盼的一年，也是值得大书特书、永远铭记的一年。

　　1997 年 7 月 1 日零点，时任中共中央总书记、国家主席、中央军委主席江泽民出席香港特别行政区成立庆典大会，庄严宣告中国政府恢复对香港行使主权，在经历了 156 年的漫漫长路之后，香港终于回归祖国的怀抱。1997 年 9 月，党的十五大召开，大会首次使用了"邓小平理论"的概念，提出了社会主义初级阶段的基本纲领，规划了跨世纪发展的战略部署，大会通过的《中国共产党章程修正案》明确规定把邓小平理论确立为党的指导思想。

　　这样的大事件可以说为 1997 年春节联欢晚会的创作提供了难得的历史契机。这年春晚中，主持人赵忠祥、倪萍在一段串词中这样讲道："1997 年的春天来了，这扑面而来的春风散发着五千年的清香，97 年的春风给这古老的史书翻开了新的一页，97 年的春风吹绿了中华沃土，吹热了中华儿女的心。当我们要形容97年春风的时候，我们几乎翻遍了所有的字典，没有找到能够准确地形容她的词汇，因为各种美好的愿望都在我们心中，当笔墨无法形容的时候，越发显示出97年的厚重，朋友，让我们从1997开始，敞开胸怀，手挽着手，去迎接新世纪的曙光！"是的，这一年是如此特殊，又是如此不凡。而无论是十五大这样的政治大事件，还是香港回归这样彪炳中华民族史册的千秋功业，无论是日渐深入的改革开放，还是取得了长足进步的信息技术，无疑都是值得每一个中国人骄傲和自豪的。因此，这一年的春节联欢晚会将主题定为"团结、奋进、自豪的中国人"。在春晚筹备期间，导演袁德旺在接受记者采访时这样解释该主题：

第一，在国际事务中，中国从来没有像今天这样举足轻重。如果中国说一声'不'，对整个世界的影响将是巨大的。第二，1997年7月1日中国政府将对香港恢复行使主权，这当然也是我们中国人的自豪。第三，从鼓舞斗志，团结奋进的角度来讲，我们国家目前正在进行体制转轨，一方面在不断地超越自身，探索新的发展模式，已经很鲜明地举起了建设有中国特色的社会主义的大旗，并取得了值得自豪的成就；另一方面，我们也正在正视和克服存在的困难和不尽如人意的地方。在除夕晚上，中国人需要知道我们自己的成就，并希望看到即将跨入21世纪的中国最美好的前景。第四，春节是中华民族的传统文化习俗，如果春节联欢晚会只是反映旧习俗，必然脱离群众，脱离时代。因此必须在晚会上展示最具时代风貌的典型化了的人物和事件，必须以中国人的自豪、奋进、团结作为晚会的主题。①

1997年2月6日是传统的除夕。当吃着年夜饭、包着饺子的人们打开电视机时，这台以"团结、奋进、自豪的中国人"为主题的春晚，为1997年这一不平凡的年度献上了一份厚礼。这台春晚总时长为4个半小时，共囊括了40个节目，主题鲜明集中，内容丰富全面，艺术形式多样，演员阵容强大，节目汇聚了传统文化与现代流行的先锋之作，贴近百姓生活，生动而不失深刻。尤其是语言类节目，留下了诸多传颂之作，如小品《红高粱模特队》《鞋钉》，相声《两个人的世界》《送您一支歌》等，堪称经典。整场晚会更加注重结合时代大背景，无论是语言类节目还是歌舞类节目，都秉承着"以小见大"这一核心。从小人物、从典型代表入手，汇聚社会百态，全景展现了中国日新月异的发展。节目同时兼顾了不同民族、不同地方的文化，切合中华文化"源远流长，兼收并蓄"的宽广胸怀。

---

① 三丫：《创作无定势 独到见真功——访1997春节联欢晚会总导演袁德旺》，《电视研究》1997年第1期。

政治性突出，呼应社会变革

如果说政治性是每一届春晚都不会缺席的重要元素之一，那么在1997年春晚中，这一元素体现得就更为突出。

1997年7月1日，香港回归，标志着中国人民雪洗了香港被侵占的百年国耻，开创了香港和祖国内地共同发展的新纪元；标志着我国在完成祖国统一大业的道路上迈出了重要一步；标志着中国人民为世界和平、发展与进步事业作出了新的贡献。在这样的背景下，迎接香港回归就成为1997年春晚的重要主旨，一方面，许多节目的内容表达和情绪渲染都突出了这一主旨；另一方面，大陆和港台的文化交流日益加强，香港明星在春晚舞台上的比重也大幅提高，春晚中的"港味"日益浓重。

晚会伊始，开场舞《大团圆》作为暖场，让人们一下子想到香港回到祖国怀抱，"祖国、香港终于团圆"这一主题。西北风的舞蹈和现代气息浓郁、中国风十足的模特相融合。锣鼓喧天、热闹欢腾之后，两个年画形象的孩子高呼："过年了——"新年序幕由此拉开。全体演员提前出场，走下台为观众分撒糖果，并以糖葫芦、麦穗为道具与观众互动，将整场晚会的气氛带起。在一片欢腾声中，主持人送上新春祝福，由刘欢和蒋中一献上晚会主题曲《手挽手心连心》，表达出中华儿女的团结，也点出了大陆和香港血浓于水、不可分割的关系。全体演员不撤场作为背景，全体合唱，凸显"手挽手心连心，共同走向21世纪"的晚会主旨。至此，整场晚会也正式拉开序幕。

图1　1997年春晚开场

随后，由这一主线串起的一个个节目也纷纷亮相。香港歌手彭羚身着中国风十足的丝绸长裙，体现出香港对内地的归属感，同时也为最后的情感表达增加了分量；大陆香港歌手共同唱响《我的一九九七》，男女高音、通俗、民族，各类歌手合作演绎

图 2　刘欢、蒋中一演唱《手挽手心连心》

并用手中的蜡烛作道具烘托温馨的气氛，主题表达拿捏得当，不知不觉间便将观众情感带动起来，有着"史诗"般的壮丽；晚会最后，主题曲《手挽手心连心》再次登台，换由不同的歌唱家演绎，全体演员手挽手合唱，首尾呼应，将团结、自豪、奋进、欢乐的节日气氛推向高潮。

除了别具特色的晚会环节设计，语言类节目是最容易糅入政治性主题的节目。1996 年的社会重大主题是社会主义精神文明建设，而其中历历可数的就有反腐倡廉、职业道德、文艺工作者深入生活为人民服务、捐资助学、农民的文化创建活动等。这些在晚会的小品节目和歌曲类节目中均得到生动而艺术的展示。①1997 年春晚中，在娱乐大众之外，大部分语言类节目都在不同程度上承载了展现社会风貌、反映社会变革的政治宣教功能。

小品《鞋钉》是较为典型的一例。1993 年春晚中，曾有小品《擦皮鞋》彼时，"擦鞋"这门营生还红火得很。然而，处在 1997 年历史交汇点上的中国，正经历着"新"与"旧"的裂变，随着改革开放的深入，社会上许多行业也在发生变化。开办了汽车交易市场的老板（巩汉林饰）挤掉了马路边上有着几十年修鞋史的修鞋摊，营业执照在手，只缺少将之钉上墙的钉子。小品就围绕双方在鞋钉"是买还是要"的争执中展开，没有复杂的情节，却能让观众在笑闹之后思考。在商品经济大潮的猛烈冲击下，两代生意人各自有着怎样的价值观反差？深谙做人之道的修鞋匠语重心长地告诉老板："要想守好你的摊，首先守住你的道儿。"而那句经典台词——"有人说，有钱能使鬼推磨，可是我认为，有钱能使磨推鬼"，至今仍让很多人深思。

与《鞋钉》相比，小品《红高粱模特队》显得要热闹许多。过时土气的乡村裁缝

---

① 沈卫星：《中央电视台的贺岁"大宴"——1997 春节联欢晚会观后》，《电视研究》1997 年第 3 期。

图 3　小品《鞋钉》

和时髦新潮的现代服装设计师,同样形成了一对新旧时代产物的对比。致富之后的农民有了精神上的需求,在村长(赵本山饰)的带领下成立了一支模特队。为了准备去城里参加模特大赛,特意请来了一位城市的设计师进行辅导。在设计师眼中,农民们的基本功和形象都与真正的"模特"大相径庭,自己实在难以指导。而最终,本应走"猫步"的他们却用养牛等劳动动作提炼出了自己的特殊步态,并且穿着自己设计的乡土气息十足的服装走上了属于他们自己的 T 台,让设计师刮目相看。小品如实地展现了新时期富裕起来的农家对文化生活的追求,真实地塑造了在农村改革开放的当下质朴可爱的农民形象。经过演员朴拙而浪漫的表演将实际生活予以适当的艺术夸张,展现了"劳动创造美"的真谛,向广大观众展示出一个来自农村、有着独特的淳朴美的群体。①

小品《柳暗花明》讲述的是两个中年人"梅开二度"的情感故事,小品以"中年"和"爱情"这两个看似冲突的元素为起点,通过表现两人从陌生时的调侃到慢慢靠近后真情流露这一过程,用最后的圆满化解了年龄与爱情的冲突。不过,虽然该小品表面上说的是爱情,背后实则渗透了不少当时的时代背景:知识就是力量,科技是第一生产力,在"文化扶贫"、机械化生产的帮助下,原来过着普通日子的两个人成了"产粮大户""养牛大王",眼看日子一天天过得红火起来,才有了条件"梅开二度"。

1996 年 9 月 1 日,京九铁路建成通车,这是中国一次性建成双线线路最长的一项宏伟铁路工程。相声《京九演义》就是以此为背景,讲述了京九铁路建设中的劳动模范李铁柱到北京向中央领导汇报京九铁路建设中的英雄事迹,遇到一位过于热心且带

---

① 袁德旺:《时代风貌是春节联欢晚会艺术生命的脉搏——1997 春节联欢晚会总体艺术构思》,《电视研究》1997 年第 4 期。

图 4 小品《红高粱模特队》

图 5 小品《梅开二度》

有几分自作聪明、自我卖弄的评书演员。李铁柱按照平常的报告形式进行叙述，评书演员却认为如果按照评书的表演路数去介绍效果会更好，处处制造悬念，事事极度夸张，弄得李铁柱啼笑皆非。这段相声不仅旗帜鲜明地歌颂了京九铁路的辉煌，歌颂了京九铁路建设者的无私奉献精神和不畏艰险的英雄气概，使人听后在酣畅的笑声中潜移默化地接受了教育，达到了寓庄于谐、寓庄于乐的效果。

时代性鲜明，见证"九七"记忆

无论从香港回归的角度、十五大的角度，还是从改革开放二十年的角度，说 1997 年是中国历史的拐点都不为过。春晚作为一种文艺形式，自然也应与时代的发展同频共振。1997 年春晚上的许多节目时代性鲜明，堪称"大时代"的经典。

1997 年 2 月 19 日，邓小平同志逝世，由董文华演唱的歌曲《春天的故事》登上 1997 年春晚舞台，把人民群众对邓小平同志的热爱与崇敬之情，把对改革开放为国家和人民所带来的生机与活力的赞美之情表达得极为充沛。这首至今仍被称为"时代最强音"的歌曲由蒋开儒、叶旭全作词,王佑贵作曲,描述了改革开放和现代化建设的总设计师邓小平同志南行的故事。1992年,词作者蒋开儒看到报纸上一段饱含激情的叙述后,按捺不住来到深圳,发现那个他在1979年去香港探亲时路过的边境小乡,已经变成了一个现代化的新都市。走在深圳的大街上追踪着伟人的足迹,他仿佛真切地感受着春天的声音,一首混着春天的馨香,唤醒了心灵深处强烈共鸣和憧憬的歌词便如清泉般流淌出来:"春天的故事……"这首歌后经过叶旭全的推敲润色,几经周折,终于完成,成形后的歌词结构严谨、寓意深刻、词句优美、大气磅礴,无疑是一首将政治和抒情完美结合的歌曲,是一首时代的经典之作。1994年10月,这首歌被制作成音乐电视片在中央电视台播出,立刻一炮而红,12月又在中央电视台第二届音乐电视大赛中荣获金奖。一时间,《春天的故事》传唱大江南北,红遍中国,传遍了全世界有华人的地方,成为真正代表中国人心声和记录一个时代风采的歌曲。

同样大气磅礴的还有解晓东的《中国娃》。这是1997年春晚唱红的另一首经典。这首歌在1996年由曲波作词、戚建波作曲,歌词写出了中国青少年在传统生活习俗和文化熏陶下形成的优秀品质,表达了中国青少年热爱祖国、热爱民族,决心报效祖国的真挚情感。歌词巧妙地运用了通感手法,深厚丰满,就其采用的题材、选择的意象而言,可以说既熟又俗,听起来不但每一句声声入耳,洋溢着浓郁的乡土气息,谐趣无穷,还引发人想象,耐人寻味,正可谓"寻常之中显奇崛"。其艺术之美用八个字来概括,即"一听就懂,回味无穷"。

图6　解晓东演唱《中国娃》

1996年恰好是奥运年。在这年的亚特兰大奥运会中,在规模庞大、强手如林、竞争激烈、奖牌分流和困难较多的情况下,中国代表团的金牌总数和奖牌总数均列第4位,证明中国竞技体育的总体水平有所提高,全面竞争能力进一步加强。对于"奥运"这一元素,春晚不能不有所体现。巧妙的是,1997年春晚没有直白地去书写成绩，而是采用了别具一格的"幽默体育"的形式，邀请李宁、李小双等体操奥运健儿在舞台上来了一段幽默体操表演，给观众带来笑声的同时也让观众体会到了奖牌的不易、成绩的珍贵。

一台晚会如果脱离了时代，会显得狭隘、小气，而若政治性过强、太着意于表现时代性，则难免陷入说教的境地，引发观众反感。为了把握好这个平衡，1997年春晚别出心裁地选用了"北京时间"作为贯穿整场晚会的主线，通过主持人的四次报时和零点前的一段配乐诗朗诵《北京时间》，强化了"一九九七"年对于整个中华民族的深远历史意义和政治意义，既区别于往年春节联欢晚会采用固定主题词的串联形式，以新颖别致的风格引起观众的兴趣，使观众对欢欣鼓舞的零点的期待逐步升温，又很好地控制和运用了晚会的节奏，使整场晚会具有了鲜明的思想内核。①

赵忠祥和倪萍的配乐诗朗诵《北京时间》，以时钟为背景，以时间为线索，迎来新年的钟声，极具仪式感：

赵忠祥：此刻，我们的心跳已经接近了除夕零点，耳边是踏雪而来的牛年急骤的奔腾！

倪萍：此时此刻，北京时间伴随着我们的生命律动。12亿中国人脉搏和北京时间山鸣谷应。

赵忠祥：此刻，改革开放的中国正迎接八面来风。北京时间秒针一动，就是大河上下鼓角连营。

倪萍：啊，中国，北京时间。北京时间，中国。左手一条高速路，右手一条航天城。

赵忠祥：喝令长江改道，走东海，召唤大漠天涯，刮绿风。

倪萍：今夜，让我们趁除夕夜色，向零点集结。踩着本世纪的残雪，倒计时冲刺，向着繁荣。此刻，南中国海的涛声，是如此的清静，又是如此的多情。

赵忠祥：1997，香港归航的汽笛将正点鸣响，中国，将用北京时间的6个月去跨越一百年的时空。

倪萍：你听，你听，北京时间的嘀嗒声里，寒雪下面，青草伸展着小手，溪流欢跳着歌唱。

赵忠祥：你看，你看，料峭的春风里飞来了一只红蜻蜓。

倪萍：啊，让我们用最隆重的礼仪迎接这北京时间新春的零点。

赵忠祥：让我们以北京时间的速度和名义向世界宣布：中国将提前向未来世界发出邀请！

---

① 袁德旺：《时代风貌是春节联欢晚会艺术生命的脉搏——1997春节联欢晚会总体艺术构思》，《电视研究》1997年第4期。

倪萍：发出邀请！

赵忠祥、倪萍、众人：发出邀请！

这首简短的诗歌内容贴合1997年乃至20世纪中国的大背景，以"北京时间"为线索，借助大河、青草、溪流、春风、红蜻蜓等具体意象，以散文式的语言代替了高亢华丽的"颂歌"，却同样表达出对祖国未来的美好祈愿，构思新颖，值得借鉴。

图7　赵忠祥、倪萍配乐诗朗诵《北京时间》

现代感强烈，凸显青春活力

春晚不仅用一个个节目反映时代的变化，它本身也构成了时代的一部分。从最初的简陋、质朴逐渐发展到今天的盛大、华丽，其间实则经历了一个漫长的时期。1997年春晚上，主持人倪萍上台时穿的仍是红色西装，而不是闪着亮光的晚礼裙，很多男歌星上台唱歌时留的还是20世纪90年代初期郭富城式的中分偏头，然而这时的春晚，在节目上已经逐步开始将现代化的元素融入，给观众带来了许多现代气息。

那英在旋转舞台上唱响的《青青世界》便是现代感十足的一个节目。女伴舞艳丽的服装，男伴舞炫酷的黑白，对比撞击，节奏感强烈，凸显青春，加之灯光配合，色彩丰富。1996年夏季，著名词作家乔羽先生参观深圳生态旅游景点青青世界后深有感触，写下了这首同名歌曲《青青世界》，那英在1997年春晚上演唱后，这首歌也风靡大江南北。

歌舞组合《青春季节》也颇具现代感，演员们身着各具特色的服装，边唱边跳，既有激情，又凸显力量，歌曲调子欢快，节奏感强，"现代味"浓郁。尽管组合中的歌舞风格各异，但均体现出"青春"这一统一的主题。

如果说这些还只是在原有节目形态的基础上加入了现代元素，那么有一个节目可

图8　歌曲《青青世界》

以说是完全具备了"现代"的特质，而且颇有创意，那便是《天长地久》。主持人在介绍这个节目时说："随着电视文艺的飞速发展，电视节目的风格题材日益多样化了，下面我们将要看到的这个节目就是集歌曲、音乐、舞蹈、戏剧于一体，所以有的人说它更像是一个微型音乐剧。"这部微型音乐剧以拍结婚照为线索，每个道具相框内，都是一段爱情故事，故事之间独立又串联，创意新颖。《笑脸》《纤夫的爱》《祝你平安》《小草》《夕阳红》等脍炙人口的老歌被重新翻改演绎嵌入其中，与情节搭配和谐，王刚、尹相杰、孙悦等分别扮演剧中的不同角色，边唱边演，一个个小故事串成了一个有情有爱的"大"故事。

图9　微型音乐剧《天长地久》

文化味浓郁，烘托年节气氛

春节联欢晚会，它承载的功能再多，其主要任务还是庆祝全中国人这个最重要的日子——春节。因此，1997年春晚在渗透政治性、彰显时代性、注入现代感的同时，也不忘以各种方式营造喜庆祥和的年节气氛。

小品《过年》，情节便是围绕"过年"而起。一个是生活在城市、经济优越却孤单寂寞的空巢老人，一个是进城务工有爱人却不能相见的打工妹，两种情感的对比，不同"爱"的较量。最终，一切误会解除，三人一起回家过年。"大团圆"结局的背后，农民工的善良和不易，空巢老人亲情的缺乏，都引人深思。

图10　小品《过年》

与此同时，通过文化味浓郁的节目从侧面对年节气氛予以烘托，也是1997年春晚的一大亮点。由彭丽媛演唱的经典曲目《珠穆朗玛》，歌唱空旷清明，动静相宜，展示了辽阔雄奇的珠穆朗玛峰景观，体现了藏族文化的风貌；地方戏曲《戏苑飘香》，充分展示了极具地方特色的各个戏种，从变脸、反串到独唱、合唱，表现了戏曲文化的丰富多彩；《黄河鼓震》以黄河文化作为炎黄文化的根脉，用西北风伴舞，腰鼓作道具配上黄色系灯光，淋漓尽致地展现了黄河的大气恢宏；《东西南北中民歌小唱》则是突出"文化味"的高潮部分，节目以各地民歌串烧形式出现，体现了丰富的民族、地域文化，具有很强的渗透力、穿透力和冲击力。

此外，戏曲节目的创新表现也值得借鉴。传统京剧演出时，在舞台的一角总是立着一块牌子，俗称"水牌"，注明演员名字和演出剧目。1997年春晚就借鉴了这一传统手法，设计了可以翻动的"花牌"，使演员及剧目在花团锦簇中一目了然，又熠熠生辉。手持"花牌"的小演员们在更换演员的间奏中，通过位置的变化，创造舞台流动的效果，并在编曲中以交响乐配器，赋予传统戏曲以新的生命，令观众赏心悦目。①

有了十五大，有了香港回归，1997年春晚不得不负载了许多深重的意义。事实

---

① 袁德旺：《时代风貌是春节联欢晚会艺术生命的脉搏——1997春节联欢晚会总体艺术构思》，《电视研究》1997年第4期。

上，春节联欢晚会作为全国观众春节不可或缺的"日程"之一，既承担着为观众送去新春祝福、带去新年气息的任务，更重要的也起到了维系全国各族人民团结统一、宣传主流意识形态、表现祖国繁荣成果的作用。而晚会的节目其实更多地充当了一个引子，最后流于无形中的意味，则要留给观众自己去细细体味。可以说，1997年春晚两方面都兼顾到了：一方面，她将祖国的新气象、新讯息带到了千家万户；另一方面，她也推出了许多精彩的节目。她给我们的最大启示是："教"与"乐"并非绝对矛盾，每一个令人印象深刻的角色或歌曲都是有血有肉、形象生动的，是一个个有生命的个体。

（本文作者：田园、黄一芩）

附：1997年中央电视台春节联欢晚会节目单

首播时间：1997年2月6日20：00
总导演：袁德旺
主持人：赵忠祥、倪萍、程前、周涛、朱军、亚宁

1. 开场歌舞：《大团圆》 表演：全体演员 伴舞：成都军区战旗歌舞团、中央电视台银河少年电视艺术团
主持人致开场词
2. 歌曲：《手挽手心连心》 演唱：刘欢、蒋中一
赵忠祥、倪萍第一次报告北京时间：20点零8分
3. 少儿京剧：《菊坛新蕊》 京胡独奏：胡晓楠 演出单位：中国戏曲学院附中、河北艺术学校保定分校
4. 相声：《两个人的世界》 表演：冯巩、牛群
5. 歌舞：《青青世界》 演唱：那英 伴舞：成都军区战旗歌舞团
6. 相声：《送福》 表演：唐杰忠、刘流、银河少年电视艺术团
主持人介绍"我最喜爱的春节联欢晚会节目"评选活动
7. 小品：《柳暗花明》 表演：魏积安、高秀敏
8. 歌舞：《真情永存》 演唱：宋祖英 舞蹈：成都军区战旗歌舞团
9. 小品：《过年》 表演：郭达、蔡明、郭冬临
10. 歌舞：《中国娃》 演唱：解晓东 舞蹈：成都军区战旗歌舞团
11. 小品：《三姐妹当兵》 表演：孙涛、景风凌、王景、郭月
主持人亚宁转达晚会的热线电话
12. 歌舞组合：《青春季节》 伴舞：北京体育大学、成都军区战旗歌舞团

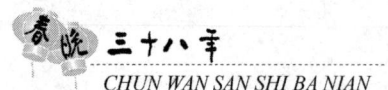

  (1) 歌曲:《天骄》 演唱: 杨洋、金彪
  (2) 歌曲:《海上阳光》 演唱: 苑冉、丝敏、嘉悦
  (3) 歌曲:《飘雨的下午》 演唱: 李蓉、徐秀霞、高瑛
  (4) 歌曲:《青春鸟》 演唱: 辛辛、刘莹莹、胡晶、李岩、蒋中一
13. 微型音乐剧:《天长地久》 表演: 王刚、尹相杰、孙悦、王静、佟铁鑫、袁莉、王新军

主持人赵忠祥、倪萍第二次报告北京时间: 21 点 30 分

14. 相声小段:《送春联》 表演: 笑林、李国盛
15. 歌组合:《老唱片》
  (1) 歌曲:《众手浇开幸福花》 演唱: 马玉涛
  (2) 歌曲:《在那遥远的地方》 演唱: 胡松华
  (3) 歌曲:《情深谊长》 演唱: 邓玉华
  (4) 歌曲:《革命人永远是年轻》 演唱: 李双江、李光曦、聂建华
16. 歌组合《激光唱盘》
  (1) 歌曲:《锣鼓》 演唱: 林依轮
  (2) 歌曲:《亲亲茉莉花》 演唱: 李丹阳
  (3) 歌曲:《天海长城》 演唱: 魏瑛侠、王洪兰、雷湘、钟梅、季红、杨洋
  (4) 歌曲:《为你》 演唱: 陈明
  (5) 歌曲:《冰糖葫芦》 演唱: 冯晓泉、廖忠、伊扬、满文军
17. 相声小段 表演: 程前、朱军
18. 相声:《送您一支歌》 表演: 姜昆、戴志诚
19. 歌曲:《春天的故事》 演唱: 董文华 伴舞: 成都军区战旗舞蹈团
20. 京剧名家名段:《流派纷呈》
  (1)《响马传》 表演: 于魁智
  (2)《四郎探母》 表演: 赵秀君
  (3)《除三害》 表演: 孟广禄
  (4)《珠帘寨》 表演: 张建国
  (5)《六月雪·团圆》 表演: 李海燕
  (6)《回荆州》 表演: 尚长荣
21. 小品:《鞋钉》 表演: 黄宏、巩汉林

主持人周涛、亚宁向世界各地华人和全国各地人民拜年

22. 歌舞:《珠穆朗玛》 演唱: 彭丽媛 伴舞: 成都军区战旗歌舞团
23. 小品:《红高粱模特队》 表演: 赵本山、范伟等
24. 地方戏曲:《戏苑飘香》

（1）豫剧《五世请缨》　表演：小香玉、山西小香玉安泰希望艺术学校学院
　　（2）秦腔《秦人秦腔唱丰收》　表演：李东桥、李梅、陕西戏曲研究院青年团
　　（3）黄梅戏《女驸马》　表演：马兰
　　（4）川剧《闹春》　表演：刘芸、王超、成都市川剧院
25. 幽默体育：《宇宙体操选拔赛》　表演：陈佩斯、朱时茂、李宁、李大双、李小双、李敬、李春阳、李小鹏
26. 歌曲：《拥抱明天》　演唱：林萍、毛宁、江涛

赵忠祥、倪萍第三次报告北京时间：23点零8分

27. 歌舞：《黄河鼓震》　演唱：郁钧剑、张也　舞蹈：成都军区战旗歌舞团
28. 小品：《戏里戏外》　表演：牟洋、于海伦、黄玉玲
29. 歌组合：《东西南北中民歌小唱》
　　（1）江苏民歌：《拔根芦柴花》　演唱：孙静
　　（2）东北民歌：《月牙五更》　演唱：耿维华
　　（3）云南民歌：《绣荷包》　演唱：孙丽英
　　（4）陕西民歌：《挂红灯》　演唱：吕继宏、刘玉婉
　　（5）河南民歌：《编花篮》　演唱：梦鸽、王英民、陈小涛
30. 相声：《京九演义》　表演：侯耀文、石富宽
31. 歌曲：《天使》　演唱：彭羚（香港）
32. 现场专题报道：《三趟快车奔香江》　倪萍采访金旭、徐玉兰、徐保义
33. 歌曲：《公元一九九七》　演唱：孙国庆、朱明瑛、韩磊、田震、孙楠、彭羚（香港）、王霞、左纯、冯桂荣　表演：银河少年电视艺术团
34. 配乐诗朗诵：《北京时间》　朗诵：赵忠祥、倪萍

零点钟声和现场报道：《天气预报》　中央气象台主持人：杨丹

35. 歌曲：《风调雨顺》　演唱：张华敏、李星、吕薇、陈思思、朱莎、刘春梅、相玲、潘军
36. 魔术　表演：秦鸣晓、马嘉仕（香港）、姚金芬、北京歌舞团
37. 歌曲：《因为是你》　演唱：张宇（台湾）
38. 相声小段：《打传呼》　表演：师胜杰、赵宝乐
39. 歌曲：《走到一起来》　演唱：张迈、红豆、罗中旭、谢若琳、韩特、程琳琳、陈少华、陈红
40. 歌舞组合：《民族欢歌》
　　（1）云南民歌改编：《阿细跳月》　舞蹈：成都军区战旗歌舞团、银河少年电视艺术团
　　（2）歌曲《红太阳照边疆》　演唱：范秀冬、袁晓虹

（3）青海民歌：《花儿与少年》 演唱：安伟、张宁
（4）歌曲：《翻身农奴把歌唱》 演唱：宗庸卓玛
（5）歌曲：《草原英雄小姐妹》 演唱：段乐
（6）歌曲：《阿里山的姑娘》 演唱：张娟
（7）哈萨克民歌：《玛依拉》 演唱：古丽夏提
（8）彝族民歌：《远方的客人请你留下来》 演唱：刘媛媛、曲比阿乌

41. 主题歌：《手挽手心连心》 演唱：蒋大为、关牧村、卢秀梅、刘斌、张继红、徐樱
42. 音乐尾声：《难忘今宵》 表演：全体演员

欢聚新舞台　相约在九八
——1998年春晚记忆

> 来吧来吧相约九八
> 来吧来吧相约九八
> 相约在银色的月光下
> 相约在温暖的情意中
> 来吧来吧相约九八
> 来吧来吧相约一九九八
> 相约在甜美的春风里
> 相约那永远的青春年华
> 心相约心相约
> 相约一年又一年，无论咫尺天涯
> ……

提到1998年春晚，你会首先想到什么？也许很多人会不约而同地提到这首由那英和王菲演唱的歌曲——《相约一九九八》。是的，相声、小品的确会在当时带给人们更多笑声，但如果说有什么是直到今天还让人们不能忘怀的，应当就是这段旋律。"来吧来吧相约九八"的调子一起，也许每个人都能随口跟着哼唱上两句吧？

这首歌曲的曲作者肖白在节奏上使用了当时还很少有人用的特殊节拍，营造出时而轻灵活泼、时而飘逸清远的意境。王菲唯美纯净的嗓音，结合那英高亢亮丽且富有磁性的歌喉，伴着清新淡雅的曲风，让整首歌洋溢出温馨浪漫的气息，使人如沐春风细雨，倍感轻松惬意，征服了电视机前无数聆听的耳朵。歌中所描绘出的美好画面和人们对幸福生活的珍视、热爱，契合了时代特点，把人们对未来的美好愿望尽展无遗。从某种程度上说，这首歌曲正是当时人们时代情绪的真实写照。

回首1997年，泪水与欢笑伴随着每一个中国人。香港回归祖国、中共第十五次全国代表大会成功召开、时任国家主席江泽民成功访美、银河三代巨型计算机研制成功、长江三峡截流成功……祖国大事一件接一件。在这些数不完的大事背后，凝聚着无数人的辛劳与汗水。辛苦了一整年的人们，盼望着能轻松愉快地过一个祥和年。

团圆、欢聚、回家，是所有中国人在过年时的最大愿望和主题。1997年，在香港回归的大背景下，回到祖国、回到家乡以及诸如此类的意象更是被反复强调，如何在1998年春晚中呈现这些意象，更加突出地表现团圆的主题成为关键所在。最终，中央电视台春晚导演组将1998年春晚的主题定为"中华民族春节大团圆，万众一心迈向新世纪"。的确，1997年香港回归，紧接着1999年又将迎来澳门回归，中国人心中对团聚、对家有一份特别的渴望，而"民族团圆"无疑最好地诠释了这份渴望。

新演播厅共迎团圆　东西南北中同闹新春

相较往届春晚，1998年春晚有一个最大的亮点，便是启用了当时全国最新、最大的演播大厅——近2000平方米的中央电视台一号演播厅。从这一年开始，直至今日，历届春节联欢晚会均是在一号演播厅举办。从某种角度上说，1998年也算得上是春晚历史上的一个里程碑。新的演播大厅自然为这届春晚增色不少，圆形的晚会空间、圆形的舞台、圆形的观众席，无一不在强调"团圆"这一主题。

1998年春晚的开场依然是热热闹闹的大联欢。新启用的一号演播厅第一次盛大的晚会由旋转龙柱拉开帷幕，老虎人偶、老虎锣鼓等许多"虎"的元素格外突出。"新春到，锣鼓响，除夕夜里喜洋洋"，喜庆的鼓点，热闹的舞蹈，欢快的演唱，开场所营造的年味儿很足。主持人分别站在观众席的东、西、南、北、中五个方位向大家拜年，传递出全国"各地"人们的祝愿。

开场舞之后是热闹的联欢歌舞，冠以"东西南北闹新春"的板块名称，展现了中国各个地域的民俗、民情、民风：东北男女老少的二人转让人"扭不够"，陕北质朴的风土人情让人"美不够"，福建泉州精致可爱的提线木偶剧让人"看不够"，少数民族的迎客舞蹈让人"跳不够"，这样的节目也必然会让大家"爱不够"。民族特色、地方文化是体现中国文化差异和特色的点睛之笔，这一巧妙的主题设置，将天南地北本不相联系的文化民俗融合到一起，在开场就将晚会推上了一个小高潮。

之后，"东西南北中"的元素又两次在节目中予以突出。由范明等表演的小品《东西南北兵》将东西南北各地兵团聚在一起，展示出士兵风采，显示各地一家亲；明星反串《大拜年》中，最后一段演唱便是郭达、蔡明合唱的《东西南北中》，"东西南北中，我们的朋友数不清，荧屏连着我和你。不管你的姓，也不管我的名，不管他是年老还是年轻，千家万户庆团圆，天顺人和万事兴……"朴实无华的歌词将"华夏一家亲"的情感再次进行了淋漓尽致的强调。

新歌老歌大联欢　独舞群舞齐登台

第一次搬入一号演播厅直播，舞台的大小和设施较之前都有了很大进步，因此1998年春晚歌舞节目在表现力上有了很大的发挥空间。贯穿始终的21个歌舞类节目个个有新意，精、美、绝，好戏连连，呈现出新歌老歌结合、独舞群舞交错的盛况。

图1　歌曲《好日子》

宋祖英的一曲《好日子》唱出了人们对日益丰富的物质、文化生活的满足和对新时代、新生活的热爱。"好日子"本身就是一个好彩头，这首歌的词曲结构十分传统，"开心的锣鼓敲出年年的喜庆，好看的舞蹈送来天天的欢腾……门外的灯笼露出红红的光景，好听的歌儿传达浓浓的深情。"锣鼓、舞蹈、灯笼、歌儿传达出的浓浓深情感染着每一个中国人。中华民族是一个十分注重意象、意境的民族，从魏晋南北朝时期发展开来的"意象"，到唐朝起禅宗美学所强调的"意境美"，无不反映出中国人对"美"的特殊解读。锣鼓不仅仅是乐器，它表达的是喜庆的鼓点、节奏；舞蹈不仅仅是姿态，它更表现了人们丰富多彩的生活，还有把酒言欢、闻歌而舞的那份"天天的欢腾"；灯笼不仅仅是工具，它背后所表达的是百姓富足祥和、如过年的灯笼一样红红火火的生活光景；歌儿不仅是声音，更在那嘹亮和欢快中传达出浓浓的深情。四个意象，所指和能指相结合；四种意境，美好与祝福共发声。这首歌表达出了人们从内到外、从物质到精神都心满意足的一种生活状态。

有了好日子，必须要明白幸福是来之不易的，《走进新时代》正是这样一首歌颂党、赞美党的歌曲。作为一首红色歌曲，它再现了历史，再现了我国三代领导人接力建设国家所付出的辛劳。"我们唱着东方红，当家做主站起来；我们唱着春天的故事，改革开放富起来。"两句简单的歌词便串联起中国两代领导人带领人民开创幸福生活的岁月。这首歌是1998年春晚特别推出的一首春晚主题曲，由老中青三代艺术家共同演绎。春晚播出后，这首歌也一炮打响，朗朗上口的曲调不仅让人回忆起过去那个时代，更催人带着这份美好回忆去展望和开创更加灿烂的未来。

为庆祝香港回归而创作的《相约一九九八》也是1998年春晚的一大亮点。"海上生明月，天涯共此时"，香港回归带给国人的喜悦是难以言表的，澳门中国总商会会长马万祺先生谈到香港回归问题时曾这样说："曾子曰：慎终，追远，民德归厚矣。这个'终'字就是祖国统一大业，这个'远'字就是指达到最终统一的方法……一国两制这个划时代的构想，是国家和民族之福祉。"由此可见，香港回归是众望所归，在这样的背景下，两地歌手搭档组合十分应景，香港歌坛一姐王菲和内地歌坛一姐那英联袂将《相约一九九八》中的感情演绎得淋漓尽致："来吧来吧，相约九八"。在这举国欢腾的气氛下，不需要更多修饰的语言去描绘人们的欢乐，最简单的话语反而蕴藏了最充沛的感情，表达出人们内心的那份激动和喜悦。这一点也恰恰符合了中国人对于感情表达的含蓄心理：言有尽，而意无穷。无以言表，无须点破，最深沉的情感都埋藏在心里。歌词中并没有出现"喜悦""欢乐"这样的字眼，氛围和感情也是点到为止，但字里行间饱含深情，留给观众无限的遐想空间。

图2　歌曲《相约一九九八》

还有很多当年的新歌，也在1998年春晚上被广泛采用并获得好评。如1997年热播电视剧《水浒传》中的主题曲《好汉歌》、倡导全民健身的《健康歌》等，都为春晚增添了许多流行时尚元素。此外，回顾老歌的往日情怀板块、展现当下时尚的流行风板块、笑星合唱明星云集的反串拜年板块，还有由大陆与中国香港、澳门、台湾等地明星共同演绎的歌曲《大中国》，台湾歌手范宇文的《我爱你中国》，陶红、蔡国庆的《喜乐年华》，韩磊的《走四方》，瞿颖将时装走秀融入歌舞的《缤纷四季》，等等，这些至今我们依然耳熟能详的老歌新曲都曾在1998年春晚的舞台上大放异彩，既有联欢亦有深意。

当然，除了"歌"以外，作为与音乐齐名的八大艺术①之一的"舞"也是春晚舞台上一道亮丽的风景线。在 1998 年春晚中，由一首《卜算子·咏梅》引出的舞蹈《梅》着实让观众"看傻了眼"。舞蹈由杨丽萍编舞并领舞，表演中，杨丽萍化身为一朵在冰天雪地中绽放的火红梅花，在冰雪酷寒中肆意地绽放着自己，用肢体舞出了梅韵。中国人喜爱君子贤者，把君子比作"梅兰竹菊"，兰花生于深谷，幽静贤德；竹肩并清风，取其气节；菊淡泊名利，乐观高尚；而梅花，则象征着高洁的气质与那份"凌寒独自开"的傲骨。在故宫中，有一间十分有名的憩所——三友轩，"三友"即松、竹、梅，岁寒三友，可见中国人对梅花的喜爱。"俏也不争春，只把春来报"。梅的孤傲、清逸、灵动与银装素裹中那份藏不住的火红热情都被杨丽萍所化身的"梅"淋漓尽致地展现出来。

图 3　舞蹈《梅》

现任上海歌舞团艺术总监的青年舞蹈家黄豆豆的《龙腾虎跃》则领演了一支与《梅》的主体思想和表演形式都截然不同的群舞。黄土地似厚重的衣着，红灯笼般的火龙处处彰显着一种喜庆奋进的情感，舞者时而如猛虎下山般气势磅礴，时而如龙飞九天般穿梭自如，跳跃、飞旋，黄豆豆的那份气势都从身形的变换中体现，既展现了男性的力与美，也象征了中国人自强不息、勤劳勇敢、一往无前的民族精神。《龙腾虎跃》所展现的民族风骨感染了观众，并荣获当年观众最喜爱的春晚歌舞类节目一等奖。

语言节目取材生活　社会热点贯穿其中

语言类节目往往是春晚舞台上大众最关注的部分，不管是相声还是小品，只要能把观众逗乐，对创作者来说便是最好的奖章。相比 1997 年春晚 13 个语言类节目的

---

①　八大艺术即是指文学、音乐、舞蹈、雕塑、绘画、建筑、戏剧、电影。

图4 舞蹈《龙腾虎跃》

"高值"来说，1998年有了一些回落，2个相声、7个小品挑起了这年语言类节目的"大梁"。节目虽少了，但"名角儿"一个不落：陈佩斯、牛群、冯巩、师胜杰、宋丹丹、赵本山、赵丽蓉、巩汉林、潘长江等大家所喜爱的相声、小品演员都在1998年春晚上一展风采。

总的来看，1998年春晚小品、相声的主题大多集中在家庭邻里、军队官兵、社会现象等方面。开场第一个相声便是春晚的"常客"牛群、冯巩带来的《坐享其成》，其间"包袱"不断，通过拍电影分角色的剧情设置讽刺了那些见钱眼开的"墙头草"形象。该节目也获得了1998年"我最喜爱的春节联欢晚会节目评选"相声类一等奖。

小品《我在马路边》也是一个反映社会现象的节目，关键词是"信任"，这也是春晚节目中十分流行的一个概念。家庭成员间的信任、社会成员间的信任都时常被拿来讨论，但这个小品只能说是正常发挥，并无太多亮点。

图5 相声《坐享其成》

图6 小品《我在马路边》

赵本山、高秀敏、范伟三人组是1998年春晚舞台上的新搭档，带来了小品《拜年》。三人都不是新人,但三人搭档同演一台小品却是首次。大多数小品相声创作者愿意创作生活类的小品,因为它最贴近百姓,容易与观众产生共鸣。赵本山的大多数小品所展现的都是东北老汉的生活琐事,"艺术源于生活"这句话在其小品上体现得尤为充分。之前他和黄晓娟搭档的"老蔫儿"系列使其迅速走红,后来又与范伟搭档,也推出了较为成功的《红高粱模特队》。这次的三人合作也开启了赵本山的一个新时期,此后三人多次为观众献上了无数优秀作品,逐步稳固了赵本山春晚"小品王"的地位。但单纯将其作为春晚节目来评价的话,《拜年》的力度还是远远不够的,似乎没有发挥出创作者的全部实力,从现场的效果来看也没有那么突出。

在赵本山还没有完全"称霸"春晚语言类节目的时候,20世纪90年代曾出现了一批优秀的相声小品新人,赵丽蓉就是其中的一位,她开创了歌舞类小品的新形式并广受好评。《如此包装》《打工奇遇》等都是十分成功的例子。将小品对白用歌的形式唱出来,在当时绝对是一种创新。她与巩汉林之间的合作也可谓熟稔,这也是她能够一炮打响的因素之一。就小品角色设定上,赵丽蓉与巩汉林之间"母子"的角色设定也十分符合两人的形象:一胖一瘦、一高一矮、一老一少之间笑点多多。两人精湛的演技和表演中全身心的投入,特别是赵丽蓉身上所散发出的那种精气神儿都感染着台下的观众。1998年春晚两人的《功夫令》依然沿用了歌舞小品的形式(当时的名称不是"小品"而是"幽默表演"),将武术融入音乐再搭配小品的形式推出。当年十分流行屠洪刚的《中国功夫》和任贤齐的新歌《心太软》,该作品便是把流行歌曲融合在京剧伴奏之中,又采用了武术集体表演的形式,最后冠之以"幽默表演"的外衣。这样的一台作品,有歌曲,有武术,有语言,甚至还有杂技,内容丰富却又不杂乱无章,赢得了观众的热烈欢迎。该节目也获得了当年观众最喜爱的春晚节目评选戏曲及其他类一等奖。

1998年春晚另一个可圈可点的语言类节目即陈佩斯和朱时茂的小品《王爷邮差》,该小品在形式上的亮点是将时间定位在清朝。往日大家接触到的小品大都反映日常生活、家长里短、社会现象等,以打工、过年、购物、夫妻矛盾等为背景,尽管这些节目表演形式多种多样,但大都定位于现代背景之下,即使是陈佩斯和朱时茂之前的作品如《吃面条》《主角与配角》《警察与小偷》等也都是"现代作品"。因此,《王爷邮差》算得上一部创新之作,它主要探讨中国人的尊严问题,用与外国人赛跑的设定,在王爷邮差来来回回的交谈中体现了"王爷"对外国人的惧怕和谄媚以及"邮差二傻"的民族自豪感,"二傻"获得第一名时和观众的互动也将故事推向了整个小品的最高潮。表演中,陈佩斯巧妙运用新启用的一号演播大厅的优点,使表演不再限于舞台之上,这也成为该节目的一个小亮点。

尽管已退出春晚多年,但陈佩斯和朱时茂的搭档依然被大众所喜爱和追捧,两人的创作理念异于他人,在幽默中又极尽辛辣讽刺,或反映社会问题,或传达一种普世价值和取向。他们的小品还有一个很大的特色就是对台词、表演的重复。例如在《王爷邮差》中的一段对白:"咱们好比,洋人就在这。""这?这可没洋人。""我说是好比。""没法比。""那就别比了。""不比正好。"这只是其中的一个例子,而就表演来说,小品前半段"王爷"教"二傻"如何笑,后半段完全反了过来,这种节目设计在陈佩斯和朱时茂之前的小品《主角与配角》中也出现过,两个人反串表演对方的角色,也是重复的一种形式。这种台词和表演上的重复,一方面可以产生幽默效果,另一方面也使人物形象更加深入人心,以演员自身精湛的演技来表现人物的笨拙,把人物刻画得惟妙惟肖,又在幽默中让观众记住了角色的特征,可谓一举两得。故事最后,陈佩斯的一句"你以为我真傻啊"则是小品的点睛之笔,从"傻人有傻福"到"大智若愚",观众在啼笑皆非中必有一种恍然大悟的通彻感,这也是中国"隐"智慧的精髓所在。这部作品获得了当年的小品类一等奖,可谓实至名归。

图8 小品《王爷邮差》

戏曲群芳争艳　访谈亮相春晚

春节联欢晚会是一场全国人民的大联欢,受众群覆盖了整个社会群体,男女老少都会收看,兼顾每个层面的受众群自然是春晚必须思考的问题,戏曲类节目便是夹杂在大量歌舞类节目中的另一种表演形式。1998年春晚中,开场第四个节目便是戏曲联唱,中原豫剧的铿锵有力,南方黄梅的吴侬软语,河北梆子的高亢激越,名家们先后登场,唱念做打一样不少,戏曲绝活板块更是让戏迷们过足了瘾,全国各曲种的名家云集,一板一眼精彩绝伦,让人目不暇接。

通常,在戏曲及其他类节目中往往只有戏曲、杂技、魔术三种节目形式,但1998年春晚中却意外增添了两个访谈类节目,虽然这两个节目的最终播出效果不尽如人意,但也算是春晚在节目类型创新上走出的一步新路。尽管都带有访谈性质,但两个节目无论是嘉宾还是内容都不尽相同。

《正方与反方》试图通过现场访谈的形式将拜年变得更加有趣，导演组邀请了我国早期的著名影视演员，他们在年轻时的表演便伴随着当时一代又一代人成长，而他们塑造的形象有正有邪。1998年春晚将他们请上舞台，分别以其饰演的"正""反"角色的特点给观众拜年，然后分别自我介绍，说出一句当年的代表性台词。从形式上看，将曾经风靡一时的电影明星集体请到春晚舞台上进行现场访谈，本身就是一种看点；而演员们尽管已是白发苍苍，却依然将当年的角色演绎得淋漓尽致，正反双方的语言交锋更成为节目的看点。只是，就现场收视效果来看，该节目的编排还不是特别成熟，有时访谈过程中串联的不到位也造成了舞台在经历热闹过后的"冷清"，这也是由谈话类节目本身的一些特性造成的。之后的春晚舞台上没有再出现此类节目，应该也是出于播出效果的考虑。

《母亲河》则是对1995年春晚的一个延续。1995年春晚上邀请到了台湾来大陆交流的学生和老师，对他们进行访谈并委托他们把黄河水带回宝岛台湾，根据当时的访谈内容可以大致判断，这个节目在1998年春晚上的再次出现很可能是导演组出于对1997年香港回归的考虑，1999年澳门也将回归，之后台湾问题便成了唯一的问题，通过对台湾当地学生的再次访谈也是想通过节目去传达一种信息。访谈形式的冷场问题依然出现在这个板块上，但不管怎样，这种创新节目形式的尝试仍是值得肯定的。

图9　纪实访谈《母亲河》

纵观1998年整台晚会，节目时长均长短适宜，零点报时后以两个歌舞类节目结束全场，既做到了尽可能向观众展现晚会全貌，又照顾到了大多数中国人的作息习惯。37个节目和板块多而不乱，歌舞作为一种伴随性的节目形式贯穿整场晚会，其间小惊喜和小设置不断，让观众劳逸结合。尽管这届晚会亮点较往届绝不算多，但在1997年大事汇集的情况下能够一一做出反馈，已是相当难得。

首先，最值得肯定的就是节目的编排。歌舞类、语言类节目安排紧凑，特别是90

年代晚会中特别常见的观众席中分舞台的使用，也使整个主舞台在节目布置上多出了许多时间，而分舞台也绝不只是"配角"，不少节目如师胜杰的相声《同桌的你》、韩磊的歌曲《走四方》等都是在分舞台中表演的。

其次，晚会的节目调度比较稳定。无论是对灯光舞台的调度还是对摄像导播的调度，尽管依然可以看到一些声画不对位、直播录播套用的痕迹，但对于首次使用一号演播厅的导演组来说，仍是比较成功的。

再次是节目的串联。在1998年春晚的整场演出中，一共有两处非主持人串联，一处是何炅、刘纯燕、曾媛的串联，一处是刘流和唐杰忠的串场。前三位是当时的少儿节目主持人，他们的出现弥补了1998年春晚没有专门设置少儿节目的遗憾；后两位则用生肖拟人化来向大家拜年，形式新颖，衔接自然，让观众眼前一亮。另外，主持人的串联也是可圈可点，相对于往届来说，1998年春晚主持人"说话"的分量大大减少，少了主持人的长篇大论，观众对于舞台的关注不会被过多打断，也使得晚会更有整体感。

最后是舞美设计。无论是开场缓缓打开的龙柱还是舞台中央的喷泉，抑或灯光的使用，从设计上来说都是很成功的，也明显可以看到较1997年春晚的巨大进步。

整体来看，1998年春晚值得肯定，新换了舞台，新换了导演，令整个春晚都是崭新的感觉。此外，晚会的灵魂在于节目，1998年春晚的节目质量非常之高，即使是在当年没有获奖的一些节目，也没有因为时间的流逝而淡出人们的视线。这其中最值得一提的便是语言类节目，在近年来新推出的漫画小品、漫画相声等形式的推动下，它们又焕发了新一轮的生机，这也说明了艺术作品依然是"内容为王"。

（本文作者：田园、孔康康）

附：1998年春节联欢晚会节目单

首播时间：1998年1月27日 20：00
总导演：孟欣
主持人：赵忠祥、倪萍、朱军、周涛、亚宁、王雪纯
1. 开场歌舞《迎春贺岁》 演唱：甘萍、眉佳、季红、青春美少女队、中国力量演唱组、玫瑰秀演唱组 伴舞：河北省歌舞剧院、河北省艺术学校、山西黄河少儿艺术团、空军蓝天艺术团
主持人致开场词
2. 歌舞《东西南北闹新春》
    (1) 歌舞《扭不够》 伴舞：沈阳军区前进歌舞团、河北沧州杂技团

(2) 歌舞《美不够》 演唱：雷军 伴舞：陕西榆林民间艺术团、陕西省青少年艺术团、陕西省武术院

(3) 木偶杂耍《看不够》 表演单位：福建泉州木偶剧团

(4) 舞蹈《跳不够》 表演单位：云南省艺术学院伟确艺术团、河北省歌舞剧院、河北省艺术学校

3. 相声《坐享其成》 表演：牛群、冯巩

主持人何炅、刘纯燕、曾媛向全国的小朋友们拜年

4. 戏曲联唱《兰菊竞秀》

(1) 豫剧《花木兰》选段 表演：小香玉

(2) 黄梅戏《打猪草》选段 表演：韩再芬

(3) 河北梆子《梁红玉》选段 表演：彭蕙蘅

5. 小品《我在马路边》 表演：严顺开、杜宁琳、赵玲琪、蒋小涵

6. 歌曲《青春本色》 演唱：林依轮、景岗山、罗中旭

7. 小品《回家》 表演：黄宏、宋丹丹

8. 歌曲《好日子》 演唱：宋祖英 伴舞：山西黄河少儿艺术团、海军海娃艺术团

9. 舞蹈《梅》 领舞：杨丽萍 伴舞：河北省歌舞剧院、河北省艺术学校

周涛、朱军宣读中华儿女贺电，其中有一封祝福农民兄弟的贺卡

10. 小品《拜年》 表演：赵本山、高秀敏、范伟

11. 歌曲《走进新时代》 演唱：李光曦、李谷一、张也 领舞：王明珠、李小彤
    伴舞：河北省歌舞剧院、河北省艺术学校

12. 《正方与反方》（老电影工作者表演）

    正方：祝希娟、张良、朱龙广、郭振清、袁岳、刘世龙

    反方：陈强、葛存壮、陈述、刘江、刘龙、王孝忠

13. 歌曲联唱《流行风》

    (1) 歌曲《万水千山总是情》 演唱：周海媚（香港）

    (2) 歌曲《喜乐年华》 演唱：陈红、蔡国庆

    (3) 歌曲《走四方》 演唱：韩磊

    (4) 歌曲《为我们今天喝彩》 演唱：林萍、李丽翎、徐樱

    (5) 歌曲《阳光天堂》 演唱：孙浩、伊扬

    (6) 歌曲《大红灯笼》 演唱：钟梅、杨洋、张娟

    (7) 歌曲《大花轿》 演唱：火风

    (8) 歌曲《女孩的心思你别猜》 演唱：周亮、孙萌、郑潇

    (9) 歌曲《问长江》 演唱：胡月、朱晓红

    (10) 歌曲《愚公移山》 演唱：江涛、高枫

  （11）歌曲《我的爱对你说》　演唱：白雪、张秋秋、张媛媛

  （12）歌曲《真心英雄》　演唱：屠洪刚、杭天琪、傅玉斌、邓亚萍、王涛

14. 歌曲《相约一九九八》　演唱：那英、王菲（香港）

15. 唐杰忠、刘流扮演牛虎吉祥物向大家拜年

16. 舞蹈《龙腾虎跃》　领舞：黄豆豆　伴舞：河北省歌舞剧院、河北省艺术学校

主持人亚宁、王雪纯介绍江苏十几位百岁寿星写来的新年贺卡，并向全国老年朋友们拜年

17. 幽默表演《功夫令》　表演：赵丽蓉、巩汉林

18. 杂技《转毯与蹬人》　表演：小米粒、陈扬、陈韫、谢丹、谢兰　演出：广州军区战士杂技团

主持人周涛、朱军携乒乓球世界冠军邓亚萍、王涛及前国家队守门员傅玉斌向全国人民拜年

19. 歌曲《健康歌》　演唱：解晓东、范晓萱（台湾）　领操：马华　伴舞：沈阳军区前进歌舞团、空军蓝天艺术团

20. 小品《一张邮票》　表演：潘长江、黑妹、大山（加拿大）

21. 歌曲《我爱你中国》　演唱：范宇文（台湾）

22. 纪实访谈《母亲河》　主持：倪萍

23. 歌曲《大中国》　演唱：毛宁、刘德华（香港）、张信哲（台湾）

24. 戏曲绝活《梨园风采》　表演：朱世慧、张寄蝶、彭登怀、何超、于魁智、李军、李洁、李胜素、刘桂娟、赵秀君、孟广禄、陈俊杰　演出：河北省艺术学校保定分校、吉林省吉剧团、天津市艺术学校、桂林市桂剧团、四川省川剧学校

25. 歌曲《远航》　演唱：董文华

26. 小品《东西南北兵》　表演：范明、赵亮、林永健、范雷、吴军、田梅荣、马静、高音、管琳娜、王霞　演出：沈阳军区前进歌舞团

27. 歌曲联唱《往日情怀》

  （1）歌曲《掀起你的盖头来》　演唱：克里木

  （2）歌曲《美丽的草原我的家》　演唱：德德玛

  （3）歌曲《祖国一片新面貌》　演唱：张振富、耿莲凤

  （4）歌曲《弹起我心爱的土琵琶》　演唱：郁钧剑

  （5）歌曲《北京的金山上》　演唱：才旦卓玛

  （6）歌曲《红星照我去战斗》　演唱：李双江

  （7）歌曲《打起手鼓唱起歌》　演唱：关牧村

28. 明星反串《大拜年》

  （1）《拥军花鼓》　演唱：江珊、郭冬临

(2)《跑旱船》 演唱：鞠萍、朱世慧

　　(3)《看大戏》 演唱：魏积安、王璐瑶

　　(4)《唱脸谱》 演唱：笑林、王馥荔

　　(5)《大年三十儿》 演唱：侯耀华、杨蕾

　　(6)《东西南北中》 演唱：郭达、蔡明

29. 相声《同桌的你》 表演：师胜杰、孙晨

30. 歌曲联唱《音乐贺卡》 演唱：黄格选、刘小钰、张红坚、黄霞芬、盛小云、雅芬、孙静、贺梅、周芳、赵秀兰、刘春梅、杨洋、金彪、梦鸽、魏金栋、安伟、汤灿

31. 小品《王爷邮差》 表演：陈佩斯、朱时茂

32. 舞蹈《缤纷四季》 演唱：瞿颖、周洁 伴舞：云南省艺术学院伟确艺术团、河北省歌舞剧院、河北省艺术学校、深圳锦绣中华民族艺术团

33. 歌曲《好汉歌》 演唱：刘欢

34. 魔术《换人》 表演：傅腾龙、徐秋、傅琰东、董昕、徐越 演出：上海三菱腾龙魔术团

35. 歌曲《国色天香》 演唱：彭丽媛 领舞：张薇 伴舞：河北省歌舞剧院、河北省艺术学校

主持人朱军接听北京军区留在张北地震灾区官兵打来的电话

零点钟声（主持人赵忠祥倪萍朗诵）

36. 歌曲《同心同庆》 演唱：王霞、刘君侠、黄越峰、刘媛媛、胡雁

37. 歌舞《万鼓催春》 演唱：孙维良、赵景春、陈小涛、袁艺、孙杰、红霞、李敏、刘爱玲、张娜、孙惠莹、朝鲁、郭瓦加毛吉、古力夏提

主持人致结束语

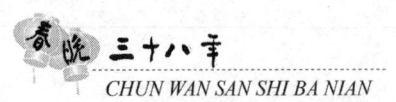

深情辞旧岁　喜迎新纪元

——1999 年春晚记忆

　　九八九八不得了，粮食大丰收，洪水被赶跑。百姓安居乐业，齐夸党的领导。尤其人民军队，更是天下难找。国外比较乱套，成天钩心斗角。今天内阁下台，明天首相被炒。闹完金融危机，又要弹劾领导。纵观世界风云，风景这边更好！

　　这是 1999 年春晚上赵本山、宋丹丹、崔永元合作出演的小品《昨天·今天·明天》中一段人们再熟悉不过的台词。它以一种略带诙谐的口气对 1998 年中国和世界的大形势做了一个简单的概括，这恰恰也是 1999 年春晚在着力表现的主题。

　　1998 年，以一场灾难为标注带给了中国人难以忘记的沉重记忆——暴雨肆虐南方大地，洪水如猛兽一般践踏着人们的家园。不过，这场灾难留给人们的不只是洪水消退后的断壁残垣，还有抗灾背后无数令人潸然泪下的故事。火速奔往灾区，扛沙袋护大堤，驾驶冲锋舟舍己救人，齐力推车拉电线，拿铁锨铲冰雪……都是那一年感动过无数人的景象。《南方周末》在 1999 年新年主编寄语中写道："面对如此重灾巨创，柔弱之躯内蕴藏的宽厚与善良，谁说不是一种坚强？……我们看着你举起锄头，我们看着你舞动镰刀，我们看着你挥汗如雨，我们看着你谷满粮仓。我们看着你流离失所，我们看着你痛哭流涕，我们看着你中流击水，我们看着你重建家园。我们看着你无奈下岗，我们看着你咬紧牙关，我们看着你风雨度过，我们看着你笑逐颜开……我们看着你，我们不停地为你加油，因为我们就是你们的一部分。"[①] 灾难中，每一个普通人身上所体现的善良和坚持最具人性光辉。不抛弃不放弃的解放军在 1998 年抗洪中又一次成为人们心中最可爱的人，是他们给予了生者希望，让无力者有力，让悲观者前行。无论是军人还是受灾群众，他们身上所表现出的巨大勇气和不屈的抗争精神，都是我们所能看得到的阳光。

　　灾难总会过去，希望终会到来。沉湎于悲痛中的国人迎来了己卯兔年。又是辞旧迎新的年末，又是阖家团聚的时节，作为 20 世纪的最后一台春晚，1999 年的春节联

[①] 江艺平：《1999 年主编寄语》，《南方周末》1999 年 1 月 1 日。

欢晚会如约而来了。

1999年是一个十分特殊的年份——新中国成立50周年，澳门回归祖国，20世纪即将结束，21世纪就要到来，这一切都成为1999年春晚的潜在主题。这届春晚的正式主题被定为"欢声笑语张灯结彩春节大团圆，载歌载舞万众欢腾迈向新纪元"，节目内容则凸显出"快乐、动情、美好、奋进"的主题。就主持人设置来看，1999年春晚比1998年减少了两位主持人，这使得晚会节目间的跳跃性减弱。此外，开场也不再只是倪萍和赵忠祥的专场，其他两位主持人——周涛和朱军也在开场时登上舞台与观众见面。虽然仍可以明显感受到主持人之间分量的差距，但这也是中央电视台为培养新的优秀春晚主持人而进行的有益尝试。在舞美上，现场增加了两块大屏幕，并以迎接新世纪为主题思想，设计了代表着中国传统文化的大红门作主背景，隐喻向新世纪敞开大门来纳福，九颗金门钉取材于故宫的红门，"九"在古代代表着至尊，而九颗门钉也被引申为九九归一、世纪大团圆之意。整个舞台在设计上凸显出中华民族博大精深的文化气韵。

热歌劲舞引时尚　原唱好曲诉衷情

开场节目《玉兔迎春》依旧保持了欢天喜地闹新春的气氛，舞台上的虎元素全被换成了兔子。在舞台设置上，1999年春晚增添了几个亮点：一是舞台烟火的使用，更增加了喜庆的气氛；二是舞台幕布的使用，在节目开始时遮挡一部分演出人员，为观众造就了一种神秘感；三是在歌舞联欢的尾声，一些大家熟知的明星走上舞台并与观众互动，这种设置表现出春晚越来越关注观众的需求。

1999年春晚的歌舞延续了1998年春晚歌舞的特色，为使春晚舞台更加丰富和多样化，大胆起用新人、新歌，且承诺完全使用原唱，这也是20世纪最后一台春晚向全国观众的献礼。

开场后的第一个正式歌舞节目，是由1998年青年歌手大奖赛业余组通俗唱法特等奖获得者李琼演唱的，她的一首《山路十八弯》惊艳了全国。原生态的唱法，不加技巧的嗓音都为其成功奠定了基础，该节目也在当年"我最喜爱的春节联欢晚会节目"评选中获得歌舞类二等奖。

同样令人耳目一新的是在1999年第一次登上春晚舞台的台湾歌手任贤齐。从1997年起，他的《心太软》就在大陆红了起来，在1998年春晚中赵丽蓉和巩汉林合作的音乐小品《功夫令》中也选择了《心太软》这首歌进行表演，1999年任贤齐登上春晚舞台，这也体现了春晚导演组想要满足观众需求的良苦用心。

与李琼和任贤齐相比，林依轮是春晚的老面孔了，虽然经常与观众见面却一直未能引起很大反响，他在1999年春晚中表演的节目《新时髦话》从质量上来看也只能算是表现平平,但值得圈点的是该节目的舞美设计和创新点。虽然看起来只是普通的歌舞节目,却巧妙地利用舞台上三块大屏幕的配合和前期的充分准备,配合新潮的演出形式,再加上歌词又表现了当时流行的生活方式,这些设计都为节目增添了许多看点。由此可见,合理利用舞台也是创新的一种绝佳手段。

图1　歌舞《新时髦话》

"找点空闲,找点时间,领着孩子,常回家看看",相信这是至今很多人依然耳熟能详的一句歌词,而它就出自一首简单的歌曲《常回家看看》。这首歌可谓1999年春晚中最著名、最温情、被传唱最广的经典歌曲。除了曲调朗朗上口之外,中国人的传统观念也为其传播起到了很大的作用。自古以来中国的传统美德就是"百善孝为先""以孝治天下",对于孝道的推崇是中国人深入骨髓的价值追求,孝也是一种具有普世价值的观念。然而,在快速发展的时代背景下,很多人在外奔波劳苦也实属无奈之举,这首歌恰恰号准了"亲情"这个人人都会看重的关键"脉搏",规劝在外奔波的游子不要忘了关心为自己操劳一生的双亲。它呼唤的是亲情的回归,歌词却不是感情词汇

图2　歌曲《常回家看看》

的循环叠加，"刷刷筷子洗洗碗""捶捶后背揉揉肩"，没有矫揉造作，没有无病呻吟，没有高姿态和空口大话，只有平白质朴、如同家常碎语的寥寥数语，但一句"常回家看看"却不知道出了多少父母的心声。这样的浅吟低唱深深地打动着每一个中国人，无论是孩子还是父母，这份感情都令人产生共鸣，而这也正是这首歌之所以成为经典的原因。

　　有了"回家"的温暖，也要兼顾到失去家园的痛楚。1998年长江特大洪水是当年中国最被关注的一件大事，凶恶的洪水冲毁了无数人的家园，灾区人民的坚强和解放军的英勇感动了无数人，对解放军的赞美之词也不绝于耳，但春晚上的一首《为了谁》却胜过了长篇大论的赞美。"泥巴裹满裤腿，汗水湿透衣背"，简单的两句歌词就把在抗洪抢险中解放军的英勇形象展现得淋漓尽致。"谁最美，谁最累，我的乡亲，我的战友，我的兄弟姐妹"，更是唱出了全国人民的心声，唱出了国人对解放军子弟兵的感激，也唱出了军民一家的鱼水深情。这首歌也成为1999年春晚上的经典歌曲并一直传唱至今。

　　除此之外，1999年春晚上还有许多颇具影响力的歌曲。比如专为澳门回归而作的《七子之歌——澳门》，歌词采用了闻一多先生的诗作《七子之歌》，体现了澳门同胞热切盼望回归的心愿和真诚的赤子之心；又如由现场三位歌唱家直播演唱与前期七位歌唱家录播结合完成的《风，请你告诉我》，意大利、法国、澳大利亚、加拿大全球各地华人同唱一首歌，表达了海外游子对祖国母亲的思念和祝福，将全球华夏儿女的心联系在一起；另一首歌曲《大年三十包饺子》，虽然歌曲本身并没有红起来，但其演出形式比较新颖，云集明星在舞台上一起包饺子，喜庆又热闹，歌曲最后还将饺子送到观众席中，增加了与观众的互动性。

　　1999年春晚在节目的安排顺序上不同于1998年春晚，将往年紧随开场后的民族联欢板块推后，增加了曲目和曲种，这也成为一种沿用至今的民族联欢形式。中间没有串联，被选中的少数民族舞者或是歌者登台表演，每个小节目持续约一分钟，用最快的时间展示尽可能多的民族特色，包括西南少数民族群、西北少数民族群、东北少数民族群以及东南少数民族群四个大板块，传达出中华一家亲的观念。

　　当然，每年春晚都会有被大众所诟病的节目，这类节目或是不符合普罗大众的审美要求，或是卖点不多，或是调度不当，而1999年春晚的节目却"错"得十分新颖，它"错"在了"回顾"。这年春晚中，安排了两个经典金曲的回顾板块，两个板块相连，宋祖英、郁钧剑等被大众所喜爱的优秀歌唱家先后登场，节目本身没有问题，歌唱家也都发挥了很高的水平。但社会对其不满的是春晚节目组对于"回顾"这一命题的设置，他们认为："一些成名演员只是演唱'春节晚会金曲回顾'，让人感到十分遗憾，以后难道不再举办晚会了吗？何必急于重复自己呢？如果不是导演并不高明的创意使然,这也从另一个角度说明了我们原创歌曲的滞后,与相声、小品可谓同病相怜。"①

舞蹈方面,两个节目《春》和《吉祥》都十分精彩。《春》表演中的亮点是伴舞者服装的变换,时而金黄,时而桃红,时而大红,三种颜色交替,表现了春意盎然、万物复苏的景象。只是,该节目的特色反而被目不暇接的服装变换所遮盖,观众的注意力大多在颜色上,真正关注舞蹈的人并不多,虽然节目出了新,但舞蹈本身的艺术美还可以加强。《吉祥》的播出效果则较《春》要好很多,满地的红灯笼,三位舞者翩翩起舞,用影、形、舞完成,音乐搭配活泼轻快,编舞也不拖沓,舞者身姿轻盈飞旋,以高水平完成了舞蹈动作,反响良好。

南方相声首登台　北方小品博喝彩

1999年春晚中共有11个语言类节目,其中相声节目3个、小品节目8个,虽然大多数演员都是老面孔,但仍不乏一些新人登场。总体来说,这一年的语言类节目质量要好过1998年。相声小品是观众较为偏爱的节目类型,晚会在这方面的侧重对提升整体收视效果也起到了积极作用。

这一年春晚语言类节目的最大亮点是增加了南方特色相声,这既反映出导演组想要更大程度地满足观众需求,照顾到南方观众的心理,也说明相声并非只是北方的艺术。一对来自湖南的老搭档奇志、大兵在湖南省乃至南方地区非常受欢迎,并曾在1998年全国相声大赛中获特别奖,此次二人在春晚舞台上的节目《白吃》以南方特有的幽默感将公款吃喝讽刺得淋漓尽致。唯一的不足就是节目时长太短,5分钟的时长仅是正常相声作品的一半,听起来像小段子,剧情还没展开就突然停止了。若把两人

图3　相声《白吃》

---

① 佚名:《给1999年春节晚会打分》,《精品购物指南》1999年第28期。

在春晚上的节目与其在南方本地的表演进行比较便可发现，由于方言的差异，一些南方味较浓的搞笑段子被拿掉了，这也是节目本身的一种遗憾，而语言差异也是南方相声小品一直没能被北方观众和春晚接受的重要原因。

相较于初来"试水"的南方相声，北方小品在1999年春晚上却是一片繁荣。这一年，赵本山带着《昨天·今天·明天》开创了他个人的小品时代，东北老汉的形象迅速推广至全国，而他与宋丹丹的组合也一炮走红，白云、黑土这两个名字在不经意间成为经典，观众不厌其烦地去一遍遍回味这部让人捧腹的作品，甚至两人在小品中的每句对白也让人牢牢记住。后来，赵本山本人在接受中央电视台《艺术人生》的采访时谈道，《昨天·今天·明天》是他自己迄今为止最满意的一个作品。

图4　小品《昨天·今天·明天》

蔡明和郭达也是早期春晚的一对铁搭档，陆续为大家带来了一批优秀作品。相较于两人在1996年春晚上的作品《机器人趣话》、1997年的《过年》及更早时候的一些作品来说，1999年两人献上的作品质量一般。小品以"球迷"为切入点，以夫妻矛盾为载体，表达的却是中国女足质量高不受人关注、中国男足受人关注质量却差的问题，再三思考也没有得出更深一层的结论。但如果仅仅说这个节目是为了博观众一笑的话，那无论是笑点还是"包袱"的设置都不是很成熟，特别是山西人的人物设定让节目一开始时便因语言问题使很多观众摸不着头脑，这就打断了观众的注意力，只能重新进入剧情再来欣赏作品，这无疑会对节目自身产生很大影响。

赵丽蓉继续她的音乐小品路线，这次她还是回归"乡村老太"的形象。《老将出马》讲述为了迎接外宾学习英语的故事，除了老歌《在希望的田野上》《春天的故事》外，小品中还加入了当年热极一时的《泰坦尼克号》主题曲，这种结合可谓中西合璧，也展现了中国老人不服老、活到老、学到老，愿意接受新知识的精神。遗憾的是，这成为赵丽蓉参加的最后一届春晚。2000年7月17日，赵丽蓉逝世，离开了她热爱的舞台，但她留下的作品如《如此包装》《英雄母亲的一天》等，都具有巨大的影响力。

直到现在，每每看到德艺双馨的赵丽蓉老师的作品，观众的心都会感到丝丝温暖。

图 5 小品《老将出马》

严顺开的小品《爱父如爱子》倒是 1999 年春晚杀出的一匹黑马，小品讲述了一个爱管教父亲的女儿的故事。无论叙事、结构还是现场表演，都做得很细致，通过生动形象的表演将大女儿、小女儿不同的观念以及老父亲的心理活动都展现得淋漓尽致。

图 6 小品《爱父如爱子》

此外，高秀敏和范伟在 1999 年春晚上的作品也值得肯定，两人表演到位，对白也引得观众连连鼓掌。小品围绕买衣服展开了关于良心的讨论，幽默中蕴含着教育意义，但又不让观众产生被说教的感觉，也是这个小品的成功之处。

外国人会说中国话在 20 世纪 90 年代尚属很稀奇的事，虽然加拿大友人大山多次在春晚中参与相声小品的表演，但基本上都是和中国的名角儿搭档演出，而在 1999 年春晚的舞台上，导演组则让大家欣赏了一个完全由外国人表演的相声节目。四个老外在中国的春晚上说相声当然会引发人们的好奇，也正是这个原因该节目被安排为整场晚会第一个语言类节目登场，戏说了中国家庭成员的辈分和叫法。但必须要指出的是，外国人的相声表演与其说是在传播相声艺术，不如说是用外国人的噱头来营造气氛，传达中外友好的主题。

总体来看，1999年春晚语言类节目呈现的状态是老面孔太多，好节目偏少。相声太少，占比太低，好作品太少。优秀的相声演员姜昆也只能在歌舞类节目中露面，这也说明了并不是缺乏好演员，而是缺乏好段子。而小品的问题则是方言的滥用，这也是内容之外需要考虑的形式问题。

音乐新剧展头角　戏曲合唱增亮点

戏曲节目是每年春晚舞台上必不可少的部分，京剧豫剧黄梅戏，大鼓琴书牌子曲，都是我国历经千百年沉淀下来的优秀艺术珍品。1999年春晚以京剧为首，名段荟萃，《对花轮》《锁麟囊》《打龙袍》《坐宫》《定军山》，五个优秀作品选段唱响舞台，让戏迷们过了一把瘾。除此之外，其舞蹈也是亮点。仔细观察不难发现，名家背后的不再是身着戏服的演员，而变成了模特走秀，中国古典服饰再配上现代的设计，戏曲节目也搭上了时尚的快车。更为难能可贵的是，服装的设计和模特走秀的安排都是符合戏曲节目主题的，这一点也能看出导演组的良苦用心，而这也是1999年春晚在戏曲节目中做出的最大创新，值得肯定。

除了戏曲的亮点之外，1999年春晚在节目类型上也做了很多努力，运用了新的节目形式：微型音乐剧。作者将家喻户晓的《龟兔赛跑》寓言改编成了一部面对少儿观众的《新龟兔赛跑》。虽然是少儿节目，但绝对不乏明星大腕，杨洪基、王静、尹相杰、董浩、安宁、宋丽娜、释小龙，主要演职人员中歌唱家、歌手、主持人、演员一个不落。尽管该节目没有获得当年的奖项，但这种敢于突破常规的形式是值得肯定的。一直以来，受本民族文化影响和其他一些原因，中国人对西方的歌剧、音乐剧在认识方面还有待提高，这个节目将很多人不经常欣赏的音乐剧形式搬上了春晚舞台，也许收视效果并不尽如人意，但毕竟是为传播西方优秀文化走出了具有创举意义的一步。不过需要强调的是，音乐剧节目被放在了晚会的最后一个小时，考虑到儿童的作息习惯，这种安排不是很合理，这也是该节目不足的一点。

总体来看，作为20世纪的最后一届春晚，1999年春晚无论是歌舞节目的编排，还是语言类节目的质量，都获得了广大观众的肯定。节目类型在一定程度上兼顾了南北方差异，相声、小品、歌曲、舞蹈、戏曲、魔术、杂技、音乐剧、武术等都一一涵盖在内。而作品本身也更加贴近现实生活，既有反映家庭生活的也有反映重大事件的，还有反映社会现象、职业道德和反腐倡廉的。此外，对于歌曲节目真唱的承诺，大胆起用新人，舞美设计兼容并包等许多方面也都是这一年春晚的特色。

图 7　微型音乐剧《新龟兔赛跑》

除了大的方面，一些小细节的改动也引发了观众的注意，例如春晚搬入一号演播大厅之后重新使用了现场乐队，让观众看得到现场的伴奏，更能增加真实感。还有具有划时代意义的网络同步直播，这也是春晚历史上第一次利用网络直播，说明春晚已经开始以多样的传送渠道将自己推向更为广阔的全球大舞台。

（本文作者：窦宁、孔康康）

附：1999年中央电视台春节联欢晚会节目单

首播时间：1999年2月15日20：00
总导演：《综艺大观》栏目组、刘铁民、朱彤、黄海涛、陈雨露、周晓东
主持人：赵忠祥、倪萍、周涛、朱军

1. 开场歌舞《玉兔迎春》　舞蹈：河北省歌舞剧院、河北省艺术学校、吉林市歌舞团、贵州遵义杂技团、空军蓝天幼儿艺术团、武汉邮政艺术团、吉林省戏曲学校

   主持人致开场词

2. 歌舞《欢乐中国年》　演唱：孙悦、解晓东　舞蹈：成都军区战旗歌舞团
3. 相声《同喜同乐》　表演：大山（加拿大）、卡尔罗（南斯拉夫）、露露（贝宁）、莫大伟（美国）
4. 小品《将心比心》　表演：高秀敏、范伟、黑妹
5. 歌曲《山路十八弯》　演唱：李琼
6. 歌曲《对面的女孩看过来》　演唱：任贤齐（台湾）
7. 小品《老将出马》　表演：赵丽蓉、巩汉林、金珠
8. 歌曲联唱《瑞雪兆丰年》　演唱：吕薇、湘女、朱砂、陈思思、杨华、李星、刘春

梅、贺继红

9. 杂技《滚环》 表演：广州军区战士杂技团
10. 相声《瞧这俩爹》 表演：冯巩、牛群
11. 歌舞《风风火火走一回》 演唱：吕继宏、于文华、李丹阳、耿为华 领舞：王小燕、郝一鸣 舞蹈：成都军区战旗歌舞团
12. 小品《爱父如爱子》 表演：严顺开、凯丽、李丁、王景
13. 歌舞《新时髦话》 演唱：林依轮、季红、王璐遥、戴娆、钟梅 舞蹈：河北省歌舞剧院、河北省艺术学校
14. 小品《真情30秒》 表演：孙涛、林永健、毛孩、周炜、范雷
15. 歌曲《常回家看看》 演唱：陈红、蔡国庆、张迈、江涛

主持人倪萍邀请1998年洪水受灾群众代表和部队官兵代表讲话

16. 歌曲《为了谁》 演唱：祖海、佟铁鑫
17. 小品《打气儿》 表演：黄宏、句号
18. 小品《昨天·今天·明天》 表演：赵本山、宋丹丹、崔永元
19. 金曲回顾之一
    (1)《辣妹子》 演唱：宋祖英
    (2)《说句心里话》 演唱：郁钧剑、阎维文
    (3)《珠穆朗玛》 演唱：彭丽媛
20. 金曲回顾之二
    (1)《走进新时代》 演唱：张也
    (2)《在那桃花盛开的地方》 演唱：蒋大为
21. 相声《白吃》 表演：奇志、大兵
22. 舞蹈《春》 领舞：刘敏 舞蹈：成都军区战旗歌舞团、河北省歌舞剧院、吉林市歌舞团、吉林省戏曲学校
23. 歌舞《大年三十包饺子》 演唱：王馥荔、姜昆等 舞蹈：首都师范大学艺术系
24. 小品《球迷》 表演：郭达、蔡明、郭冬临
25. 京剧《名段荟萃》
    (1)《对花轮》 演唱：袁惠琴、胡璇 舞蹈：阎红霞
    (2)《锁麟囊》 演唱：张火丁、刘桂娟、李海燕
    (3)《打龙袍》 演唱：孟广禄、邓沐玮、陈俊杰 舞蹈：王迪、李豪楠
    (4)《坐宫》 演唱：赵秀君、王蓉蓉、张萍 舞蹈：徐燕
    (5)《定军山》 演唱：于魁智、李军
26. 歌曲《风，请你告诉我》 演唱：胡晓平、莫华伦、梁宁、田浩江、黄鹰、迪里拜尔、叶英、于吉星、栾峰、苗青 合唱：欧美同学会合唱团

客串主持人曾志伟、沈殿霞向全国人民拜年

27. 歌曲《床前明月光》 演唱：梅艳芳（香港）

28. 歌曲《七子之歌——澳门》 领唱：容韵琳（澳门） 合唱：银河少年电视艺术团、童心合唱团、电力合唱团、总参教师合唱团

29. 歌曲《春暖花开》 演唱：周艳泓、甘萍、谢雨欣、眉佳、张媛媛、王向云

30. 歌曲《激情飞越》 演唱：韦唯、黄伟麟（澳门）、苏芮（台湾）、温兆伦（香港）及众歌星

31. 歌舞《鼓震神州》 演唱：小香玉、旁边、星星 舞蹈：山西小香玉希望艺术学校、北京建雄文工团

32. 歌舞《快乐指南》 演唱：林萍、陈明、景岗山、黄格选 舞蹈：武汉邮政艺术团

33. 音乐剧《新龟兔赛跑》 表演：杨洪基、王静、尹相杰、董浩、安宁、宋丽娜、释小龙

34. 舞蹈《吉祥》 舞蹈：刘晶、吕浪、石泉、广州军区战士歌舞团

35. 歌曲《春天的钟》 演唱：程志、顾欣、魏松 合唱：银河少年电视艺术团

零点钟声 来自北京、香港、澳门、台湾的四位小朋友一同敲响新年钟声

36. 歌曲联唱《民族欢歌》

　　(1)《亚克西》 演唱：阿不力孜·聂、古丽夏提

　　(2)《鸟打铃》 演唱：金月女

　　(3)《有一个美丽的地方》 演唱：阿依信

　　(4)《花儿与少年》 演唱：孙静、马晓晨、王庆君、杨亚平、高音

　　(5)《扎西德勒》 演唱：宗庸卓玛、郭瓦加毛吉、拉姆措、泽娜卓玛

　　(6)《桂花开放幸福来》 演唱：刘媛媛

　　(7)《编花篮》 演唱：刘爱玲、鲍容、周芳、陈淑敏、刘迎春

　　(8) 好来宝《腾飞的骏马》 演唱：道尔吉仁钦、吉日木图、内蒙古自治区乌兰牧骑艺术团

　　(9)《爱我中华》 演唱：曲比阿乌、罗宁娜、梦鸽、陈真

37.《为祖国干杯》 演唱：幺红、郑咏、郑莉、胡雁、刘君侠、戴玉强、丁毅、于乃久 合唱：童心合唱团、电力合唱团、星海合唱团、总参教师合唱团、星光合唱团 舞蹈：武汉邮政艺术团

38. 尾声：主题歌《难忘今宵》（合唱）

千禧龙年吉　春晚十八变

——2000年春晚记忆

对中国人来说，2000年是一个"大"年。刚刚过去的1999年，我们迎来了新中国成立50华诞；继1997年香港回归祖国之后，澳门也回到了祖国母亲的怀抱；还有，中国成功签署了关于加入世贸组织的双边协议，并进入实质性实施阶段。同时，2000年恰逢庚辰龙年，龙年是中华民族具有象征意义的"本命年"。几个"千载难逢"的重合为这一年涂上了一层不一般的色彩，也使这一年的春晚成为万众瞩目的焦点。

随着千禧年的钟声在24个时区接连响起，人们发现"全球"再也不是一个书本上的概念，只要坐在电视、电脑前，人们就可以真切地感受到全球的心跳。① 对于春晚自身而言，2000年是其创办以来走过的第18个年头，春晚已在无形中成为中国人过年不可或缺的一部分。她不仅担当着传承中华传统文化的重任，也承载着国家的政治意识，刻上了时代的鲜明烙印，成为中国人感情的大聚会，亲情、友情、爱情乃至乡情、国情的汇聚融合。

20世纪80年代的中国，每个人都满腔热情地建设着我们的国家，因此80年代的春晚以"国"为先，《我的中国心》《万里长城长》《龙的传人》这些主旋律色彩浓烈的歌曲道出了内地、港澳台同胞乃至华人华侨的共同心声，一时间红遍大江南北；90年代的中国，社会大变革、经济大发展，人们的生活水平提高了，每个人都有精力照顾自己的小家了，因此90年代的春晚以"家"为先，一曲《常回家看看》唱出了多少含辛茹苦的父母对孩子的牵挂。"老人不图儿女为家做多大贡献，一辈子总操心就盼个团团圆圆"，朴实无华的歌词，打动了无数漂泊在外的游子的心。进入21世纪，在国泰民安的大背景下，人们拥有了个性化自由发展的空间，因此21世纪的春晚以"人"为先，春晚不再拘泥于展示全国文艺舞台上的优秀作品，而是侧重节目的娱乐性，不断创新的节目表现形式和个性化的服饰，只是为了给吃年夜饭的人们助个兴。②

正应了那句俗语："女大十八变"。经历了80年代的独占鳌头期和90年代的日益

---

① 佚名：《2000千禧年》，http://big5.china.com.cn/news/txt/2008-12/19/content_16976883_4.htm。
② 赵博文：《央视春节联欢晚会发展历程研究》，《河北软件职业技术学院学报》2001年第6期。

繁荣期，18岁的春晚也在新世纪的开端走上了转型之路。新媒体技术的加入，拓展了春晚"年文化"的传播空间，春晚的全球直播使中国的年文化成了全球华人的年文化。通过电视、电脑等高科技发展的产物，世界各地的华人一起品尝着春晚这顿丰盛的除夕年夜饭。她不仅唤起了人们的家国情感，影响了人们对现实的认知，更引领了各个时期的社会文化。春晚历来是当年服饰流行的风向标，演员们的衣着多半成为年轻人竞相模仿的对象。跨入21世纪的中国人，已经从改革开放初期的青涩、手足无措，变得从容而自信。人们的眉目、衣着越来越活泛，越来越"个性化"，"混搭"成为新千年服饰的关键词。人们开始习惯穿着独一无二的个人服饰，而不是呆板地追逐名牌。英伦风、波西米亚风格的衣服逐渐流入国内市场，同时旗袍、唐装、汉服这些复古风格的服饰也再度流行起来。①

正如同人们焕然一新的着装，2000年春晚的舞台也开始大改造，采用了圆形的舞台，看起来很像"地球"，这之中可能有"团圆"的意味，而"球状"的立体空间又似乎意味着全球化时代的到来，敞开的一扇大门仿佛在迎接崭新的21世纪。圆形架子上的镂空图案则很像是一条盘旋在舞台上方的巨龙，生肖、春联、灯笼等带有中国传统色彩的吉祥元素也成为春晚舞台不可或缺的造型素材。

图1　2000年春晚圆形舞台

除了舞台，2000年春晚的布局谋篇也一改往日框架，导演们以"豪迈、喜悦、温馨、团聚"为基调，将晚会分成了"笑口常开闹今宵""国盛家和万事兴""中华儿女团聚情""人逢喜事精神爽"和"龙禧千年颂新春"五个人物化、情节化的篇章。虽然这种划分篇章的方法打破了陈旧的传统模式，但是这五个篇章之间似乎并没有什么逻辑关系，导致播出后观众反映前三个篇章比较充实，而后两个篇章看点少、分量轻，有点虎头蛇尾的感觉。在今天看来，这台晚会在技术上的确有粗拙的地方，制作不够精致，但

---

① 佚名：《2000千禧年》，http://big5.china.com.cn/news/txt/2008-12/19/content_16976883_4.htm。

是仍不得不承认导演的用心。以开场片头为例，片中包揽了全中国的美景和地方特色，以在龙旗上盖金章的形式走遍全国，每个省、市外加港、澳、台地区都有自己的一枚印章，同时以各自独特的风土人情做背景，最后以"春节联欢晚会"的印章拉开晚会的序幕。短短2分28秒，不仅展示了全国各地的美丽景色，还融入了武术、书法、大鼓、水轮车、瀑布、雪山等中国味儿十足的特色元素，短小精悍，大气磅礴，今天看来依旧经典。

图2 2000年春晚片头

从主持方式上看，2000年春晚由21个主持人流动主持，其中大部分都是央视当红栏目的主持人，他们把《半边天》《焦点访谈》《生活》《实话实说》等栏目穿插其中，颇有新意。其中"仪式化"的主持人代表赵忠祥和倪萍缺席主持，但却以年迈的形象出现在短剧《品茶》中，挥别春晚舞台，诉说春晚的"创新""变革"。这届晚会，在形式上少了几分"威严"，却多了几分轻松和随意。

当然，舞台、布局、主持的变化无论多大，都只是形式上的改变，观众最关注的还是其内容。下面不妨结合具体节目对2000年春晚做一个大致梳理。

大型歌舞开序幕 天王歌后齐亮相

歌舞类节目较其他节目而言，更适合从正面抒发爱国情感，表达节日的祝福。因此自1983年春晚创办以来，歌舞类节目一直是重头戏。

2000年春晚的五大篇章都是以大型歌舞拉开序幕的，《把春天迎进来》《大年三十》《爱我中华》《开门红》《今宵久久》，这几首歌曲不仅是篇章之间的过渡，同时也点明了晚会的几大主题。庞大的演出阵容，华丽的明星组合，让整个舞台变得十分热闹。港台歌曲助阵则为晚会增添了几分时尚和活力。2000年春晚邀请了黎明、张惠妹、谢霆锋等好几位"天王""歌后"级的港台明星，让许多"追星族"们大饱眼福。

从歌曲主题上看，离不开"辞旧迎新"和"祖国统一"这两大主题。2000年春晚中，表现"辞旧迎新"这一主题的歌曲有《把春天迎进来》《红彤彤的春天》《新年快乐》等；表现"祖国统一"这一主题的歌曲有《澳门，我带你回家》《中国大团圆》《爱我中华》《花好月圆》等。不管是哪类主题，都沿袭了春晚惯有的大型歌舞模式，歌手们穿着花花绿绿的服装，身后有一大群伴舞，偌大的舞台被填充得很满，渲染了一种宏大气势。

2000年春晚中，家喻户晓的歌曲并不多，就其出现的众多歌曲来看，《打个电话》算是比较温情的一个。这首歌的主题是反映亲情的，除夕之夜，不管你身在何方，走得多远都要给爸爸妈妈打个电话，"有事没事打个电话，就想知道你在哪"，歌词简单通俗，不但给人一种很温暖的视听感受，还让人们想起刚刚迈进21世纪时人们的日常交流方式，当时网络还未普及，人们通过打电话相互问候、互相关爱，比现在的网络对话、发短信等"间接"沟通方式要亲切、温暖得多。

图3　歌曲《打个电话》

相声量少质高　小品取材广泛

2000年春晚的语言类节目篇幅很小，只有2个相声、5个小品，不少观众反映看得不过瘾。1983年，在观众的点播下，相声节目达到了9个，自此之后相声节目的数字再也没有超过9个，一直维持在2~5个的数量。2000年的2个相声，确实是历届春晚相声类节目数量的低谷了。开场的相声《旧曲新歌》展现了相声演员们的多才多艺，他们用天津快板改编央视的天气预报，调侃中国足球，颇有新意。著名相声演员姜昆和戴志诚的相声《谈情说爱》把爱情、生活、婚姻比喻成了各种可以吃的东西，其中一句描述婚姻的台词让观众们印象深刻："婚姻是一锅粥，得熬，越熬越烂糊。"通过调侃说出简单的道理。

图 4　相声《旧曲新歌》

图 5　相声《谈情说爱》

这届春晚中，"小品腕儿"们为了博得观众一笑，使尽了浑身解数。由巩汉林、潘长江、王思懿表演的小品《同桌的她》，尽管题材没有太多创新，但笑料却不少，潘长江和巩汉林两大笑星一矮一瘦，颇有喜剧效果。小品《小站故事》以1999年9月21日台湾大地震为背景，讲述了大陆人民和台湾同胞在灾难面前互相搀扶、亲如一家的故事，富有人情、人性。赵本山和宋丹丹的小品《钟点工》则反映了老年人越来越孤独的社会问题，小品结构简单，但笑料十足。其中的三个出彩笑点至今仍让许多观众记忆犹新："你不穿马甲我照样认识你""走了，伤自尊了"，还有"把大象装冰箱分几步"。关于马甲的玩笑话成了网络流行语，接下来一年马甲的滞销也从一个侧面印证了这个小品的火爆。与此同时，女性意识的崛起以及多元化的审美在小品中也不断显现。郭达、孙涛等带来的小品《青春之约》，以电视征婚为背景，讲述了女性对爱情的勇敢追求；文兴宇、蔡明、句号的小品《爱笑的女孩》用"活泼"的言行举止打破固有"文静"的女性形象，展现出多元的女性样貌。

图 6　小品《小站故事》

图 7　小品《钟点工》

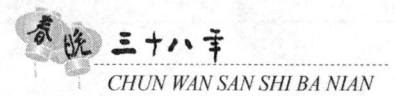

总体来看，自 2000 年开始，春晚语言类节目的取材越来越宽泛，并逐渐走向成熟。不仅有纯喜剧类的节目，也有反映社会问题的，还有的在节目中创新性地加入了很多新鲜的元素，给春晚增添了更多看点，给电视机前的观众带来了更多的欢笑。

戏曲持续走低　观众反应平淡

我国是一个戏曲大国，戏曲艺术历史悠久，表现形式丰富多彩，是中华民族传统文化的艺术瑰宝。按照惯例，每年的春晚都会有戏曲类节目，不过大多数时候都只有一个节目，一般以选段的形式"亮相"。

就 18 年来春晚中戏曲节目的走向来看，戏曲类节目是逐渐走向低谷的，不仅比重在逐渐减小，时间上也常常被安排到零点钟声敲响之后。1984 年，戏曲类节目的数量达到峰值 9 个，1985 年戏曲类节目的总时长也达到了最高值 2368 秒，但随着观众审美观的提升和各种新节目类型的出现，戏曲传播受到了严重冲击，尤其是年轻的观众们，往往沉迷于轻松时尚、包装新颖的电视节目当中。因此，戏曲类节目在春晚的比重逐渐降低，受关注度也越来越低。① 自此之后，戏曲节目始终保持在 1~2 个，比例也从 6% 左右降到了 3% 左右。

2000 年春晚中，戏曲类节目中只有一个京剧《四郎探母》和一个戏曲联唱《地久天长百年好》。尽管联唱的方式确实可以保证更多的选段与观众见面，但事实上，并不利于让观众很好地了解戏曲，观众们会把京剧的武戏选段认为是"大花脸、刀马旦、头上插野鸡毛、舞刀弄枪、翻跟头、杂耍"；当他们欣赏京剧选段时，往往认为京剧就是咿咿呀呀地唱。这种以偏概全的传播方式，让人欣赏的选段越来越精简，影响了戏曲的传播。②

三大亮点助力春晚　港台明星闪耀舞台

本届春晚在很多地方都做了新的尝试，这些创新不仅为晚会本身增添了光彩，也为以后的春晚提供了有益的借鉴。

首先，讨得"头彩"的当属流动主持的新模式。2000 年春晚，导演突然换掉了赵忠祥和倪萍这两个"台柱子"，而是采取了多人参与的流动主持新模式。这次春晚也是 30 年来主持人最多的一次，共有 21 个人。"小燕子"赵薇、"紫薇"林心如，还有《我爱我家》里的文兴宇，当红的演艺界明星都"反串"当起了主持人，虽然他们的主持风格迥异，有时也"上句不接下句"，但是从观众的角度来看，这样的春晚是随

---

① 王祖洪：《从春晚戏曲节目说起》，《湖南农业大学报》2008 年第 396 期。
② 陈健雄：《戏曲电视节目的现状及未来发展途径》，《戏曲艺术》2010 年第 1 期。

意的、真实的，而不是煽情的、紧绷的。如今，随着春晚的发展，对主持人的要求也越来越高，我们每年看到的几乎都是一些固定的老面孔，尽管他们对舞台的把控能力要远远强于非专业主持人，但对于春晚的联欢性、娱乐性而言，也不失为一种遗憾。

图8　2000年春晚，赵薇表演微型音乐剧《笑一笑》

其次，2000年春晚是历年来亮相新人最多的一次，也是熟悉面孔"大反串"的一次。这一年，1999年影视圈内颇有观众缘的一批热点人物纷纷登台亮相，给观众带来了兴奋点和可视点。当年，琼瑶的《还珠格格》红遍大江南北，收视率创中国第一、亚洲第一，重播率最高，堪称中国电视剧的一部传奇。"小燕子"赵薇也一飞冲天，红遍亚洲。红透了的"小燕子"也飞到了春晚的舞台，一会儿做起了主持人，一会儿又唱起了歌。她的好姐妹"紫薇格格"林心如也作为新人登上了春晚舞台，和主持人崔永元一起唱了《溜溜的她》，两个人虽然都不是歌手，但歌曲唱得清新自然，观众看得也很舒心。此外，1999年走红的电视剧《牵手》的主角吴若甫和蒋雯丽也作为影视新人亮相春晚，他们和付笛声、任静等共同演唱了歌曲《你幸福我快乐》。邀请影视新人登台，对春晚来说是一种有益的尝试，不仅给观众带去了新鲜的感受，也拉近了春晚与观众的距离。

本届春晚不仅新人多，就连观众熟悉的老明星也有新变化。《明星反串闹新春》板块便是这台晚会的一大亮点。"反串"这一艺术样式其实古已有之。以前，戏班子每逢腊月都要封箱息戏，春节开箱唱戏，除了演出前要加演一出"口彩戏"外，还要演吉祥戏。名家反串，也是戏迷过年看戏的一个内容。① 在该板块中，歌手韦唯唱京戏，戏曲家尚长荣唱《爱的奉献》，井冈山玩起了双簧管，韩磊吹着地道的长号，艺术家们一反"常态"，从另一个侧面展示出多才多艺的姿彩，赢得了观众阵阵掌声。该板块中的几个反串，都是为春节量身定做的，展示了影视演员、歌手的另外一面，

---

① 佚名：《春节荧屏贺岁节目"明星反串"出新意》，《解放日报》2003年2月10日。

给人耳目一新之感，他们虽然表演的不是自己的专业，荒腔跑调也不是什么大忌，出乖露丑反而会逗人一乐，逗观众开心的目的也就达到了。

最后，港台明星的大力助阵也成为2000年春晚的一大亮点。祖国的"游子"香港、澳门相继回到了祖国母亲的怀抱，2000年春晚舞台上的港台明星也是春晚舞台上有史以来最多的一次，张惠妹、黎明、林志炫、谢霆锋、林心如等，群星璀璨，令人目不暇接。谢霆锋是1999年走红的新人，帅气十足的他和可爱温婉的董洁搭档，为观众们献上了一场唯美浪漫的世纪婚礼，给观众留下了深刻的印象，许多年轻观众看后都有了结婚的愿望。"小天王"黎明一身帅气亮相，配合着新潮时尚的街舞，演唱了歌曲《快乐2000》，以说唱结合的形式唱出了新千年的动感节奏。港台明星的加入，让春晚"洋气"了许多，不仅展现出海峡两岸汇聚交融的和谐氛围，也描绘了同胞相聚的感人场景。一首《澳门，我带你回家》，还有音乐剧《笑一笑》，都展现出大陆对澳门兄弟姐妹们归家的热情欢迎。

在一片祥和、热闹的氛围中，2000年春晚落下了帷幕，她留给观众的有惊喜，有欢笑，有感动，也有遗憾。这届春晚既延续了过去17年来一贯的风格，同时作为新世纪的第一台春晚在演员构成、节目类型等方面做了一些新的尝试。

然而，2000年春晚也是春晚历史的转折点。它是90年代春晚的高潮、20世纪春晚的最高点，同时也是春晚走向低潮的开始。随着春晚的造星功能日益强大，越来越多的明星想在这个舞台上亮相，加上植入式广告的影响，使得春晚的商业化气息变得愈加浓重。进入千禧年，观众对春晚的模式化产生了审美疲劳，加之地方电视台守岁节目的增加，且节目更为娱乐化和本土化，从而使央视春晚的收视率明升实降。如何正视问题、解决问题，成为往后春晚的一个基本主题。

（本文作者：窦宁、刘耕）

附：2000年中央电视台春节联欢晚会节目单

首播时间：2000年2月4日20：00
总导演：赵安、张晓海
主持人：牛群、冯巩、白岩松、文清、赵琳、曹颖、李小萌、鞠萍、崔永元、文兴宇、赵薇、杨澜、姜昆、赵忠祥、倪萍、周涛、朱军
序幕　总导演赵安、张晓海介绍参加演出的全体演员并向全国人民拜年

第一篇章　笑口常开闹今宵

1. 歌曲《把春天迎进来》　演唱：章子怡　舞蹈：广州军区战士歌舞团、吉林市歌舞团、北京星之海艺术团

2. 相声《旧曲新歌》 表演：冯巩、郭冬临 伴奏：王锋、史雪芝

3. 歌曲《军中姐妹》 演唱：张薇薇、张莉莉 舞蹈：广州军区战士歌舞团、吉林市歌舞团、北京星之海艺术团、河北省歌舞剧院

4. 歌曲《打个电话》 演唱：林志炫、黄格选、满文军、满江 表演：亚民、疆粤、孙笑一 舞蹈：广州军区战士歌舞团、珠海市劳动局艺术团

5. 小品《同桌的她》 表演：潘长江、巩汉林、王思懿

6. 少儿歌舞《找朋友》 演唱：白雪、陈红、甘萍 表演：空军蓝天少儿艺术团、海军海娃少儿艺术团、内蒙古小鸿雁艺术团、中央电视台银河少年电视艺术团 钢琴演奏：爱新觉罗·元琅、谢晓琳、孙佳依、陈俏腾 二胡演奏：中国儿童中心 木琴演奏：晋朝荣 爵士鼓演奏：秦佳铭、谭可儿

7. 歌组合《明星反串闹新春》 演唱：田震、臧天朔、韦唯、尚长荣、李谷一、刘长瑜、佟铁鑫、王静、尹相杰、于文华

第二篇章　国盛家和万事兴

8. 歌曲《大年三十》 演唱：温兆伦、伊扬、含笑、凯璐、凯月、金彪、杨洋、方方、圆圆 舞蹈：吉林市歌舞团、珠海市劳动局艺术团

9. 戏曲《地久天长百年好》 演唱：李洁、李佩虹、刘桂娟、赵秀君、于魁智、杨春霞、赵葆秀、孟广禄、耿巧云、管波、唐禾香、马帅、张火丁、史敏、李军 表演：河北省歌舞剧院、石家庄艺术学院、吉林市歌舞团、北京星之海艺术团、珠海市劳动局艺术团、河北艺术学校保定分校、北京军区战友京剧团、山西小香玉希望艺术学校、柳国维

10. 歌曲《给我感觉》 演唱：张惠妹（台湾） 表演：广州军区战士歌舞团

11. 小品《钟点工》 表演：赵本山、宋丹丹

12. 歌曲《温情永远》 演唱：刘欢

13. 歌曲《溜溜的她》 演唱：林心如、崔永元

14. 小品《爱笑的女孩》 表演：文兴宇、蔡明、句号

15. 歌组合《九九新歌》

    (1)《新年快乐》 演唱：唐平、陈震东

    (2)《快乐成群》 演唱：孙慧莹、慧子

    (3)《白桦林》 演唱：朴树

    (4)《谁》 演唱：谢雨欣 表演：吕浪

    (5)《把耳朵叫醒》 演唱：金海心、动感男孩组合

16. 歌曲《家和万事兴》 演唱：郁钧剑、张也 表演：广州军区战士歌舞团

第三篇章　中华儿女团聚情

17. 歌舞器乐组合《爱我中华》 演奏/演唱：景岗山（双簧管）、孙国庆（大提琴）、

韩磊（长号）、江涛（萨克斯）、郭蓉（小提琴）、朱军（单簧管）、孙静、拉姆措、王燕、阿不力孜·聂　表演：张洋、赵薇、高丹　舞蹈：河北省歌舞剧院、石家庄市艺术学校、珠海市劳动局艺术团、北京星之海艺术团、吉林市歌舞团、新疆伊犁地区艺术团、内蒙古马头琴艺术团、延边大学艺术学院

18. 歌曲《澳门　我带你回家》　演唱：梁咏琪、黄伟麟、周冰倩、蔡国庆

19. 小品《小站故事》　表演：黄宏、凌峰（台湾）、赵薇

20. 歌曲：《长江长》　演唱：董文华　舞蹈：广州军区战士歌舞团、吉林市歌舞团、北京星之海艺术团

21. 音乐剧《笑一笑》　演唱：赵薇、林依轮、孙悦、陈婷婷、徐磊　表演：河北省歌舞剧院、珠海市劳动局艺术团、内蒙古小鸿雁艺术团

22. 歌曲《快乐2000年》　演唱：黎明

23. 京剧《四郎探母》选段　演唱：穆宇、赵晶、北京市戏曲学校　表演：山西小香玉希望艺术学校

24. 微型短剧《品茶》　表演：赵忠祥、倪萍、黄宏

25. 歌曲《西部狂想》　演唱：那英、解晓东、幺红

26. 歌曲《天地喜洋洋》　演唱：彭丽媛　舞蹈：广州军区战士歌舞团、珠海市劳动局艺术团

第四篇章　人逢喜事精神爽

27. 歌舞组合

　　（1）杂技魔术：董争臻、傅琰东　舞蹈：河北省歌舞剧院、石家庄市艺术学校

　　（2）《开门红》　演唱：汤灿、火凤、鲍蓉、刘海波

　　（3）《你幸福我快乐》　演唱：蒋雯丽、吴若甫、付笛声、任静、周艳泓、孙浩

　　（4）《红彤彤的春天》　演唱：张燕、戴玉强　表演：吉林市歌舞团

28. 歌曲《你好吗》　演唱：宋祖英

29. 小品《青春之约》　表演：郭达、孙涛、唐静、苏岩

30. 相声《谈情说爱》　表演：姜昆、戴志诚

31. 歌曲联唱《大喜临门》

　　（1）《甜蜜蜜》　演唱：肖雅、李煜、朱含芳

　　（2）《花好月圆》　演唱：谭晶、刘春梅、耿为华

　　（3）《祝你好运》　演唱：刘媛媛、张媛媛

　　（4）《中国大团圆》　演唱：孙丽英、刘斌

　　（5）《今年喜事多》　演唱：孙浩、王颖、张宁、杨洋、张晓芬、王莹、张妮、李函曦　舞蹈：珠海市劳动局艺术团、吉林市歌舞团

32. 歌曲《今生共相伴》　演唱：谢霆锋（香港）

33. 歌曲《举杯吧朋友》 演唱：阎维文、殷秀梅 舞蹈：河北省歌舞剧院

第五篇章　龙禧千年颂新春

34. 歌曲《今宵久久》 演唱：祖海、吕薇、周芳 舞蹈：广州军区战士歌舞团、吉林市歌舞团、北京星之海艺术团、内蒙古小鸿雁艺术团

35. 诗朗诵《等待钟声》 朗诵：濮存昕、张懿婧

零点钟声 主持人倪萍、赵忠祥、周涛、朱军展读时任中共中央总书记、国家主席江泽民同志题写的新春祝辞

36. 歌曲《龙禧千年》 演唱：陈瑶、李倩倩、陈真、王庆君、张娟、梁音、马晓晨、甄真 舞蹈：河北省歌舞剧院、石家庄市艺术学校、珠海市劳动局艺术团、北京176中学

37. 歌曲《送吉祥》 演唱：杨九江、梦鸽、罗宁娜

38. 歌曲《今夜无眠》 演唱：王霞、廖昌永、李丹阳、吕继宏、张迈、屠梅华

39. 主题歌《难忘今宵》（合唱）

技术引新潮　新人领风骚

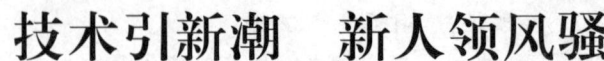
——2001年春晚记忆

2000年是我国社会主义现代化建设发展史上具有标志性意义的一年。迈进新世纪，我国的国民经济快速健康发展，综合国力进一步增强，人民生活总体上达到小康目标，农民温饱问题基本解决。与此同时，我国的社会主义精神文明建设和民主法制建设也取得了丰硕成果，科教兴国战略和可持续发展战略不断推进，各项事业蓬勃发展，祖国和平统一大业也取得了历史性进展。

自1983年起，春晚逐步从一般的电视文艺节目上升为一场热闹的"民族盛会"，成长为一种"新民俗"。一首通俗歌曲、一段相声，在除夕之夜给全国的千千万万个家庭带来了节日的喜庆。然而，正所谓"高处不胜寒"，伴随着越来越多的关注，一些抱怨、批评声也年年不断，甚至陷入了"春晚难办年年办"的尴尬境地。有观众感叹"春晚就像王小二过年，一年不如一年"。她被寄予了太多的期望，接下来的每一年都面临挑战。此外，面对网络文艺形式的兴起和人们精神文化的多元化发展，各大卫视的地方春晚、个性化十足的动画春晚、网络春晚等多种形式也对它形成了不小的冲击。但无论如何，21世纪的第一台春晚还是又一次紧扣着时代的脉搏如约与观众见面了。

2001年春晚的开场歌曲是由陈晓东和孙悦共同演唱的《今天真好》，可谓唱出了蛇年的新气象。伴舞的俊男美女们穿着五颜六色的衣服扮演邮递员、空姐等各行各业的人们，反映了新世纪人们的崭新面貌和喜悦心情。"你不说一句话，却无时不把我激励，就因为你在我心里，我的眼中从来没有悲哀的泪滴"，这首由歌手叶凡演唱、"钢琴王子"李云迪伴奏的《亲爱的中国，我爱你》，唱出了每个中国人的心声，激起了华夏儿女对祖国的眷恋和热爱之情。

不仅如此，自2000年开始，区域发展不均衡的问题也开始逐渐被中央高度重视。12月27日，《国务院关于实施西部大开发若干政策措施》正式出台，这是我党面向21世纪作出的重大决策，对整个中国的未来都有十分重大的意义。春晚中，由王宏伟、红岩、陶红共同演唱的歌曲《西部放歌》充满了西域风情，还展望了西部的美好明天，"赛江南的美景在新世纪造就，古老的山川明天到处锦绣"。

这一年，另一个被浓墨重彩的关键词是"奥运"。在2000年的中国，这是个敏感的字眼，它既让人遗憾失落，也让人欢欣鼓舞。遗憾失落的是中国在1993年申办2000年奥运会的失利，欢欣鼓舞的是2000年悉尼奥运会上中国健儿所展现出的华夏风采。有朝一日能够在中国举办奥运会，是几代中国人的梦想。1998年，北京再次申办奥运会，2000年12月，北京奥运会申办委员会收到了全部28个国际单项体育组织签发的认证书，这意味着中国的奥运梦即将实现。"对于中国来说，北京奥运，不仅是一个民族梦圆的时刻，更是一个民族精神自立的起点。"何振梁老人如是说。2001年春晚的奥运节目既表现出人们为2000年中国健儿取得的优异成绩而骄傲的心情，也表达了对2008年北京奥运会的美好憧憬。群口相声《咱也试一把》由奥运健儿和相声演员共同表演，跆拳道冠军陈中身穿比赛服，用表演性质的拳脚和相声演员切磋，迎来了阵阵掌声。刘欢演唱的《大家一起来》更唱出了人们对举办奥运会的期待，号召大家做好准备，以新的面貌和姿态迎接奥运会的到来。

2001年春晚还有一点值得称道，那就是"与民同乐、与民同呼"。

网络同步直播　电报退出舞台

在全球化风暴的席卷下，中国的网络迅速发展。2000年12月28日，中央电视台与中国电信联合宣布，中央电视台央视国际网络与中国电信在互联网领域进行合作，利用中国电信全程全网的传输优势及设备线路资源，使海外无法接收电视信号的人们都可以通过互联网及时看到春节联欢晚会，感受现场欢欣热闹的气氛。[①] 与此同时，网友们可以通过网络，随时随地表达自己对全国人民的祝福，畅谈自己在21世纪的梦想。这种现代手段的应用，取代了传统的信件与电报方式，一直以来春晚上不可或缺的电报退出了历史舞台。

新技术增色舞美　新风向引领服饰

21世纪的第一台春晚，从舞台的布景到演员的服饰都与90年代有着明显不同，大红大绿、锣鼓喧天的民俗风格，被简洁明快、时尚动感的城市化气息所取代。在晚会上亮相的都是文艺界"前线"的演员，从导演到化妆师，从剧务到艺术指导，全都是资深人士，让充满了通俗气息、大众气息的晚会多了几分高雅艺术的熏染。

与众多其他综艺晚会相比，央视春节联欢晚会仍然属于高水准的晚会，从舞台设计、舞美配合到灯光设置，堪属国内一流。2001年春晚的舞台、灯光、道具等硬件设

---

① 佚名：《春节晚会网路直播，电报退出历史舞台》，http://www.cctv.com/specials/2001spring/cz/cz009.html。

备都很讲究，舞台整体看起来同 2000 年一样都是圆形，但是在舞台的背景墙上装有多个与现场节目同步的 LED 小屏幕，加上不停闪烁的彩色灯光，为春晚整体的舞美设计增色不少，这也同时意味着春晚技术上的革新。

图 1　2001 年春晚的圆形舞台

除了舞台，2001 年春晚一个更细微的变化便是演员的服饰。自春晚诞生之日，这台与民同乐的联欢晚会就不知不觉担负起了服饰界风向标的职责，不得不说这是中国文化的一个怪现象。90 年代，大喇叭裤、蝙蝠衫、健美裤、连衣裙是当时"潮人"的选择。进入 21 世纪，人们的思想开放了，在穿着上也发生了很大的变化，穿着越来越大胆、个性化。正如春晚小品上调侃的那样，"我们好不容易穿上西装了，你们又开始露肚脐了"。新世纪的春晚上，女演员的裙子变短了，男演员的头发变卷了，外套没有毛衣长，可千万别见怪，这叫"混搭"。

主持年轻化　互动小变革

2000 年春晚，赵忠祥和倪萍以一个小短剧的形式在春晚舞台上谢幕；2001 年春晚的主持人由朱军、周涛、张政、曹颖担纲。年轻人的加入，使春晚舞台多了几分活力，也让观众多了几分新鲜感。然而，虽然"人"换了，春晚原来那种"紧绷"的主持方式却仍然没有得到根本改变。从主持人之间的对话中可以发现，春晚的导演在有意识地将解说词变得更加生活化，让主持人能够通过互相调侃，像日常聊天一样主持。但是，春晚凝聚了太多观众的目光，站在台上的年轻主持人们难免有些紧张，原本比较轻松的主持词，由于现场直播造就的紧张氛围，导致说话的语气不太自然，甚至有时会出现前言不搭后语的情况。尽管如此，主持人的年轻化和主持方式、互动方式的小变革都是值得肯定的。不仅如此，这届春晚还加入了与现场观众的互动，现场观众通过座位旁边的按键器，就可以即时表达自己对节目的喜爱程度，这些都是 2001 年春晚的进步。

图 2　2001 年春节晚会主持人

除了形式上的改进和创新，2001 年春晚内容的改变也可圈可点。谈到 2001 年春晚的主题和风格，导演王冼平指出："这次晚会的主题是喜庆、亲切、昂扬、展望，其主旨是迎接世纪之春天，扬国人之豪情，展各民族之风采，引老百姓之欢笑，做到有进步、有创新，着力体现创作视点大众性、气氛营造欢乐性、节目内容时代性和参与手段多样性的总体风格。"

从节目类型上看，主要品种依然是小品、相声、歌舞、戏曲和杂技。语言类节目注重题材的轻松、内容的互动和形式的多变，导演将笑星与乐队、笑星与戏曲明星、笑星与体育明星组合，意在创新，力求创新。以下拟择要介绍。

青春组合亮相　时代动感加强

2001 年春晚歌舞类节目留给观众的最深印象就是组合多。开场后不久的歌曲组合汇聚了梦幻想、风组合、动感男孩组合、青春美少女组合以及神秘男孩组合等众多组合带来的歌曲。平均每个组合有 4~5 人，年轻的男生女生们身着银色、柠檬黄、蓝色的闪亮服装，戴着耳麦，在舞台上热舞，活力四射，成为当时的一道风景。其中的一首歌《网络时代》，主题是保卫网络空间，制服网络黑客。这首歌曲结合了电子音乐、美声、Disco 等多种音乐形式，被称为第一首五维音乐作品。

本届春晚不仅有亮丽的青春组合，还有很多年轻歌手用各自的演唱风格、新颖的表演方式带来的新作。在闪烁的五彩灯光中，歌手李玟躺在粉色的沙发上唱着《好心情》，无论是歌词还是舞蹈都前卫时尚，现代感十足，为电视机前的观众带去了一份好心情；羽泉的一首《彩虹》清新淡雅，符合年轻人的口味；谢雨欣演唱的《第三天》，在帅气的男伴舞的配合下，演绎了一段美丽动人的爱情故事。

图 3　歌曲《好心情》

语言节目创新　表演方式多样

进入 21 世纪，语言类节目的演员有些断层，新演员能撑住"台面"的太少，老演员们没有人可以接替。舞台上出现的新面孔不多，老演员上阵，许多观众有些审美疲劳。因此，2001 年春晚的语言类节目在形式上做了许多新的尝试。

郭达的小品《红娘》讲了一对夫妻因为排练戏曲闹别扭的搞笑故事，把戏曲融合到小品当中，成了"戏曲小品"；潘长江的歌舞小品《三号楼长》讲述了一个邻里之间的故事，把歌舞、二人转加了进去，成了"音乐小品"；刘流和巩汉林的《动物运动会》把泰国象、非洲狮、老虎和小猴、小狗等很多动物都"请"上了舞台，帮动物明星们举办了一个特别的运动会，成了"动物小品"。这些新的尝试，丰富了小品的表演方式，拓展了小品的表现内容。但是有网友认为，小品不同于相声，本身就是一门泛艺术，说、学、逗、唱包括的门类很多，只要不太出格，大家就能够接受。小品是说和演的艺术，注重的是语言的清晰，形态的自然，着重体现各个角色的语言特征和个性特征，加入了二人转、戏曲、舞蹈等其他元素，则完全变了味道，不那么纯粹了。这些说法都有一定道理，但无论如何，对于春晚而言，丰富艺术形式总归是一种有益的尝试。

这年春晚上毫无争议的小品便是赵本山率领着"赵家军"带给观众的《卖拐》。《卖拐》中，赵本山突破了以往在小品中塑造的积极、正面形象，第一次以反面形象"露脸"，成了"大忽悠"。"大忽悠"活活把一条好腿给忽悠瘸了，硬是将一双拐卖给了原本腿脚利索的"范厨师"，逗得观众捧腹大笑。自 2001 年开始，赵大叔年年获得语言类节目的"冠军"，能够每年"忽悠"大家，大家还乐意被"忽悠"，可见赵本山"小品王"的称号是实至名归的。

图4 小品《红娘》

图5 小品《动物运动会》

图6 小品《卖拐》

流行元素融合民族歌舞　老将新人展现多彩风情

　　历年春晚的民族节目、民族元素势必是舞台上最灿烂的花朵。每年春晚都会设置1~2个民族节目，或地域民歌，或民间小调，由各地方电视台报送或由春晚剧组自主命题，力求实现形式和内容两方面的双赢，贴近各地观众。

　　2001年春晚上的民族类节目汇聚了在国内颇有名气的少数民族当红歌手、组合，不仅让观众领略到了少数民族流行音乐的风采，也让中国老百姓再次对56个民族组成的大中华感到了骄傲。《民族对歌》板块融合了6个少数民族歌舞节目，有侗族的无伴奏合唱《布谷催雪》；阿凡提乐队演唱的维吾尔族歌曲《琴努里》；拉姆措三姐妹演唱的藏北民歌改编歌曲《三朵花》等。参加演唱的民族歌手中，有些是各民族顶级的舞蹈家、歌唱家，有些是少数民族的"天王""歌后"，有些则是青年歌手大赛或地方涌现的新人，包括刚出道的新人斯琴格日乐，融入流行元素的"彝人制造"组合、阿里郎组合,还有老将腾格尔,他们在晚会上的表现和歌声都让观众连连叫好。这些节目的串联呈现出斑斓多姿的民族风情和56个民族和谐统一的博大气派。

商业气息渐浓重　收视效果受影响

一直以来,春晚的收视率都是国内任何其他综艺晚会望尘莫及的。它具有强大的"造星"和"增光"功能,在春晚上"露一个小脸",哪怕是几秒钟,都有可能迅速在国内走红。许多演艺界明星们甚至不惜推掉岁尾年初的多场演出也要"挤"上春晚。2000年前后,经常爆出春晚的"黑幕",一些歌星、演员为了上春晚用尽各种手段贿赂导演,春晚的"钱"味越来越浓重了。

不仅明星们争着上春晚,许多企业也为拿到春晚的广告时间"打"得不可开交。本届春晚导演王冼平在接受央视《东方时空》栏目的采访时说,今年的晚会是第19届,"1"和"9"在中国数字中都为大,所以一些东西要发挥到极致。但是观众不曾想到的是,这一年春晚连"植入式广告"也被发挥到了极致。本届春晚上,港台歌星李玟唱的《好心情》是当时红极一时的某饮料的广告歌;章子怡和郑伊健演唱的《选择你的爱》也是某电视机的广告歌曲;冯巩、郭冬临、郭月的相声还没有进入正题,"地球人都知道""喂,小丽呀"等广告语就"噼里啪啦"地全来了。尽管这届春晚没有念贺电,但是与贺电异曲同工的"赞助商""零点报时钟"上的大字,也都随着晚会的重播在全国范围内流传着。这些,都在一定程度上影响了节目的收视效果。

回望2001年春晚,作为新世纪的第一台盛会,也做了诸多尝试,虽然有创新不足的地方,但是走过了19年,我们看到更多的是改变、是进步、是为贴近人民所做的努力。

(本文作者:窦宁、刘耕)

附:2001年中央电视台春节联欢晚会节目单

首播时间:2001年1月23日20:00
总导演:王冼平、王宪生、金越
主持人:朱军、周涛、张政、曹颖
欢乐篇
1. 开场歌舞《今天真好》　演唱:孙悦、陈晓东(香港)　领舞:杨云涛、王亚男、毕妍、万盛、王迪、霍然、陈琛、魏思佳、段妃、张薇
2. 歌曲《越来越好》　演唱:宋祖英

3. 小品《红娘》 表演：郭达、蔡明、刘桂娟、刘小梅 伴奏：中国戏曲学院
4. 歌组合《动感组合》
    （1）歌曲《快请我跳舞》 演唱：梦幻想、风组合
    （2）歌曲《世界多精彩》 演唱：动感男孩演唱组
    （3）歌曲《网络时代》 演唱：青春美少女演唱组、神秘男孩演唱组
5. 化妆相声《得寸进尺》 表演：冯巩、郭冬临、郭月
6. 歌曲《好心情》 演唱：李玟（香港）
7. 动效剧《过年我当家》 表演：成方圆、山西小香玉艺术学校
8. 歌曲《过年》 演唱：张媛媛、眉佳、陈新霓、张娟、杨洋、任真
9. 相声《踩脚》 表演：姜昆、戴志诚

祥和篇

10. 民族对歌
    （1）侗族无伴奏合唱《布谷催春》 演唱：贵州省黔东南黎平侗歌队
    （2）歌曲《琴努里》 演唱：哈孜肯 领舞：热娜、乌尔克孜 表演：阿凡提乐队
    （3）台湾民谣 领唱：斯琴格日乐
    （4）歌曲《彝人回家》 演唱：彝人制造演唱组合
    （5）歌曲《花儿与少年》 演唱：张燕、李倩倩
    （6）藏北民歌改编歌曲《三朵花》 演唱：拉姆措三姐妹
    （7）歌曲《蒙古人》 演唱：腾格尔 合唱：内蒙古蒙古族青年合唱团
11. 小品《家有老爸》 表演：黄宏、林永健、黑妹
12. 歌曲《想起老妈妈》 演唱：于文华、郁钧剑
13. 歌曲《好男儿》 演唱：韩磊、满江、江涛
14. 相声《戏迷》 表演：刘俊杰、唐杰忠 伴奏：天津艺术学校乐队
15. 戏曲《中华大戏真神奇》 表演：孟广禄、于魁智、李胜素、赵秀君、李佩红、管波、张火丁、李静文、韩再芬、张辉、陈雪萍、周好俊、王晓燕、刘阳、周伟君、孙承蝶、陈晓红、何超、张虹
16. 歌曲《选择你的爱》 演唱：郑伊健（香港）、章子怡 情景表演：小香玉
17. 小品《动物运动会》 表演：巩汉林、刘流
18. 歌组合《青春放歌》
    （1）歌曲《彩虹》 演唱：羽·泉
    （2）歌曲《第三天》 演唱：谢雨欣
    （3）歌曲《二十年后再相会》 领唱：谭晶、倪睿思、谷峰、容中尔甲 合唱：红霞、周艳泓、首都警官合唱团

奋进篇

19. 歌曲《亲爱的中国，我爱你》 演唱：叶凡 钢琴演奏：李云迪
20. 群口相声《咱也试一把》 表演：笑林、王平、卓林、赵保乐 伴奏：郭铁成 表演：王海滨（中国男子花剑队队员）、陈中（悉尼奥运会女子跆拳道67公斤以上级金牌获得者）、袁华（悉尼奥运会女子柔道78公斤以上级金牌获得者）、李营（运动员陪练）
21. 歌曲《大家一起来》 演唱：刘欢 舞蹈：山西小香玉艺术学校
22. 舞蹈《飞舞迎春》 领舞：李倩、王迪、陈文、张志、张宇
23. 歌曲《咱老百姓》 演唱：张也、吕继宏
24. 小品《卖拐》 表演：赵本山、高秀敏、范伟
25. 歌曲《你的眼神》 演唱：蔡琴（台湾） 伴奏：老树皮乐队
26. 小品《说声对不起》 表演：句号、洪剑涛、唐静

团聚篇

27. 歌曲《许下一个心愿》 演唱：刘媛媛、梦鸽
28. 歌曲《盼团圆》 演唱：姜育恒（台湾）、祖海 情景表演：李珂、杜婉芹等
29. 杂技组合 表演：李宁、中国杂技团、山东省杂技团、遵义市杂技团 舞蹈：訾沙莉
30. 歌舞小品《三号楼长》 表演：潘长江、黄晓娟、闫学晶、孙坤元、江苏青年歌舞团 伴奏：刘牧
31. 歌曲《江山颂》 演唱：彭丽媛 伴唱：勋勋、张娜、周鹏、李响
32. 歌曲《新康定情歌》 演唱："千斤"演唱组（臧天朔、尹相杰、李琦、刘金山、刘惠）
33. 器乐演奏《快乐的节日》 表演：红缨束女子打击乐团 领奏：张晓灵
34. 器乐演奏《天上人间》 演奏：曾格格、冯晓泉
35. 歌曲《为军营喝彩》 演唱：张迈、刘斌
36. 歌曲《世纪清晨》 演唱：那英、孙楠

零点钟声 主持人共同倒计时迎接新年到来

展望篇

37. 歌曲《全家福》 演唱：王霞、张晓玲、戴玉强、佟铁鑫
38. 歌曲《西部放歌》 演唱：王宏伟、洪岩、陶红、王莹、易秒音、谌容、刘爱玲、马雪琼、刘丹丽、王燕、李星、吾尔克孜、朱砂
39. 歌曲联唱《难忘的歌》
    (1) 歌曲《共青团之歌》 演唱：杨洪基、蔡国庆 合唱：总政老干部艺术团、首

都警官合唱团
(2) 歌曲《我们的田野》 演唱：汤灿、陈思思
(3) 影片《阿诗玛》插曲《马铃响来玉鸟儿唱》 演唱：鲍蓉、耿为华
(4) 歌曲《难忘今宵》 演唱：幺红、满文军、杭天琪、韦嘉

相约二十年　春天骏马跑

——2002年春晚记忆

　　2002年，伴随着每个中国人与整个国家的记忆，春晚不知不觉地走过了整整20年，成为时代最好的见证者。央视索福瑞公司在一项电视节目研究报告中说："二十年，电视节目正进入一个衰退期。80年代的春晚，开局顺利，一片赞扬声；90年代的春晚，基本平稳，肯定声浪甚高；进入21世纪，对于春晚褒大于贬，肯定、否定的声音交错。"随着文化多元化发展和人们审美水平的提高，春晚仿佛陷入了泥淖，举步维艰。

　　每一届春晚都像是一场战役，而2002年的这场"战役"却像是仅仅获得了形式上的胜利。当《难忘今宵》熟悉的旋律在新年钟声后再次响起，这一届的精彩与遗憾，其实早已在意料之中：再次使用分会场，网络明星登台，真唱取代了"对口型"；但缺乏扣人心弦、脍炙人口的精品节目，歌曲类节目未改变一贯的拼盘形式，很多节目都停留在热热闹闹的浅表层面。这充分说明，春晚要不断求"变"，塑造能够引起观众共鸣的精品，节目才能吸引观众，一味地延续旧模式、老套路是没办法留住观众的。

　　回顾2001年，中国发生了太多惊天动地的大事。

　　这一年，"神二"上天了。1月10日，我国自行研制的"神州"二号无人飞船在酒泉卫星发射中心发射升空，在顺利完成预定任务后，于1月16日成功着陆，这是我国载人航天工程的第二次飞行试验，标志着我国载人航天事业迈出了一大步。

　　这一年，"国足"出线了。10月7日，中国国家队在亚洲十强赛中主场1∶0击败了阿曼，拿到了2002年韩日世界杯的入场券。

　　这一年，"申奥"成功了。7月13日北京时间22∶00，当国际奥委会主席萨马兰奇先生宣告2008年奥运会的举办城市是："BEIJING！"每一个中国人为之振奋，全世界华人扬眉吐气，多少次披荆斩棘，中国从失败到成功、从失落到辉煌的漫漫申奥路终于走完了。

　　这一年，中国加入"WTO"了。12月11日，历经十几年的磨砺，中国正式成为世贸组织（简称WTO）的一员，从一体化世界中的旁观者变为参与者。中国入世首席谈判代表龙永图说："中国所有人将因这一变化而有所变化。"

这是不平凡的一年，那么多中国人多少年来的梦想都在这一年相继实现。2002 年春晚的小品《圆梦》便点明了这一主题，小品从一个中年人通过成年高考圆自己大学梦的故事，升华到祖国的梦圆，最后又在结尾祝愿电视机前的观众朋友们都能够圆自己的梦。

图 1　小品《圆梦》

北京申奥成功和中国加入世界贸易组织，给中国带来了更多的机遇和挑战，这意味着中国和世界的交流将越来越多，中国需要更多会讲英语这门国际语言的人才。于是，2002 年祖国大江南北掀起了一股学习英语的热潮。本届春节联欢晚会，李阳把"疯狂英语"带到了现场，的哥、警察、北京胡同里的大爷大妈、幼儿园的小朋友，都跟着他表演了这个说唱节目。在今天看来，节目中的英语特别简单，发音也不够标准，有几句口号还是中英文混杂的，但足以表现出当时国人那种激动与兴奋的心情，那种为申奥成功展现的热情和对祖国强盛感到的自豪。

按照历年春晚的叙事模式，2001 年我们国家发生了这么多的好事、大事，一定会通过"春晚"这个民俗仪式极力渲染和烘托，从而将民众的共同情感（合家团圆、丰收、吉祥）置换为人民的国家愿景（国泰民安、民族复兴）。但是，本届春晚并没有在这方面大做文章，整场晚会并没有出现像《我的中国心》《爱的奉献》那样拨动心灵并广为传唱的佳作，只有民歌歌后宋祖英演唱的"好"字系列歌曲《风景这边独好》，尽管仍是为美好生活和时代主旋律量身定做，但并没有被传唱开来，这和观众的心理期待有一定距离，也不失为晚会的一个遗憾。

尽管如此，2002 年春晚依旧有许多亮点。

分会场再次使用　五地区同台互播

2002 年春晚吸取了以往晚会的经验，把茶座式、剧场式与外景式三者有机结合，

以中央电视台演播厅为中心,进行五地同台多点播出,在两地互传要求精确到 0.1 秒的高难度操作下,比较流畅地实现了更大时空范围内的自由转换,不但丰富了荧屏的视觉形象,拓展了晚会信息量,并融合现代舞美、灯光与音响,变幻出流光溢彩、琳琅满目的效果。①

中心舞台的设计尤其用心。如果说以往春节晚会的舞台是一件又一件颜色各异的"对襟"的话,那么今年的春晚舞台给人的第一印象就是非对称。② 本届春晚舞台的构成要素都以单一的面貌呈现,并没有任何出于平衡考虑的设计。一眼望去,整个舞台似乎是没有几何中心的。晚会还添加了许多升降设备、水池等场景,让春晚的舞台不再单调。舞台的背景上不仅装有大大的 LED 屏幕,还有中国结的图案作为点缀。20 世纪 90 年代,中国结在中国的大街小巷遍地开花,它的出现既是政治的象征,也是国家意识形态的建构元素。

除了中央电视台演播厅,另外五个分会场分别是北京、深圳、上海、沈阳、西安。深圳分会场有花街游行、马匹表演,大量的烟火、彩车,还有 4000 多名观众的联欢,烘托出浓浓的年味儿;上海的外滩和浦东,以黄浦江边的幢幢大楼为背景,表现出大都市的风貌;沈阳的体育场上矗立起一座巨大的马形冰雕,加上东北舞狮和秧歌表演,东北味十足;西安则用航拍的方式把古城的全貌淋漓尽致地表现出来。晚会中的许多节目,都是跨越两地甚至三地播出,像北京、深圳两地的歌曲联唱《名曲颂春》,京、沪、深三地的组歌《温馨时刻》,京、深两地的民歌新歌接力唱和歌曲《曾有人问我》《饮酒歌》,都一改往日风格,让观众眼前一亮。

骏马唱主角　生肖元素多

2002 年是马年,在中国传统的概念中,马是一种象征力量与胜利的符号,代表龙马精神、马到成功,国人以颂马成习。马受到了人们的赞颂:千里马、草原骏骑、汗马功劳、老马识途、义马救主……马是人类最忠实的"朋友"。③ 因此 2002 年春晚中对"马"这个生肖主题有了较多的涉及。

首先,晚会的片头制作就是以马为主角,表现了一匹带着翅膀、奔跑着的金黄色骏马穿越城市的高楼大厦"飞"入春晚现场的过程。其次,是由侯耀文、石富宽等表演的群口相声《马年赛马》,在侯耀文的主持下,相声演员们身穿特定服装,每人牵一匹"马",在现场进行了一场别开生面的马术表演,不仅让观众看得津津有味,而且大大丰富了相声的表现形式。

---

① 胡妙德:《变与不变——兼谈二〇〇二年春节联欢晚会》,《电视研究》2002 年第 3 期。
② 陈岩:《传统舞台视觉时尚——2002 年春节联欢晚会舞台设计阐释》,《现代电视技术》2002 年第 8 期。
③ 王保辰:《马年颂马》,《科学与文化》2002 年第 1 期。

最具创意的是 2002 年春晚中还在戏曲中吸收了"马"的元素，一首戏曲联唱《联欢竞唱"马字令"》，9 位戏曲名家登台献唱，带来众多名段。更为难得的是，每人的每句唱段中都带一个"马"字，十分应景。另一个是深圳分会场的戏曲《马到成功》，"天马行空胸怀广，宝马银鞍征路长。烈马红鬃声威壮，骏马飞驰意气扬。一马当先精力旺，万马奔腾国运昌。马到成功喜从天降，龙马精神傲穹苍。千军万马留佳话，万户千家马年吉祥。"亦是一句一个"马"字，唱得都是吉庆祥和，即使不懂戏曲的观众听了也会为之一振。

歌曲唱春天　拼盘老味道

也许是为了庆祝 2001 年祖国取得的巨大成就，憧憬来年更为丰硕的"年景"，2002 年春晚上的许多歌曲都与"春天"有关。第一首便是开场歌舞《和春天一起来》，歌曲本身是说唱风格，节奏感强，"哦来吧，来吧，和春天一起来吧；来吧，来吧，大家站起来吧；哦来吧，来吧，和快乐一起来吧；来吧，来吧，大家跳起来吧；哦来吧，来吧，让掌声响起来吧；来吧，来吧，把手拍起来吧；哦来吧，来吧，让心声飞起来吧；来吧，来吧，把歌唱起来吧！"台上的人边唱边跳，台下的人全体起立双手打着节拍。在一派热火朝天的欢腾气氛中，主持人上场，晚会序幕也就由此拉开。第二处是开场后不久的歌曲联唱《名曲颂春》，"盼春""嬉春""咏春""报春""踏春""迎春"，春天带给人们的欢愉以及人们对春天的赞颂全在这 6 首歌中体现出来。最后一处是晚会后半段的大型时装表演《春又来》，一个"又"字，既是对整场晚会而言，又是针对新的一年而言，这一次，不是通过简单的歌词，而是通过花花绿绿的服装，表现了人们对春天的欢迎和期盼。

春晚歌曲演唱的 20 年历程可以说是中国 20 年社会转型的一个缩影，也建构了我们整整一代人关于歌曲的集体记忆。春晚上出现的很多歌曲甚至成为整场晚会的动情之处，不仅唱到了观众的心坎里，更让人们对那个时代印象深刻。然而遗憾的是，2002 年春晚中很少有非常深入人心的歌曲，一贯的拼盘形式仍然没有改变，2002 年春晚共设置了 3 个歌曲拼盘节目，分别是由 6 首歌曲组成的《名曲颂春》、由 3 首歌曲组成的《温馨时刻》和由 5 首歌曲组成的《民歌新歌接力唱》，总共有 12 首歌曲是以联唱的形式出现的。用拼盘的形式把过去一年的歌曲串联起来固然可以让人们在最短的时间内欣赏到尽可能多的节目，但这种做法不免欠缺构思，观众们只顾着看一张又一张变幻的面孔，根本来不及欣赏歌词和舞蹈，更别说去感受每个歌手不同的魅力了。

琐碎小事趣味多　知名主持被"拷问"

　　2002年春晚的语言类节目多取材于生活,把日常琐碎小事拿来调侃,以小见大,别有一番风味。不仅生活气息浓重,还融入了许多社会流行元素。刚刚进入新世纪,网络已经不知不觉走进了千家万户,今年的小品相声节目中便多次提到了网络、E-mail、笔记本电脑,反映出网络给人们生活带来的变化。

　　姜昆和戴志诚的相声《妙趣网生》以互联网带来的乐趣和好处入手,讲述了几个幽默诙谐的小故事;由三大笑星郭达、蔡明、牛群表演的小品《邻里之间》,从一条短信息入手,讲述了邻里之间相处过程中的小误会,最终升华到"远亲不如近邻"的主题;由小品熟脸巩汉林和凯丽表演的小品《花盆儿》贴近生活,风格清新,展示了人与人之间的"小美好"。小品讲述了一个卖花盆的小商人偷偷藏私房钱的故事,还引出了花盆种钱的搞笑桥段。小品最后一句话让人印象深刻:"吃在肚里的才是饭,穿在身上的才是衣;送给爱人的才是花,真正疼你的才是妻。"一连串的排比句配上煽情的音乐,使乍听起来很是"肉麻"的一段话充满了人情味,平实中见真谛。

图2　小品《邻里之间》

图3　小品《花盆儿》

　　继2001年的《卖拐》之后,本山大叔在2002年春晚上再次和高秀敏、范伟搭档,为观众带来了新节目《卖车》。《卖车》是《卖拐》的续集,而且比《卖拐》更加无厘头,更具荒诞意味。赵本山小品最大的特点在于贴近生活,仅拿《卖车》的创作来说,为了那几个作为"包袱"的脑筋急转弯,本山大叔的创作团队买了好多本流行的脑筋急转弯,一点一点挖掘笑料。那句经典的"忽悠,接着忽悠"成了2002年的流行语，本山大叔的一句"转移了"也掀起了又一个高潮。有人说赵本山的《卖车》完全是《卖拐》的翻版，可这也正是《卖车》的可贵之处，不是简单的重复，而是在原有的基础上更上一层楼，制造了一连串让人捧腹大笑的细节，在今天看来，这部作品仍然不失为经典。

图 4　赵本山、范伟、高秀敏：小品《卖车》

另一个小品《智力闯关》是由央视主持人李咏、王小丫、鞠萍和三个小朋友表演的，小品的形式取自红极央视的两个智力问答游戏节目《幸运52》和《开心辞典》，节目中设置了很多搞笑环节，一向"拷问"别人的考官王小丫和李咏在与小朋友们的比赛中败下阵来。节目构思新颖，小朋友们的表演也很出彩，但也许是提前彩排好的缘故，节目显得不够自然。

图 5　小品《智力闯关》

网络歌手首亮相　春晚趋向平民化

　　这是一个网络催生的 E 时代，网络悄悄地走进并改变着人们的日常生活。网络歌曲、网络流行语、网络聊天等网络新风也不断"吹"进春晚，成为春晚的素材和内容。如今，每年的网络流行语都会出现在春晚舞台上，观众们也可以在网络上收看春晚、评论春晚，春晚早已与网络互相融合，共同成长。随着互联网的飞速发展，央视想要把春晚办得有声有色，还真是离不开网络。2002 年，春晚更是与网络结缘，在"网"上下了一番功夫。

　　2001 年，歌手雪村凭借一首网络歌曲《东北人都是活雷锋》走红，又因为一句"翠花，上酸菜"的诙谐成为明星，可谓网络歌曲的"鼻祖"。网络歌曲虽然广为传唱，但大都制作粗糙，歌词也比较随意，始终难登大雅之堂。2002 年，雪村登上春晚舞台，带来一首《出门在外》。他代表的其实已经不是他自己，而是互联网时代催生的草根歌手这个群体，代表了大众对这个群体的认可。草根歌手的登台，让春晚从一个星光熠熠的舞台变成了全民参与的梦想之地。他们之所以能够登上春晚，是因为他们平民、简单，就像邻家的大哥哥、大姐姐一样，他们的登台也给看惯了大腕、明星的观众们换了个口味，"品尝"到了民间特色。

图 6　2002 年春晚歌手雪村演唱《出门在外》

　　2002 年春晚不仅向网络歌手张开了怀抱，也向"世界"发出了邀请。北京主会场的解晓东与深圳分会场的孙燕姿通过网络连线，隔空对唱《与世界联网》，歌词中把很多中国的名胜与世界的古迹做联播，"与世界联网，西方有似神的油画；与世界联网，东方有如梦的书法。与世界联网，让老人常去夏威夷；与世界联网，让孩子读懂金字塔。"从歌词中可以看到新千年中国的迫切开放之心，也能够看到在申办奥运会、加入 WTO 等大背景下中国与世界交流与合作的期待之情。

　　至 2002 年，春晚已经走过了整整 20 年。20 年中，有精彩也有平凡，有高潮也有低谷。如果将春晚比作一个人，那2002年的春晚可能是平淡、平凡的。1984年，身着中山装、戴着眼镜的张明敏用一首《我的中国心》唤起了全国观众的爱国情；1987年，费翔《冬天里的一把火》点燃了人们心中的火焰；1989年，韦唯《爱的奉献》感动了不少的观众；1999年《常回家看看》唱出了多少父母的心声。而2002年，似乎找不到这样的感动了。但是说到底，春节联欢晚会不过是一场联欢，是中国人的一个民俗、一种仪式。大年除夕夜，人们疲累奔波了一年，要放松一下身心，和家人们有一个温暖的相聚，再为来年的年景祝福祈愿。而春节联欢晚会的初衷便是在大年三十为观众奉献几个好看的节目，让观众能够借助电视的平台，和家人度过一个欢乐的夜晚。

毕竟，20岁的春晚已经成年，她记录了一个时代。每一年，她都力争为观众带去新惊喜、新舞台、新节目、新明星，并用一个个经典的节目为标记把我们过去20年岁月的回忆串联起来，像一本时代的画册，描摹岁月的痕迹；又像一个古老的留声机，记录历史的变迁。20年，她捧红了多少原来名不见经传的明星，又产生了多少引人关注的电视现象，制造了多少年度"流行语"，恐怕只有当事人自己知道，观众知道。20年中，不断变更的是时代，是节目形式，是演员，不变的是伴随一代人成长的温暖记忆。

（本文作者：窦宁、刘耕）

附：2002年中央电视台春节联欢晚会节目单

首播时间：2002年2月11日 20：00
总导演：陈雨露
主持人：（北京）倪萍、朱军、周涛、李咏、王小丫、文清
　　　　　（深圳）曹颖、张政

1. 开场歌舞《和春天一起来》 演唱：众位主持人与周鹏、郭金（北京）以及梦幻想·风组合（深圳） 舞蹈：湖北省歌舞剧院、武汉电信艺术团、武汉邮政艺术团、深圳世界之窗有限公司五洲艺术团、新丝路模特经纪有限公司、深圳锦绣中华民族艺术团
2. 歌曲《风景这边独好》 演唱：宋祖英 舞蹈：河北省歌舞剧院
3. 相声《台上台下》 表演：冯巩、郭冬临、陆鸣
4. 歌曲联唱《名曲颂春》（北京、深圳两地）
   (1)《盼春》 演唱：满文军
   (2)《嬉春》 演唱：中央电视台银河少年合唱团

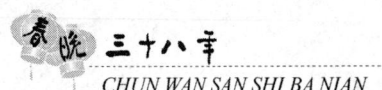

  （3）《咏春》　演唱：王燕、王丽、翟惠娟

  （4）《报春》　演唱：杨洪基、中央电视台银河少年合唱团

  （5）《踏春》　演唱：葛晓璐、王铎、张媛媛

  （6）《迎春》　演唱：丁毅（深圳分会场）

5. 小品《花盆儿》　表演：黄宏、巩汉林、凯丽

6. 歌曲《与世界联网》　演唱：解晓东、孙燕姿（深圳分会场）

7. 魔术《百鸟朝凤》　表演：周良铁、王月双、王月莲

8. 群口相声《马年赛马》　表演：侯耀文、石富宽、师胜杰、王平、刘流

9. 歌曲《今年如此精彩》　演唱：陆毅、周迅、布丁果果组合　舞蹈：河北省歌舞剧院、吉林市歌舞团

10. 歌组合《温馨时刻》（京、沪、深三地）

  （1）《记得当时年纪小》　演唱：孙道临、张瑞芳、秦怡、舒适等（上海黄浦江APEC轮船）

  （2）《踏雪寻梅》　演唱：陈慧琳（香港）（深圳分会场）

  （3）《草原之夜》　演唱：田震

11. 游戏《智力闯关》　表演：王小丫、李咏、鞠萍、秦梦瑶、刘小源、王子腾

主持人倪萍采访现场观众

12. 歌曲《出门在外》　演唱：雪村

13. 小品《卖车》　表演：赵本山、高秀敏、范伟

14. 歌曲《美丽新世界》　演唱：王力宏（美籍华人）、羽·泉、彝人制造、阿里郎组合　舞蹈：深圳世界之窗有限公司五洲艺术团、广东省木偶剧团（深圳分会场）

15. 杂技《力量》　表演：章功力、姚登波（沈阳杂技团）

16. 歌曲《我家在中国》　演唱：祖海　舞蹈：河北省歌剧院、吉林市歌舞团、湖北省歌剧舞剧院、内蒙古小鸿雁艺术团

17. 歌曲《英语大家说》　表演：李阳、总政老干部艺术团、北京市公安交通管理处特勤处、北京二中、武汉邮政艺术团、武汉电信艺术团

18. 相声《妙趣网生》　表演：姜昆、戴志诚

19. 歌曲《知足常乐》　演唱：郁钧剑、张也

主持人周涛等串联

20. 歌组合《民歌新歌接力唱》（北京、深圳两地）

  （1）藏族歌曲《在那东山顶上》　演唱：谭晶

  （2）维吾尔族歌曲《美丽》　演唱：艾斯卡尔、康巴尔汗、古丽夏缇（深圳分会场）

  （3）蒙古族歌曲《欢腾的小马驹》　表演：小香玉艺术学校　领舞：巴图、朝鲁

（4）高山族歌曲《娜努湾情歌》　演唱：刘媛媛、陈思思（深圳分会场）

　　（5）西南少数民族歌曲《心想事成》　演唱：汤灿、刘斌、吕薇（深圳分会场）

21. 小品《邻里之间》　表演：牛群、蔡明、郭达

22. 歌曲《左邻右舍》　演唱：吕继宏、张燕　舞蹈：湖北省歌剧舞剧院、武汉邮政艺术团、武汉电信艺术团、内蒙古小鸿雁艺术团

23. 戏曲联唱《马字令》　演唱：于魁智、李军、孟广禄、杨赤、赵葆秀、袁慧琴、李胜素、刘桂娟、邓敏

24. 歌曲《谢谢你，朋友》　演唱：彭丽媛　演奏：女子十二乐坊

25. 歌曲《连队里过大年》　演唱：王宏伟　舞蹈：河北省歌舞剧院、湖北省歌剧舞剧院、武汉邮政艺术团

26. 小品《圆梦》　表演：魏积安、杨蕾、刘敏

27. 歌曲《相会在北京时间》　演唱：戴玉强、孙楠

28. 互动魔术　表演：秦鸣晓、姚金芬

29. 歌曲《新年好》　演唱：臧天朔、斯琴格日乐　演奏：臧天朔乐队

30. 相声短剧《谁怕贝勒爷》　表演：金士杰、赵自强、倪敏然、李建常

31. 大型时装表演《春又来》　演唱：张咪、胡兵、胡东　模特领衔表演：朱慧珊、李冰、谢东娜、王敏、甄妮（深圳分会场）

主持人孙晓梅采访萨马兰奇和何振梁

32. 歌曲《有人曾问我》　演唱：廖昌永、张迈、李琼　舞蹈：河北省歌舞剧院、吉林市歌舞团、深圳世界之窗有限公司五洲艺术团、中国民俗文化村艺术团、深圳欢乐谷艺术团（北京、深圳两地）

零点钟声　主持人共同倒计时迎接新年到来

33. 歌曲《中华全家福》　演唱：鲍蓉、梁音、吴春燕、李晖、李倩倩　舞蹈：湖北省歌剧舞剧院、武汉电信艺术团、武汉邮政艺术团、新丝路模特经纪有限公司、深圳锦绣中华民族艺术团、深圳欢乐谷艺术团、深圳锦绣中华村寨艺术团

34. 戏曲《马到成功》　演唱：李洁、李海燕、耿巧云、赵秀君　表演：新丝路模特经纪有限公司、深圳锦绣中华民族艺术团（深圳分会场）

35. 歌曲《饮酒歌》　演唱：莫华伦、魏松、王霞、幺红　舞蹈：河北省歌舞剧院、吉林市歌舞团、内蒙古小鸿雁艺术团、深圳世界之窗有限公司五洲艺术团、深圳锦绣中华民族艺术团、广东省木偶剧团（北京、深圳两地）

36. 歌曲《难忘今宵》　领唱：彭丽媛、赵本山、王宏伟、谭晶、姜昆、侯耀文　合唱：全体演员

凝聚万家情　自信中华魂

——2003年春晚记忆

2003年的春节联欢晚会是在党的十六大胜利召开，江泽民同志"三个代表"重要思想深入人心，祖国各项事业与时俱进、稳定发展的背景下举办的。社会进步和经济发展带来了空前的凝聚力和自信心，成为中华民族最主要的时代精神特征。[①] 因此，2003年春晚的总体基调是：用主题线索抒发凝聚民族的情感，用精品形式表现开放自信的喜悦。归纳基调的关键词，就是"凝聚力"和"自信心"——之所以用"凝聚力"替代"团结"，是因为"凝聚力"包括"团结"，但比"团结"更有情感的力量，是一种民族心理的趋向；用"自信心"代替"欢乐"，是因为"自信心"是"欢乐"的源泉，但比"欢乐"更有情感的依据。[②] 在主线的贯穿下，整台晚会走的是"温情"路线，"温情"将晚会的一个个精彩节目如珍珠般串联，整场晚会汇聚了亲情、爱情、民情、国情等多种情感，将"小感情"与"大感情"水乳交融，既关注"万家灯火"，又关注"民族情怀"。

弘扬主旋律　提倡创新化

随着观众审美水平的日益提高，加之电视荧屏上可供选择的文艺新品层出不穷，受众对于春节联欢晚会的要求也不断提升，期望值也越来越高。所谓"众口难调"，春晚要办出风格、办出新意的难度在逐步增加，主创团队面临的挑战和困难不言而喻。作为国家级的新民俗庆典，如何处理好"弘扬主旋律"和"提倡创新化"之间的辩证关系，首先需要合理解决的就是架构性问题。没有主旋律，创新化就会显得缺乏内涵；没有创新性，主旋律也一定无法引起共鸣，必须注重两者的相辅相成，才能呼应生辉。2003年春晚在这一问题的把握和取舍上值得肯定。

整台晚会将主旋律所弘扬的家国情怀渗透在每一个节目的具体内容中，用细节场

---

① 金越：《2003年春节联欢晚会总导演阐述》，《电视研究》2003年第1期。
② 金越：《2003年春节联欢晚会总导演阐述》，《电视研究》2003年第1期。

景化的平民视角,贯彻了主旋律的根本内涵。

例如在歌舞类节目中,继2000年的《常回家看看》之后,蔡国庆、陈红带来一曲《常来常往》,表现了百姓之间平凡而温馨的邻里情、朋友情;歌曲《大红绸子飘起来》,两位女歌手的演唱配上舞台上大片的"中国红",伴舞中还运用了杂技动作,唱出了红红火火的国情;谭晶演唱的《妻子》把观众带入了一种温暖、惬意的情调当中,两名舞蹈演员轻柔的舞姿让舞台显得更加温馨;张也的《欢聚一堂》、刘欢的《温暖》、林忆莲的《至少还有你》等,将人们在生活中可能面临的诸种不顺,如事业的沉浮、情感的变动等融入歌中一一化解,"让我们的脚步相依相伴,旅途永远不会孤单",带给电视机前的观众浓浓暖意。

图1 歌曲《妻子》

由赵明一家四口演唱的《让爱住我家》成为本届春晚亲情歌曲的一大亮点。这首歌是演员根据自己十多年的家庭生活经历有感而发:"爱是不吵架,付出不计任何代价;爱是不嫉妒,弟弟有啥我有啥",这样朴素、平实的歌词经由一个温馨家庭的演唱,加之演员脸上洋溢的幸福微笑,让许多观众为之动容,歌曲播出后产生了强烈反响。尽管这首歌的演唱者都是没有表演功底的非专业人士,词曲也不见得达到多高水准,但平民化、生活化的气息,孩子们自然、天真的笑容,都让该节目充满甜蜜、温馨的氛围。这个家庭成员中的丈夫是大陆人,妻子是台湾人,主持人对此并未大肆渲染,只是表演者在作自我介绍时一点而过,但我们还是感受到了创作者的良苦用心:祖国的大家庭还没有真正团聚,我们每个人都怀着一颗炽热的赤子之心等待……巧妙的形式,温馨的歌曲,蕴藏着深深的思念与强烈的渴望。平民化的艺术形式饱含着丰厚的寓意,正是这一节目的高妙之处。①

---

① 楚卫华:《形式与内容的双重创新——我看CCTV2003春节联欢晚会》,《中国电视》2003年第4期。

图 2　歌曲《让爱住我家》

　　在语言类节目中，小品《足疗》讲述了一对夫妻互相关爱、相互体谅的故事，表现了浪漫的爱情；相声《今非昔比》讲述了一个农民"陈老救"过上幸福日子的故事，表现了新农村的新面貌，新农民的新生活；冯巩、周涛合演的《马路情歌》，通过交警和"的哥"互换角色，表现了如同"水和鱼"一样亲密的警民关系；郭达、蔡明、李文启等演绎的小品《都是亲人》，由"尊老之情"延伸到了社会公德；孙海英、吕丽萍等出演的短剧《激情依旧》则抒发了为共和国作出过无私贡献的老一辈革命者们的一片真情。

图 3　小品《马路情歌》

　　"温情路线"不仅体现在节目编排上，主持人的现场串联和环节设置也打起了"温情牌"。例如主持人倪萍穿插于晚会之中的"爱的呼吁"：呼吁电视机前的观众"拥抱亲人""感谢朋友""问候邻居""歌唱祖国"，强调人与人之间的理解、关爱以及美好的爱情、亲情，层层递进间把亿万观众的情感逐步引向高潮。又如仪式感强烈的现场策划环节《国土汇聚》，由主持人倪萍、赵忠祥朗诵感人诗句，采自祖国 31 个省、市、自治区和港澳台的 34 种国土，在气宇轩昂的中国人民解放军仪仗部队的护卫下,徐徐汇聚到著名美术大家韩美林设计制作的神圣大鼎中,大鼎正中还置放着由宇宙飞船运载绕地球飞行过百余圈的34种国土的精致玻璃球。这一系列环节的策划与设置,可谓将爱国情升华到高潮,配合一首王宏伟现场演唱的《故土情》,把华夏子孙和亿万观众带进祖国统一、民族团结、经济发展、人民幸福的"大情"之中,将整台晚会"国土汇聚、民心所向、国运大昌"的主旋律气氛营造得淋漓尽致。

　　经过二十年的实践,人们普遍达成了共识:主题是春晚的基调和灵魂,主旋律的导向性贯穿是确保晚会结构完整的必要元素。然而,如果过分强调主流意识形态的渲染,而忽略了晚会的娱乐消遣功能,也会削弱观众对晚会的观看意愿。2003年的春晚试图在其中寻找一个平衡,实现两者的有效结合,这也是晚会基调几经调整的原因。因此,创新化的创作理念在晚会的各层面都有体现,正如总导演在阐述相关节目要求时所言:"我们需要集合起来的大智慧,而不是分散的小聪明,反对那种'生拉硬拽的司仪式串联',在具体作品创作上,对小品要求内容要'贴近现实生活,增大信息量',强调刻画'人物性格',避免'庸俗化',对歌曲要求'洗练准确,饱含情感,有具体情绪的独特性和较高的文学性',同时既有宏大感情的烘托,又有细腻情感的展示。"①

　　晚会在形式上的创新首先体现在整体结构的安排上,主持人现场互动和适时的穿插,巧妙连接起晚会的四个部分,也使得晚会的整体节奏变得愉悦分明,层次感强。从观众的接收角度而言,这种有层次的传播方式有利于观众间断式收视,四个多小时的晚会错落有致,不令人感觉拖沓和冗长。另外,在与观众的互动方面,2003年春晚更重视观众的反馈信息。2002年在春晚现场观众座位旁边设置了按键器,让现场观众能够及时反馈对节目的喜爱程度,2003年春晚在此基础上,创新性地采用了一些新的尝试。一方面,在节目筹备期间效仿1983年春晚的电话点歌,设置了歌曲征集活动。据主持人介绍,有4000多名观众都参与了点歌活动,解晓东和张柏芝演唱的歌曲《DV今晚》和赵明一家演唱的歌曲《让爱住我家》都是由观众点播而登上舞台的;另一方面,节目筹备期间,春晚节目组向广大观众征集了新年愿望,据了解,春晚节目组共收到了几十万热心观众的新年愿望,这些新年愿望汇聚了观众对亲朋好友的新年祝福和对祖国美好未来的憧憬与希望。

　　晚会在内容上的创新也新意十足。例如大胆玩起"跨界"风,推出了数个跨界而成的节目:李咏作为主持人,串场时表演起了互动魔术,不光变没了可乐,还通过一种独特的方式表现出自己是"观众最喜爱的央视节目主持人";周涛也一改往日的端庄淑女形象,与笑星冯巩搭档表演了一个有关交警和"的哥"的小品节目;在综艺表演《吉祥送给您》中,《中国新闻》的女主播徐俐唱起了评书,《新闻联播》的头号主

---

① 金越:《2003年春节联欢晚会总导演阐述》,《电视研究》2003年第1期。

播罗京也收起了往日的老成持重，唱了一段评剧，还露出了难得一见的笑容。

图4　李咏串场表演互动魔术——评选观众最喜爱的央视主持人

除了跨界，新潮时代元素的融入也是2003年春晚节目内容的一大亮点。例如将2002年"遍地开花"的"DV"自拍应用于节目创意的《DV今晚》，由青春活力的张柏芝和解晓东共同演绎，既反映了过去一年前沿新锐的新鲜事物，又使节目从形式到内容都充满新鲜感。

此外，香港歌手郭富城的一首《动起来》也跳出了21世纪的时尚动感，在蓝色的灯光下，郭富城身穿红色皮衣，唱着欢快的歌曲，跳着火热的舞蹈，观众们仿佛在欣赏他的个人演唱会一样，现场气氛十分热闹。

舞美视觉提升　镜头语言丰富

从1983年开始，春晚在舞美视觉和镜头调度方面一直都在进步。从历届春晚的技术进步、舞台装置、场面调度等方面我们都能够感受到时代的变化。

2003年春晚的舞台恢复了以往的"对襟"形式（即对称的舞台），可以开关的背景墙里面高高悬挂着一个大红灯笼，充满了节日的喜庆。本届春晚舞台最重要的改变在于根据节目的需要搭建了不同的场景，满足节目表达情感的需要。例如，为了配合开场歌舞《过大年》，舞台上设置了一个红色的大门，门口贴着春联，门上贴着倒"福"字，表现出浓浓的年味儿。春晚的片头也蕴含了创新：用剪纸和年画中的形象，设计了一个简单却富有生机的"剧情"，以一个穿着红棉袄的小朋友作为主角，在欢快的唢呐声中，融入了贴窗花、提灯笼、舞狮子等多种传统年俗，还借助具有二维风格的三维动画，展现了从早晨到黄昏、从北方到南方、从乡村到城市再到演播室现场的变化。短短50秒的可爱小片头给春晚带来了一份轻松和随意。

同时，在场景调度上，主创团队也颇费心思，以丰富的镜头语言、前后景的搭配、

图5 2003年春晚开场

大全景的俯拍营造宏大的氛围，丰富小舞台的信息量。例如歌曲《让爱住我家》的舞台布局体现了前后景别的层次感：前景是正在演唱的赵明一家人，后景则是由演员扮演的一个普通家庭的日常生活情境——大人坐在沙发上看电视，孩子们欢快地在屋里跑来跑去，一幅共享天伦合家欢的美好景象，极易引起观众的共鸣。前后景别的设计打破了画面的单一构图，丰富了视觉效果的信息含量，传达了人们对家庭温馨、和睦的期盼。又如音乐剧《不见不散》也运用了较为复杂多变的镜头语言，产生了令人兴奋的穿插感和节奏感，尤其在后半部分，几个大全景、俯拍以及推拉镜头的运用，产生了宏阔壮美的激情，与音乐剧的剧作节奏一同进入高潮，非常恰当地契合了剧中人物的情绪，达到了主题内容与艺术形式的完美统一。

曾经在第26届蒙特卡洛国际杂技节中获得"金小丑"奖项的杂技节目《化蝶》，以世界级精品品质展现了令人叹为观止视觉景观。在传统乐曲《梁祝》的袅袅之音当中，两位杂技演员化身"蝴蝶"，演绎了一段浪漫缠绵的爱情故事。人们观看这个节目，仿佛置身仙境——女演员在男演员的后背、肩膀、头顶跳起芭蕾舞，娴熟高雅的动作和流畅优美的曲线，既有杂技之惊险，又有芭蕾舞的缠绵，同时不乏歌伴舞的柔

图6 杂技《化蝶》

美,荡气回肠。该节目以多种艺术形式丰富了爱情内涵,也征服了场内外观众,获得了晚会特别奖,这也是多年来中国杂技在春节联欢晚会上获得的最高奖。

(本文作者:吴迪、刘耕)

附:2003年中央电视台春节联欢晚会节目单

首播时间: 2003年1月31日20:00
总导演: 金越
主持人: 朱军、周涛、倪萍、李咏

1. 开场歌组合《过大年》
   (1) 歌曲《过年了》 演唱:梁音、阿洛、邓春蓉、湘女
   (2) 歌曲《喜事闹》 演唱:火凤、鲍蓉、红岩、杨倩琳
   舞蹈:总政小红星艺术团、空军蓝天幼儿园、吉林市歌舞团、温州市少年艺术学校
2. 《十二生肖大拜年》 表演:河南少林塔沟武术学校
3. 歌曲《DV今晚》(观众征集歌曲) 演唱:解晓东、张柏芝 舞蹈:吉林市歌舞团
4. 相声《马路情歌》 表演:冯巩、周涛
5. 歌曲《美丽的心情》 演唱:宋祖英 舞蹈:吉林市歌舞团
6. 小品《我和爸爸换角色》 表演:郭冬临、金玉婷、小叮当
7. 歌曲《让爱住我家》 演唱:赵明、麦玮婷、赵丝弦、赵鼓瑟(一家) 舞蹈:康龄老年艺术团、温州市少年艺术学校、湖北省歌舞剧院

主持人倪萍向观众发布第一次爱的呼吁

8. 相声《今非昔比》 表演:陈寒柏、王敏
9. 杂技《化蝶》 表演:魏葆华、吴正丹 舞蹈:武汉市邮政艺术团
10. 歌曲《快乐的人请鼓掌》 演唱:张燕、陈思思 舞蹈:武汉市邮政艺术团、湖北省歌剧舞剧院
11. 小品《足疗》 表演:黄宏、牛莉、沈畅
12. 歌曲《至少还有你》 演唱:林忆莲
13. 京剧联唱《梨园闹新春》 演唱:张火丁(程派)、史敏(梅派)、赵葆秀(老旦)、于魁智(老生)、李军(老生)、孟广禄(花脸)、汪宇 表演:中国京剧院、内蒙古小鸿雁艺术团

主持人倪萍向观众发布第二次爱的呼吁

14. 小品《都是亲人》 表演:郭达、蔡明、李文启、刘晓梅

15. 歌曲《爱在天地间》 演唱：祖海 舞蹈：吉林市歌舞团、内蒙古小鸿雁艺术团

来自五湖四海的问候（一）

16. 歌曲《大红绸子飘起来》 演唱：王菲悦、叶凡 杂技：惠陶英、王勇

17. 短剧《激情依旧》 表演：孙海英、吕丽萍、黄海波、陈丽娜、唐波、杨立山、孙卓、高伟、陈亚伦

18. 歌曲《老前辈》 演唱：亚民、江涛、陈小涛 舞蹈：湖北省歌剧舞剧院、武汉市邮政艺术团、吉林市歌舞团

19. 歌曲《妻子》 演唱：谭晶 舞蹈：田芳、胡淮北

20. 综艺表演《吉祥送给您》 表演：文清、刘流、罗京、徐俐、孙晓梅、鞠萍、屠洪刚、赵保乐、秦梦瑶、江涛

主持人倪萍向观众发布第三次爱的呼吁

21. 歌曲《动起来》 演唱：郭富城 舞蹈：湖北省歌剧舞剧院

22. 魔术《魔幻天空》 表演：李宁、曲蕾、宫静、华夏、龙华、赵育莹、红桃A演唱组合

来自五湖四海的问候（二）

23. 歌曲《温暖》 演唱：刘欢 杂技表演：成都军区战旗杂技团

社会各界来信函向全国人民拜年

24. 小品《心病》 表演：赵本山、高秀敏、范伟

25. 歌组合

（1）《鲜花陪伴你》 演唱：刘媛媛

（2）《美丽西部》 演唱：汤灿

舞蹈：湖北省歌剧舞剧院、武汉市邮政艺术团

26. 微型音乐剧《不见不散》 表演：林依轮、孙悦、尹相杰、白雪、佟铁鑫、王霞、李进、梦幻想组合 模特表演：新丝路模特经纪公司

27. 相声《说广告》 表演：王振华、何军

28. 舞蹈《狮舞东方》 领舞：张志、王迪、王亚彬 舞蹈：吉林市歌舞团、湖北省歌剧舞剧院

主持人倪萍向观众发布第四次爱的呼吁

29. 歌曲《欢聚一堂》 演唱：张也

30. 现场活动：国土汇聚

31. 歌曲《故土情》 演唱：王宏伟

2003年春晚贺电

32. 歌曲《世纪春雨》 演唱：彭丽媛 舞蹈：吉林市歌舞团

33. 魔术《丹尼斯梦幻》 表演：布雷·丹尼斯（美国）

34. 歌曲《风雨彩虹铿锵玫瑰》 演唱：田震 嘉宾：温莉蓉、刘爱玲
35. 歌曲《欢聚》 演唱：刘和刚、马晓晨、吴春燕、李涵、孔太、王丽达、马一鸣
    舞蹈：吉林市歌舞团、内蒙古小鸿雁艺术团、温州市少年艺术学校

迎新年倒计时

36. 歌曲《大地春潮》 演唱：幺红、戴玉强
37. 少数民族组歌
    （1）《举起欢乐的酒杯》 演唱：索朗旺姆、容中尔甲、德西美朵、高原红组合
    （2）朝鲜族民歌《阿里郎》 演唱：阿里郎组合
    （3）内蒙古民歌《暖吉娅》 演唱：斯琴格日乐
    （4）《新疆好》 演唱：刘斌、古丽巴哈尔
    （5）《中华美中华亲》 演唱：吕继宏、李丹阳
    舞蹈：内蒙古小鸿雁艺术团、吉林市歌舞团、武汉市邮政艺术团、湖北省歌剧舞剧院
38. 歌曲《好人好梦》 演唱：陈明、眉佳、黑鸭子演唱组 舞蹈：武汉市邮政艺术团、湖北省歌剧舞剧院
39. 歌组合《青春节拍》
    （1）《感觉挺好》 演唱：许波、胡瑶、孙慧莹、孙洁
    （2）《创造奇迹》 演唱：天空女孩演唱组、青春美少女演唱组
    舞蹈：武汉市邮政艺术团、湖北省歌剧舞剧院
40. 歌曲《常来常往》 演唱：陈红、蔡国庆
41. 歌曲《春夏秋冬又一年》 演唱：（通俗）刘海波、杨洋、孙笑一、徐洪；（民族）易秒英、李晖、哈晖、刘春梅；（戏曲）袁慧琴、刘桂娟、李佩红、李胜素
    舞蹈：湖北省歌剧舞剧院、武汉市邮政艺术团、温州市少年艺术学校
42. 尾声歌曲《难忘今宵》 演唱：殷秀梅、郁钧剑

满眼"中国红" 大做"和"文章

——2004年春晚记忆

2004年春节联欢晚会是最后一届由央视自办的晚会。

艺术贵在创新，艺术真正的可贵之处，在于利用不断的创新来满足人们日益增长的情感需求。春晚在某种程度上还是停留在"旧瓶装新酒"的浅层创新，无法与飞速前进的经济、社会步伐相统一，因而进入了发展的低谷期。但必须承认，春晚作为定位于全球华人受众的仪式性电视节目，要让不同地方、不同口味的受众都找到兴趣点，的确任务艰巨。春晚要做到创新，既要保持其作为传承中国文化的传统模式，又要突破一成不变的现有模式，既要保持它作为华人过年时的文化习俗，又要做到观众喜闻乐见，可谓难上加难。

2003年是惊心动魄、令人难忘的一年。它既是全面建设小康社会的第一年，也是党和人民接受严峻考验、取得显著成绩的一年："神舟五号"载人飞船上天、南水北调、西气东输、青藏铁路、三峡工程大典、2008年奥运会会徽揭牌……即使是面对"非典"这样严峻的挑战，全国人民依然众志成城，团结一致，表现出坚定的信念和强大的民族凝聚力。2004年春晚，航天英雄杨利伟成了春晚零点仪式的主持人，这是春晚联欢晚会的一大突破，零点钟声响起，杨利伟和陪伴他一起周游太空的五星红旗，代表全世界的华人向祖国送上了祝福。

2003年上半年，"非典"疫情突如其来，袭击了大半个中国，这场灾难也让我们感受到了中华民族的力量，感受到了祖国的温暖。本届春晚中，没有用浓重的笔墨去表现这一灾难，只用了两首歌曲——由汤灿演唱的《情系人民》和马一鸣等人演唱的《我用歌声谢谢你》来表达抗击"非典"成功的喜悦。前者赞颂了心系人民安危的国家领导人，表现了在大灾大难面前，党和国家领导人与老百姓同呼吸、共命运、心心相连、共抗"非典"的艰辛历程；后者赞颂了为民服务的医生，通过美妙动听的歌曲感谢了奋战在"非典"第一线的白衣天使们。两首歌曲皆用感恩之情化解了笼罩在中国人心头的"乌云"。

为了庆贺2003年国家取得的成就和我们渡过的难关，2004年春晚的主题被定为"祝福"。对此，晚会总导演袁德旺这样阐释："事实上中国老百姓，世世代代拜年就是祝福。另外,就是令人难忘的年,我们都亲身感受许多事情,在这样一个日子里,我们确实需要相互祝福,祝福我们走得越来越好,选择这样一个主题,适合现在的时代风貌。"① 于是,"祝福"被渗透到每一个节目中。开场歌舞《祝福春天》和祖海演唱的《好运来》都赞扬和歌颂了我们的美好生活;中间的歌组合《祝福声声》作为高潮的顺延,接连推出《开缸酒》《美好祝福》《好大一家人》三首歌,进一步表现了祝福的内涵;最后,一首《你幸福,我祝福》再次回归,呼应了"祝福"的主题。

"灯丰造吉"中国红　吉祥团圆神州情

在中国,红色表示吉祥、喜庆,预示红红火火,在春节,民众更喜欢用红色作为主打色来象征喜庆、欢快的氛围。节日突出的是喜庆,一台成功的节庆晚会,就要有节日特有的喜庆味道,体现节日特有的欢乐。春晚,作为中国电视综艺晚会最高水准的代表,从舞台设计到灯光运用,在视觉感官上都以红色为主。因此,合理地使用红色,且与其他颜色相配合、协调成为春晚一贯的重要任务。2004年春晚也不例外,舞台布置以红色为主色调,灯光运用大面积的红色系形成一派大红景象,放眼望去满眼都是"中国红",从主持人的服装到《十二生肖大拜年》中演员的服装,大红、桃红、粉红、紫红等各种红色的使用层次分明,搭配得恰到好处。

图1　2004年春晚的"中国红"

① 佚名:《春节晚会揭标》,央视国际网站《新闻会客厅》2003年9月16日。

一直以来传统文化都作为春晚舞台设计中运用的主要元素，展现传统文化对春晚的影响，是和谐、吉祥的形象载体。2004年春晚，设计师为了彰显浓郁的民族风范，运用了现代科技元素打造了"灯丰造吉"的舞台形象，将整个舞台设计成为一个巨大的大红灯笼。同时，设计师没有拘泥于灯笼的具象，而是利用了灯笼的抽象概念，在灯笼的内部做起了文章，把整个演出区和观众席放在椭圆形灯笼的内部，演出区用可以开合的电动阶梯设计了高低三层的表演区域，让观众的视线可以延展到最顶层。灯笼的顶端用中国传统的吉祥花纹作装饰，传递出灯笼本身吉祥、圆满、光明的含义。在整体风格上，突出简约、大方的风格，没有了以往的"龙柱"，也没有用很多小LED屏幕作为装饰，以"民间十二生肖"造型或大红大绿的年画为图案，给人耳目一新的感觉。另外，大舞台上还搭建了几个小场景，飞机、火车、家庭等多个场景出现在舞台上，给单调的节目增添了几分生动。

图2　2004年春晚的舞台

传统元素新创意　现代时尚旧情怀

2004年是中国传统的猴年，猴子造型成了晚会中的主角。首先是春晚开头的短片，以卡通形象出现的猴子，配以大红大绿的民间年画为图案，点明了"猴年"这个主题；接着是开场曲中，12只小猴推起绛红的舞台幕布，预示着晚会的开篇；之后的群口相声《十二生肖大拜年》，12个人分别代表一个生肖属相为观众送上颇具"生肖特色"的新年祝福，不仅喜气，而且凸显出"猴"这一生肖主题；零点钟声前，由电视剧《西游记》的扮演者六小龄童和戏曲中孙悟空的扮演者共同完成的戏曲歌舞《金猴闹春》，让人眼前一亮、耳目一新，具有十足的民俗意味。

除了传统元素的体现，很多具有混搭创新意味的时尚节目也让观众感受到时代风貌和特征。例如影视人气明星赵薇和阿杜合作演唱了《温暖》，齐秦和莫文蔚搭档演

图 3 戏曲歌舞《金猴闹春》

唱了《外面的世界》，还有最吸引人的台湾偶像歌手周杰伦演唱的《龙拳》。2001 年，周杰伦凭借专辑《JAY》和《范特西》走红，他独特的演唱方式在年轻人中掀起了一阵狂潮，才华出众的他总是能够带给歌迷们新的惊喜。最初节目筛选时，周杰伦差点因为口齿不清被刷掉，但导演最后冒险决定，让这样另类的歌手登上春晚。2004 年也是周杰伦第一次登上春晚舞台，《龙拳》由他和澳门历史上最年轻的功勋运动员、第一个武术世界冠军、被誉为"武林第一美女"的李菲表演舞剑共同完成，这也成为后来周杰伦陆续登台春晚的开始。

图 4 歌曲联唱《温暖》《龙拳》《外面的世界》

晚会形式的创新还体现在丰富的节目形态中，例如本届晚会力推的叙事体新歌《老王》，也是导演袁德旺最看好的一个节目。该节目由在川藏地区颇具人气的歌手亚东和歌手李琼共同演绎，以通俗浅显的歌词娓娓讲述了边远山区基层干部带领群众脱贫致富奔小康的故事。还有情境歌舞《唐人街》《阳光健身房》等，新的艺术形式将歌曲融入故事中，让歌曲更有新时代的气息，让故事更加生动，视听效果让人耳目一新。同时，从演员的服装变化上我们也能感受到时代风尚：大胆的露脐装、超短裙搭配网眼丝袜，田震的印第安头，演员们的金属妆容，还有作为伴舞形式的模特走秀，这些平时很难在央视看到的夸张、前卫服饰和妆容全都出现在了2004年春晚舞台上。

除此之外，全球化的国际趋势也彰显了春晚的时尚指数。例如由北爱尔兰"舞之魂"舞蹈团带来的《踢踏风暴》，可谓让观众过足了"眼瘾"。激情与力量，速度与声音，异域的舞风为春晚带来一股别样的空气，演员以其精湛的技艺，充满力与美的动作，蓬勃的激情和生命力，营造出令人目不暇接的视听效果，让观众领略到拉美民间艺术。同时，本次春晚还首次采用全英文直播，通过CCTV-9向全世界传播，打破了"中国人演，中国人看"的传统模式，由本土走向世界，由内向型的线性传播跨入外向型的辐射传播。

和而不同送祝福　兼收并蓄办春晚

中国文化的最高境界是"和"，包括人与人之和，人与社会之和，人与宇宙之和。和谐是最好的秩序与状态，是最高的艺术追求。实现"和"的理想根本途径在于保持"中"，指对待事物不偏不倚的态度，在艺术层面指按照一定的艺术法则来组织多样或相反的作品，并把这些多样或相反的作品构成一个和谐的整体。如歌组合《迎春放歌》集中了斯琴格日乐、阿里郎组合、索朗旺姆、爱艺斯组合、山鹰组合等少数民族歌手，充分展示了56个民族同唱一首歌的团结与和谐。又如少儿节目《动物演唱会》中，动画片《舒克和贝塔》《西游记》《哪吒》《黑猫警长》的主题曲由一群小朋友扮演的很多卡通形象、小动物们先后出现在舞台上，他们都出自国产动画片，激起了"80后"的怀旧浪潮，几乎每个在儿童年代看过电视的人，都会从这些熟悉的歌舞中找到儿时的回忆。原本专为小朋友们准备的"礼物"让"80后"们也产生了很多共鸣，这是意外的收获。再如戏曲节目《万紫千红梨园早》囊括了老生于魁智、大花脸孟广禄、梅派传人李胜素、程派传人张火丁、袁派传人杨赤等名家大腕，各自演出了自己的拿手唱段，为京剧戏迷献上了一道"饕餮盛宴"。春晚结束后，有记者对这年春晚的收视做了调查分析，得出的结论是10岁以下的小孩和60岁以上的老人对本届春晚评价不错。总的来说，这届春晚属于"老少咸宜"型。

"和"在此届春晚中还表现为和谐的大团圆局面。其实，中国千百年积淀下来的过年文化就是热热闹闹、高高兴兴、阖家团圆，历届晚会的基调也都离不开喜庆、团圆，"情感牌"一直是春晚必不可少的"和"元素。今年的晚会同样没有忘了这张牌，例如由严顺开、洪剑涛和小叮当表演的小品《讲故事》，以旧社会的老古董"粮票"为主题，由"爷爷"严顺开讲述了一个忆苦思甜的故事。该小品不仅笑点多，主题深刻，严顺开的表演也很到位，表情、声音、动作都很生动，"父子俩"洪剑涛和小叮当的配合也十分默契。小品颂扬了尊敬老人、关心爱护老人的"敬老情"。为了达到升华的情感效果，创作者在小品之后紧跟歌曲《天下父母心》，特意延续了这种情绪，歌手动情的吟唱把人们对父母的感激之情表达得淋漓尽致。此外，"谦和好礼"在相声短剧《让一让，生活更美好》中得到体现，它讲述了堵车时人与人之间的小摩擦，最后大家各退一步，互相谦让，马路也畅通了。值得一提的是，该小品也是"跨界"尝试，让主持人朱军和周涛参与到演出中；小品《都市外乡人》讲述了一个东北农村小伙为了在社会上打拼假扮成新加坡人的搞笑故事，反映了"人不能忘本"的主题，鼓励人自尊、自立、自强；小品《兄弟》则讲述了一个农民和一个老板险些互相对调身份的故事，饱含人情冷暖，引发观众思考；小品《婚礼》讲的是一对再婚人的故事，经过和孩子们的纠葛、纷争之后，有情人终成眷属，实现了大团圆。

图5 小品《让一让，生活真美好》

图6 小品《兄弟》

2004年春晚本山大叔不再走"忽悠"路线，也关注亲情之"和"，带来了小品《送水工》。小品中，范伟"升级"为海归博士后，高秀敏则扮演慈爱的母亲，为了儿子能安心读书，她让"送水工"赵本山假扮儿子的继父，让观众体味到"诚信知报"的人间温情。《送水工》回归了小品的"搞笑"功能，赵本山的表演也可圈可点，"举手投足都是戏"，"铁三角"的惯有风格更是让观众忍俊不禁。尽管如此，仍有观众提出质疑，说《送水工》漏洞很多，不合逻辑，比如怎么能找送水工当"假爹"，博士后儿子怎么那么笨之类的问题。对此，也许套用赵本山小品中的一句话来解释最合适不过："做名人难，做名小品人更难！"在春晚的重压下，赵本山能够每年都有所突破，有所创新已经相当难得，作为观众，一份理解显宽容，一份欣赏换心态。值得一提的是，《送水工》是高秀敏在春晚舞台上的最后一部作品。2005年8月，高秀敏因突发心脏病逝世，享年46岁。她的突然离世，让人们伤感不已。多年来，高秀敏在春晚舞台上塑造的诸多生动角色，让她被永远记在春晚的璀璨史册中。

这一年春晚的39个节目中，小品共有7个，占了近20%。由于南方方言流派众

图7 小品《送水工》

多，而且比较难懂，因此相声小品类节目仍以北派为主。这些语言类节目大都通过一些小故事折射出人们希望和谐、和睦的氛围，带给观众温馨和愉悦。与此同时，在主持人的运用上，这种"和"的思想也在发挥指导作用：倪萍亲切自然，真诚大方，朴实热情，亲和力十足；朱军沉稳庄重，机敏干练；周涛标致温婉，优雅深情；李咏活泼另类，潇洒幽默，充满激情，现场感极强。他们四人的主持风格共同"和"成丰满的主持架构，各司其职，互有补充。

历经22年的春晚，已然成为中国人过年的新民俗，成为大众媒体渗入传统年节风俗的典型范例：80年代的鼓掌、欢呼、翘首企盼；90年代的争议、指责、提议停办，其中有辉煌瞩目的顶峰，也有批评四起的谷底。几经沉浮，几经发展，历经时代变迁的春晚在每年的岁末年初形成有趣的"在猜测中排演，在期盼中登台，在指责中落幕"的"春晚现象"。用理性代替浮躁，用公开透明代替秘而不宣，有利于更加清楚地认识春晚的实质，有利于真抓实干，奉献有中国气派和中国风格的春节晚会。2004年春晚落下帷幕后，央视开始酝酿春节晚会运行规则、操作程序的大改革，"开门办春晚""民营公司参与节目的制作和竞标""演员和节目按市按质论价"等举措均在谋划之中。春节联欢晚会伴随着时代而前行，在发展中求进步。

（本文作者：吴迪、刘耕）

附：2004年中央电视台春节联欢晚会节目单

首播时间：2004年1月21日 20：00
总导演：袁德旺
主持人：倪萍、周涛、朱军、李咏
1. 开场歌舞《祝福春天》 演唱：解晓东、梅婷、刘孜、黄奕、陈好 舞蹈：吉林市歌舞团、武汉电信艺术团、北京海韵艺术学校、成都军区战旗歌舞团、北京少林武术学校、总政小红星艺术团、内蒙古小鸿雁艺术团、河北云飞影视特技队

主持人开场白：倪萍、朱军、周涛、李咏

2. 群口相声《十二生肖大拜年》　表演：侯耀文、石富宽、刘亚津、刘俊杰、刘全刚、郑健、刘惠、李嘉存、陈寒柏、王敏、刘流、张大礼

3. 歌曲《点击春天》　演唱：中国辣妹、绿宝贝、TG4、美眉　舞蹈：天星齐龙演出团、武汉电信艺术团、吉林市歌舞团、首都体育学院

主持人文清、赵保乐介绍珍奥核酸杯我最喜爱的春节联欢晚会节目评选活动

4. 小品《让一让，生活真美好》　表演：冯巩、刘金山、李志强、周涛、朱军

5. 歌曲《好运来》　演唱：祖海　舞蹈：吉林市歌舞团

6. 《动物演唱会》

　　(1)《舒克和贝塔》　演唱：冬也

　　(2)《白龙马》　演唱：周岚

　　(3)《少年英雄小哪吒》　演唱：小罗

　　(4)《啊哈黑猫警长》　演唱：李佳

舞蹈：空军蓝天幼儿艺术团、河南少林塔沟武术学校

7. 杂技《快乐的橡皮球》　表演：海勒尔·吉特（阿根廷）

主持人宣读贺信贺电

8. 小品《好人不打折》　表演：郭冬临、郭达、杨蕾

9. 主持人文清、赵保乐宣读贺信贺电

10. 歌曲《实心汉子》　演唱：韩磊　伴唱：罗勋、高音　舞蹈：吉林市歌舞团

11. 小品《讲故事》　表演：严顺开、洪剑涛、小叮当

12. 歌曲《天下父母心》　演唱：杨坤、谭晶

主持人文清、赵保乐介绍珍奥核酸杯我最喜爱的春节联欢晚会节目评选活动

13. 杂技《软钢丝》　表演：张帆（中国杂技团）

14. 歌曲《把握每个瞬间》　演唱：田震

15. 相声《如此指导》　表演：博林、卓林

16. 舞蹈《俏花旦》　表演：四川省歌舞剧院

17. 小品《兄弟》　表演：黄宏、程煜

18. 歌曲《姐妹弟兄》　演唱：廖忠、辛宝儿、蓝沁、徐洋、冯瑞丽

19. 舞蹈《踢踏风暴》　表演：北爱尔兰"舞之魂"舞蹈团

主持人宣读贺信贺电

20. 歌曲《唐人街》　演唱：沙宝亮、王珏、眉佳、陈倩倩　二胡演奏：姜克美　舞蹈：武汉电信艺术团、内蒙古小鸿雁艺术团、北京少林武术学校、北京铁骑兵

团、成都军区战旗歌舞团

主持人文清、赵保乐介绍珍奥核酸杯我最喜爱的春节联欢晚会节目评选活动

21. 小品《都市外乡人》 表演：巩汉林、韩再芬、柏青

22. 歌曲《望月》 演唱：宋祖英 舞蹈：吉林市歌舞团、内蒙古小鸿雁艺术团

主持人宣读贺信贺电

23. 歌曲《情系人民》 演唱：汤灿 舞蹈：北京海韵艺术学校

24. 歌曲《我用歌声谢谢你》 演唱：马一鸣、吴春燕、马晓晨、诸海辰、易秒英、梁音 舞蹈：吉林市歌舞团、成都军区战旗歌舞团、济南市杂技团

主持人文清、赵保乐宣读贺电

25. 音乐剧《阳光健身房》 演唱：林依轮、马跃、蒋勤勤、谢雨欣 舞蹈：吉林市歌舞团、北京青鸟健身中心

26. 小品《送水工》 表演：赵本山、范伟、高秀敏

27. 歌组合《祝福声声》

    (1)《开缸酒》 演唱：张燕、吕薇

    (2)《美好祝福》 演唱：刘媛媛

    (3)《好大一家人》 演唱：隋一宁

舞蹈：武汉电信艺术团、吉林市歌舞团、北京海韵艺术学校

28. 小品《婚礼》 表演：蔡明、英壮、李咏、王晴、李恺悦

29. 戏曲歌舞《万紫千红梨园早》

    (1) 京剧《野猪林》 演唱：杨赤

    (2) 京剧《杨门女将》 演唱：袁慧琴

    (3) 京剧《牧虎关》 演唱：孟广禄

    (4) 京剧《锁麟囊》 演唱：张火丁

    (5) 京剧《大登殿》 演唱：李胜素

    (6) 京剧：《红色娘子军》 演唱：于魁智 表演：中国京剧院、北京海韵艺术学校、武汉电信艺术团

30. 歌组合

    (1)《温暖》 演唱：赵薇、阿杜

    (2)《龙拳》 演唱：周杰伦 表演：李菲 舞蹈：胡晓丹紫禁城服饰表演团

    (3)《外面的世界》 演唱：齐秦、莫文蔚 舞蹈：内蒙古小鸿雁艺术团

31. 歌曲《变脸》 演唱：陈小涛、耿为华、刘和刚 变脸表演：彭登怀、何洪庆 舞蹈：四川省艺术学校（南区）、北京少林武术学校、北京海韵艺术学校、吉林市歌舞团

32. 歌曲《老王》 演唱：亚东、李琼 舞蹈：吉林市歌舞团

33. 歌曲《江山》 演唱：彭丽媛 舞蹈：吉林市歌舞团

主持人宣读贺信贺电

34. 魔术《幻影》 表演：李宁、曲蕾、宫静（中国杂技团）

35. 戏曲歌舞《金猴闹春》 表演：六小龄童、李阳鸣、魏学雷、中国京剧院、北京京剧院、中国铁路文工团杂技团、北京少林武术学校

主持人文清、赵保乐介绍珍奥核酸杯我最喜爱的春节联欢晚会节目评选活动

零点仪式 主持：倪萍 嘉宾：杨利伟

敲响新年钟声

36. 歌组合《迎春放歌》

  （1）《红太阳照边疆》 演唱：金海心、阿里郎组合

  （2）《青藏高原》 演唱：索朗旺姆、阿佳组合

  （3）《美丽的草原我的家》 演唱：斯琴格日勒、爱艺斯组合

  （4）《阿拉木汗》 演唱：艾尔肯、天山雪莲组合

  （5）《远方的客人请你留下来》 演唱：阿木、山鹰组合

  （6）《好日子》 演唱：以上全体演员 舞蹈：吉林市歌舞团

37. 歌曲《你幸福我祝福》 演唱：吕继宏 舞蹈：武汉电信艺术团、成都军区战旗歌舞团

38. 歌曲与服饰表演《共享幸福》 演唱：王霞、魏松、王静、金永哲 舞蹈：胡晓丹紫禁城服饰表演团

39. 歌曲《难忘今宵》 演唱：魏瑛侠、陈霜、杨小琳、王莉、王菲、曹怡然

开门办春晚　盛世大联欢

—— 2005 年春晚记忆

2005 年是央视春节联欢晚会贯彻"开门办春晚"理念的第一年，中央电视台坚持不断创新，迎难而上，力争使 2005 年的这道精神大餐"更上一层楼"。广电总局提出：集思广益，广泛征集社会各界意见；博采众长，推出"三性"统一的精品力作；质量为先，严格把关确保选拔优秀节目；公开透明，利于社会各方监督检查；综合平衡，共同协力办好晚会。应当说，这一改革是广播影视系统落实"三个代表"重要思想，努力实现广播电视节目"三贴近"的重要举措。

有了明确的指导思想，中央电视台 2005 年春节联欢晚会的筹备工作比往年启动得都要早，晚会筹备组从策划、节目征集与修改以及优秀者的奖励等四方面实行改革：一是面向全国征集晚会的策划方案，从 2004 年 7 月 1 日开始，由各省、自治区、直辖市广电局、新疆生产建设兵团广电局牵头各报一方案，经由专家组评审，充实到中央电视台春晚总体方案中，专家组还将评选出优秀创意奖，由晚会剧组给予奖励。凡是入选中央电视台 2005 年春晚总方案的创意，晚会剧组将择其创作人员进入晚会导演组。二是面向全国征集晚会优秀节目，从 2004 年 8 月 1 日开始，由全国各省、自治区、直辖市广电局、新疆生产建设兵团广电局组织，统一向中央电视台春晚剧组推荐节目，由专家组按照晚会整体方案按需取舍。三是对入选节目进行修改，节目入选后，春晚导演组要根据晚会整体方案对入选节目提出修改意见，并由推荐单位负责落实。四是对春晚节目优秀组织者进行奖励。

央视春晚几乎每年都会改革，这次可以说是近年来改革力度最大的一次。与以往的不同之处在于，一是充分体现了各民族文化的多样性；二是创新了晚会策划方案，各地报送的策划方案，蕴含着许多新创意、新点子，有利于发掘更多新人新作；三是改进了节目选拔方式，晚会的大部分节目由各省级广电部门选送，这能确保春晚的节目优中选优，在程序上打造进入春晚的节目都是文艺精品。

盛世联欢竞风流　普天同庆共团圆

2004 年是第十个五年计划即将收尾的一年，是我国政治、经济、文化大发展、大繁荣的一年。中共十六届四中全会提出要"建设和谐社会""一切以GDP为中心"的衡量标准成为过去，科学发展观建立起来。祖国的进步使人们受到了极大的鼓舞，"盛世"成为2005年春晚的关键词之一。与此同时，我国体育事业也蒸蒸日上，在这年举办的第28届奥运会中，刘翔110米跨栏打破世界纪录，获得了亚洲飞人的称号；中国女排绝地反击拿下金牌……中国体育代表团共获32枚金牌，居奥运会金牌榜第二位，实现了历史性突破。无论政府还是人民都越来越关注以奥运为代表的体育盛事，奥运元素毫无疑问被列入春晚题材之中。航天事业方面，继2003年神舟五号成功升天，2005年中国又将发射神舟六号载人航天飞船，因此2005年春晚中很多节目都与"飞翔"有关。此外，2005年是农历鸡年，在春晚中，这一生肖元素被广泛运用于舞美设计、舞蹈道具和语言类节目中，传统年味儿十足。

这一年春晚的主题词有三个：盛世联欢、金鸡报晓、飞翔。整台晚会的节目内容、节目设置、节目串联都是围绕这三个主题词而展开的。

一台长达5小时的联欢晚会要自始至终做到主题鲜明、节奏有致、喜庆和谐，殊为不易。晚会以大型歌舞秀《丹凤朝阳》开场，宏大的场面，绚丽的歌舞，喜庆的金黄色迅速将现场观众和电视机前的观众带入这场盛大的联欢之中，打造出一派"普天同庆，盛世欢歌"的节日景象。现场镜头从一只金色雄鸡切入，点明了这年的生肖主角。整个舞蹈从舞台美术、灯光到演员的服饰道具，均以金黄色为主，在结尾部分还出现了太阳外形装饰的鼓，男舞蹈演员身着红色舞蹈服，红黄两色更烘托出浓烈的年味儿。由于在中国传统审美中，"鸡"代表贫贱，舞蹈名称便利用"丹凤朝阳"巧妙地将"鸡"转化为"凤"的概念，"凤"的意象代表了富贵、吉祥，更加符合春节联欢晚会的语境。开场舞后，四位主持人分别献上新年祝词，引出"盛世大联欢"的主题。歌舞《盛世大联欢》，气势不凡，风格大气，视觉效果赏心悦目，不仅歌舞悦人耳目，而且舞美灯光堪称一流。

图1　2005年春晚开篇

图 2　开场舞蹈《丹凤朝阳》

围绕"盛世联欢"的主题，本届春晚的一大创新亮点是集结了31家省、市、自治区电视台的节目主持人代表和来自港、澳、台的演员代表联袂《献春联》。春联是一种独特的文学形式，具有鲜明的民族特色，能够抒发美好愿望，烘托节日气氛。每逢春节，无论城市还是乡村，家家户户都要精选一副大红春联（守孝家庭除外）贴于门上，增加节日的喜庆气氛。在春晚送春联也表达了对新年的美好祝愿，是尊崇传统、回归民俗的体现。而各地主持人承担这一"串联"任务，由于献春联者浓郁的地方特色和个性特色使得这一呈现形式蕴含着地方人文、自然景观和精神风貌，远远超越了"串联"的意义，并且呈现出一派大团结、大联合的盛景，强化了春节氛围，提升了整台晚会的文化品位，成为晚会中最具文化内涵和艺术特色的创举。晚会的整体结构也在献春联的五组间隔内被自然地分成了几大部分，分别在20：25、21：25、22：25、23：34及00：01，这五次春联使者的出场成为转场的切入点，巧妙地使晚会层次分明、错落有致，结构紧凑而简洁。

"盛世大联欢"的另一大创新体现在各省的强强联合。由地方电视台选送的一批独具地方特色和文化优势的精品节目，使整台晚会风姿多彩，气象万千。北京电视台选送的相声《咨询热线》，由两位相声新人担当，充分发挥了相声艺术语言幽默的审美优势，以短小精悍的形式辛辣地讽刺了打着"为人民服务"旗号而实际上为谋私利损害人民群众利益的行为。期间观众笑声不断，乐中有思，乐后有得。河南电视台选送的武术歌舞《壮志凌云》，配上香港歌星成龙的演唱，珠联璧合，令人叫绝，展示出中华民族的壮志凌云，气冲霄汉。浙江电视台选送的小品《汇报咏叹调》，对时下"会议风"中存在的严重形式主义加以艺术夸张，意蕴深刻，不同凡响。西藏电视台选送的歌曲《天路》，由韩红演绎得情深意长，赞颂筑路英雄为伟大祖国的牺牲和奉献。由山西、广西、新疆、内蒙古、吉林等电视台共同选送的民族歌舞《争奇斗艳民族风》，展现了千姿百态的异域风情，表现了中华民族大家庭的其乐融融。此外，广东、湖北、南宁、江苏、宁夏、辽宁、河北等地电视台选送的节目,也都为整台晚会添砖加瓦,共铸辉煌。

新人新颜新风貌　吉日吉庆吉祥年

2005年春晚总导演郎昆反复强调,要"开门办春晚,大力推新人"。与之相应,新人在鸡年春晚中也占相当大的比例:2005年春晚演员共650人,国内文艺团体17个,其中首次上春晚的新人大约100人次,是历届春晚中新人最多的,几乎遍布在春晚各类节目中。2005年也是董卿第一次作为主持人登上春晚舞台,她的出现打破了春晚主持人多年没有新面孔的局面。本届春晚总导演郎昆直言,选择董卿担任春晚主持人,主要是看好董卿的新锐实力,为今后的春节联欢晚会发掘主持接班人。2005年春晚让董卿一举成名,如今她早已成为央视春晚的台柱子。

在创新性的精品节目挖掘上,中国残疾人艺术团表演舞蹈《千手观音》堪称成功典范,这也是整台晚会的最高潮。邰丽华和她的20位聋哑姐妹在4位手语老师的指导下,以巧妙的构思,整齐划一的动作,用舞蹈将和谐之美与人性之美完美结合。时长6分钟的舞蹈,掌声达到10次,成为2005年春晚最受欢迎的节目和至今广为称颂的经典节目。

该节目早在晚会开始前就被广泛报道,引起了极大关注。舞蹈节目在春晚节目总量中所占比重虽小,但却是涉及演员最多、服装道具舞美灯光耗资最大的节目,与歌曲、相声、小品节目相比,舞蹈的影响力最小,但这并不是说舞蹈节目就没有精品。在历年春晚中,特别是80年代末以后,出现了大量经典作品,如杨丽萍的《雀之灵》《两棵树》《梅》,黄豆豆的《醉鼓》,都曾震撼亿万中国观众的心。2005年春晚的舞蹈《千手观音》就是一个精品中的经典,仔细分析,该舞蹈具有如下亮点:

图3　舞蹈《千手观音》

第一，具有极高的观赏性。领舞演员邰丽华身材姣好、面容娇美、气质优雅，其他舞蹈演员也身材修长，具备"形体美"的特点。舞蹈动静结合，有张有弛，给人以静默、庄严之感，韵律感极强。

第二，通过"透视"作用，达到观音有"千臂"的震撼效果，加之舞美道具上"佛门与佛光"的设计，更增添了一份神圣感。

第三，舞蹈配乐宗教色彩浓郁，具有极高的辨识度，能够对加深受众长时记忆起辅助作用。

第四，演员身份的特殊性。在演出前，周涛就点明了这些舞蹈演员的特殊之处，她们都生活在无声的世界中，在无法感知音乐的情况下将《千手观音》演绎得天衣无缝，这其中要付出多少心血，又需要多少默契和不断的磨合，观众可想而知。这种特殊的背景为舞蹈本身的艺术价值又增添了附加值，反映了社会对残疾人群体的关注，体现出春晚极高的人文主义关怀，而这些残疾人艺术家的表演也将鼓舞更多的残疾人追寻自己的梦想，创造奇迹。

推陈出新寻突破　革故鼎新创佳作

2005年春晚同样汇聚了众多明星大腕，力求用有新意的节目形态重新包装，推陈出新，借助演艺明星的知名度和才艺来提升节目的精彩度。例如老牌天王歌星刘德华带来非常适合过年氛围且极具可传唱性的歌曲《恭喜发财》，烘托出大联欢的喜庆氛围，这首歌日后也成为春节期间带动欢乐情绪的必备曲目；又如著名歌唱家宋祖英演唱的《飞》，意在反映我国实现百年飞天梦、发射成功神舟六号等一系列航天壮举，"飞翔"的主题在歌伴舞的美好意境中蕴含了国人对"飞天"事业的无限憧憬和美好期待；再如国际影星成龙献唱的《壮志凌云》，在一群武术小子的簇拥下，配合以舞台背景熊熊燃烧的火焰，整体视觉效果令人血脉贲张、震撼感官。

图4　歌曲《飞》

另外,歌星韩红演绎的《天路》也被赋予了更多的含义。春节对很多人来说就是"回家",回家过年是全国人民共同的期盼,能够在除夕夜和家人一起吃饺子看春晚成为中国人的新年俗,然而还有很多人在新春佳节不能回家,依然奋斗在工作岗位上。春晚特派记者管彤来到青藏铁路建设工地,看望仍然坚持在高海拔作业的建筑工人们,为这些工人送去新春祝福,同时也让他们的家人在除夕夜看到自己远离家乡的亲人。这一专题片既充满了人文关怀,又饱含温暖与亲情。一曲《天路》承接这段专题片,青藏铁路作为我国海拔最高的铁路,寓意"天路",同时涉及藏族元素,也是春晚重视民族团结和大融合的极佳体现。配合背景播放的VCR内容:满身泥浆的青藏铁路建设者过年的愿望就是拥抱一下前去拍摄的央视主持人,建设者们的无私奉献着实令人动容。随后紧接着一首歌星满文军带来的《回家的人》,将"回家过年"的概念进一步深化。

图5 专题片《天路》

除了歌舞类节目的"星光璀璨"外,语言类节目也延续了以往笑星云集、跨界创新的风格,共有语言类节目11个,占整台晚会节目数量的29%,其中相声3个,小品8个,涌现出了一批为观众喜爱、反映社会现象、具有时代意义的佳作,值得我们对其进行专门研究。

小品《装修》是在地产日趋发展、房价逐年走高的情况下创作出来的作品,讲述了一户人家违章装修新房的故事,揭示了社会上违章装修造成安全隐患的不良现象,内容贴近百姓生活,引发观众共鸣。很多住户不满足于房型从而对房子胡乱改造,用小品中的一句话来说就是"拆了东墙补西墙",不仅对建筑物本身造成破坏,同时也影响了其他住户的居住安全。在批判的同时,该小品从另一方面关照了社会弱势群体——农民工,农民工冒风险、卖体力,就为了赚几十块钱;而巩汉林扮演的则是典型的小市民形象,精于算计、尖酸吝啬、巧言令色,二者之间的潜在矛盾与众多笑料直接折射出社会上人与人之间的信任缺失。林永健的反串更成为该小品的一大亮点。

图6　小品《装修》

在经过2004年雅典奥运会之后，国民越来越重视体育运动，奥运明星和体育明星的受关注度也绝不逊色于歌手和演员，魔术情景小品《魔力奥运》跨越魔术、小品、体育三界，将三界明星集中在一起，为观众呈现了一组别样的"大杂烩"。遗憾的是，尽管该节目创意点很好，但可重视性不强，早已在后续的电视节目中消失了身影，这一方面与特定的社会环境有关，奥运热过后此题材便失去了热度。另一方面也是因为这种"创新"让普通老百姓一时无法接受。让小品演员变魔术总是能看出一些破绽，降低了魔术的质量，削减了魔术在观众心中的神秘感。纵观2005年整台春晚，只此一个魔术类节目，若是不仔细看，人们也许不会认为这是一个魔术，相较于后来刘谦、傅琰东所表演的魔术，这一"拼盘"就显得逊色多了。

图7　魔术情景小品《魔力奥运》

同那些年春晚观众对小品期待一样，本次晚会小品最大看点无疑还是赵本山、范伟合作的小品《功夫》。该作品是《卖拐》《卖车》系列的收尾之作"卖担架",从题材的选取上可以说是既满足了观众对这一对"冤家"的好奇心,也对前面的作品作了一个总结。该小品"笑果"不凡,掀起了整台晚会的高潮。

除此之外,冯巩的复合节目形态延续了前几年《马路情歌》《让一让,世界更美好》的风格,与朱军合演情景相声《笑谈人生》,也取得了不俗的反响。节目形式本身自然朴实,两人表演情真意切,具有感人的艺术魅力。这个节目让观众自然而然地联想到朱军主持的《艺术人生》栏目,但是在情节的发展过程中,冯巩反客为主,凭借一张照片让朱军满含热泪地思念起已逝的母亲,而在此之前朱军总是让别人掉眼泪,这种出人意料又合乎情理的设计引人入胜。

过年是喜庆祥和的,每一件事都要图吉利、求欢笑,人们更需要快乐和笑声来使自己身心愉悦,在这个特定的心理环境下给人们讲道理,让人们流眼泪,显然是不合时宜的,因此在历年春晚中,无论是小品还是相声,让人笑的节目多,让人哭的节目少。人们的审美水平日益提高,要求春节联欢晚会的语言类节目具有深度和现实意义,能够让人们从中悟出一些道理,但是如果不能让人们笑,则不管它在题材上多么有意义、内容上多么深刻,最终也不能赢得观众的心。

春节联欢晚会的相声和小品普遍具有以下特性:表演性、娱乐性和"镜子靶子"效应。表演性、娱乐性是说相声小品作为视觉艺术,要求演员具有较强的表演功底,能够通过其动作表演和幽默语言博观众一笑。而"镜子靶子"效应,是说相声小品要具有一定的时代意义,能够像一面镜子反映这一年的社会问题,像靶子一样让人们将关注点聚焦在这些问题上,引起受众的注意,从而寻求问题的最终解决。"凡是春节晚会上的成功小品都是'源于生活又高于生活'的,关注时代发展、切中时代跳动的脉搏是优秀小品节目的共性,在此种意义上,小品应当是时代生活的一面镜子。"①

纵观历年春晚,语言类节目中相声的数量远远少于小品。20世纪80年代是相声的繁荣期,到了20世纪90年代小品便开始成为春晚观众的新宠儿,这种趋势也一直延续至今。这其中很大原因就在于春晚的喜剧艺术是视觉艺术,不仅要求语言幽默,更要求演员具有扎实的表演功底,用动作神态来为喜剧作品加分。而相声是说学逗唱的艺术,在广播流行的七八十年代,人们尚不具备观看电视的条件,自然得以流行,但到了九十年代,随着电视机的普及,道具、布景、演员的表演等都成为观众关注的对象,而相声则缺少视觉审美对象,已经不符合人们的审美需求,便成为次于小品的喜剧形式。

许多相声界著名演员、大师也已经注意到了这个问题。相声演员冯巩在春晚相声的创新方面便做出了很大努力,很多年他所参加的节目都不是传统意义上的相声,而是情景相声即相声剧,这就弥补了相声所缺少的视觉审美元素。2005年春晚的相声小

---

① 耿文婷:《中国的狂欢节:春节联欢晚会审美文化透视》,文化艺术出版社2003年版,第132页。

品虽多，但具有"可重读性"的作品并不在多数。观众审美水平的提高直接要求春晚导演组对节目精益求精，编剧对作品反复雕刻，喜剧演员根据个人理解对其进行二次创作，特别是最受关注的喜剧节目，只有各方的共同努力才能够打造出一台令观众满意的精品春晚。

（本文作者：吴迪、刘辛未）

附：2005年中央电视台春节联欢晚会节目单

首播时间：2005年2月9日20:00
总导演：郎昆
主持人：朱军、周涛、李咏、董卿、文清、张泽群
序：舞蹈《丹凤朝阳》
表演：吉林市歌舞团、四川省歌舞剧院、湖北省歌舞剧院、武汉电信艺术团、江苏省歌舞剧院、山西省吕梁市碛口民间艺术团、河北夏云飞影视特技队

1. 开场歌舞《盛世大联欢》 表演：朱军、周涛、李咏、董卿、耿为华、哈晖、陈小涛、李晖、地方台主持人32人、吉林市歌舞团、江苏省歌舞剧院、中国儿童阳光艺术团

2. 歌曲《恭喜发财》 演唱：刘德华（中国香港） 伴舞：吉林市歌舞团、北京少林武术学校、总政小红星艺术团、QRIQ梦幻组合

3. 相声《咨询热线》 表演：李伟健、武宾

4. 歌曲《飞》 演唱：宋祖英 舞蹈：吉林市歌舞团、河北夏云飞影视特技队 领舞：高相臣、冯琦

5. 小品《祝寿》 表演：魏积安、刘小梅、黄晓娟、孙涛、宋宁

全国各地方电视台主持人展示春联

6. 民族歌舞《争奇斗艳·民族风》

    （1）汉族舞蹈《鼓舞》 山西省吕梁市碛口民间艺术团表演，山西电视台推荐

    （2）哈尼族舞蹈《木屐舞》

    （3）藏族舞蹈《踢踏舞》 江村、万马尖措领舞

    （4）壮族歌舞《山歌年年唱春光》 黄春燕领唱，广西那坡尼的呀合唱团合唱，广西电视台推荐

    （5）维吾尔族舞蹈《旋舞》 迪丽娜尔领舞，新疆电视台推荐

    （6）朝鲜族舞蹈《长鼓舞》 金仙花领舞，吉林电视台推荐

    （7）蒙古族舞蹈《筷子舞》 巴根那领舞，内蒙古电视台推荐

7. 小品《装修》 表演：黄宏、巩汉林、林永健
8. 舞蹈《千手观音》 表演：中国残疾人艺术团
9. 歌曲《手心手背》 演唱：冯晓泉、曾格格
10. 小品《男子汉大丈夫》 表演：郭冬临、牛莉
11. 歌曲《邻里之间》 演唱：眉佳、蔡国庆、王静、杨洪基

全国各地方电视台主持人展示春联

12. 武术歌舞《壮志凌云》 表演：河南塔沟武术学校
    《男儿当自强》 演唱：成龙 表演：河南塔沟武术学校
13. 魔术情景小品《魔力奥运》 表演：潘长江、刘亚津、陈寒柏、王志伟、傅琰东、汪燕飞
14. 歌舞《争奇斗艳·流行风》
    (1)《要强》 演唱：房祖名
    (2)《再见，卡门》 演唱：阿朵
    (3)《老鼠爱大米》 演唱：杨臣刚
    (4)《一生有你》 演唱：水木年华
    (5)《爱情三十六计》 演唱：蔡依林
15. 杂技《十三人顶碗》 表演：中国杂技团、刘鑫、王洋、王迪等
16. 歌舞联唱《四季奏鸣曲》
    (1)《好消息》 演唱：张燕
    (2)《欢乐海》 演唱：祖海
    (3)《笑口常开》 演唱：陈思思
    (4)《团圆中国年》 演唱：汤灿
17. 小品《浪漫的事》 表演：郭达、蔡明、韩影、于恒
18. 歌曲《爱的阳光》 演唱：那英

全国各地方电视台主持人展示春联

19. 歌曲《梦圆》 演唱：彭丽媛

专题片《走进青藏铁路》

20. 歌曲《天路》 演唱：韩红 舞蹈：四川省歌舞剧院、吉林市歌舞团、河北夏云飞影视特技队
21. 情景相声《笑谈人生》 表演：冯巩、朱军、蔡明
22. 歌曲《回家的人》 演唱：满文军
23. 戏曲《守岁大观园》
    (1) 京剧《赤桑镇》选段 演唱：孟广禄
    (2) 黄梅戏《女驸马》选段 演唱：马兰

(3) 越剧《追鱼》选段 演唱：单仰萍
(4) 京剧《对花枪》选段 演唱：袁慧琴
(5) 《数板》 表演：徐孟珂
(6) 《祝福大观园》 演唱：高秀敏
(7) 豫剧《穆桂英挂帅》选段 演唱：马金凤
24. 歌曲《挥着翅膀的女孩》 演唱：容祖儿 舞蹈：魏思佳、谢风
25. 小品《功夫》 表演：赵本山、范伟、蔡维利、王小虎

全国各地方电视台主持人展示春联

26. 舞蹈《年年有余》 表演：四川省歌舞剧院、江苏省歌舞剧院 赵丽萍领舞
27. 歌曲《载歌载舞》 演唱：隋一宁、王宏伟 舞蹈：北京二中舞蹈团
28. 歌组合《争奇斗艳·花对花》
    (1) 《拔根芦柴花》 演唱：魏蓉、陈莉莉
    (2) 《兰花草》 演唱：王丽达、雷佳
    (3) 《花儿与少年》 演唱：谌蓉、高音
    (4) 《正对花》 演唱：邓容、严当当
    (5) 《对花》 演唱：刘媛媛、麦穗
    (6) 《茉莉花》 演唱：王霞
29. 歌曲《为祖国守岁》 演唱：阎维文、吕继宏、佟铁鑫 舞蹈：四川省歌舞剧院、江苏省歌舞剧院、湖北省歌舞剧院
30. 歌曲《平安中国》 演唱：胡雁、廖昌永 舞蹈：江苏省歌舞剧院、四川省歌舞剧院

零点仪式

31. 歌舞《闻鸡起舞》
    (1) 舞蹈《金鸡报晓》 表演：湖北省歌舞剧院、武汉电信艺术团
    (2) 舞蹈《请茶祝酒大拜年》 表演：四川省歌舞剧院、江苏省歌舞剧院、吉林市歌舞团、武汉电信艺术团、内蒙古小鸿雁艺术团、广西那坡尼的呀合唱团
    (3) 歌曲《春节序曲》 演唱：魏金栋、梦鸽
    (4) 歌曲《金梭银梭》 演唱：杨倩林、游晴、胡圆飞
    (5) 歌曲《在一起》 演唱：吴春燕、马小晨、梁译元、曾小燕
    (6) 歌曲《掀起你的盖头来》 演唱：艾尔肯、天山雪莲组合
    (7) 歌曲《美丽的哈拉玛》 演唱：九寨天堂哈拉玛组合
    (8) 歌曲《直尕恩德》 演唱：西兰卡组合
    (9) 歌曲《千一杯》 演唱：阿幼朵
    (10) 歌曲《只有山歌敬亲人》 演唱：李琼、蚂蚁组合

(11) 歌曲《有一个美丽的地方》 演唱：梁音、张娟、王诗沂

(12) 歌曲《敬酒歌》 演唱：斯琴格日勒

(13) 歌曲《打秧鼓》 演唱：太阳女组合

(14) 歌曲《祝酒歌》 演唱：黄朝霞、王莉、于爽、霍勇

32. 歌曲《彩铃声声贺新春》 演唱：孙悦 舞蹈：北京二中舞蹈团、八拍工作室
33. 群口相声《鸡年说鸡》 表演：侯耀文、石富宽、郑健、李嘉存
34. 小品《汇报咏叹调》 表演：许晓明、魏真柏、朱丹萍
35. 歌曲《越爱越美丽》 演唱：柏文、陈倩倩
36. 表演唱《那个士兵真好》 演唱：张迈、冯瑞丽、白雪、刘一祯 舞蹈：湖北省歌舞剧院
37. 小品《明日之星》 表演：李咏、孙小宝等
38. 歌曲《盛世钟声》 演唱：郁钧剑、沙宝亮、全体演员
39. 歌曲《难忘今宵》 演唱：刘斌、殷秀梅、全体演员

天地和谐舞　人间大爱歌

——2006年春晚记忆

　　2006年春节联欢晚会将主题确立为"爱与和谐",并以"天地人和万事兴"作为主题词,这既是对国家新一代领导人所倡导的"构建和谐社会"的有机形象阐释,也是主创团队出于对春晚更准确、成熟的定位而明确的主旨内容。

　　中国共产党十六届四中全会上首次完整提出了"构建社会主义和谐社会"的概念,2005年胡锦涛主席明确指出,构建社会主义和谐社会,是党提出的一项重大任务,是党和国家提出的总体目标。春节作为中华民族最大的传统节日,其最具普遍基础与核心意义的情感理念和主题定位是和谐,从家庭和谐、社会和谐到各民族之间以及全世界中华民族大家园的和谐,都具有一种亲和力和凝聚力。过去的一年中,中国共产党和中国国民党举行会谈,穿越60年历史,两党最高领导人的手紧紧地握在了一起,并在此后发表会谈新闻公报,具有极其重要的历史和现实意义。此外,神舟六号飞船在太空飞行115个小时32分后也成功返回神州大地,为中国成为世界航空航天大国谱写了新的篇章。由此,2006年春晚中许多串联词与节目设置都表达出全国人民对和平统一的殷切期盼和对民族成就的强烈自豪感,这些国家大情同每一个的个人情感勾连起来,共同构成了和谐社会中的大爱。

　　主创团队对于春晚意义的认识也更为清晰和透彻。其实,春晚已演变为新民俗也好,仪式也罢,从某种意义上说,如今春晚节目的好坏已并非首要,观众观看春晚的形式感远比观看的内容更为重要。春晚将观看者纳入对节日的仪式化体验之中,成为家庭团圆、欢庆和睦的一个平台,从而能获得一种令人愉悦的生存感和生命感。已经第四次担任春晚总导演的郎昆在2006年1月29日做客新浪嘉宾聊天室时说道:"连续20多年的春节晚会,已经由主导型向伴随型过渡了,你不要把它当成很主要的行为,而当成伴随行为。你们全家和朋友聚会,开着电视,喜欢看就看,不喜欢看就做自己的事情,让春节晚会伴随你度过除夕,这样的定位是准确的定位。"在他看来,春晚确实已经发生了巨变:春晚的操作观念正在逐渐改变,已由原本的"主导"行为向"伴随"行为过渡。这种特定的文化行为,如今力求的是既吸引观众也不束缚观众,"历经二十多年的春节联欢晚会早已成为中国人心中一个不可缺少的文化品牌。大家年年

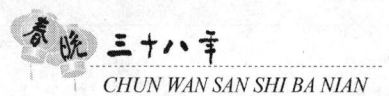

都期望它能有所'颠覆'有所'突破',但说实话这很难做到"。① 他为2006年春晚总结了五个看点:

看点一,新老演员结合。如吴雁泽的蒙古长调,黄婉秋的刘三姐风采等。同时春晚涌现出一批新演员,如网络歌手庞龙、喜剧演员张德高等。

看点二,专业和业余演员结合。2006年春晚的专业演员阵容依然强大,有赵本山、牛群、彭丽媛等。而业余演员、业余团体的表演同样精彩,如基层社区退休老人表演的舞蹈《俏夕阳》,纯业余组合演唱的《吉祥三宝》,《星光大道》年度冠军阿宝的表演等。

看点三,加大了开放力度。如钢琴演奏家郎朗加盟春晚,还首次把来自台湾的相声演员朱德刚请上春晚舞台,表演了《新说绕口令》。此外还有许多港澳台演员参演,如谢霆锋、庾澄庆等。

看点四,文艺节目和专题节目相结合。除各门类艺术精品节目外,去年发生的一些震撼人心的大事也出现在春晚舞台上,如神六、青藏铁路等。

看点五,彰显"张灯结彩大拜年,天地人和万事兴"的主题。保留了去年35家电视台和电视机构的主持人联合出场串场,使用传统猜灯谜的方式,完成"张灯结彩"的串场结构。

此外,2006年春晚延续了2005年"开门办春晚"的基本思想,通过众多渠道、面向全国以及海外征集节目,使众多来自民间的优秀节目登上了春晚大舞台。

开放姿态办春晚　创新形式做节目

与往年春晚节目内容严格保密不同,2006年春晚从征集作品阶段就以极为开放的姿态彰显了主创团队的态度和意图。CCTV.com 制定了"CCTV.com 联合全国百家电视台网站共同发起2006年春节联欢晚会网络大互动的方案",核心思想是重点强化网民的参与性和创造性,进一步借助网络的力量繁荣文艺创作,利用网络媒体优势,利用网络视听、互动、交流等多种手段加强春晚的网上宣传、互动、延伸、拓展,从网民中选取一些好作品、好素材、好点子,切实体现"央视晚会开门办"的节目创作思路。

央视国际网络自2005年11月3日对外发布征集启事后,截至2005年12月15日,就已收到应征作品268件,其中相声12件,小品64件,歌曲132件,其他分类作品60件。另外,网友在专门开通的论坛上发帖1500条,来信115封,电子邮件843封,

---

① 邹焕庆、周婷玉:《关于2006年央视春节联欢晚会的另类揭秘》,新华网北京2006年1月27日专电。

问询电话224个。① 总导演郎昆在接受记者采访时曾说，2006年春节联欢晚会以"稳中求变、大胆创新"为理念，以"开门意识、创新意识和精品意识"为追求，在"开门接节目"的同时，发动所有人力"下地方、找节目、生产春晚原创"，力求有"一首观众喜爱的好歌、一个有口皆碑的好舞蹈、一个津津乐道的语言类节目"。

同时，中央电视台在晚会举行的前一个多月就开始频繁报道狗年春晚的消息，为春晚凝聚人气。而各大媒介的纷纷介入，更是吸引了受众对晚会的广泛关注。各大媒介互相关注、合作，换来大家的互惠互利。从媒介生态学来看，每一种传播媒介在世界上都不是孤立无援的，它应该有一种相互合作的生态环境。例如狗年春晚举办前一个月，南京《现代快报》记者进入春晚现场发出系列报道，使受众在第一时间了解到晚会的相关信息，而对于《南京快报》自身，不仅扩大了销售量，同时也极大地提升了报纸的知名度。至于电视媒体内部的宣传，央视也做足了功课。六次彩排的及时报道，除夕前一天各大频道的不间断推介，新闻节目与文艺节目的相互渗透、相互造势，晚会现场直播每逢整点的节目字幕预告等，都开展得井然有序、有声有色。特别要提及的是，在晚会举行的前一周央视专门举办了中央电视台春节晚会暨春节节目新闻通气会，参加会议的有中央电视台的相关领导、三大晚会的导演（春节联欢晚会、歌舞晚会、戏曲晚会），还有央视和各大地方相关媒体共计62家。同时央视国际网站对春节晚会暨春节节目新闻通气会进行现场图文直播，这种集束式的媒介宣传，不仅及时又极大地满足了受众对于晚会信息知情权的需求，而且先声夺人，唤起了受众强烈的审美期待。

在开放姿态的效应下，出现了一批民间选送的精品节目，例如其中的代表作《俏夕阳》，是由唐山民间皮影舞蹈创编工作者范锦才所创新的一种具有皮影戏风格的"皮影舞蹈"，表演者都来自基层普通社区，他们中有本届春节联欢晚会上年龄最大和最小的演员，表演得恰到好处，感情丰富而内敛、动作精确而含蓄、韵味隽永而简约，准确地传达了其创作意图和美学追求，给观众以新奇独特的审美感受。《俏夕阳》也由此成为一个舞姿独特、音韵优美、形神兼备的新舞美剧种——皮影舞蹈，演员对皮影动作的模仿惟妙惟肖，质朴中注入了灵动，时尚中流淌着传统，加之服装和音乐对皮影的借鉴与超越，表演过程中侧面与正面舞蹈效果的结合，均使得皮影与舞蹈的"联姻"浑然天成，达到了声、影、光、美的协调统一。2006年春晚播出后，众多媒体对《俏夕阳》给予了高度评价："一群基层的老太太的业余艺术生活让观众在分享中感受到了新鲜与活力""老少结合的形式比较新颖，天伦之乐尽显""没有经过任何专业的舞蹈训练，但舞蹈独特的创意和老人们令人惊叹的精气神儿成为最大的亮点"。可以说，该节目带给观众的视觉冲击力和审美感受可与《千手观音》相媲美。《俏夕

---

① CCTV.com供稿：《2006年央视春节联欢晚会联合CCTV.com进行网络互动》，《电视研究》2005年12月。

阳》以其独特的表现形式、鲜明的地域色彩、丰富的美学意味令人们眼界大开，体现了和谐社会"天地人和万事兴"的时代寓意。而其成功的最主要原因，就在于它的平民化。①

图1　2006年皮影舞蹈《俏夕阳》

另一个舞蹈《剪纸姑娘》与《俏夕阳》有异曲同工之妙。演员们将静态的剪纸艺术动态化，赋予剪纸以人性，表情灵动，动作俏皮逼真，装束简单却不失可爱，极具个性魅力。相较而言，《俏夕阳》是由民间的皮影艺术演化而来，《剪纸姑娘》则是向传统的剪纸艺术致敬；皮影是动态的，剪纸是静态的，两者形成了鲜明的对比。这两个舞蹈节目都是来源于生活，同时又高于生活的优秀艺术作品。

民间原生态与专业节目之间的契合点还体现在歌曲《吉祥三宝》的演唱，原生态歌手的亮相也给观众留下了深刻印象，成为新年的潮流歌，此后在访谈节目、综艺节目中，甚至在手机铃声、彩铃里，总能听到这熟悉的旋律。从冰天雪地的呼伦贝尔草原来到暖意融融的央视春晚现场，9岁的小姑娘英格玛站在舞台上活泼而又自然。布仁巴雅尔、乌日娜夫妇与这位小侄女的对唱，成年人的浑厚音色衬托出小女孩清脆、稚嫩的歌声，让人听后难以忘怀。优美婉转的旋律、富有动感的节奏、一家人温馨对唱的情景，让观众一下子就记住了这首歌曲。从《吉祥三宝》也让人们看到原生态作品在走向综艺晚会上日益成熟的创作经验。

从《星光大道》走来的阿宝也是民间歌手中的优秀代表之一。歌曲《草原上升起不落的太阳》由他与吴雁泽、戴玉强三人同时出场，一个是风头正劲的原生态平民歌手，一个是经验丰富的民族唱法歌唱家，一个是享誉中外的美声唱法大腕。三种唱法巧妙融合，将经典老歌重新演绎，令人耳目一新，为之一振。

---

① 杨立元、杨扬：《皮影舞蹈<俏夕阳>的艺术追求和美学意义》，《唐山学院学报》2011年第1期。

当然，除了优秀民间作品的加盟，春晚的明星阵容同样在以开放姿态来创新节目形态。例如由三位年轻歌手"别样"组合，同台演唱歌曲《百家姓》，代表了春晚的青春和活力，既给观众以"陌生化"的审美体验，又有大陆与港澳台大融合、中华民族大团结之意。演唱中，舞台大屏幕播放的视频是一个个百家姓氏，结尾"胡"与"江"的交替更显意味深长。

图2　歌曲《百家姓》

组曲《2005流行风》和《燃情金曲》是一个"拼盘"节目，《2005流行风》以歌曲串烧的方式将当时流行的歌曲串联在一起，《燃情金曲》则是为春晚老朋友奉献的节目，以唤起他们的"春晚情结"。流行与经典共同存在于春晚的熔炉，兼容并包的"春晚精神"不言自明。组合之外，亦有大爱，宋祖英一曲《五福临门》赞美了天地人和，更唱出了天、地、国、家、人五福的和谐共生，唱出了博爱，体现出天地共生、家国一体、天人合一的思想理念，既凸显出我国传统文化以和为贵的和谐思想，也呼应了当下构建社会主义和谐社会的时代潮流。

在各类型节目的兼容并包下，春晚力争实现在大众文化基础上阳春白雪与下里巴人的统一，在板块划分上也更加开阔而不拘泥于严格的限制。但我们注意到开篇与结尾的节目分别是《礼赞春天》和《春之声》，一头一尾用"春"的意象作为串联，同时歌组合《燃情金曲》中《在那桃花盛开的地方》《映山红》等也暗含了春暖花开的意蕴。春天能给我们带来生机、带来激情、带来希望，"年"的到来意味着"新春"的来临，春的意象在中国古典诗词中表达送别、相思的主题，它将中国传统的"回归"精神与诗人们对家人的思念、对家园的怀念联结起来，丰富了这一原型的象征意义。这一意象在春晚中的运用，也融汇了海峡两岸期盼统一、台湾人民向往回归的美好愿望。

开放姿态还体现在一些具体环节的设置上。2006年春晚有六位主持人，被坊间戏

图3 2006年春晚"春"字当头

称为"六六大顺",增加的两位主持人张泽群、刘芳菲作为第二现场主持人,担任"念贺电、播广告"的职责。这么多年来,念贺电一直是央视春晚的保留节目,这些来自全世界各个行业的祝福大都十分简短,通过春晚这个平台用一种互动的方式表达新春祝福,一般在晚会进行的间隙念给观众听。刘芳菲的古典高雅搭配张泽群的稳重亲和,为春晚带来一种新的感觉。从积极意义上分析,这一环节的设置可以在一定程度上减缓晚会的节奏,留出时间让第一现场布置场景、演员上下台、主持人等工作人员调节休息等。但从消极影响上看,破坏了晚会的整体性,除了所念贺电与春节相关以外,对晚会主题展现、气氛烘托并无太大作用,反而容易造成观众注意力的流失,收视率下降。另外,2006年春晚将2005年来自全国各地的32家电视台主持人作为新

图4 2006年春晚主持人"六六大顺"

春使者送春联的环节改为送灯谜。尽管这也是积极寻求与观众互动的一种尝试,但是灯谜的符号意义更容易让人联想到正月十五元宵节,相较于春联符号意义欠缺,而这种大集合的送祝福活动也在2006年之后便失去生命力,退出春晚舞台。

"爱""和谐"无处不在　喜"团圆"如影随形

在2006年春晚主题"爱与和谐"的背景下,主创团队特别策划了几个非常"应景"环节以反映时代特征同时呼应晚会主题,也给人留下了深刻印象。一是给大熊猫起乳名的活动,在晚会开始之前就受到社会各界的广泛关注,让整场晚会沉浸在一种团结喜庆的氛围中。最终确定的"团团""圆圆"的名字,再加上港澳台的新春使者走进央视,给全国人民送上祝福,突出了日益和谐的海峡两岸交流和互动;另一个是邀请神舟六号航天员费俊龙和聂海胜的出场,当两位航天英雄身着宇航服向全国观众拜年并感谢全国人民对航天事业的关心和支持时,全场气氛达到高潮,成为晚会的动情点。紧随其后的惊喜是两位宇航员在"神六"上录制的太空祝福视频,使观众在体会到新意和自豪感的同时,也与"神五"的过往元素区别开来。

语言类节目是反映社会文化生活的最佳载体,2006年春晚也涌现出了一批彰显社会和谐主题的作品。例如小品《打工幼儿园》,让观众在捧腹的同时,又让人情不自禁地思考当今我国城乡在构建和谐社会过程中不容忽视的一个问题:全国数以亿计的打工者生存状况以及打工者子女的教育问题。央视把这个可以说最关乎平民百姓生存状态的问题用艺术节目的形式搬上了春晚舞台,是把"构建和谐社会"这一全党、全国的重大话题具体化和形象化了;是把"农民工"这一人数众多的特殊群体生存状态摆到了全国人民面前,它的意义和影响无疑是深远的。

类似的好节目还有相声剧《跟着媳妇当保姆》反映了城里人与乡下人之间的矛盾,不管中间经历多少纠纷误会,结尾处朱军作为城里人的抒情是对城乡和谐的赞美。《马大姐外传》则体现了邻里和家庭的和谐,邻居郭大宝找对象和复婚都来找马大姐帮忙,马大姐的热心帮助却惹来一身麻烦,离婚、复婚的反复本身,也反映出近年来离婚话题的热门,小品体现了小家和谐大家才能和谐的主题。《邻居》更是以诙谐的基调讽刺了当今时代人们的生活节奏过于紧张,无暇顾及身边的人和事,邻里之间的关系越来越淡漠的普遍现象,"门洞窥人"形象贴切,提醒人们去关心周围的人。相声《谁让你是优秀》反映了当下存在的一些评职称时过分看重名利的不良心态,揭示出同事之间需要的是合作,涉及同事之间的和谐。小品《实诚人》刻画了一个只想占别人便宜,只顾自己需要、毫不顾忌他人,却装作大大咧咧,跟"朋友"不见外,既不知趣、又不识相的"伪实诚人",折射出人际交往中一些看似"实诚"实则贪婪的人,而反映不和谐的目的,也是为了提倡和谐。

图 5　2006 年春晚小品《跟着媳妇当保姆》

语言类节目的最大亮点是赵本山的小品《说事儿》，该小品继续了《昨天、今天、明天》的形式，延续了白云、黑土这对冤家夫妇的生活，模拟谈话类节目，抖出一系列"包袱"，爱面子的大妈和老实人大叔迥异的性格碰撞让作品更具幽默色彩。小品情节借用了一件好道具——耳机，白云戴上它，黑土抖落她一系列虚假行为，她浑然不知；戴在黑土耳朵上，白云可以毫无保留地揭他老底；而小崔在享受这份殊荣时，黑土贬他再厉害，他还一个劲伸出大拇指，连声说谢谢。一副耳机，揭出了一连串糗事，也赢得了观众阵阵笑声，其情节的巧妙构思设计值得称道。

（本文作者：吴迪、刘辛未）

附：2006 年中央电视台春节联欢晚会节目单

首播时间：2006 年 1 月 29 日 20∶00
总导演：郎昆
主持人：朱军、周涛、李咏、董卿、刘芳菲、张泽群

1. 开场歌舞《礼赞春天》　表演：吉林市歌舞团、武汉电信艺术团、吉川天尚艺术团校

全国各地方电视台节目主持人向观众拜年

2. 歌曲《百家姓》　表演：满文军、谢霆锋、庚澄庆
3. 化妆相声《跟着媳妇当保姆》　表演：冯巩、朱军、牛莉

主持人刘芳菲、张泽群介绍我最喜爱的春节联欢晚会节目和演员的评选活动

4. 舞蹈《俏夕阳》　表演：唐山市社区表演队

主持人朱军、周涛介绍赴台大熊猫的乳名征选活动

5. 小品《马大姐外传》 表演：蔡明、郭达、岳秀清

6. 歌曲《草原上升起不落的太阳》 演唱：吴雁泽、戴玉强、阿宝

7. 舞蹈《响亮节拍》 表演：吉林市歌舞团、吉林省歌舞剧院、武汉电信艺术团、内蒙古军区文工团

8. 小品《招聘》 表演：周锦堂、余信杰、尹北琛、田克兢

9. 歌曲《五福临门》 演唱：宋祖英

各地方电视台节目主持人敬献灯谜

10. 相声《谁让你是优秀》 表演：大兵、赵卫国

费俊龙、聂海胜向观众拜年；播放太空拜年录像

11. 歌曲《吉祥三宝》 演唱：布仁巴雅尔、乌日娜、英格玛

12. 歌曲联唱《2005流行风》
　　（1）《你是我的玫瑰花》 演唱：庞龙
　　（2）《一千年以后》 演唱：林俊杰（新加坡）
　　（3）《完美世界》 演唱：水木年华
　　（4）《见习爱神》 演唱：Twins（香港）

13. 小品《"打工"幼儿园》 表演：牛群、刘小梅、闫学晶

主持人朱军、周涛介绍赴台大熊猫的乳名征选活动

14. 歌曲《我爱唱歌》 演唱：佟铁鑫、胡雁、霍勇、冯瑞丽、王莉

主持人刘芳菲、张泽群介绍我最喜爱的春节联欢晚会节目和演员的评选活动

15. 舞蹈《剪纸姑娘》 表演：北京军区战友文工团、王晓园

16. 小品《邻居》 表演：黄宏、巩汉林、林永健、刘亚津

各地方电视台节目主持人敬献灯谜

17. 歌组合《燃情金曲》
　　（1）《在那桃花盛开的地方》 演唱：蒋大为、刘和刚
　　（2）《映山红》 演唱：邓玉华、蔡国庆、刘媛媛
　　（3）《花儿为什么这样红》 演唱：克里木、吕薇
　　（4）《山歌好比春江水》 演唱：黄婉秋、麦穗、陈莉莉、谌蓉

18. 杂技《追·炫》 表演：郑茜、邱健、赵志、沈阳军区前进杂技团

19. 小品《实诚人》 表演：郭冬临、魏积安、黄晓娟

主持人刘芳菲、张泽群介绍我最喜爱的春节联欢晚会节目和演员的评选活动

20. 舞蹈《岁寒三友　松·竹·梅》 表演：谭元元、杨丽萍、刘岩

主持人朱军、周涛介绍赴台大熊猫的乳名征选活动

21. 歌曲《飞雪迎春》 演唱：彭丽媛

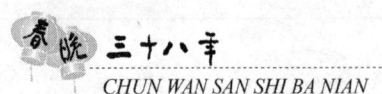

22. 小品《说事儿》 表演：赵本山、宋丹丹、崔永元
23. 歌曲《班长告诉我》 演唱：吕继宏、刘斌、王丽达、雷佳

香港、澳门、台湾主持人敬献灯谜

24. 器乐《翻身的日子》 表演：郎朗
25. 相声《新说绕口令》 表演：刘增锴、朱德刚

主持人刘芳菲、张泽群介绍我最喜爱的春节联欢晚会节目和演员的评选活动

26. 歌曲《万家欢乐》 演唱：阎维文、殷秀梅

主持人朱军、周涛揭晓赴台大熊猫的乳名

2006年零点钟声倒计时

27. 歌曲《年夜饭》 演唱：张也、王宏伟
28. 川味小品《耙（pā）耳朵》 表演：张德亮、赵亮、张玺
29. 戏曲联唱《新五女拜寿》

 （1）黄梅戏《天仙配》选段，韩再芬饰七仙女、张辉饰董永
 （2）越剧《梁山伯与祝英台》选段，陈飞饰祝英台、吴凤花饰梁山伯
 （3）川剧《白蛇传》选段，沈铁梅饰白素贞、孙群饰许仙
 （4）京剧《四郎探母》选段，于魁智饰杨延辉、李胜素饰铁镜公主
 （5）豫剧《拷红》选段，李金枝饰红娘
 （6）评剧《屠夫状元》选段，潘长江饰胡山
 （7）京剧《对花枪》选段，袁慧琴饰姜桂芝
 （8）京剧《牧虎关》选段，李长春饰高旺

30. 歌组合《春之声》

 （1）《春天在哪里》 演唱：邓蓉、曾小燕、皓天
 （2）《春之歌》 演唱：严当当、马晓晨、吴春燕
 （3）《野百合也有春天》 演唱：魏英侠、王庆爽、游晴
 （4）《春天的花园里花儿最美》 演唱：吴文璟、晏菲、李涵、子祺
 （5）《春之声圆舞曲》 演唱：王铁刚、尤泓斐

31. 结束曲《难忘今宵》 演唱：廖昌永、关牧村、莫华伦、王莹

升级和谐篇 "全民办春晚"
——2007年春晚记忆

建设和谐社会依然是2007年我国改革发展的主旋律,物质生活日益丰富的人们对于"和谐"的追求并非仅停留在"构建和谐社会"的口号中,而更多地来自于内心深处的渴望。曾被运用于2006年春晚的"和谐"二字,又出现在2007年春晚的主题词中,"欢乐和谐中国年"的主题直接表达了春晚对民族文化传统守望和弘扬的主旨。

细数2007年春晚节目名称,包含"和谐"一词的就高达10个,占了春晚节目总数的近1/3,成为这年春晚出现频率最高的词汇,这还不包括其在主持人串词中被使用的次数,也不包括"送春联"活动中使用到的情况,可以说2007年春晚是实实在在地将"和谐"进行到底。这年春晚的"和谐"之处,大致包括以下几个方面:民族和谐、传统与现代的和谐、社会和谐、家庭和谐、人与自然的和谐、军民和谐、中国功夫的和谐之美等。

"年",是春晚主题的落脚点。"春节晚会已经作为华夏民族本土春节节日的象征而被充分仪式化了"①,过年的习俗也应该在整台晚会上有所体现,于是出现了2005年各台主持人送春联、2006年各台主持人送灯谜、2007年主持人送四副"和谐"春联的现象,尽管在设置上并不尽如人意,但这是春晚回归年俗的表现。春晚观众要求节目雅俗共赏,"雅"要有美感有创新,"俗"要够贴近够平民。

春晚是一扇向全世界敞开的窗口,展示中国社会发展和人民日益提高的物质精神生活;晚会承载着中国博大精深、丰富多彩的文化艺术,承载着中国人一年来的成功和喜悦,承载着一个生机勃勃、充满希望的"中国年"。2006年,我国刚刚经过了十一五规划的第一个年头,政治、经济、文化正处于大发展、大繁荣时期,在2006年国际竞争力排名中,中国内地的竞争力提高速度全球最快。伴随着我国经济实力的提升,人民生活水平也有了很大改善,特别是一些边远地区,在国家扶持下走向小康之路。自2006年1月1日起,中国人民与实行了2600多年的田赋制度彻底告别,农业税免

---

① 耿文婷:《中国的狂欢节:春节联欢晚会审美文化透视》,文化艺术出版社2003年版,第17页。

除，充分说明了我国坚持以人为本的治国理念，重视三农问题，重视社会主义新农村建设。与此同时，和平与发展是当代世界的主旋律，我国在经济水平稳步提升的同时，也把构建和谐社会提上日程，只有社会和谐，才能有国家各项工作的进步，只有小家和谐，才能有大国大家的和谐。

2007年春晚的总导演金越将本年度春晚的总体规划设定为纵向和横向两个方面。从纵向说概括为三个结构层，即以家庭和谐为基本单位，以社会和谐为共同目标，以世界和谐为美好理想；以亲情对应家庭和谐，以友情对应社会和谐，以民族情、爱国情对应世界和谐，构成春晚的纵向结构。从横向说，今年的春晚追求内容和谐、形式和谐以及氛围和谐，强调在宣传需求与娱乐需求之间，在不同地域、不同年龄之间，在新演员和老演员之间，在经典与流行、继承传统和发展创新之间凸显高度和谐，以此构成春晚的横向布局。

丰富创作视角　彰显时代精神

在"开门办春晚"基础上，2007年提出了"全民办春晚"的思想，进一步实现了春晚的开放性、包容性。剧组到基层老百姓中进行市场调查，征求意见，并接受民间报名。总策划秦新民在晚会筹备阶段接受采访时说："与以往只是在各地的专业演出团体或电视台中选拔不同，这次春晚的'开门'是开向基层的，要到达各地的普通百姓。我们目前收到的很多节目中，有不少是打工者的歌曲，但质量值得肯定……发出'节目征集令'一个月来，收到的节目数量已超过了一千。目前，参报节目包括语言类、唱歌、舞蹈、杂技等多个领域，比重最大的是歌曲和语言类节目。"[①]

"今年春晚的一个口号是'平民百姓要登上春晚的舞台'"，总导演金越说。2007年春晚有来自西藏日喀则拉孜县的农民，有北京打工子弟学校的学生，还有东北师范大学的学生等，"很大程度地体现了平民性"。正是因为春晚向各门类优秀的文化成果开放，才使得晚会具有节目新颖丰富、多元化的特征，才使得一大批平民演员登上了春晚的大舞台，充分展示自己的才艺。另外，2007年春晚的一大看点是生活的贴近性和信息的丰富性。许多节目选取的生活内容都是发生在大家身边的事情，节目的细节和情节都是生活中最鲜活的内容。如小品《将爱情进行到底》中的"网恋"，《送礼》《免费电话》《策划》等讽刺了社会不良行为和风气，《进城》《心里话》则表达了对进城务工人员的关注等。同时，2007年春晚还尽可能地在节目中容纳了过去一年中值得自豪的"年度记忆"，有宏观的概括，也有微观的事例，如青藏铁路通车、免除农业税等，信息非常丰富。[②] 具有时代特征的精品节目既反映了时代发展动态和当下流

[①] 参考茅中元：《央视春晚总策划回应节目不佳质疑》，人民网2006年10月31日，原文载于《新闻午报》。
[②] 参考周婷玉：《总导演金越详说2007年春晚的三大看点》，人民网2007年2月12日。

行趋势,又聚焦了社会热点,体现了人文关怀。

例如相声《咱村的事》和小品《策划》都能够反映出农民生活水平不断提高、社会主义新农村建设卓有成效。小品《免费电话》《送礼》都反映了当下社会上的一些投机心理,前者借助节目段子中广告与情节穿插的"巧合"艺术,揭示了"占小便宜吃大亏"的传统古训;后者则反映了当下希望通过送礼来解决或改变升学、就业问题的心理。小品具有较强的教化意味,尽管剧情的设置对现实进行了一定程度的美化,将"句主任"设定为一个两袖清风、不收礼品的"清官",但观众必然可以发现作品没有展现出的一面,通过赞美达到了一种讽刺的效果。

图1 相声《咱村的事》　　　　　　　图2 小品《策划》

随着城市化进程的加速,进城务工人员的数量也越来越多,打工子弟的户口与就学成为一大难题,2007年春晚将全社会的目光集中于这些孩子和他们为了城市建设而付出劳动的父母身上。朗诵节目《心里话》由来自北京海淀行知实验学校的孩子们表演,他们都是真正的进城务工人员子女,朴实无华的装束是对现实生活的再现与还原,没有一丝做作。"开门办春晚"吸纳的这两个节目,都很好地体现了春晚的人文主义关怀和包容精神,这无疑是本届春晚的一个创新。

图3 诗朗诵《心里话》

在2007年春晚中，涌现出一批既具有时代意义又极富艺术水准的精品歌舞类节目。例如西藏日喀则地区拉孜县农民表演的歌舞《飞弦踏春》，以高亢激昂的歌声、强劲有力的舞步，抒发了西藏人民对青藏铁路通车的喜悦之情。五彩缤纷的民族歌舞，粗犷而豪放，质朴中透着清新洒脱，以藏族特有的音乐舞蹈形式，真实反映了生活在雪域高原上勤劳、勇敢、智慧的藏族人民的生活风貌和民族个性，也体现了中华民族的欢庆团结。这档歌舞节目未加任何修饰，是西藏日喀则地区农牧民典型的原生态艺术的展现。另外，一些节目中还穿插播放了当年度党和国家领导人慰问群众的画面。如歌曲《报答》，不仅包含了前两年的慰问场面，还新增添了一些当年的新闻画面，体现了党和人民心连心的温暖与和谐。

图4　舞蹈《飞弦踏春》

《小城雨巷》是2006年全国舞蹈大赛中的一个获奖作品，该舞蹈是根据戴望舒的成名作《雨巷》一诗演化而来，意境唯美而引人入胜。《小城雨巷》由诗而来，又对原诗的意境做了创新与修改，更多地表达了雨巷姑娘的美和小城生活的安逸，让观众

图5　舞蹈《小城雨巷》

在热闹、喧嚣中体会到了一种别样的美。那些执伞而漫步在小巷深处的少女，犹如一支支深谷幽兰，纯净而典雅，充盈着诗情画意，俨然一副江南水墨画，引起人们对青春无限美好的遐想；加上如诗如画、优雅静谧的场景描绘，结合舞蹈中的动静有致、张弛有度，使观众沉浸在美感享受之中。

还有一个独具特色的纯舞蹈节目《进城》，表现了外来务工人员这个特殊群体的精神面貌。据统计，当时全国各地有外来进城务工人员多达2亿多人，他们对城市的经济建设、对家乡的新农村建设都作出了重要贡献。这个舞蹈作品来源于生活又高于生活，是对现实的放大，且舞蹈演员的服装符合演员的角色，音乐与舞姿的搭配也让整个舞蹈律动起来。

《行云流水》把中国武术和舞蹈造型完美结合在一起，刚柔并济、气韵生动，充分体现出武术的阳刚与阴柔之美，并蕴含着深刻的哲学思想与文化内涵。该节目中的演员都是全国武术冠亚军获得者，通过编导独具匠心的艺术编排与高科技视频背景的完美结合，把中华武术演绎到了极致。

2007年春晚总导演金越在采访中曾反复强调："我们强调正确的政治导向和舆论导向，注重树立国家媒体的形象和风范，但也要从时代进步、社会进步、文化进步和生活进步的方方面面汲取营养，创作出符合广大人民心愿的高品质、高品位、高品格的优秀节目。"

舞美不断创新　视觉效果升级

春晚在架构定型、空间布局相对固化的环境中，要获得常办常新的舞台效果，不负观众的期望，确实不是一件容易的事。2007年春晚首次尝试运用大屏幕三维虚拟成像，将影像与实景道具相结合，通过准确定位，大胆取舍和辛勤劳作，让春晚的视觉效果升级呈现出新的面貌，令观众眼前一亮，印象深刻。

多年以来，圆形演播厅一直是春节联欢晚会的固定现场。由于春节的特殊时刻，以往的晚会场景设计多倾向于民族风格的装饰，雕梁画栋、宫灯回廊、大红大绿、喜庆热烈。背景和周围装饰往往以吉祥物、祝福词、生肖图案、民间剪纸、木板年画等静态物件与图案为主。这些内容虽有助于增添节日喜庆欢乐气氛，但也往往远离现实生活，拙朴的图案也缺少动感，过多的烟雾和频闪的灯光显得杂乱纷繁，造成视觉上的"噪音"。2007年的春晚舞美设计不追求华丽，而是采用简明、开放、大气的总体思路，在舞台空间和建筑布局难以彻底改变的前提下，设计者大胆取舍，取消了连续几年舞台两侧多层空间不透明隔断和多少有些累赘的装饰物，使得表演区域更加开阔、透亮和灵动，演员的活动范围更加宽敞，演出更加舒展自如。为了不显得过于空旷，设计者扩大了背景面积，最吸引眼球的是舞台后区和两侧作为背景的超大电视墙，为

了不影响背景内容，取消了装饰性、抽象性的几何图案和后舞台底部晃动耀眼的激光灯，让两侧的隔断也变成了显示屏。由于这一改进，原来被层层包裹的纵深空间豁然开朗，仿佛在封闭剧场上开辟了一面通向自然、通往春天的电视墙，把山野的清风和四季的阳光带到了演播厅，演员在不断变化的"大自然"的优美环境中载歌载舞。对于演员较少的小品、相声节目则充分利用不同的表演区，结合背景、布景和道具，保持传统的写意或抽象风格，从而形成了既突出主要特征又充满变化的整体舞台风格。

晚会中背景LED的内容选择，配合灯光和演出形成立体新颖的舞台，呼应了欢乐和谐的基调，又充分利用现代技术优势，体现了科技发展的结晶。在长达四个多小时的节目进程中，舞美元素的多元变化成为节目内容主题的有机延伸，展现了主创人员的精雕细琢带给观众的审美体验和情感升华。例如当小品《将爱情进行到底》中的主人公在虚拟世界中找到真实世界的情感时，枯燥冷清的计算机键盘背景上瞬间绽放出千万朵玫瑰；在老歌翻唱《在那遥远的地方》中，背景则是不断变化中的西部风光、大漠戈壁、垂云接天、高原平湖、江河源头，宁静而优美，使中国歌手和黑人歌手的歌声在那遥远的地方一同回荡；而相声《我惯着他》则利用不同的表演区和景别的巧妙选择，在一片活动背景的包围中呈现出简约、传统的舞台设计理念。

声、光、电的有效结合，使晚会的视觉传达充满现代创新的意味，时而欢快欢畅，时而抒情柔美，宛如一曲多彩的视觉旋律。歌舞组合《欢乐和谐四季风》注重从丰富的民族歌舞海洋中挖掘元素，形成了《春：快乐的罗梭》《夏：长穗花鼓》《秋：喜送粮》和《冬：鄂尔多斯舞》四个小板块。当彝族小伙子和姑娘们翩翩起舞时，大屏幕背景上先是和煦春风中舞动的杨柳枝条，嫩绿色背景基调清新宁静；随后变化为繁茂的大树和旺盛的庄稼，基调也转变为翠绿色，歌曲在旋律、背景色彩上都形成了鲜明的对比和丰富的变化；之后的南国椰岛风情，前景以一组变化的喷泉来含蓄地揭示环境，增强了舞台环境的动感，达到了平面背景和立体喷泉的对比与变化；最后皑皑的雪山景象，空间上利用人工雪景浓墨重彩地渲染舞者的环境，变换的绿色灯光仿佛在和着蒙古族男青年的服装营造出一种梦幻般的舞台美景，宽阔的背景和纷纷落下的雪片极大地增强了舞台的视觉表现力，民族团结、欢乐和谐的主题在错落有致的景别中得到了体现。又如在歌曲《老公老婆我爱你》中，让观众难忘的是在一片"绿草地"上汽车的青年情侣，他们在电影版"真实"的图景前表演，仿佛是对歌词犹如音乐MV般的演绎，加上前景不同服装和不同年龄的两对歌手的演唱，仿佛在召唤一种超越时光、历久弥新的人类共通情感。在歌手的深情演唱和倾诉中，在演员温馨甜蜜的表演中，歌与舞、动与静、舞台虚拟环境和背景真实环境之间、前后表演区域和电视画框内外取舍之间，形成了丰富的视觉"和声"和"谐振"效果，辅之以电脑灯光与歌曲节奏和谐的摇摆和闪动，真正形成了舞台上多种手段、多种表现要素的"舞台蒙太奇"。

新媒体创新互动　广宣传增强传播

导演王冼平曾评价春晚"变成了文艺晚会，忽略了联欢的功能，缺乏与观众的交流与互动。如果能达到互动，会更有看点，参与感更强"。其实，早年春晚之所以互动性更强，除节目设置的技巧外，一个更重要的原因是当时的晚会人数少、规模小，互动更加方便，而在"阵容庞大"的现代春晚中，这一点却并不容易实现了。在这样的"悖论"下，新媒体时代的到来多多少少为现代春晚的互动提供了几分良机。

根据受众在春晚传播过程中的角色和参与程度，我们可以将其参与性分为三种类型：旁观性参与、合作性参与、支配性参与。旁观性参与，是指受众以观者的身份对待春晚的播出内容，在整个参与过程中无反馈行为的一种参与方式，这是春晚提高收视率的基础。合作性参与，是受众作为一个传播要素和独立角色参与到春晚中去的一种参与方式。电视机前的观众很容易把参与节目的观众理解为一种"镜中我"，从而很容易产生强烈共鸣。这是体现春晚主题的重要手段。支配性参与，就是受众成为具体节目的表演者、参与者，进而决定和控制部分内容的进程和方向。近年来，手机和网络的迅速普及，使得电视观众和通过网络收看春晚的观众能够同现场观众一样，基本实现了对春晚的即时性参与。

自1992年开始的"我最喜爱的春节联欢晚会节目评选"、1995年开始的节目征集活动均集中体现了支配性参与的魅力与价值，而这种评选与节目征集在落实了"开门办春晚"口号的同时，也真正地把春晚从一个节目发展为一种全民参与的活动，并且强化了春晚的仪式性特征。① 手机短信互动是支配性参与的一种，而通过电视和网络收看也可以达到合作性参与的效果。"参与性"作为实现"平民性"的主要手段，要求春晚必须为合作性参与割让出一定空间，以此吸引更多的观众参与到春晚中来。

2002年春晚第一次采用了手机短信的方式与观众进行互动，而随着新媒体的不断发展，观众收看春晚的渠道越来越多，与晚会现场进行互动的方式也越来越多。2007年春晚的互动形式相较以往又有了新的进步。央视国际网络在制订2007年春节联欢晚会外宣方案时，决定充分利用央视丰富的资源优势，针对不同的新媒体形态设计有特色的精品。为此，央视国际网络在整合央视历届春晚节目并建立相应数据库时，组织晚会总导演、主创团队、主持人及媒体记者建立个人主页，并配合晚会歌曲征集活动，推出了《春晚明星墙》《春晚大家谈》《春晚百问》《春晚朋友圈》《春晚搜星》《春晚大拜年》等六大节目板块，既满足了海外华人和台湾同胞的不同收视需求，又为央视发挥固有优势找到了新平台，提升了央视的品牌核心竞争力。

---

① 郭玉真、张冠文：《春节联欢晚会受众参与性研究》，《传播实务》2008年第4期。

虽然中央电视台春节联欢晚会过去也尝试过与网络合作的形式，但都是把网络当配角，其社会影响远不如人意。2007年春晚以央视国际网络下台网联动传播为思路，迎合网络化社会的新需求。晚会一开始，主持人李咏便强调观众可以通过CCTV手机电视或是登陆cctv.com收看这一年一度全球华人的盛大联欢。反映出新媒体的迅速成长不仅使之作为传播工具存在，更作为一种生活方式渗入社会生活。此外，2007年春晚还通过央视国际和百度网向全国观众征集春联，以"和睦、和美、和顺、和谐"为内容，并为四幅征集来的春联颁发特别奖，这一举动得到了全国观众的热烈响应。这也是支配性参与的典型代表，虽然不具时效性，但通过前期互动，可以起到影响晚会内容的作用。晚会结束后，央视国际网络在手机电视传播春节联欢晚会的过程中，针对手机屏幕较小的特点，对传统节目进行重新编排、转码，做成专供手机播放的电视短片，取得了良好的收看效果。

据统计数据显示，仅2007年春节联欢晚会直播当天，央视国际网络的访问页次就达到了8632万，打破了2006年第18届世界杯足球赛报道创造的日均6619万访问量的纪录，开创了历史新高。论坛总访问量页次约为642万，访问人数约为127万，最高同时在线人数约4万，总发帖量约1.9万。数万名来自美国、加拿大、日本、英国、德国、澳大利亚、西班牙等国家以及中国台湾地区的观众纷纷网上留言，对央视及国际网络联动新媒体的传播形式予以高度评价，由衷地表示这样的春晚抚慰了他们"每逢佳节倍思亲"的情感，让身处异国他乡的他们感受到来自祖国的温暖，让他们有了回家的感觉。①

（本文作者：吴迪、刘辛未）

附：2007年中央电视台春节联欢晚会节目单

首播时间：2007年2月18日20：00
总导演：金越
主持人：朱军、周涛、李咏、董卿、张泽群、刘芳菲
1. 开场歌舞《花开中国年》 演唱：陈莉莉、严当当、谌蓉、马一鸣
2. 歌曲联唱《欢乐和谐·民族情》
   （1）《藏族敬酒歌》 演唱：香格里拉组合
   （2）《朝鲜族敬酒歌》 演唱：卞英花
   （3）《彝族敬酒歌》 演唱：李怀秀、李怀福、新稻子组合

---

① 王秀云：《2007年春节联欢晚会的新媒体传播策略》，《电视研究》2007年3月。

（4）《维吾尔族敬酒歌》　演唱：阿尔法

　　（5）《蒙古族敬酒歌》　演唱：齐峰

　　（6）《苗族敬酒歌》　演唱：阿幼朵、朵蝶朵阿组合

3. 相声《咱村的事》　表演：冯巩、李志强

4. 歌曲联唱《欢乐和谐·流行色》

　　（1）《桃花朵朵开》　演唱：阿牛

　　（2）《竹林风》　演唱：韩雪

　　（3）《今天你要嫁给我》　演唱：陶喆、蔡依林

5. 相声《免费电话》　表演：李金斗、大兵、赵卫国

6. 独唱《和谐乐章》　演唱：宋祖英

周涛、朱军宣读第一幅入选对联

7. 集体空竹《俏花旦》　表演：中国杂技团

8. 小品《送礼》　表演：郭达、蔡明、句号、王晴

9. 歌曲联唱《欢乐和谐·家乡美》

　　（1）《众手浇开幸福花》　演唱：马玉涛、郁钧剑、王莹

　　（2）《九九艳阳天》　演唱：李光曦、蔡国庆、李丹阳、王丽达

　　（3）《雪莲献北京》　演唱：才旦卓玛、宗庸卓玛、茸芭莘娜

　　（4）《马铃响来玉鸟儿唱》　演唱：胡松华、刘媛媛

10. 舞蹈《小城雨巷》　表演：胡琴心、张馨予、南京军区前线歌舞团

11. 小品《将爱情进行到底》　表演：潘长江、金玉婷

12. 歌曲《老婆老公我爱你》　演唱：火风、庞龙、姚贝娜、刘岚

13. 舞蹈组合《欢乐和谐·四季风》

　　（1）《春·快乐的罗梭》　表演：成都军区战旗文工团

　　（2）《夏·长穗花鼓》　表演：毕妍、大连市艺术学校、吉林歌舞团

　　（3）《秋·喜送粮》　表演：韩波、南方歌舞团、武汉歌舞剧院

　　（4）《冬·鄂尔多斯》　表演：中央民族歌舞团

董卿、李咏宣读第二幅入选对联

14. 小品《考验》　表演：黄宏、牛莉、雷恪生

15. 歌曲《在那遥远的地方》　演唱：郝歌（黑人歌手）、韩红

16. 少儿情景歌舞《阳光下的花朵》　表演：海军海娃艺术团

17. 歌曲联唱《欢乐和谐·流行色》

　　（1）《隐形的翅膀》　演唱：张韶涵

（2）《越唱越强》　演唱：容祖儿
18. 武术表演《行云流水》　表演：马建超、周斌、王亚彬领衔国家集训队、河南塔沟武术学校
19. 小品《回家》　表演：郭冬临、邵峰
20. 舞蹈《飞弦踏春》　西藏自治区日喀则地区拉孜县农民艺术团

周涛、朱军宣读第三幅春联

21. 相声《我惯着他》　表演：赵炎、周炜
22. 歌曲联唱《欢乐和谐·军旅魂》
　　（1）《我爱这蓝色的海洋》　演唱：霍勇、吕薇
　　（2）《打靶归来》　演唱：刘斌、陈思思
　　（3）《我爱祖国的蓝天》　演唱：佟铁鑫、王莉
23. 舞蹈《进城》　表演：东北师范大学音乐学院舞蹈系
24. 诗朗诵《心里话》　表演：北京海淀行知实验学校
25. 歌曲《万家灯火》　演唱：廖昌永、张也、谭晶
26. 小品《策划》　表演：赵本山、牛群、宋丹丹
27. 歌曲《报答》　演唱：彭丽媛

李咏、董卿揭晓第四幅春联

28. 小品《假话真情》　表演：严顺开、林永健、刘小梅、刘桂娟
29. 歌曲《孝敬父母》　演唱：吕继宏、刘一桢、王宏伟、张燕

全体主持人串联，新春钟声敲响

30. 戏曲
　　（1）《天上人间共吉祥》　表演：于魁智、袁慧琴、孟广禄、徐孟珂、宋世慧
　　（2）《追鱼观灯》　演唱：何赛飞、赵志刚
　　（3）《牛郎织女相见》　演唱：韩再芬、张辉
　　（4）《宝莲灯团圆》　演唱：李树建、王洪玲、李胜素
31. 歌曲联唱《欢乐和谐·好光景》
　　（1）《回娘家》　演唱：梦鸽、魏金栋、刘和刚、雷佳
　　（2）江苏江都秧田歌《拔根芦柴花》　演唱：高畅、马晓晨、杨倩琳
　　（3）《对花》　演唱：耿为华、陈小涛、冯瑞丽、柏文
　　（4）《太阳出来喜洋洋》　演唱：亚民、师鹏、梁音、吴娜、周强、王莹
32. 歌组合《欢乐和谐·闹新春》
　　（1）《祝愿歌》　演唱：马薇、春雷、文欣、耿宁

(2)《我多想》 演唱：金波、皓天、张刚、吴春燕、王菲菲

(3)《爱的奉献》 演唱：赵青、尤鸿斐

(4)《思念》 演唱：水木年华

(5)《今儿高兴》 演唱：熊汝霖、海明威、阿鲁阿卓、徐洋、韦嘉

33. 结束歌曲《难忘今宵》 演唱：王霞、袁晨野、范竞马、钟丽燕

雪灾显真情　激情迎奥运

——2008 年春晚记忆

2008 年 2 月 6 日晚 8 时整，一年一度的"春节联欢晚会"在万众期待中又拉开了序幕。

阖家团聚共看春晚已经成为中国人的新习俗，2008 年春晚因百年不遇的雪灾显得情更浓、意更深了。这场不合时宜的大雪让一座座城市陷入黑暗，把一辆辆汽车滞留在路上，挡住了一个个归乡心切的人。于是，过年对他们有了更为特殊的意义。

刚刚过去的 2007 年是中共中央"十七大"召开后的开局之年，"民生""和谐"等词汇从文件中走出来，进入民间、走向生活。

2008 年是中国的"奥运年"，来自党和国家以及全国人民的多重努力与期待，来自全民翘首期盼的奥运梦想，这一切几乎将"2008"与"奥运会"化为一体。

奥运的热情，雪灾中的温情，中华民族的亲情，流行时尚的激情，淋漓尽致地宣泄在荧屏内外。春晚所含的各种元素，充分展示出中国深厚的文化底蕴、强劲的时代步伐和气吞山河的民族凝聚力。

雨雪无情人有情　共渡难关暖人心

2008 年初，一场罕见的雨雪冰冻灾害袭击了我国南方大部分地区，造成电力中断，交通停滞，许多人回家过年的计划被迫受阻，这也成为那一年许多人对于年关时分最难忘的记忆。春晚临时增加的配乐诗朗诵《温暖 2008》，让更多的人感受到了中华民族大家庭团结一致的力量和中国政府忧国忧民的情怀。据 2008 年央视春晚总导演之一的陈临春介绍，从诗歌撰稿到主持人排练再到艺术家和明星调整档期参与节目，整个过程不到两天的时间。节目虽然未曾精雕细琢，但显示出众志成城的力量和质朴真实的情怀，成为当年最具温情、最动人心魄的节目。

《温暖 2008》诗朗诵的配乐，于哀婉忧伤中时时流露出中华儿女奋勇抗击雪灾的豪迈激情，时而紧张时而舒缓，跌宕起伏，感人肺腑。诗歌朗诵采用群体接力的方式，由著名演艺人士和知名主持人担纲，李瑞英、王刚、陈道明、姜文等观众熟悉的面孔相继登场。他们用平实的言语鼓励身处灾区的同胞,感谢抗灾救灾的人民子弟兵,表达出同舟共济、共赴难关的信心和决心。同时,节目通过视频形式,播放了党和国家领导人在灾区一线亲临指挥、慰问群众的画面,具有极高的政治传播价值。节目最后,一曲新创作的《大雪无情人有情》将观众情绪推向高潮,传递出"天寒地冻民心暖,风雪过后又是艳阳百花开"的情怀。

无情的风雪却无法阻挡人们回家过年的脚步,回家过年的习俗有力地彰显出家庭对于国人的独特魅力;香港歌手与台湾艺人同台演出,昭示出一个泱泱大国的尊严和国家统一的梦想。除此之外,春晚还特意用现场视频连线的方式让滞留在外地的农民工向家人拜年,报一声平安。这些举措,充分体现了当年春晚"和谐盛世,团结奋进"的灵魂。

图1　配乐诗朗诵《温暖2008》

共团圆欢庆新春　同祝愿奥运成功

2008年春节联欢晚会的中心话题无疑是即将到来的北京奥运会,围绕着奥运,春晚推出了诗朗诵《百年圆梦》,歌曲合唱《同一个梦想》,赵本山、宋丹丹领衔主演的小品《火炬手》以及融合了体育元素的杂技节目《激情爬杆》《花式篮球》,这些节目共同组成了2008年春晚的"奥运版块"。

《同一个梦想》是由正在备战奥运的运动员和韦唯、陈奕迅等歌手合唱的奥运歌曲,紧扣北京奥运会"同一个世界,同一个梦想"的宣传理念,表达了奥运会是全世界共同梦想的主题。节目还邀请了当时红极一时的外国歌手郝歌等人共同演唱,在形

图 2　歌曲合唱《同一个梦想》

式和内容上都与"同一个世界"的主题协调统一。

　　配乐诗朗诵《百年圆梦》感人肺腑，中国人为之奋斗百年的奥运之旅崎岖坎坷，但艰难困苦、玉汝于成，2008年我们终于圆了百年奥运之梦。2008年，是中国放飞梦想的奥运年！深切关注民生，共祝嫦娥飞天，展望2008奥运，这些主题无一不在春晚上活灵活现，各行各业的工作人员也无一不在述说着自己的职业自豪：交警严守岗位的铁面无私，公车售票员的热情大方，普通民工的朴实憨厚……真是五十六个民族齐欢畅，三百六十行共登台。

图 3　杂技《激情爬杆》

　　杂技《花式篮球》和《激情爬杆》融合了体育竞技的技巧和动作，既切合晚会主题又让人喜出望外。

　　2008年春晚中，赵本山、宋丹丹和刘流表演的节目《火炬手》被安排在黄金的零点报时前半小时播出。该小品讲述白云、黑土争当奥运火炬手的故事，是一篇与奥运主题相关的命题作文。客观上讲，赵本山中规中矩地完成了这个任务，既用"白云"

"黑土"的角色设置延续了"赵氏幽默",又凸显了"奥运"的中心话题。但相较以往,无论是观众反应还是台词的传播流行,无论从"本山小品"的纵向水平还是就2008年整台晚会的横向水平而言,这个节目都不是一个理想之作。令人尊敬的是,赵本山在演出前身体状况不佳,一直抱病,但仍然坚持完成了节目的排练与播出;在"黑土"的总结中,他还即兴添加了一段台词,鼓舞南方受冰雪灾害影响的同胞,充分体现出一位艺术家的敬业精神与智慧。

图4 小品《火炬手》

在2008年春晚中我们可以看到,虽然主流话语方式、国家理想和个人理想频频地合二为一,但并没有引来如以往春晚那样来自民间的广泛批评。相反,诸如抗灾救灾诗朗诵《温暖2008》、奥运冠军大拜年、国旗班卫士与航天英雄的国旗交接等,都获得了广泛赞誉。中国人自古以来注重民族团结,中华儿女都有浓厚的家国情结,在大事件面前,常常希望以国家集体的形象示人,所以当主流话语出现在这些意义重大的节目中时,并不会引起情绪上的反感。反观以往,简单逗乐的文艺节目却常常被台词和表演无限拔高,倾注了许多不该由这种形式的节目所承载的国家话语、重大意义、教导说教,最终反被观众厌恶和恶搞。

草根明星梦工厂　平凡伟大尽展现

大家都不会忘记这个从央视综艺频道《星光大道》节目中走向春晚舞台的普通人——盲人杨光。这位双目失明的年轻人,依靠着坚定的信念和自身的努力,战胜了生活中的困难,走出了生命的困境。他的故事是一个从憧憬春晚舞台到真正实现艺术梦想的普通草根的故事,他的演出让观众在除夕之夜获得精神愉悦的同时,也深受感动、备受鼓舞。在2008年春晚舞台上,他用自己的故事展现出草根明星积极进取的精神和拼搏向上的力量,惟妙惟肖的模仿秀节目让马三立先生的声音再次回到了春晚舞台,而独唱歌曲《等待》更是抒发了残疾人对美好生活的希冀和坚忍不拔的信念。

如今被大家广为熟知的王宝强,在2008年还是初出茅庐的草根明星,在当年春晚的舞台上,他作为草根明星初登春晚并两次亮相。在《农民工之歌》和小品《公交协奏曲》中,他代表的都是"农民工"这个近年来越来越庞大的群体。身穿建筑工人的服装,头戴安全帽,质朴的演唱风格和贴近现实的歌词,加上之前在影视圈中获得的成功,使节目广受好评。"王宝强现象"也成为春晚过后全民热议的话题。

图5 歌曲《农民工之歌》

这些从出租屋、地下酒吧、群众演员中走出的明星,承载了草根阶层的梦想,满足了自我认同的需要。一个国家良好的文艺环境就应当是兼收并蓄和兼容并包的,不但需要阳春白雪,也需要下里巴人,更何况是春晚这样代表大众通俗文化的舞台。地气和质朴中往往充满着旺盛的生命力。以杨光为例,他身上始终充满着健康向上的气息,你不会对他心生怜悯,反而会佩服他身上的勇气和力量。他们的演出也许离专业要求还很远,但表演中的真诚、不做作才是让老百姓感到亲切和振奋的元素,这也是春晚扎根在百姓中的力量。①

为充分展示社会主义思想道德建设的丰硕成果,展示我国人民昂扬向上的精神风貌,凝聚各族人民团结奋斗力量,激励广大民众积极投身道德实践,2007年我国举办了第一届道德模范评选活动。作为代表国家形象的央视,在举国欢庆的重要节点,传播新思想、弘扬正能量已然成为春晚的责任之举。2008年春晚响应时代号召,开辟特别环节,让道德模范登上了春晚舞台,力求用他们的先进事迹感召群众,促进社会主义核心价值体系建设。此后,该环节作为保留项目成为春晚舞台上一道温暖人心且不可或缺的"年夜饭"。

---

① 王明刚:《要珍惜和扶持草根文艺人才》,《新世纪剧坛·专题研讨》2011年第2期。

小品节目话现实　主题深刻引思考

在2008年春晚中，反映现实的节目有很多。关于住房话题的小品《开锁》和《梦幻家园》对不负责任的开发商和物业公司进行了讽刺和调侃，幽默风趣地演绎出房地产商对消费者的欺诈行为；相声《疯狂股迷》利用与股市相关事物的特点和谐音，对全民炒股、盲目投资等现象进行了一定程度的反思；小品《街头卫士》则对酒后驾车的行为进行了批评。

"只挠痒、不抓痛"，是春晚处理许多关切时下利弊题材节目的做法。一方面，除夕夜的气氛本不适合进行严肃思辨和敏感话题的讨论；另一方面，电视文艺晚会也不适合进行现实问题的分析，因此"只调侃、不批评"基本成为这类节目的主要基调。

图6　小品《军嫂上岛》

还有一个承载军旅这一传统题材的节目——小品《军嫂上岛》。这个节目聚焦于军人在象征国家的"部队"和象征家庭的"军嫂"间的抉择，面对个人情感和国家利益的矛盾与冲突，在经历了双方的妥协和牺牲后，国与家的情感最终化为一体，突出了"有国才有家"的主题思想。日日夜夜坚守祖国海岛的海军们是伟大的，但更伟大的是海军身后的军嫂们，她们不得不度过一个又一个没有丈夫陪伴的日子，但她们心甘情愿，小品《军嫂上岛》动人但又不失幽默的情节，赞扬了在海军身后默默支持他们的军嫂们。

航天事业创新高　天地交响贺新春

2007 和 2008 年是中国航天事业不断进步、收获梦想的年份，2007 年"嫦娥一号"走过 38 万公里天路，绕月飞行，实现了中国人千年奔月的梦想；2008 年，"神舟七号"载人飞船将搭载航天员，实现太空行走第一步。用具有符号性质的"零点仪式"来搭载这一主题，既符合时代背景，又使得传统的倒计时仪式有了天地共此时的特别意义。2008 年春晚在即将进入新年之际，连线北京航空航天监控中心，发布了由"嫦娥一号"传输回来的月球图像和解码传输的歌曲《歌唱祖国》。2008 年春晚"零点仪式"，通过航天为主题的"天地交响"节目进行呈现。当航天英雄和国旗班卫士完成授旗仪式时，晚会进入高潮。最后，晚会利用"嫦娥一号"完成了高科技报时，突出了"天地交响"的主题，完成跨年仪式。

图 7　天地交响

民族文化传四海　传统戏曲博喝彩

2008 年春晚开场歌舞《飞向春天》，大屏幕配以百花盛开、竞相争艳的景象，喻义又一个生机勃勃的春天的到来，也象征着祖国欣欣向荣的明天。舞台上舞蹈演员组成一朵巨大而灿烂的花朵，屏幕上是春日牡丹盛放的画面，置景与节目相符相衬。《天女散花》中的活动舞台，将歌手缓缓升起，背景配以一幅不断变幻绽放的花朵，花瓣随风飘舞，加上粉红色干冰渲染的浪漫氛围，柔美的歌、曼妙的舞、绚丽的服饰，一切都配合得天衣无缝，营造出一幅人间仙境，沁鼻的花香也仿佛流溢到了观众心田。更为独特的是歌曲《月亮之上》两名歌手骑自行车从半空中入场，背景则是霞光彩云，氤氲的气息似在月亮之上翱翔，观众在欣赏歌曲的同时，不得不赞赏编导们巧妙的构思。歌曲联唱把彝族、藏族、蒙古族、朝鲜族等不同民族独特的艺术魅力展现在观众面前，颇具地域特色的服饰、发饰，洒脱豪放的舞步，尽情诠释出各民族的平等、友爱、团结与共同繁荣。

除了形式新颖独特的歌曲，舞蹈节目《飞天》也给观众留下了深刻印象。舞蹈是视觉艺术，缺少语言文字的辅助，画面成为传递艺术元素的唯一方式。7名象征着敦煌文化的舞者集中在舞台中央的升降台上，借助于一种叫作"飞天通"的脚部道具，用高难度、唯美的古典人体造型展现出叹为观止的"敦煌时刻"。大角度的倾斜动作，膝盖弯曲而身体与舞台平行，通过灯光、大屏幕的综合应用，创造出一副虚实结合的完美画面。①

图8　舞蹈《飞天》

在《飞天》登上春晚舞台之前，舞蹈节目仅有《千手观音》获得广泛认可，每年央视春晚使用大量人力、物力编排的开场舞很难给观众留下深刻印象。但《飞天》《千手观音》良好的传播效果，以及开场舞的衰落和平淡，都值得春节联欢晚会舞蹈团队去认真思考。

图9　越剧《红楼梦》

---

① 陈行薇：《08年央视春晚电视舞蹈〈飞天〉的艺术魅力探析》，《东方艺术·鉴评》2008年第2期。

戏曲板块历年来都有着明确的受众群体,许多戏迷都希望在春晚舞台上看到戏曲名家拿出绝活。对比以往,在2008年春晚舞台上,戏曲板块从零点之后的位置回到了零点之前的黄金时段。亮相舞台的有京剧《对花枪》《赤桑镇》《四郎探母》《杨门女将》,豫剧《大登殿》和越剧《红楼梦》等不同曲种曲目,在国粹京剧和地方曲艺曲种之间取得了良好的平衡,博得一片喝彩。纵然可能会与许多年轻观众的口味产生偏差,但作为全民性的文艺晚会,就要尽可能满足所有人的观赏需求;同时,作为传统文化的重要组成部分,各地戏曲在春晚这样的平台上进行传播,对于它的生存和发展也有着宝贵的意义①。

在2008年春晚这场盛大晚会中,我们看到了中国经济的腾飞,看到了全国人民的凝聚力,看到了中华文化事业的开拓创新。这台春晚,无论取材还是设计都来源于生活,来源于我们平凡的岁月,演员的激情得以浓烈地绽放,观众也释放出满腔热情,台上台下、荧屏内外,充盈着中华民族的壮志豪情,可谓一曲激情澎湃的盛世华章。

2008年春晚手机短信互动进入免费时代,观众热议度大幅上升。据有关调查数据显示,2008年春晚家庭收视率和观众满意度创2002年以来最好成绩,观众综合评价指数也好于2007年。共有81个国家和地区的270家电视机构转播或部分使用了四个国际频道的节目信号。② 除此之外,2008年春晚还实现了多终端、多语种的综合性播出,面向华语世界以外的受众群体,进一步增强了春晚的国际传播能力。晚会在央视中文国际频道(亚洲、欧洲、美洲版)、英语国际频道、法语国际频道、西班牙语国际频道、央视国际网站、CCTV手机电视、CCTVIP电视向全球同步直播,不仅满足了非华语世界受众了解热爱中国传统民俗和文化的需求,同时也满足了国家层面的意志需求——"向世界传递一个真实的中国"。

(本文作者:张洁、王波)

附:2008年中央电视台春节联欢晚会节目单

首播时间:2008年2月6日20:00
总导演:张晓海、陈临春
主持人:董卿、朱军、李咏、周涛、张泽群、刘芳菲、白岩松
1. 开场歌舞《飞向春天》 演唱:雷佳、李晖、哈辉、王丽达、王亚彬领舞
2. 歌曲《中华全家福》 演唱:江涛、吕薇、林依轮、汤灿

---

① 施蕾:《电视庆典式文化晚会的意义——以春节联欢晚会为例》,《东京文学》2011年第4期。
② 海鸣、冀星:《为什么今年的春晚挺好看——访中央电视台2008年春节联欢晚会总导演张晓海、陈临春》,《当代电视》2008年第3期。

3. 小品《街头卫士》 表演：句号、韩雪、周炜
4. 歌曲《田野的春天》 演唱：宋祖英
5. 杂技《激情爬杆》 表演：北京市宣武区北京杂技团
6. 小品《梦幻家园》 表演：蔡明、王平、郭达
7. 歌曲《天女散花》 演唱：章子怡
8. 相声《疯狂股迷》 表演：武宾、李伟健
9. 歌曲《中国话》 演唱：S.H.E
10. 小品《军嫂上岛》 表演：孙涛、黄晓娟、金玉婷、尹北琛
11. 歌曲《亲爱的人》 演唱：张燕、阎维文
12. 互动节目名人模仿 表演：杨光

歌曲《等待》 表演：杨光
13. 配乐诗朗诵《温暖2008》 表演：主持人和众影视明星
14. 歌曲《大雪无情人有情》 演唱：韦唯、白雪、韩磊、廖昌永
15. 相声剧《公交协奏曲》 表演：冯巩、闫学晶、王宝强、潘斌龙
16. 歌曲《农民工之歌》 演唱：王宝强领唱
17. 手影戏《逗趣》 表演：焦建东、石磊
18. 舞蹈《飞天》 表演：广州军区政治部战士文工团

前方记者王雪纯采访外来务工人员
19. 小品《新闻人物》 表演：郭冬临、周涛
20. 歌曲《千里之外》 演唱：费玉清
21. 杂技《花式篮球》 表演：沈阳军区前进杂技团、李宁花式篮球队
22. 少数民族联唱《在一起》
　　（1）歌舞剧《刘三姐》选曲《盘歌》 演唱：祖海、黄婉秋
　　（2）维吾尔族民歌《你送我一枝玫瑰花》 演唱：克里木、陈思思
　　（3）蒙古族民歌《美丽的草原我的家》 演唱：德德玛
　　（4）藏族民歌《逛新城》 演唱：才旦卓玛、蔡国庆
　　（5）朝鲜族民歌《红太阳照边疆》 演唱：郁钧剑、蒋大为
　　（6）彝族民歌《在一起》 演唱：刘一帧、陈莉莉等
23. 小品《开锁》 表演：黄宏、巩汉林、董卿、林永健
24. 配乐诗朗诵《百年圆梦》 表演：刘澄宇及10名运动员代表
25. 歌舞《同一个梦想》 演唱：韦唯、陈奕迅、彭永琛等

白岩松采访道德模范
26. 歌曲《中国大舞台》 演唱：殷秀梅 伴舞：广州军区政治部战士文工团、吉林市歌舞团

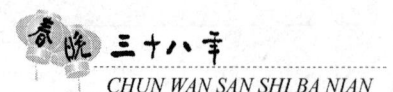

27. 小品《火炬手》 表演：赵本山、宋丹丹、刘流
28. 戏曲名家名段《姹紫嫣红梨园香》
    (1) 京剧《对花枪》 演唱：袁慧琴
    (2) 京剧《赤桑镇》 演唱：刘大庆、苏帅文、冯铭轩
    (3) 京剧《杨门女将》 演唱：王艳
    (4) 豫剧《大登殿》 演唱：李树建
    (5) 越剧《红楼梦》 演唱：萧雅、华怡青
    (6) 京剧《四郎探母》 演唱：于魁智、李胜素、袁铨、陶阳
29. 歌曲《青花瓷》 演唱：周杰伦
30. 天地交响（七位航天英雄）

零点仪式

31. 歌曲《和谐大家园》 演唱：谭晶、吕继宏、张也 伴舞：吉林歌舞剧院集团有限公司、中国邮政艺术团、珠海汉胜艺术团
32. 互动魔术《心想事成》 表演：傅琰东、王志伟、邰玮
33. 歌曲《喜事多》 演唱：高畅、吴春燕、梁音、马晓晨、鲍蓉
34. 武术《盛世雄风》 表演：河南少林塔沟武术学校、国家队
35. 歌曲联唱《点击时尚》
    (1) 《嘟咯情歌》 演唱：庞龙
    (2) 《我们都是一家人》 演唱：张澜澜 伴舞：广州军区政治部战士文工团
    (3) 《月亮之上》 演唱：凤凰传奇
    (4) 《天天向上》 演唱：黄圣依、梁咏琪 伴舞：舞之轩工作室、中国邮政艺术团
36. 歌曲《拉二胡》 演唱：刘和刚、耿为华、陈小涛、乔军 伴舞：古典时尚女子乐团
37. 总谢幕 歌曲《难忘今宵》 演唱：王霞、王莉、王莹、霍勇、钟丽燕

悲喜多事秋　同心战国难

——2009年春晚记忆

对中国人来说，2008年是一个多事之秋。金融危机的寒潮在年底渐起渐凶，金融、市场、全球化这些越来越被"经济中国"所熟悉的词汇，也在这场危机中显现出利弊共生的含义；"神舟七号"迈出了中国人航天行走的第一步；"奥运北京"踏出了一个个坚实的"大脚印"；最让人难以忘怀的是那场令人伤心的地震，无论远在千里还是身处其中，人们无时无刻不在关心着那片破碎的土地和受灾的同胞。

在这样的背景下，欣喜和悲伤融于一处，悲欣交集的情感聚焦在春晚舞台上。"中华大联欢"这样的主题，少了些高亢兴奋，更强调民族情感的凝结和国家意志的统一，这一年的感情基调是："爱国、团结、欢乐"。

从春晚具体节目的叙事手段来看，把个人叙事与国家叙事结合在节目中，由个人、家庭情感到国家、民族情感成为基本手段。① 2008年的几个标志性大事件作为重点元素，都出现在2009年春晚中。改革开放30年的话题贯穿于晚会始终，从姜昆、戴志诚的相声《我有点晕》到《希望的田野上》等老歌新唱，无不勾起观众对于改革开放的种种回忆和期许。连线地震灾区，以国家的名义表达全国人民对灾区的关切，四川民族歌舞团的舞蹈《天地吉祥》则向全国观众展示出不畏困难的奋斗精神和重建家园的信念。2008年奥运会，中国体育代表团实现了金牌总数第一的历史性突破，国人为体育健儿鼓掌呐喊的情景仍然记忆犹新。2009年春晚上，奥运冠军们集体亮相，用他们的金牌拼出"祖国万岁"的字样，庆祝中华人民共和国的60岁生日。

另外，随着时代变化，人们对自身利益的诉求日益增多。特别是网络的飞速发展，拓展了民意、民心表达的渠道，为我们构建和谐社会提供了新能源、新动力、新机遇，同时也增加了新压力。面对市场经济发展的新形势与新任务，春晚节目更是要顺乎民意、符合民心，2009年央视春晚在这点上有所创新、有所突破。从舞台灯光技术层面讲，2009年春晚在舞美方面好评如潮，给观众带来了许多意想不到的惊喜，而这应首先归功于LED技术的大量使用。创新形式的节目不断出现，宋祖英和周杰伦的混搭组

---

① 黄梦阮、詹正茂：《民俗传统与国家话语》，《今传媒》2008年第3期。

合、小沈阳小品中的大胆形象……这些都真正实现了"想观众之所想"和观众"心连心","开门办春晚""创新办春晚"。总体而言，2009年春晚具有不可替代的跨时代意义。

相亲相助一家人　幸福吉祥满人间

春晚具有时代文化特征，旧岁辞去，新年到来，小到个人的年度总结，大到国家层面的新年贺词，所有人都在辞旧迎新的时刻对过去加以归结，对未来加以展望。对春晚来说，把一年中的大事进行文艺化的表现，也是其所担负的文化责任。于是，2008年的"5·12汶川大地震"成为2009年春晚无论如何都回避不了的话题。但是，如何在欢乐喜庆的除夕夜加入这一元素，既不过分悲伤又不显得高亢，还要传达出"感恩""坚强""团结"的主题，实为不易。最终，春晚选择了在震后剧场被震塌的情况下仍然坚持去灾区演出的四川民族歌舞团，让他们代表羌、藏、汉等各个民族推出了舞蹈作品《天地吉祥》。

图1　歌曲《天地吉祥》

承担"民族"和"赈灾"的主题，该节目以"感恩"为核心，真诚而不亢奋，朴质而不俗丽，感动了许多电视观众。"感谢上天，把幸福吉祥撒向人间；感谢朋友，让真心诚意温暖家园；感谢父母，把缕缕青丝织成祝愿；感谢祖国，让和谐山川春光无限。"歌词和舞蹈都表达出对天地的敬畏之情，对未来的虔诚祝福，对祖国和人民的感恩。《天地吉祥》兰卡布尺团长接受采访时说："我们受到了大灾，但得到了政府、海内外朋友方方面面给我们的援助。滴水之恩，涌泉相报，这时候我突然发现《天地吉祥》能生动地传递灾区人民感恩和祈福祖国的心声。地震可以毁坏我们的家园，但是我们要告诉世界：羌歌依然动听，羌舞依然美丽，四川依然美丽！"①从舞蹈团队的选择到最后效果的呈现，该节目都传达出一种温情暖意和向上的力量。这样的作品，从

---

① 郎昆：《春晚对于我们的文化意义》，《解放日报》2009年3月6日。

情绪到精神,既吻合春晚的整体气氛,又对"汶川地震"这样的年度大事有了很好的呈现。

与此同时,春晚通过视频形式展现灾区人民的坚强,并将英雄女警察、"可乐男孩""英雄少年"等灾区代表请到了现场,采访他们的愿景,也传达了国家的祝愿。

奥运盛会创佳绩　体育健儿共拜年

无疑,2008年中国最为重要的成就之一就是成功举办了奥运会,北京奥运会和残奥会一定是2008年中国记忆中浓墨重彩的一笔。这一年,中国体育健儿在北京奥运会和残奥会上都取得了金牌总数第一的好成绩;同样值得我们记忆和书写的,是千千万万忙碌在奥运会、残奥会组织和运作的各个环节的志愿者们。

图2　小品《北京欢迎你》

2009年春晚中,巩汉林等带来的小品《黄豆黄》以普通人参加奥运会开幕式为背景,演绎了小人物视角的奥运情怀。由"老春晚人"郭达、蔡明领衔的小品《北京欢迎你》,讲述奥运志愿者在志愿服务中的有趣故事,凸显了志愿者群体热情奉献、真诚服务的情怀;而在奥运健儿大拜年的环节中,奥运冠军、残奥冠军则用取得的金牌拼出了"祖国万岁"四个大字,向祖国和人民拜年。节目板块虽然短小,却勾连起电视观众对北京奥运会的深刻记忆,也对2008年奥运会所取得的成绩进行了恰到好处的总结。

共话改革三十年　家国一体显真情

2009年是改革开放30周年,因此今年的春晚也必然少不了这一类节目。开场不久就是姜昆的相声《我有点晕》和多媒体舞蹈《城市变奏曲》,配合改革开放30年这一主题,总结了30年来中国的变化。姜昆的相声中有让人会心一笑的部分内容,却仍然难逃唱赞歌之嫌。在多媒体舞蹈《城市变奏曲》中，舞蹈表演的同时，舞台背景不停地变换，呈现出 30 年来城市的急剧发展，小小的舞台成了中国改革发展的缩影。

《团团圆圆》表现了海峡两岸统一这一政治主题，但是内容多是对以往春晚节目流行元素的重复，其效果远不如前几年全国人民在晚会中集体给熊猫起名字，那种方式有较强的参与性，因而更能使两岸人民心连心。冯巩的《暖冬》以金融危机作背景，讽刺海外归来的留学生，质量和内涵不如 2008 年表现农民工题材的《公交协奏曲》，观众反映的效果不佳。小品《水下除夕夜》传达的主题是中国人民解放军保家卫国、甘愿自我牺牲的爱国主义情怀，在一定程度上反映了家国一体、有国才有家的主题思想，有一定的娱乐性，但在表现手法上似乎也不如 2008 年的《军嫂上岛》令人动容。

零点钟声敲响，罗大佑、周华健等人齐聚舞台，一首首经典老歌悄然响起，唤醒了那些音乐陪伴着我们的日夜，带我们追忆 30 年的时光。如果说歌曲串烧《美好的青春舞曲》勾起了青春的记忆，那么歌曲《中国之最》《神州共举杯》则用恢弘宏大气的曲调带领观众回顾了祖国 60 年来的辉煌历史。

多元文化展民族风采　　混搭组合现时尚创新

历届春晚中喜庆气氛浓烈、场面盛大的歌舞节目是表现盛世景象不可或缺的元素。本届舞蹈类节目《蝶恋花》舞美设计和灯光效果俱佳，采用打破了固定背景模式的电子屏幕，运用高科技，增强了视觉上的艺术效果，让观众享受了一次视觉和听觉的盛宴，其色彩绚丽，美轮美奂，堪称继《千手观音》后的又一经典节目，令人回味无穷。

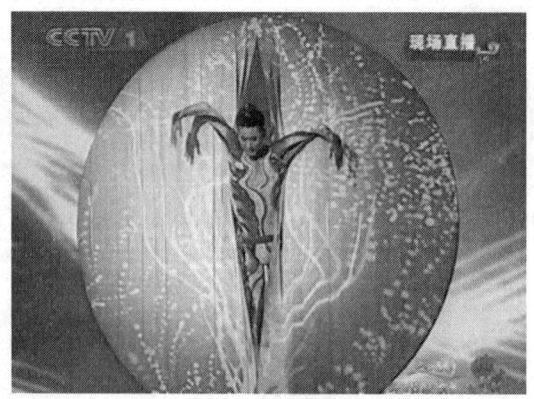

图 3　舞蹈《蝶恋花》

春节联欢晚会作为国家级传播平台，是联系少数民族文化和广大电视观众的重要桥梁。一方面，它满足了观众想要了解少数民族文化的心理需求；另一方面，又是少数民族展示本民族独特文化的良好平台。从1983年春晚起，体现少数民族文化的节目就一直与春晚如影随形，当年，蒙古族演员斯琴高娃随着一首《赞歌》进入了千家万户。

少数民族元素在2009年春晚中的表现基本上以民族歌舞为主，而民族歌舞在少数民族文化中占据着十分重要的地位，同时歌舞作为一种文艺表现形式，更适合在电视文艺联欢晚会这样的平台上进行传播。在2009年春晚舞台上，宋祖英演唱的歌曲《送你一朵东方茉莉》、多民族歌舞《天地吉祥》、土苗兄妹组合与比卡兹组合表演的歌舞《山乡春来早》等都充满了少数民族元素。

在国际上，大红色、锣鼓、茉莉花等都是中华民族的文化符号，对于春节晚会的受众来说，这些文化元素也早已为我们所熟知。宋祖英演唱的《送你一朵东方茉莉》再次表现了这种深入骨髓的民族性，而宋祖英一人两首歌，重温了经典的《辣妹子》，与周杰伦的"英伦组合"也是一个小小的创新。所谓不破不立，2009年春晚导演组在节目形式的解构和重组方面，打破了许多常规做法，用混搭的方式重组了许多原有的节目样态，其中对周杰伦所代表的通俗唱法和宋祖英所代表的民族唱法进行混搭的歌曲《本草纲目》尤为突出。

图4　歌曲《本草纲目》

令许多观众眼前一亮的是，2009年春晚还推出了两位农民歌手——种粮高手马广福、养牛大户刘仁喜，与两位军旅歌唱家——吕继宏、王宏伟混搭组合，演绎了《西部放歌》《今夜无人入睡》等歌曲。他们的动情演唱，具有穿透力的嗓音和质朴的表演风格，都成为2009年春晚的一大亮点，并引发了关于"春晚面向草根""吸纳民间艺术"等话题的广泛讨论，成为"春晚草根化"的标志性事件之一。

另外，混搭武术和舞台喜剧的幽默武术《功夫世家》，也混合了传统武术的阳刚之风、舞台喜剧的幽默诙谐和夸张的艺术动作。该节目并不是单纯的武术表演，而是将故事情节和生活情景串联。扮作一家人的演员利用身边随处可见的生活物品，比如

鸡毛掸子、拐杖等道具，进行幽默的打斗，中间还穿插了现代舞元素，当年热播电视剧《李小龙传奇》的主演陈国坤的出场将节目推向了高潮。

但2009年春晚舞台上，赵本山和他的徒弟小沈阳的作品《不差钱》几乎是远离了百姓生活，如果不是小沈阳和毛毛二人转似的表演，赵氏"小品王"的地位都将难保。这个节目最大的意义就是火了小沈阳。因此，与其说赵本山提携了徒弟小沈阳，倒不如说小沈阳救了赵本山的场，让他在恰当的时候给喜欢他的观众一个交代，同时又能推出新秀。

失望不在于《不差钱》好不好看，好不好笑，而在于从艺术创作的角度，这样的作品到底该不该出现在春晚舞台上，他的出现将对整个中国的流行文化走向带来怎样的影响。之前彩排的时候就有报道说小沈阳因表演低俗可能会被取消，到后来不知出于什么原因，还是让其登上了春晚的"大雅之堂"。从剧作角度看，剧情简单、内容空洞，仅从一定程度上反映了当今社会的"关系"问题、"面子"问题，但浮于表面，缺乏真实性与深刻性；在包袱、笑点的设置上，也显得肤浅、低级、媚俗。

绚丽舞台新突破　视觉特效出奇彩

在舞台效果方面，2009年春晚获得了极高的评价。许多参与奥运会开闭幕式舞台和视频创作的人员都是制作这次春晚舞台的坚实班底，借鉴奥运会开闭幕式的许多影像技术，在视觉元素方面有了很大突破。例如，在歌曲《中国之最》中没有伴舞，全部依靠影像的互动来实现；在多媒体舞蹈《城市变奏曲》中，舞台上的舞蹈演员与大屏幕背景中一模一样的演员同时起舞，高楼林立的北京城在LED屏幕上飞旋而过。仿奥运视觉效果成为当年春晚在技术层面取得的重大突破。①

具体在LED技术运用上，2009年春晚有以下五个方面的突破和创新。

场景突破：全景式LED体现舞台艺术造型的整体美

本次春晚完全舍弃了过去搭建实景的方法，整个舞台背景由LED屏幕组成，同时地面也全部铺设了彩屏。大型化的LED屏幕大大扩展了舞台空间、意境空间和景致交换空间，使舞台布景虚实相生、回味悠长。全景式LED屏幕扩大了审美的视觉范围，在有限的空间内演绎着无限的内容，人在景中，景随人走，每一个场景，每一个角度都可以随着节目内容和音乐节奏的变化而变化，让舞台更加炫目迷人，体现了整体美。

以《城市变奏曲》为例，节目开篇，层层的人工布景缓缓升起，LED屏幕上首先出现的是老北京紫禁城的宫殿外观，舞台上一群身着马褂的舞者随着音乐节奏跳起了现代的B-Dance，LED屏幕随着舞者不同的造型和不同站位角度不断变换景致和灯光，

---

① 张丽英：《牛年春晚话革新》，《声屏世界》2009年第5期。

图 6　多媒体舞蹈《城市变奏曲》

交替出现了城楼、京城大街等背景；随后，领舞者双臂骤然一张，LED 随之变成了现代的高楼林立。在深蓝色的璀璨星空下，一幢幢新式高楼拔地而起，舞台上身着时尚紧身白衣的芭蕾舞者随着音乐快速旋转，紧接着音乐不断加强、加快，进入高潮的华彩乐段，两排身着火红连衣裙的舞者们翩翩起舞，LED 上是夺目的晴空晚霞。随后，LED 屏幕上出现一条铺着红地毯的台阶，直接通往高楼群的最顶端，领舞者与群舞者背对观众恣意奔跑，高楼越来越近，这时 LED 屏幕一转，所有舞者一起上台，在一幅幅城市现代化日景的变换中起舞，舞蹈在高潮中戛然而止。如果没有全景式 LED 屏幕，这部作品的艺术感召力将大为减弱。

技术突破：层次化 LED 使主题更直观感人

2009 年春晚在 LED 画面编程上彻底改变了传统的节目编排效果，平均每分钟的画面信息变化达 30 次之多，创下了央视历史之最，其中既有层次性极强的场景变化，又有大量丰富的动感画面；既有快节奏的画面变幻，又有主线串联，美妙绝伦的三维动画和多媒体背景将万般绚烂的世界尽收在同一舞台，相比以往单一的一堵墙的景致，显得丰富精彩得多，让人心随画动，特别感人。尤其是大量事先准备好的多媒体信息、影像资料是以延展的方式出现的，拓展了实际的舞台空间，在视觉上非但不觉得拥挤，反而更显得大气恢宏。例如零点报时后的舞蹈表演，舞台上近三百人的群舞场面可谓前所未有，但依然不显得拥挤，层次感非常强。

视觉突破：多样化 LED 成为节目主角

以往的春晚，舞蹈常常是语言类节目的过场或润色部分，是 LED 艺术让舞蹈第一次成为春晚舞台上一个不可或缺的主角，使人看懂了舞蹈，感受到舞蹈艺术的魅力。以《蝶恋花》为例，这个节目将 LED 屏幕与地面彩色屏幕紧密结合，使节目感染力倍增。舞蹈开篇，一群穿着粉红色花裙、背部纹有牡丹花图案的女孩跪坐状翩翩轻摆，象征着春天来了，大地万物复苏。这时，LED 大屏幕上缓缓勾勒出一条条蜿蜒而上的蔓藤，而后伴随音乐中的女声吟唱，一名身绘花蝴蝶图案的男演员在枝枝藤藤间破茧而出。最后进入高潮，蛹即将化蝶，LED大屏幕上虚拟出一对翅膀在舞者身后，舞者尽情旋转，象征着破茧的痛苦历程，而屏幕上的翅膀又是自己最美的梦想。这支舞蹈同LED的高科技元素相配合，在给观众带来美轮美奂的视觉享受的同时，也让人们惊叹高科技在舞蹈中的完美运用。

情景突破：LED写意性与写实性融合更为细腻

亲情和团圆永远是春晚的核心价值，喜庆与祥和永远是外在表现形式。充满浓浓亲情味的春晚正是中国家庭伦理本体文化的集中表现。节目中，情的表达是通过歌与词的内容来体现的，而景的内容则通过LED屏幕来体现。LED技术的应用不仅是影像的革命，更为春晚节目增添了情与景结合的画面，更好地衬托了春节阖家欢乐、举国同庆的场面。

信息突破：多样性LED信息内容使节目更加丰富多彩

写意的LED背景使节目本身意蕴绵长，再通过其他特效手段，如灯光的渲染、若隐若现的透明纱幕等更是充满时尚意味。以《大河之舞》这部来自爱尔兰的踢踏舞蹈为例，该舞在世界上早就是一个品牌，中国观众很容易接受，且风格欢快、热烈，极适合春晚气质。

原先的舞台布景与剧情相配合，全场采用日月星辰、河流山川、村庄等具有鲜活生命气息的实在物质作为布景。登陆中国春晚，《大河之舞》不但选取了最为经典的《闪电之舞》和《大河之舞》两个精华片段，更是入乡随俗地将舞台背景转为喷着火焰的欧洲宫廷，红火喜庆异常，这样创新的表现方式，观众当然爱看。在惊喜之余也要看到，LED技术在舞台中的运用不过两到三年的时间，从北京奥运会的光彩照人到春晚的婀娜多姿也不足半年的时间，作为一个新视屏技术，2009年春晚在运用LED上虽然仍有许多不足，但确实引人入胜，带来了完美的视觉体验和舞台效果。

图7　踢踏舞《大河之舞》

多语种平台播出　收视创高获好评

据CTR市场研究调查统计，在全国406个区县收看电视的家庭中，有95.6%的家庭收看了央视春晚；在收看春晚的家庭中，有81.1%的受访者认为今年央视春晚办得"好"，其中，表示"很好"的占了55.2%之多。

在节目播出方式上，2009年春晚沿用了去年多语种、多平台播出的做法。2009年1月25日晚，中央电视台第一、四（亚洲、欧洲、美洲版）、七、九套节目，法语、西班牙语国际频道和央视网、CCTV手机电视，向全球同步直播了2009年春节联欢晚会，中国电视长城平台转播了晚会实况。共有114个国家和地区的276家电视机构转播或部分使用了4个国际频道的节目信号。央视网春晚直播覆盖全球140多个国家和地区。在新媒体传播方面，截至直播结束，央视网页面浏览量达2.03亿页次（去年为1.14亿）。央视网联合中国台湾网、新浪、搜狐、腾讯等网站联合直播春晚，视频累计观看人次达3356万人（去年为2252万人），最高同时观看人数达到539万人。通过CCTV手机电视观看春晚的用户数量达到935万。

（本文作者：张洁、王波）

附：2009年中央电视台春节联欢晚会节目单

首播时间：2009年1月25日 20：00
总导演：郎昆
主持人：白岩松、朱军、张泽群、周涛、董卿、朱迅

1. 开场歌舞《中华大联欢》　表演：吉林市歌舞团等
2. 民俗歌舞《春节好》　表演：林依轮、解晓东、孙悦、吕薇
3. 相声《我有点晕》　表演：姜昆、戴志诚
4. 多媒体舞蹈《城市变奏曲》　表演：天津歌舞剧院芭蕾舞团、吉林歌舞剧院集团有限公司等
5. 相声《团团圆圆》　表演：李伟健、武宾、樊光耀、董卿、朱德刚
6. 歌舞《森林舞会》　表演：黄圣依　舞蹈：庄子龙等
7. 歌曲《本草纲目》　演唱：宋祖英、周杰伦、侯高俊杰
8. 歌曲《送你一朵东方茉莉》　演唱：宋祖英
9. 小品《吉祥三宝》　表演：孙涛、邵峰、徐囡楠、刘淑萍
10. 舞蹈《蝶恋花》　表演：天津歌舞剧院芭蕾舞团等

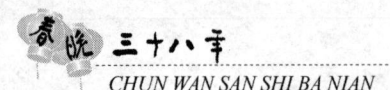

11. 相声《五官新说》 表演：马东、刘伟、大山、郑建、周炜
12. 幽默武术《功夫世家》 表演：陈国坤、河南少林塔沟武校嵩山少林武术职业学院
13. 现场采访：采访灾区社区代表等人
14. 歌曲《天地吉祥》 表演：四川民族歌舞团、天津歌舞剧院芭蕾舞团等

朱军介绍养牛大户刘仁喜和种粮高手马广福

15. 歌曲《西部放歌》 演唱：马广福、刘仁喜、吕继宏、王宏伟
    歌曲《今夜无人入睡》 演唱：刘仁喜、吕继宏
    歌曲《超越梦想》 演唱：马广福、刘仁喜、吕继宏、王宏伟
16. 小品《黄豆黄》 表演：黄宏、黄晓娟、巩汉林、魏积安
17. 歌曲《站起来》 演唱：成龙、陈奕迅、容祖儿、谭晶

周涛、白岩松向驻外官兵拜年

18. 小品《水下除夕夜》 表演：金洋、尚大庆、范雷等
19. 歌曲《天之大》 演唱：毛阿敏
20. 小品《北京欢迎你》 表演：郭达、蔡明等

2008年奥运会和残奥会的运动员向观众拜年

21. 歌曲《祖国颂》 演唱：张也

全国道德模范向观众拜年

22. 舞蹈《大河之舞》片段 表演：爱尔兰"大河之舞"舞蹈团
23. 相声剧《暖冬》 表演：冯巩、金玉婷
24. 杂技《抖杠》 表演：上海杂技团

张泽群、朱迅介绍场外互动

25. 魔术《金玉满堂》 表演：刘谦
26. 歌舞《山乡春来早》 表演：土苗兄妹组合、比兹卡组合
27. 小品《不差钱》 表演：赵本山、毕福剑、小沈阳、毛毛

航天工程总设计师周建平和航天英雄杨利伟、翟志刚等人向全国观众拜年

28. 歌曲《神州共举杯》 表演：戴玉强、王莉、王莹

零点仪式

29. 舞蹈《中华大团圆》 表演：吉林市歌舞团、新疆维吾尔自治区歌舞团等
30. 歌曲《中国之最》 演唱：斯琴格日乐、廖昌永、徐子崴
31. 歌曲联唱《天地人和》
    (1)《爱的天空》 演唱：汤灿、蔡国庆
    (2)《山河听我说》 演唱：祖海、佟铁鑫
    (3)《感谢亲人》 演唱：陈思思、刘和刚
    (4)《满园春》 演唱：张燕、蒋大为

32. 戏曲《锦绣梨园》
    (1) 京剧《赤桑镇》 演唱：袁慧琴、孟广禄
    (2) 越剧《何文秀》 演唱：萧雅
    (3) 黄梅戏《天仙配》 演唱：张辉、周源源
    (4) 豫剧《大登殿》 演唱：李树建
    (5) 京剧《杨门女将》 演唱：李胜素、丁晓军、张馨月
    (6) 京剧《红色娘子军》 演唱：于魁智、韩胜存、马力
33. 歌曲串烧《美好的青春舞曲》
    (1)《真心英雄》(2)《亲亲我的宝贝》(3)《童年》(4)《爱之初体验》(5)《出发》
    表演：纵贯线组合（李宗盛、罗大佑、周华健、张震岳）
34. 歌曲联唱《金色回响》
    (1)《谁不说俺家乡好》 演唱：梦鸽等
    (2)《长江之歌》 演唱：王红星等
    (3)《东方之珠》 演唱：曹芙嘉等
    (4)《年轻的朋友来相会》 演唱：魏金栋等
    (5)《滚滚长江东逝水》 演唱：杨洪基等
    (6)《在希望的田野上》 演唱：高音等
35. 总谢幕《难忘今宵》 表演：刘斌、雷佳、王丽达

回首亦展望　迈向后现代

——2010 年春晚记忆

2010 年，无论对中国还是对世界都是颇具转折意味的一年，将其放到历史的大坐标中去衡量，2010 年就位于一个交叉口上。"21 世纪第一个 10 年过去了。如果说'9·11'尖利的撞击声是标志性的开始，那么其结束则是'百年来最严重的金融危机'所拖曳的漫长尾音。这十年是如此的重要，必将改变 21 世纪的底色，而这十年又是如此的复杂，难以一言以蔽之。这是全球权力体系漂移的十年，也是全球经济格局发生裂变的十年，更是全球知识生产和消费方式产生革命性变化的十年。这是开始的结束，而不是结束的开始"。①

对中国来说，也许 2009 年的意义更加深远。中国势不可挡地融入全球经济一体化，经济持续高增长，国民财富猛增，与此同时贫富差距迅速扩大，房价、物价、就业等民生问题凸显；这也是我们应对国际国内环境重大挑战，坚定信心、迎难而上，推动党和国家事业实现新发展的关键一年。2009 年意义重大，纪念五四运动 90 周年，青春书写的那页壮阔历史依然滚烫，《五月的花海》依然高亢；中华人民共和国成立 60 周年，天安门前阅兵的威严仪仗队还如在眼前；澳门回归 10 周年，《七子之歌》中那句"母亲"的呼唤还犹响耳畔。如果说刚刚过去的这些都不算什么，因为过去终将过去，那么即将到来的 2010 年，值得期待。

在后现代主义思潮对当代社会无孔不入的日益侵袭之下，作为主旋律文化重要窗口的春节联欢晚会也低下了她那高昂的头，开始俯视发生在自己脚下的那些变化。作为重新审视自身定位的结果，就是 2010 年的春晚中开始呈现出一些后现代主义倾向，不断尝试新的节目形式，跟上时代潮流的发展步伐。

大舞台上演大国崛起

无论形式如何变迁，春晚作为当代中国主流价值体系的隐喻以及集政治、经济、

---

① 杨盛平：《开始的结束：21 世纪第一个十年》，http://www.kaixin001.com/repaste/5231662_1226102306.html。

文化于一体的集体仪式这一地位与作用从未改变。可以说它是一个流行潮的风向标，是一个造星的大舞台。除此之外，自1983年以来春晚唯一未变的就是对当年国家社会热点和时政事件的折射与反映。作为中国现实语境集中投射的一个焦点，其意义早已经超越了新民俗的文化范畴。每年的春晚都微妙地折射出彼时彼地中国语境中政治、经济及文化的变迁和精微走向。

在春晚的话语体系中，"民族主义"与"消费主义"是两大话语体系。自20世纪90年代以来，"伟大的民族复兴"一直是媒介公众议题中的热点之一，关于民族复兴的话语构建也一直在春晚中若隐若现。近年来，随着我国经济的不断发展，国际地位逐步提高，加之成功举办奥运会等，我国国际影响力不断扩大，所以2010春晚关于大国复兴的国家形象建构也成为一个重要议题。

首先，通过春晚将当年度我国发生的重大政治及历史事件重新强化、组合，建构民族集体记忆。小品《我心飞翔》就是个典型例子，其表层故事讲述的是一群女飞行员的故事，其实对应着2009年国庆60周年大阅兵事件。整个小品的构思，包括现场真假女飞行员英姿飒爽，都是在强化民族集体记忆中关于60周年国庆阅兵大典的仪式感和庄严感，也通过女性军人的性别形象和飞行员的高级专业身份重构了军人这一群体在春晚舞台上的既有形象。选择女飞行员群体也很巧妙，女性军人英武之余兼有妩媚的形象中和了军人群体的强势感觉且更具亲和力，从受众接受的角度看也更容易合观众眼缘。

图1　小品《我心飞翔》

此外，2010年春晚特意安排了一个环节，对在海地大地震中遇难的我国驻联合国维和士兵家属进行慰问与致意。中国救援海地地震、海外维和等是2009年社会关注度比较高的事件，同时也是社会反映比较正面的事件，而海外救援及海外维和正是中国国家形象建构的重要组成部分。历来在春晚中反映国内事件是重中之重，中国与海外的交流往往是通过驻外使领馆和各国留学生给祖国送新春祝福的形式来呈现的。在涉及中外文化交流的节目中，也往往以老外学中文、看中国、学相声等形式呈现。而

2010年春晚尽管只安排了一个小细节，但其中深意不言自喻，表明在中国国家形象建构中，海外形象或曰全球形象已经越来越受到关注与重视。

其次，通过遮蔽与强化，提炼出时代主旋律基调，引领主流文化思潮。歌曲《走向复兴》《盛世欢歌》就是反映时代主旋律，紧贴时代脉搏的好作品，尽管歌曲内容本身没有给人留下深刻印象，但压轴出场的次序表明这两首歌具备极其重要的象征意义。

图2 歌曲《走向复兴》

这两首歌曲很容易让人联想起两部电视专题片：《大国崛起》与《复兴之路》。中国位列全球第二大经济体，在全球经济危机环境中仍保持居高不下的经济增长率，使得中国的大国形象在2009年达到了中华人民共和国成立以来的最高点。近两年来，许多新概念渐渐成为普通中国人耳熟能详的名词，"G2中美峰会""金砖四国""20国集团"等，这些都昭示着中国全球地位的提升。在丹麦哥本哈根全球气候会议、全球核扩散，特别是全球经济复苏等问题上，中国显示出的国家实力使中国崛起和中华民族复兴成为中国社会的一个重点议题。经由数届春晚所提炼出的民族复兴主题，既具有商业吸引力，同时也得到国家体制和公众认同。此次春晚节目中的《走向复兴》和《盛世欢歌》看似是落后于时间的一个总结，事实上却是大众文化的表现形式，尤其是以春晚这一举足轻重的文化品牌作为载体，对"民族复兴""大国崛起"等理念的强化与肯定。虽然《复兴之路》可能在艺术上无甚出奇之处，但它必然与《春天的故事》《走进新时代》等在春晚舞台上亮相的主旋律歌曲一样，成为一个时代主流政治、文化的象征。

怀旧节目登春晚

说这类节目"老"，并非说它们一定就是以前表演过的节目，而是曾流行于一个时代而又被新的流行风潮所掩盖的节目。这类节目大多面向特定群体的观众，在过往岁月中曾是风靡大江南北的一种流行文化，常常以歌曲为主要形式，由于其流行程度之广，所以往往能引发大多数观众共鸣。

2010年春晚中，这类节目最典型的代表就是由小虎队带来的串烧表演《再聚首》（《爱》《蝴蝶飞啊》《青苹果乐园》）。时隔20年，伴随着那无比亲切的旋律，当小虎队的三名成员再次齐聚，随着升降舞台出现在观众面前时，现场发出了一片发自内心的呼喊。"别让年轻越长大越孤单/把我的幸运草种在你的梦田/让地球随我们的同心圆/永远的不停转……"每一句歌词仍是那样熟悉，场下的观众一齐随音乐打着节拍，很多人甚至不由得哼唱起来。"小虎队"的回归也成为虎年春晚最激动人心的节目和最大亮点。"小虎队"是20世纪80年代末、20世纪90年代初亚洲流行歌坛最走红的演唱组合，曾创下了20多场演唱会场场爆满的纪录，震惊当时歌坛，成为那个时期台湾最活跃的歌坛新人。但是因为需要上学、服兵役等原因，小虎队不得不于1991年宣布解散。进入21世纪以来，虽然一直有传闻再复合重现当年的辉煌，但是由于他们已经分属不同的演艺公司而难以成行。① 自1988年7月加盟"开丽"公司，担任华视《青春大对抗》的节目助理，从最初模仿日本偶像组合"少年队"到成为大陆歌坛当红的"偶像组合"，小虎队存在的时间前后不到3年。但小虎队用3年的时间填充了一代人10年的记忆，三张帅气的面孔，清新健康的面貌，积极向上的精神，他们歌中对未来美好生活的憧憬，青春期懵懂的爱恋，小小的不安和迷惑，对出生于20世纪80年代前后的一代人贫瘠的青春期来说都是一种慰藉，一种滋润心田的甘泉。②

图3　2010年春晚，小虎队表演《再聚首》（《爱》《蝴蝶飞啊》《青苹果乐园》）

如果说小虎队缅怀的只是一代人的记忆，那么虎年春晚中的儿童歌曲联唱《我们和祖国一起长大》缅怀的则是一个国家的记忆。从代表五十年代的《让我们荡起双

---

① 百度百科"小虎队"词条，http://baike.baidu.com/view/6241.htm。
② 柏小莲：《独家解读2010年春晚关键人物之小虎队：青春不可复制》，http://ent.qq.com/a/20100205/000073_3.htm。

桨》，到代表六七十年代的《快乐的节日》，再到代表七八十年代的《春天在哪里》，直到最后代表新世纪十年的《在灿烂阳光下》，现场被布置成一个课堂，老、中、青、少四代歌手轮流出场，屏幕中，相册逐页翻开，一张张照片再现了我国从1952年到今天许多值得纪念的历史事件：成渝铁路全线通车、第一届广交会、我国乒乓球男单夺冠等，几秒钟的时间，却让观众感受到祖国近60年的沧桑巨变。

网络流行语无处不在

随着网络的迅猛发展和网民数量的激增，作为以全国人民大联欢为主旨的春节联欢晚会就不能不考虑到这个庞大的群体。为了吸引网民观众，2010年春晚中有意识地加入了一些网络元素，主要表现是网络流行语被纳入到语言类节目创作中。因为"后现代是一个彻底的多元化已成为普遍的基本观念的历史时期"①，网络的出现已严重动摇了除夕夜春晚的霸主地位。

冯巩的小品《不能让他走》可视为此类倾向的集大成之作，它把2009年出现的一些主要的网络流行语一网打尽。小品中有一句台词："老爷子唱的不是歌，是寂寞。"网民一听可能就知道，这句话是对一句网络流行语的模仿："哥吃的不是面，是寂寞。"这句话来自于对百度魔兽世界吧的一张"非主流"吃面图的解释。此语一出，在网上风靡一时，大家纷纷效仿，出现了许多此类句式，比如"我发的不是帖子，是寂寞。""我呼吸的不是空气，是寂寞。"

图4 小品《不能让他走》

冯巩虽不是后现代主义者，但他的小品《不能让他走》已初步具有后现代主义色彩，整个小品就是一个2009年网络流行语的串烧。除了前面提到的那句之外，小品中还有很多类似的台词，如"不要崇拜哥，哥只是传说""我妈叫我回家吃饭""能不急吗？我还得回家偷菜呢"等。小品将这些网络流行语进行了诙谐的模仿并融入作品中，

---

① 沃·威尔什：《我们的后现代的现代》，章国锋译，社会科学文献出版社1999年版，第47页。

以增强其喜剧效果,同时整个小品又是由许多这样的网络流行语拼凑而成,体现了一种典型的后现代风格。

还有小品《一句话的事儿》反应的现象也极为普遍,有时候,为了亲朋好友们的安宁生活,我们不得不去帮他们"圆"许多"善意的谎言"。小品从一对小夫妻因接听电话而互相猜疑入手,展现了几个日常生活中常见同时又颇具戏剧性和冲突性的生活片段,最终以"大团圆"结尾,既真实又温情。小品中还产生了好几句流行语:"你用谎言去验证谎言,得到的一定是谎言。""你心里阳光一点好不好?""他上厕所去了。"

三维技术广应用

自从 2008 年奥运会以后,大型综艺节目包括春晚对于视觉奇观的营造就不遗余力了。2010 年春晚的几乎每一场歌舞都同时伴随着逼真的 3D 影像背景,影像甚至与现场舞蹈合而为一,营造出似真似幻、令人目眩神迷的多维视觉奇观。舞蹈《荷塘花语》、王菲演唱的《传奇》,都采用类似 2009 年全球热播的 3D 大片《阿凡达》的舞台效果,一经播出即获得观众的一致好评。王菲在潺潺流水声的配合下,身穿刚刚去世的英国时装设计师亚历山大麦昆的 2010 年春夏新装亮相,从地下冉冉升起。身后的 LED 大屏幕上出现了一个 3D 效果的深蓝色星球,在灯光的渲染下流光溢彩。蓝色星球其后又变成了一棵 3D 效果的参天大树,舞台效果非常绚丽夺目。

图 5 歌曲《传奇》

春晚的 LED 大屏由 30 多块巨型 LED 屏幕组成,不同的 LED 屏将整个舞台划分为不同区域。舞台前上方呈现 45 度的坡形设计,使得舞台前后有立体的呼应效果,30 多块 LED 屏幕在舞台中央形成了强烈的 3D 视觉效果。舞台的背景舍弃了传统的实景造型,而以动画取而代之。不仅在舞台背景和两侧的 LED 屏幕上可以播放动画,连地板和幕布也能播放动画,舞台效果的展示是全方位的。此外,巨型 LED 屏会根据不同的节目内容变换不同的场景,以此来搭配节目,而其中也少不了浓重的中国情结。所有节目登场,身后都会呈现出与之相关的背景画面。如谭晶与陈奕迅演唱歌曲《龙文》时,背景开始便是苍茫的大地,随后慢慢"印染"出水墨山水国画,非常漂亮。而由于舞台角度原因,也令舞台前后会产生立体效果。虽然观众没有佩戴3D眼镜,也依然会产生3D立体感觉。①

以新视觉奇观技术为依托,春晚完成了对许多老旧节目样式的改造,比如每届春晚必备的保留节目民族大联欢。民族歌舞大串联《和谐大家园》《壮乡美》《我和草原有个约会》《卓玛》《妹妹的山丹花儿开》《幸福生活亚克西》涵盖了中国主要的少数民族,56个民族的歌舞表演是现实中多民族国家的映照,春晚舞台上年年都会有这种歌舞组合,只是每年采用不同的背景。舞台上声光影电的3D背景将少数民族歌舞与他们所生活的民族疆域、日常生活场景、标志性的文化地理景观有机地连接在同一舞台上,在一个有限的舞台空间内营造了无限的文化空间,不仅强化了舞台美感,同时也强化了观众对中国多民族文化疆域与地理疆域的多重认同。

播出方式新拓展

从传媒发展的角度看,2010年春晚的最大跨越就是随着CCTV高清频道的开播,实现了高清直播,以及在已经开播的中央电视台阿拉伯语国际频道和俄语国际频道并机直播。与此同时,这届春晚还有一个格外引人注意的现象:六位主持人一出场,电视屏幕下方就同步出现了一行字:"CCTV手机电视和CMMB手持电视正在同步直播",并循环播出节目预告。这种同步直播的实现与2009年文化产业的飞速发展有着紧密联系。由中国社科院文化研究中心和社会科学文献出版社联合发布的《文化蓝皮书:2010年中国文化产业发展报告》指出,2009年堪称中国文化产业发展的"转型之年"。经济危机加速了新技术的大规模商用,在3G推动下,媒体汇流并走向移动终端的趋势日益明显,并罕见地出现了出版、广电、通讯多行业联动的局面,越来越成为发展方式转型和经济结构战略性调整的亮点。互联网与电信行业在这一年出现了明显的融合与相互推动的态势。在3G等概念推动下,手机上网已成为我国互联网用户的新增长点。与此同时,"下一代广播电视网(简称NGB)"启动,这可以看作是加快实施有线电视数字化整体转换和加快发展移动多媒体广播电视(CMMB)的一个战略性举措。②

---

① 佚名:《2010春晚 LED 背景 3D 特效多媒体设计解密》,http://pcedu.pconline.com.cn/sj/design_area/idea/1002/2053851.html。

② 张晓明、胡惠林、章建刚:《文化蓝皮书:2010年中国文化产业发展报告》,社会科学文献出版社2010年版,http://www.douban.com/group/topic/18541531。

广告植入无所不在

有人说,在现代社会,广告就如同空气一般充斥在我们的周围。可是,消费时代的消费者们却并不如在生活中追逐空气那般追逐广告。随着我国媒介环境变迁、观众注意力的分散与疲劳、新兴媒介的快速蓬勃发展以及对特殊行业的广告限制,广告逐渐从"打扰时代"迈向了"植入时代"。

自从央视春晚举办以来,广告收入一直呈直线上升态势,2002年广告收入为2亿元,在2006年增长至近4亿元,到2009年牛年春晚已逼近5亿元。今年春晚由于明星阵容强大、宣传效果好等原因,无论是"零点报时"广告,还是晚会前后的"贴片广告"均有大手笔投入。据央视一份广告报价单显示,央视春晚前后的广告套装起价为每5秒159万元至233万元、每15秒298万元至438万元,与2009年相比,今年的广告报价增长了30%以上。据业内人士估计,2010年央视春晚整体广告收入已超过6.5亿元,而节目中的广告植入就贡献了近亿元[①]。

可以说2010年的春晚就是一届被商业化了的春晚,一届被艺术化了的商品展览会,其主要表现形式就是广告。广告形式各种各样,或巧妙或笨拙地被安插在晚会的各个角落,成为本届春晚最为雷人的一个景观,也是春晚后现代倾向的一种表现。本届春晚广告或隐藏在台词里,如《家有毕业生》中的"一切皆有可能";或体现在道具中,如《五十块钱》中印有"鲁花"字样的围裙。

"隐蔽性"可以说是植入式广告的最大特征,也是广大观众颇能接受的主要原因之一。而在2010年春晚中,最让观众受不了的就是植入式广告正逐渐失去它的隐蔽性,最典型的代表就是刘谦在他的魔术表演中为汇源果汁所做的广告。节目一开始,首先映入观众眼帘的,除了刘谦之外就是玻璃桌上醒目地放着的一瓶汇源果汁。镜头到这里的时候,相信亿万观众就已经明白或者大致明白这样一种植入式广告行为。随后,刘谦拿起旁边的汇源果汁,倒入桌上的玻璃杯中,并象征性地品尝了一小口。到这个时候,相信之前没能注意的观众都注意到了汇源果汁。当刘谦再说出他喝的是汇源牌果汁时。当然,他的表演非常精彩,一定程度上掩盖了观众对他的批评。

相比之下,"小品王"赵本山的表现就显得有负众望了。小品《捐助》的剧本写得太过于平庸,广告植入得太生硬,一个连孩子上学都得需要别人资助的母亲怎么会拿着两瓶价值上千元的国窖1573去送人呢?这应该算是2010年春晚中最为生硬的一

[①] 虎年春晚满意度不足两成,网络来源:http://ent.163.com/10/0214/14/5VG8D21T00033UFD.html。

图 6　刘谦表演魔术

个广告了。将一些后现代主义元素生硬地堆砌到一个现实主义的作品中，总给人以不伦不类的感觉。

图 7　小品《捐助》

　　回顾 2010 年春晚，植入式广告繁多是大家普遍的印象。我们不难发现植入式广告穿插了太多，无论是歌舞类节目《拍拍拍》中佳能相机的长版广告，还是语言类节目中姜昆的小品《我有点晕》为招商银行、百度、动感地带等做的广告，又或者是张泽群和朱迅在拜年环节的主持中为百度、美的集团、伊利集团、广州本田、中国移动、太平洋保险所做的广告，种类繁多的各色植入式广告让观众如临一片充斥着广告的苦海，而不是在欣赏一场传统的有着春节喜庆意味的歌舞盛宴了。

　　除了生硬的广告植入，富有意味的一个新现象是在一些非植入广告的演出细节反而激发了巨大的意料之外的广告效果，产生了衍生效应。小品《一句话的事儿》，其内容无人关注，而女主角牛莉所穿的大衣品牌倒被网友搜索出来，并在购物网络平台上引发购买热潮。同台演出的王菲所穿演出服装品牌也成为春晚后的购买热点。春晚强有力的辐射使观众即使对春晚强势的商业逻辑心生抗拒,但也会不由自主地关注春晚信息传播中的表征细节。

图8 小品《一句话的事儿》

其实,作为广告市场一种新兴的营销方式,植入广告已经司空见惯,就如其他许多新生事物一样,它在诞生之初遭到各种非议在所难免,但就像改革开放之初人们对许多新制度目瞪口呆式的不理解一样,最终都会随着市场的进一步开放而被包容。我们应该指责的,大概是广告植入的太过生硬和明目张胆,且没有遵循适量和适度原则,而不是植入广告本身。当满眼都是商品的时候,观众戏谑:严禁在广告中插播电视剧;当春晚充斥广告的时候,观众惊呼:严禁在广告中插播春晚。据新浪网的一个调查显示,认为今年春晚办得好的只有15%[①]。

版权问题引争议

马未都春晚版权纠纷事件是2010年春晚的一个遗留问题。收藏家马未都在《故事会》发表过一篇文章,之后被抄袭改编为小品进入2010年的春晚舞台。马未都在博客中撰文称,因不满央视春晚剧组工作人员的态度,他拒绝授权改编他创作的小文《量力而行》。此事激起的公众反应几乎是一边倒地支持马未都,认为他敢于与手握强大的文化权利和商业利益的春晚叫板,体现了中国公民维护自身合法权利的尊严。事件体现出公众舆论对春晚强势文化权利的不满。

(本文作者:张洁、田园)

---

① 赵靓、王勇:《广告如何植入——从虎年春晚植入式广告遭遇质疑说起》,《新闻世界》2010年第7期。

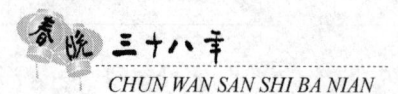

附：2010年中央电视台春节联欢晚会节目单

首播时间：2010年2月13日20：00
总导演：金越
主持人：周涛、朱军、董卿、张泽群、任鲁豫、欧阳夏丹

1. 开场歌舞《虎跃龙腾报春来》
2. 相声剧《不能让他走》 表演：冯巩、邵峰、闫学晶、韩雪、杨松
3. 歌舞《让我们舞起来》 表演：宋祖英
4. 小品《一句话的事儿》 表演：郭冬临、牛莉、刘鉴
5. 歌曲《相亲相爱》 演唱：孙楠、容祖儿、王力宏、余翠芝
6. 舞蹈《玩具店之夜》 表演：河南开封市蓓蕾少儿艺术培训学校、空军蓝天幼儿艺术团、珠海华发艺术团等
7. 相声《和谁说相声》 表演：姜昆、戴志诚、赵津生
8. 舞蹈《荷塘莲语》 表演：纪家萱领舞
9. 小品《美丽的尴尬》 表演：金玉婷、黄宏、巩汉林、林永健
10. 歌曲《传奇》 演唱：王菲
11. 小品《我心飞翔》 表演：殷桃、闫妮、刘敏、柴权、刘思言、陈维涵
12. 歌曲《祖国万岁》 演唱：韩磊、雷佳

朱军、周涛介绍现场特殊嘉宾

13. 歌曲联唱《和谐大家园》
    (1)《壮乡美》 表演：陈春燕、雷滢（独弦琴演奏）
    (2)《我和草原有个约定》表演：齐峰、东方神骏组合（马头琴演奏）
    (3)《卓玛》 表演：香格里拉组合
    (4)《妹妹的山丹花儿开》 表演：马忠华、撒丽娜
    (5)《幸福生活亚克西》 表演：艾海提巴克·卡地尔、夏热帕提·热合满

14. 小品《五十块钱》 表演：周锦堂、尹北琛、李铁
15. 歌曲《再聚首》（《爱》《蝴蝶飞啊》《青苹果乐园》） 串烧表演者：小虎队（吴奇隆、陈志朋、苏有朋）
16. 魔术《千变万化》 表演：刘谦
17. 舞蹈《跳春》 表演：虾嘎、苟婵婵、李亚迪、骆文博等
18. 小品《家有毕业生》 表演：蔡明、郭达、郭笑、黄杨
19. 歌曲《幸福》 演唱：张也、吕继宏

20. 舞蹈《追梦》 表演：万盛、董华兴、苏鹏、孙科、高建、黎星等
21. 歌曲《微笑》 演唱：毛阿敏
22. 杂技《试比天高》 表演：山东省杂技演艺有限公司
23. 互动节目 记忆《百家姓》 表演：王仙妮（7岁）
24. 歌曲《龙文》 演唱：谭晶、陈奕迅
25. 小品《捐助》 表演：赵本山、小沈阳、王小利、孙丽荣、于洋
26. 歌曲《拍拍拍》 演唱：解晓东、蔡国庆、王丽达、吴娜
27. 歌曲《阳光路上》 演唱：阎维文
28. 儿童歌曲联唱《我们和祖国一起长大》
    (1)《让我们荡起双桨》(50年代) 演唱：胡松华、李谷一、蒋大为
    (2)《快乐的节日》(60、70年代) 演唱：霍勇、屠洪刚、李丹阳
    (3)《春天在哪里》(70、80年代) 演唱：薛浩垠、王莉、刘和刚、常思思
    (4)《在灿烂阳光下》(21世纪前10年) 演唱：李木子、林妙可、豆豆
29. 歌曲《走向复兴》 演唱：戴玉强、殷秀梅
30. 新年钟声
31. 歌曲《盛世欢歌》 演唱：郁钧剑、张燕、陈思思
32. 相声《大话捧逗》 表演：贾玲、白凯南
33. 戏曲《红楼赞花》 表演：于魁智、李胜素、孟广禄、袁慧琴、韩再芬、李树建、王洪玲、王志萍、张佳春
34. 歌组合《人生小唱》
    (1)《一亩田》 演唱：汤潮、严当当
    (2)《婚礼上的歌》 演唱：汤子星、刘一祯
    (3)《幸福两口子》 演唱：庞龙、吕薇
35. 舞·武《对弈》 表演：王亚彬、邱辉、曲楠等
36. 歌组合《美丽之旅》
    (1)《彩云之南》 演唱：徐千雅
    (2)《姑娘我爱你》 演唱：索朗扎西
    (3)《天蓝蓝》 演唱：凤凰传奇
37. 相声《超级大卖场》 表演：李伟健、武宾
38. 歌曲《歌舞青春》 演唱：师鹏、熊汝霖、姚贝娜、王澜霏
39. 歌曲《春天的芭蕾》 演唱：王莹、幺红
40. 谢幕歌曲《难忘今宵》 表演：关牧村、佟铁鑫等全体演员

"混搭"显时尚 "亲民"趋大势

——2011年春晚记忆

从1983年央视春节联欢晚会首次举办以来,"春晚"就作为春节文化的一个标志性符号深深烙在了全国亿万观众的心目中,"除夕之夜看春晚"成为一场全民联欢的视觉盛宴。但随着各种媒介的迅速发展,特别是网络时代的到来,春晚面临着前所未有的困境。网络的冲击以及其他各种形式的春晚层出不穷,使春晚从全民参与的主宰姿态,已过渡到陪全国人民过节的要素构成姿态。那种万人空巷的盛况,那种满堂彩年代,已然一去不返。特别是近年来,随着网络文化的风起云涌,春晚的直播本身似乎不是那么重要了,而"说春晚""评春晚"甚至"骂春晚"俨然成为一种时尚,大家一起挑三拣四,"弹"与"赞"共同汇聚成了一个蔚为壮观的民间时尚。不知不觉中,我们已进入"后春晚时代"。

在一如既往的"总结上一年、展望下一年"的固定模式中,"央视春晚既延续了其作为媒介仪式的意义表征,承载并传播了国家和谐、民族团结的符号讯息,又将其'高傲的头'低下,靠近草根受众,实现了主流媒体向草根民意的靠拢,并同时制造、引发公众舆论,设置媒体议题,成功实现了全媒体时代的受众注意力营销和话题营销"。①

网络文化的繁荣,让很多节目"成也网络败也网络"。创作者的精彩包袱来源于民间,通过春晚与网络流传,有的甚至一夜成名。但由于网络文化的发达,各种笑料、各种段子应有尽有,流传速度更是飞快,创作者通过民间而来的笑料早被熟知,春晚创作者要创作出新的原创性的东西,便不能再从网络上实行直接的"拿来主义"了。

新人旧颜玩混搭

近几年,"混搭"这个时尚界的专有名词开始在各个领域显露头角。原本的"混

---

① 张春琳:《媒介仪式下的草根狂欢与话题营销——解读2011年央视春节联欢晚会》,《湖南大众传媒职业技术学院学报》2011年第3期。

搭"指将传统上由于地理条件、文化背景、风格、质地等不同而不相组合的元素进行搭配，组成有个性特征的新组合体。① 但在春晚舞台上，从2009年开始，混搭这个词也被广为应用。

到2011年，央视春晚的混搭组合已可以说是随处可见，尤其是在网络的推波助澜下，草根文化愈发兴盛与流行。2010年是"民星"走红的一年，在《中国达人秀》《非诚勿扰》等走红荧屏的电视节目中，越来越多的普通老百姓开始取代明星逐渐成为主角，很多草根红人如刘伟，知名度甚至超过了一些二三线明星。很多业内人士都认为，中国电视已经进入平民秀时代。② 在这样的背景下，2010年9月，央视综艺栏目《我要上春晚》开播，成为春晚前期宣传和草根明星公开"彩排"的舞台。在一系列条件成熟后，2011年春晚即专门设置了"我要上春晚"板块，使奋发向上、自强不息的西单女孩任月丽走进春晚，生活窘迫但心怀梦想的"北漂"一族旭日阳刚组合走进春晚，表现底层人民精神生活追求的深圳民工街舞队走进春晚，他们得以像明星一样被包装，彻底地辉煌了一把，成为春晚舞台上"普通人"的代表。也许他们的唱功并不专业，也许他们的表演并不出彩，但是依然让许多观众感动。在此，春晚想要放大和观众所推崇的，是如他们一样朴实、简单、快乐、热爱生活的草根，是他们身上所代表的那种出身贫寒却怀揣梦想、不断奋进的草根精神。虽然这些草根明星站在舞台上显得有些紧张与青涩，却让观众耳目一新，产生共鸣。让草根明星登上春晚舞台，这是一种姿态的转变，从自娱自乐、曲高和寡到贴近百姓生活；这亦是春晚的一次回归，回归到电视文艺，回归到生活本真。

图1　西单女孩任月丽演唱歌曲《想家》

除了港台明星混搭大陆明星，草根混搭大腕，自2009年春晚周杰伦以《本草纲目》混搭宋祖英的《辣妹子》之后，2011年再做"调料"，演唱《兰亭序》的同时混

---

① 百度百科"混搭"词条，http：//baike.baidu.com/view/195381.htm。
② 佚名：《兔年春晚要玩"混搭"草根明星成节目选拔目标》，http：//ent.cn.yahoo.com/ypen/20110106/157225.html。

图 2　旭日阳刚组合演唱歌曲《春天里》

搭林志玲表演了一段魔术；而舞蹈演员、模特邓雯心更将激光舞混搭世界吉尼斯纪录挑战者金琳琳表演了转呼啦圈，并直接取名为《混搭1+1》。

图 3　激光舞《混搭1+1》

此外，影视剧演员加入歌舞、小品阵营也成为一大看点，开场舞中《山楂树之恋》里的"静秋"和"老三"登台献唱；小品《"聪明"丈夫》中，"妻子"是影视、

图 4　小品《午夜电话亭》

舞蹈演员陈数；牛莉、宋佳出现在了冯巩的节目中；李小冉搭档邵峰出演《午夜电话亭》；家庭情感剧《媳妇的美好时代》里的"余味"和"毛豆豆"也转战春晚，继续剧中生活，参演小品《美好时代》。

历年春晚中"中外友好"元素一直不被忽视，但2011年春晚的中西混搭好像更加明显。随着我国综合国力增强，世博会、亚运会相继举办，全球再掀汉语热潮流，自2004年底首家孔子学院在韩国首尔挂牌以来，如今可谓"遍地开花"。2011年春晚即以此为切入点，邀请中国人熟知的加拿大人大山重回春晚舞台，带着来自孔子学院的美国、俄罗斯、匈牙利、肯尼亚等国友人登台，表演了相声《四海之内皆兄弟》。末了，还用极具中国味的形式向观众拜年："中华文化代代传，孔子学院春满园。四海之内皆兄弟，共祝中国幸福年！"这个纯"洋人"表演的节目受到观众的热烈欢迎。不仅拉近了中国人与外国人的距离，也拓宽了春晚的舞台。

力求亲民与互动

2011年春晚虽非议较多，但在表现内容的现实性与演出人员的草根性上受到好评。如前所述，西单女孩、旭日阳刚与深圳农民工街舞表演组合的登台亮相，再比如房价高、物价贵、养生热等民生问题有所涉及。还有，在追求亲民性上也下了许多功夫，例如在保证宋祖英、韩红、赵本山、冯巩、姜昆等实力派明星出演的前提下，启用了董洁、陈数等普通明星，周冬雨、窦骁、海清等当时热播电视剧中群众熟知的演员，也为一向"老气横秋"的春晚注入了新鲜血液。

节目一开始，剪纸式的幕布拉开，极具中国特色。"过年回家"字样打出之后，"和谐号"高铁模型驶进，舞台拉开序幕。随后，董洁抱着一个小孩子走下列车，影视剧《山楂树之恋》的两位新人周冬雨、窦骁和殷桃、李小冉等人相继走下列车，他们中既有时尚青年，有返家的空姐，也有带着孩子的妈妈，还有一起回家的情侣。几位演员两两组合，演唱不同民歌小调，大家个个归心似箭，盼望回家团聚，全场透出温馨、浪漫、时尚的气氛，不仅表现出了年味儿，也表现了不同人群迎接春节假期的喜悦心情，家的亲切与温暖以及年这个节日对家庭和团圆的依赖便自然而然地流露出来。晚会尾声，一曲《家在心里》又将人们对家的依恋和牵挂沉淀下来，"家是千里之外的那座房子，家是千里万里这一片土地。人在千里，家在心里；家在千里，人在心里……"小家与大家，小情与大爱，在那一刻相融相通。

此外，主持人的风格也发生了改变，由原来的"报幕式"变为"交流式"。朱军与阎肃用相声小段征集春联，董卿参与魔术表演，就连张泽群和朱迅每小时一次的播

图 4 开场歌舞表演《回家过年》

报,都融入了虚拟技术。① 过去那种承载宏大主题的"高"而"空"的华丽句子被随意、朴实的家常性祝福所取代,"金秋送爽、丹桂飘香"式的开场语变成了类似"人都到齐了吗""鞭炮都买了吗""饺子都包好了吗""年夜饭都上桌了吗"等简单随意、生活气息浓厚的问候。在介绍"2010我最幸福的瞬间"照片时,主持人李咏一句"虽然过去的一年我们遇到了这样那样的困难,但是没关系,只要我们用心感受,幸福就在我们身边",虽然平淡、平实,却让人感触良多,印象深刻。与此相应的是,2011年春晚中的互动环节也较往年明显增多。例如,80岁高龄的老艺术家闫肃站在台上,向电视机前的观众问候"都到家了吗"?

图 5 儿童歌舞表演《爱我你就抱抱我》

此外,儿童类节目也有变化,从创新走向回归,无论形式还是表演技巧都重新回归到儿童特有的简单、率性层面,带给观众一种返璞归真的全新体验。由小宝、林妙可等带来的儿童歌舞《爱我你就抱抱我》,其歌词简单,却唱出了很多孩子的心声。演唱中,50多名身穿各种动物造型服装的小演员在五位小歌手身后蹦蹦跳跳,十分可

---

① 陈一鸣:《央视深深弯下腰,朝生活鞠了个躬——2011年央视春晚幕后故事》,http://www.infzm.com/content/55145。

爱。尽管该节目整体难度不大，但最后4岁的舞蹈小明星小宝表演的现代舞却巨星范儿十足，让不少观众刮目相看。表演结束后，主持人李咏与该节目中的小演员小宝进行了简短的对话，并通过小宝之口向观众拜年。

小品《"聪明"丈夫》中，演员通过教兔年拜年手势与观众进行了互动；在"我要上春晚"大板块中，主持人与西单女孩任月丽、深圳福永民工街舞团的代表们都进行了交流。在《四海之内皆兄弟》和小品《新房》之间，主持人与历史教师纪连海上台，从汉语说到中华文化，又说到礼仪文化，适时地插入了学教拜年礼仪的环节，将看似烦琐的拜年礼仪浓缩为易学易懂的四六句子——"长辈面前磕个头，平辈之间拱拱手。面对尊者作个揖，兔年过年动动手。"许多现场观众听毕当即模仿起来。此外，魔术表演后向观众演示伴舞姑娘悬空而坐的奥秘，金琳琳和邓雯心表演《混搭1+1》后向观众的现场演示，也都是互动的体现。

新鲜元素成亮点

细数2011年春晚中增添的"年轻、新鲜"元素还真不少。2010年春晚中，"80后"贾玲、白凯南献给观众一个相声老段新说，让不少人眼前一亮；2011年春晚上，他们再推新作《芝麻开门》，也没有让观众失望。

首先，最令观众印象深刻的可能还是晚会临近尾声时的两个新组合——新民乐组合和新势力歌曲组合。前者分别由容祖儿/古巨基、玖月奇迹、郑钧/吴桐组合演唱传统民歌《康定情歌》《青春舞曲》《马铃响来玉鸟儿唱》和《赶圩归来阿哩哩》，并加入摇滚元素；后者则由港台艺人方大同和萧敬腾联合内地歌手李健演唱《爱爱爱》《向往》《收藏》《我是火焰》四首歌曲。其中，前三首是方大同、李健和萧敬腾专辑中的曲目，《我是火焰》则是一首亚运歌曲。组合中的三人除在各地都有极高人气支持外，也分别代表了香港、台湾地区和内地新近音乐潮流：方大同是乐坛、媒体一致赞赏的优秀创作R&B及灵魂乐作品的唱作人，被称为"唱作灵魂音乐小教父"；从台湾"超级星光大道"出道至今，萧敬腾独特的"萧式唱腔"将摇滚与抒情曲风驾驭得游刃有余，成为乐坛最热的"亚洲新人王"；去年春晚王菲演唱的一首《传奇》让人们再次认识了李健的独特创作能力。这次央视春晚将三人齐聚为一"新势力组合"，不仅是希望三个人不同音乐的风格做一创新组合，更是希望展现中国香港、澳门及台湾地区不同音乐的形式融合。① 这成为2011年春晚歌舞类节目最大的亮点之一。

其次，变了样的还有魔术。出乎观众意料的是，连续出场两年的刘谦没有出现在2011年春晚舞台，但是2011年春晚的魔术没有消失，也没有减少，而是由一个变成

---

① 佚名：《萧敬腾方大同李健实力混搭成春晚歌舞类新亮点》，http：//ent.qq.com/a/20110201/000134.htm。

两个,由纯魔术变成与歌曲混搭。

图6 魔术《年年有"鱼"》

出身于中国著名的傅氏魔术世家的傅氏幻术第四代传人、"中国魔王"傅腾龙之子傅琰东带来的幻术《年年有鱼》和台湾最年轻的全能幻象魔术师丁建中带来的《穿越》,较之刘谦的近景魔术让观众看后更为惊叹。尤其是《年年有鱼》,带有欢乐喜庆、古色古香的意味,更易让中国观众接受,表演的最后水族箱里游满了金鱼,傅琰东借此说:"锦鳞锦绣锦乾坤,富国富家富人民,题名金榜颂辉煌,喜看鲤鱼跃龙门!"这与1983年春晚中秦鸣晓表演的五彩戏法《吉庆有余》有异曲同工之妙。当魔术师变出的核桃、糖、汤圆都分别被主持人带出了"和和美美""甜甜蜜蜜""圆圆满满"等引申义表达祝福,观众看得更是高高兴兴。傅琰东的这个魔术也正应了中国人好用鲤鱼跃龙门来形容奋发向上、实现更高人生目标的心理,正如主持人董卿所说:"不仅好看,还很吉利。"

图7 小品《新房》

2011年的相声、小品等语言类节目,继续触及社会现实,继续糅入网络流行语,不断为观众带来新的笑料。相声《专家指导》一开场就引出了2010年最火的网络关键词"小月月";小品《"聪明"丈夫》也抖出了"试婚""闪婚""隐婚""给力""神马都是浮云"等新潮词儿;相声《芝麻开门》将流行的"拍客"作为主题,小品《新房》中,蔡明也轮番将微博捧出"台面",2010年"微博元年"的封号由此得到体现;冯巩的相声剧《还钱》则是大大地讽刺了一把京城堵车现象,其台词"经济问题背后都是作风问题",一出口便引来观众一片叫好声。

图8　相声《专家指导》

从国家大事到社会热点,再到家庭琐事,2011年春晚进行了方方面面的涉及,在每一项"涉及"中,也在力求点点滴滴的创新。创新不止体现在节目中,征集春联环节的加入也是一种表现。整场晚会,五副春联适时串联,不仅应景写实,且颇具中国风和文化韵味。

另一样创新体现在零点报时环节。2011年春晚的零点敲钟别具匠心,采用"迎祥纳福鸣春鼓""中华民族奋进鼓""十二五出征鼓"三通鼓迎新。主持人每说一句,身后的演员就敲响一通鼓。擂鼓节奏的加快正体现出新年脚步的一步步临近,同时也为听鼓的人们营造出一种紧张、激动的氛围,鼓声引来新年钟声,鼓的震动也带出清脆的钟鸣。三通鼓过后,全场演员一起倒计时。

谋发展迫在眉睫

央视市场研究股份有限公司所做的满意度调查显示,截至2011年2月2日23时45分,在全国收看电视的家庭中,有93.88%的家庭收看了中央电视台春节联欢晚会。在收看过晚会节目的家庭中,81.92%的受访者认为今年中央电视台春节联欢晚会办得好（其中表示很好的为49.90%，表示比较好的为32.02%）。① 与2010年相比，这是巨大的进步。这一年晚会的歌曲《青春舞曲》里有一句歌词——"太阳下山明早依旧爬上来，花儿谢了明年还是一样的开"，这也是2011年春晚带给我们的美好期许。

　　春晚走过的岁月，正是我们国家经历翻天覆地变化的岁月。国门开放了，经济发展了，科技进步了，文化繁荣了，人们生活水平提高了，观众的审美趣味与审美心态也变化了，对于春晚也变得挑剔了。从现实情况来看，人们自我实现需求日渐强烈，而实现的方式往往是通过批判外界达到内心的满足与自我肯定，因此也有学者指出，现代社会正从"我们"时代走向了"我"时代。面对精神生活的极大丰富，观众的"眼球"注意力不断转移变化，这种变化不是越来越宽容，而是越来越挑剔了，表现在春晚上，已从"审美期待"走向"审美疲劳"甚至"审美挑剔"。

　　另外从这几年的情形来看，"春晚"直播本身已经不那么重要了，重要的是之前几个月开始的不间断探秘和之后的种种热议。人们看的似乎已不是节目本身，而是节目之外的内容了，比如"春晚"节目单探秘、演员阵容猜想、魔术揭秘、挑穿帮镜头、找植入广告、评春晚流行语、看网民评价，甚至是注意观众席上某个特写镜头中嘉宾的另类表情与动作。再者，随着时间的推移，人们对"春晚"的情感也在转移。可能在某种程度上，对于"春晚"，观众要的只是谈资，是打麻将时的背景音乐；网友要的是倾诉，是对某个公共话题的参与感；这就像年夜饭里的饺子一样，只是一种必不可少的除夕仪式，至于有几个人真正喜欢吃今年厨师和的馅，或许压根就不重要。

　　同时，今年金鱼、报纸的魔术表演还在进行中，就有观众在网上搜到了原创视频，并在新浪微博分享这个重大发现，短时间内被网友迅速转发与评论。春晚剧组绝对没有想到，魔术还没有结束就被破解了。

图9　央视网络春晚

　　近年来，各地方卫视的春晚收视率逐年直逼央视，今年似乎更加明显，从跨年晚

---

① 百度百科"2011年中央电视台春节联欢晚会"词条，http：//baike.baidu.com/view/4383232.htm。

会就可以看出，各卫视瓜分收视率的意图已相当明显。各大卫视如湖南卫视、安徽卫视、北京卫视、辽宁卫视、东方卫视、深圳卫视等纷纷在央视春晚前就曝光了节目与明星阵容，借以吸引关注度。虽然时间上打了差异战，但在节目组织、演员阵容、表演样式、创作内容等方面都竭尽所能，毫不逊色。如北京卫视今年推出"主春晚""动画春晚"和"环球春晚"，湖南卫视则打出了"国际春晚"的概念等，试与"央视春晚"争锋。而且，今年以安徽卫视为代表的几家卫视率先拒绝转播央视春晚节目，央视春晚号召力的减弱由此也可见一斑。另外，"网络春晚"也是近年来杀出的一匹"黑马"，它借助网络的传播优势，从互动性和创新性上看稍胜一筹，将来对传统"春晚"的冲击也不可小觑。

(本文作者：张洁、田园)

附：2011年中央电视台春节联欢晚会节目单

首播时间：2011年2月2日20：00
总导演：陈临春、柳钢、马东
主持人：李咏、董卿、周涛、张泽群、朱迅、朱军
1. 开场歌舞《回家过年》 演唱：韩庚、董洁、殷桃、窦骁、周冬雨
2. 歌曲《天蓝蓝》 演唱：宋祖英 表演：贵州省黔东南州侗族大歌队
   阎肃、朱军介绍对春联的规则
3. 相声《专家指导》 表演：姜昆、戴志诚、郑健、周炜、李伟健
4. 小品《午夜电话亭》 表演：邵峰、李小冉
5. 少数民族歌舞《幸福大家庭》
   （1）蒙古族歌舞《吉祥颂》 表演：安达组合、内蒙古民族歌舞剧院
   （2）回族舞蹈《数花》 表演：宁夏歌舞团
   （3）壮族歌舞《美丽的姑娘》 表演：广西艺术学院舞蹈学院
   （4）维吾尔族歌舞《刀郎麦西莱甫》 表演：新疆艺术剧院歌舞团
   （5）藏族歌舞《欢歌起舞》 表演：西藏自治区歌舞团、西藏山南地区扎囊县农民、西藏日喀则地区民族艺术团
6. 小品《美好时代》 表演：海清、黄海波
7. 杂技《晃管》 表演：王强、丛利宝等
8. 儿童歌舞《爱我你就抱抱我》 演唱：仔仔、豆豆、林妙可、严梓瑞 舞蹈：王一鸣
   表演：空军蓝天幼儿园艺术团
9. 小品《"聪明"丈夫》 表演：黄宏、陈数、孙涛、张凯丽

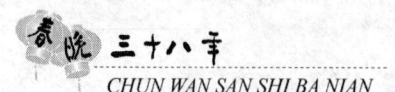

10. 魔术《年年有"鱼"》 表演：傅琰东
11. "我要上春晚"大板块
    （1）歌曲《想家》 演唱：西单女孩（任月丽）
    （2）歌曲《春天里》 演唱：旭日阳刚组合（刘刚、王旭）
    （3）舞蹈《咱们工人有力量》 表演：深圳市宝安区福永街道万福民工街舞团
12. 相声《独家录制》 表演：何云伟、李菁
13. 歌曲《兰亭序》 演唱：周杰伦

揭秘悬空而坐的舞蹈动作；林志玲表演魔术

14. 魔术《穿越》 表演：丁建中、林志玲、刘亭婷

容祖儿（香港）、余翠芝（澳门）、林志玲（台湾）、李小冉（内地）拜年

15. 相声剧《还钱》 表演：冯巩、牛莉、宋佳、刘金山
16. 戏曲《薪火相传梨园美》 表演：于魁智、李胜素、孟广禄、袁慧琴、李树建、何赛飞、张欣怡（豫剧3岁）、沈天梓（越剧7岁）、王奕菡（越剧7岁）等
17. 相声《四海之内皆兄弟》 表演：大山、艾迪、夏天、李天翼、梅友、茹丝（孔子学院6位学员）

纪连海介绍拜年的礼节

18. 小品《新房》 表演：蔡明、刘威、宋阳、徐因楠
19. 杂技《高车踢碗》 表演：袁月、杨镜萍、蔡佳文、胡溥雅

朱军、周涛介绍全国道德模范代表等

20. 小品《同桌的你》 表演：赵本山、小沈阳、王小利、李林

朱军、董卿介绍2010年我最幸福瞬间的照片

21. 歌曲《旗帜更鲜艳》 演唱：谭晶

迎接新年钟声

22. 歌曲《幸福赞歌》 演唱：阎维文、张也
23. 相声《芝麻开门》 表演：贾玲、白凯南
24. 激光舞混搭《非常1加1》 表演：邓雯心、金琳琳等

转呼啦圈表演：金琳琳

25. 歌曲《众里寻你》 演唱：韩红 舞蹈：王圳冰、庞妮娜
26. 歌曲《今夜北方飘着雪花》 演唱：吕继宏、佟铁鑫、蔡国庆、江涛 舞蹈：潘永超、廉子龙等
27. 歌曲《因为有你》 演唱：祖海、汤灿、王丽达、常思思
28. 新民乐歌组合：
    （1）《康定情歌》 演唱：容祖儿（香港地区）、古巨基（香港地区）
    （2）《青春舞曲》 演唱：玖月奇迹

(3)《马铃响来玉鸟儿唱》 演唱：郑钧、吴彤
(4)《赶圩归来阿哩哩》 演唱：郑钧、吴彤
29. 新势力歌组合
(1)《爱爱爱》 演唱：方大同
(2)《向往》 演唱：李健
(3)《收藏》 演唱：萧敬腾
(4)《我是火焰》 演唱：方大同、李健、萧敬腾
30. 歌曲《家在心里》 演唱：雷佳、师鹏、吴娜、徐子崴 舞蹈：杨广、张园园
31. 歌曲《难忘今宵》 演唱：李谷一、王莉、张大伟、张妮、薛皓垠

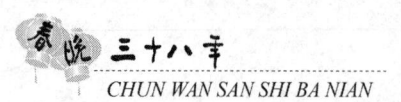

龙飞凤舞祥 回家过大年

——2012年春晚记忆

2012年1月22日20时整,央视春晚准时开播,此届春晚以"回家过大年"为主题,历时四小时三十分,共有39个节目。整台晚会主题鲜明,内容丰富,形式多样,节目精彩,晚会以歌舞为主体,既有相声小品,也有戏曲魔术,洋溢着浓郁的文化气息,营造了欢乐、祥和、和谐的氛围。整场晚会无贺电无广告,文化气息浓厚,反映了社会主义文化建设的发展,突出"年"文化,充分体现回家过年的主题,给全国电视观众和全世界华人华侨奉献了一道除夕之夜的文化大餐。

如果说2010年只是中国的"微博元年","微博除了贡献出'给力''浮云'这样的网络流行语外,对公共生活的影响只是初露端倪。然而到了2011年,微博已经渗透到了人们日常生活的方方面面,其影响力无'微'不至,流行于网民间的'围观改变中国'一语已开始在现实中有所反映。"① 然而微博带来的不仅是政府与公众对话方式的重构、社会管理的创新,其中还潜藏着一种更为开放、自由的个体情感表达和释放,人们开始敢于在人群中表达自我、表现自我,更有甚者愿意将自己最私密化的一面公之于众,对那些不合自己口味的事物勇敢地说"不",同时对那些不同风格、不同类型,决然不似往常甚至带有颠覆意味的新生事物也不再单纯地以拒绝、排斥和唾骂相"迎",而是尽量去包容、理解,整个社会进入一个"人本位"的时代,对人性、人情、自由和个体的推崇上升到一个新的高度。

近几年,人们在实现物质生活的富足之后,转而为精神生活寻找养料,但这还不同于改革开放之初"见水就喝"的饥渴,科技、文化、社会的发展使当今的精神生活领域呈现出一派繁荣纷杂的景象,人们要做的已经不是盲目而不加分辨地吸取,而是从中选择适合自己的品质优良的"精品"。选择范围的扩大催生了比较,在比较中选择的过程本身又推动了人们审美情趣、欣赏水平和文化品位的提高。简单说,它使人们的眼光更加挑剔。而这种挑剔又会促使精神产品质量不断提高,从而进入一个良性循环。于是,人们对春晚这台年夜大餐的各方面都有了更多、更新的要求和期待,唯

---

① 周兆军:《2011微博年:微力量对中国影响无"微"不至》,http://news.cntv.cn/20111225/113169.shtml。

有那种真正从本质上深入心灵的表现方式才能激发观众共鸣。

2012年春晚就是以这样的理念为出发点迈出了新的一步,"回家过大年""贴近实际、贴近生活、贴近群众"。

广听心声办晚会

"开门办春晚"是近年春晚的一个宗旨。2012年春晚导演组先后八次召开观众座谈会,座谈会代表有工人、农民、文化界人士、音乐美术界人士、传媒学者、社会群众代表、大学生等。2012年春晚总导演哈文表示,这台晚会是给观众办的,就要听观众想要什么,要了解观众想看什么样的春晚。这八场座谈会的文字总结汇总达十多万字,为今年春晚节目编排提供了依据。早在2012年春晚筹备初期,春晚导演组就通过《我要上春晚》等多种渠道征集活动,向全国征集节目、征集演员。这都是为了有更多的草根演员,更多的平民家庭参与到春晚中来。

图1　歌曲《我要回家》

2011年春晚,西单女孩和旭日阳刚登上了春晚舞台。2012年,从《我要上春晚》中脱颖而出的"水晶球达人"胡启志表演了舞蹈《眷恋》;支持者众多的"大衣哥"朱之文演唱了一曲《我要回家》;开心麻花的演员沈腾、黄杨、艾伦首次登上春晚舞台,表演了小品《今天的幸福》。最特别、最草根也最明星的"演员"莫过于来自哈尔滨工业大学机器人创新基地的机器人们,这些看上去笨重的铁家伙们动作却十分灵活,舞蹈动作整齐划一,憨态可掬又童趣十足。戏曲节目《戏迷一家亲》的演员全部都是京剧票友。每年春晚都有戏曲节目,以往总是专业演员登台演唱,而2012年却首次推出全部由票友登台大联唱的表现形式。票友上春晚可以影响和带动更多的群众参与到文艺生活中来,因为票友来自于人民群众之中,有利于广泛发动群众参与社会主义文化建设。

《龙凤呈祥》传祝福

2012 年春晚，整台晚会洋溢着浓郁的文化味，兼顾到各个年龄段不同层次观众的欣赏需求，烘托出十足的年味。例如，舞蹈《龙凤呈祥》即体现了中国的传统文化。龙和凤代表着吉祥如意，尤其是在吉祥图案中，龙是升龙，张口旋身，回首望凤；凤是翔凤，展翅翘尾，举目眺龙，周围瑞云朵朵，一派祥和之气。这个舞蹈准确表达了吉祥如意的寓意，加上舞台立体的场景，凸显出了龙凤呈祥的完美意境。

韩庚表演的创意儿童节目《除夕的传说》以"除夕"这个传统节令的由来为背景，由李咏对小朋友讲述年的故事引出，而韩庚以一种"人画合一"的形式"铲除夕兽"，亦真亦幻地展现了英雄击败年兽的情节，用创新的表演形式表现了中国传统。

图 2　创意儿童节目《除夕的传说》

与歌曲类节目的"下坡路"形成鲜明对比的是，语言类节目开始独当一面，担负起"挑大梁"的重任，比重逐年增加，为观众带去欢乐的同时也生产着大量"年度流行语"。然而，语言类节目内部的状况也颇有些不平衡，小品自 1984 年春晚的《吃面条》第一次崭露头角，至今一路独领风骚，每年春晚都保持在 5 个以上。纵观历届春晚，1993 年小品数量最多，曾达到 9 个，此后一直维持在 6~7 个。虽然这个数量与动辄 20 多个歌舞类节目数量相比相去甚远，但二者的时长不相上下。今年春晚，21 个歌舞类节目总时长 78 分钟，而 5 个小品就用了 73 分钟。

与此相对的是，相声日渐没落，比重逐年降低。1983 年首届春晚中共有 9 段相声，总时长超过了 90 分钟；进入 21 世纪以来，春晚的相声节目数量从未突破过 4 个；到了 2011 年，《专家指导》《独家录制》等四个相声节目的总时长仅为 36 分钟；①2012 年春晚上，相声节目只剩下两个，且都是"生面孔"撑台，总时长仅为 25 分钟。

---

① 朱凯：《央视春晚三十年之变：从独角戏到群生相》，《南京日报》2012 年 1 月 23 日。

而戏曲类节目最为"惨烈"。1983年首届春晚,戏曲类节目多达6个,其中有京剧、越剧、黄梅戏、花鼓戏四种戏曲形式被演绎,总时长超过了40分钟,远远领先语言类节目。而到了2012年,由刘佩琦、李明启等6人表演的《戏迷一家亲》,成为龙年春晚上唯一的一个戏曲类节目,人均表演时间仅为65秒,而这竟然还是最近四年以来表演时间最长的一次。① 这其中,也许不乏戏曲晚会冲击的原因,但不得不考虑的还有地方戏多、戏曲人才大量流失和票房市场低迷等因素。

图3　古装穿越小品《荆轲刺秦》

近些年,电视上庸俗、低俗的古装戏说剧、穿越剧、荒诞剧越来越多,质量却是参差不齐。2012年春晚最让网友念念不忘的关键词可能就是"穿越"。邵峰、沙溢表演的小品《荆轲刺秦》既有趣味性,更有针砭时弊,讽刺古装戏说剧、穿越荒诞剧的针对性,通俗易懂,一针见血地批判了当下流行的古装戏说剧和穿越剧之风。正如小品中所说的那样:"盒饭吃不好,顶多是闹几天肚子,你们这整不好,坑害的是几代人!"春晚用节目弘扬了中国文化,批判了戏说之风、穿越之风和荒诞之风。优秀传统文化凝聚着中华民族自强不息的精神追求和历久弥新的精神财富,是弘扬社会主义先进文化的深厚基础,是建设中华民族共有精神家园的重要支撑,应坚持保护利用、普及弘扬并重。

家元素传递幸福美满

2012年春晚的主题是"回家过大年"。如开场歌舞《东西南北大拜年》,就准确地概括了人们过年的心情,体现了家庭欢乐、社会和谐、国家安定。

春晚刚开始,众多明星家庭登台演出,胡宝善胡军一家、胡海泉一家、陈羽凡白百何夫妇、沙溢胡可夫妇以及张卫健张茜夫妇演唱的《闹秧歌》《小拜年》《采茶舞

---

① 朱凯:《央视春晚三十年之变:从独角戏到群生相》,《南京日报》2012年1月23日。

曲》《祝福你》等贺年歌曲，欢快喜庆的歌曲让大家感受到团圆的幸福。冯绍峰、王珞丹、费翔等明星也将自己的家人带到了春晚现场，一家人围着大圆桌看节目，更加彰显出家的温馨和阖家团圆的幸福美满。王菲、陈奕迅演唱了《因为爱情》，王力宏、李云迪面对面斗琴，韩庚在《除夕的传说》中"打年"，刘谦再一次上演"见证奇迹的时刻"，宋祖英、刘欢、张也、李谷一、谭晶、蔡明、冯巩、牛莉等大明星也纷纷登台表演，使得整台春晚"星光灿烂"。

图 4　歌曲《小拜年》

图 5　舞蹈《龙凤呈祥》　　　　图 6　歌曲《前门情思大碗茶》

歌舞类节目秉承"越是民族的就越是世界的"理念。宋祖英的歌曲《叫一声爸妈》、李谷一的歌曲《前门情思大碗茶》、民族歌舞《追爱》、舞蹈《龙凤呈祥》《雀之恋》等节目不但贴近实际、贴近生活、贴近群众，更带有浓郁的民族气息。这些民族气息又通过电视、网络传递给全国乃至全世界的观众。一台春晚，既娱乐了大众，又弘扬了民族文化。

数字动画博采众长

近年来，伴随着计算机技术的普及和应用，与计算机技术相关的多媒体技术蓬勃发展并逐渐影响和渗透到人们的生活中。依托计算机技术发展起来的数字动画技术也逐渐兴起和发展开来,并广泛地运用到动画制作、游戏开发、文化传播等领域,促使人们的交流方式也发生了明显改变①。春节联欢晚会是通过电视传播并呈现给观众的视觉盛宴,面临众多观众的瞩目和审视,同样也面临更大挑战。为了给观众打造一场别样的晚会,2012春晚在舞美影像设计中大量地运用了数字动画技术,无论是节目片头还是舞美影像,都为此次春节晚会增加了不少亮点,尤其是舞美影像,让电视呈现显得更加精彩、美丽和壮观。

利用数字动画技术打造的舞美影像,在整场晚会中通过演播大厅中地面、天棚、舞台正面、舞台两侧及大厅中的各个立柱上的LED显示屏展示出来。所有方位的舞美影像与表演嘉宾的表演相呼应,组合成绚丽唯美的画面,展示给观众一个多元、立体的舞台,整个舞台在技术和艺术的完美结合下营造了一个立体、逼真的表演环境。设计者的创意通过软件和硬件、艺术和技术的完美结合,以恢宏的气势展示出来,大气的舞台设计让人惊叹,有力地增强了本届晚会的艺术效果。

图7　节目《鼓韵龙腾》

在节目《鼓韵龙腾》中,为配合表演,背景的舞美影像适时地出现象征喜庆和吉祥的红丝带,宛如亭亭少女的裙摆和着鼓的韵律在微风中翩翩起舞,两条巨龙也腾云驾雾地在空中游弋。运用数字动画技术打造的动画效果丰富了节目的内涵,加强了节目的艺术感染力,此种龙飞凤舞的场景在《龙凤呈祥》中也有精彩展示。王力宏和李云迪二人在《金蛇狂舞》中疯狂飙琴的场景也许大家还记忆犹新。在二人弹琴的过程中,随着音乐的动感,LED显示屏上的舞台影像也出现了在空中飘逸弹跳的钢琴键盘,黑白相间的琴键时而上下翻飞、时而左右摇摆,背景屏幕的键盘运动更如金蛇逶迤向前,忽远忽近变化莫测,两人的表演与琴声、数字影像浑然一体,整个舞台都似乎随着琴声舞动起来,与节目名称巧妙吻合,给人一种真正进入金蛇狂舞的梦幻妖娆之感。

---

① 杨娟:《数字动画制作》,华中科技大学出版社2010年版,第8页。

图 8　歌曲《万物生》

　　萨顶顶用天籁般的声音演唱的《万物生》很早就为广大观众所知晓，但春节晚会上的重新演绎又多了几分沉稳、大气和神秘。值得注意的是与嘉宾演唱完美融合的舞美影像把观众带入了另一片梦幻般的净土。伴着嘉宾的演唱，冰雪融化万物复苏，一片蔚蓝多姿的世界展现在观众面前。神秘的漂浮物围绕在嘉宾和舞台的周围，如《阿凡达》中能够传递信息的"爱娃树"的种子一样与神明交流，护佑着心灵也祈福人类。而后一片绿意盎然的景象展现在大家面前——万物生长，百花争艳，一幅自然的原生态美景展现在观众面前。这种人类久违了的原始景象让观众在欣赏节目的同时，尽情地享受这份与自然的美妙接触。此时，似乎一切都停止在这美丽的瞬间，数字动画模拟仿真技术创造的影像与嘉宾一起，给观众诠释了一个独特的《万物生》。

图 9　舞蹈《雀之恋》

　　节目《叫一声爸妈》中，嘉宾以甜美的歌喉博得了观众的阵阵喝彩。整个舞台通过 LED 显示屏播出的舞美影像视频与嘉宾演唱的曲目也互相呼应，桃红柳绿的春季、随风摇曳的夏季荷花、秋天的一片金黄、冬季的雪花飘舞和梅雪争春，都让整个场景的变化和歌词意境互相映衬，让观众在瞬间感受到了春、夏、秋、冬的四季变化、光阴流逝之快。《雀之恋》在本届春晚节目中让人眼前一亮，数字动画技术创作的舞美影像与嘉宾的生动表演给我们展现了一个别样的爱情故事。在这个节目中，舞美影像给我们塑造了一个唯美的另类世界，在这个世界中，繁茂的森林、散发荧光的各色植物、色彩斑斓的奇花异鸟和谐共生，绚丽和谐的自然生态唤醒了人或是动物与自然之间的深度情感。舞美影像与嘉宾表演的完美结合给人一种高雅的精神享受，整个节目用技术融合了美与爱，是春晚节目中人与技术结合的典范。

图变革举步维艰

2012年春晚制作团队试图变换一下春晚风尚，这无可厚非，但仅仅是从文艺创作角度来考虑问题，却忽视了春晚并非一般的文艺会演、综艺节目或大型娱乐活动，隐藏在春晚背后的其实是一种潜在的民族和国家仪式的混合体。2012年春晚风尚之变并未给创作团队带来预期的美好愿望，相反，倒是出现了超越往届春晚的诸多问题。如王菲、王力宏、萨顶顶的演唱都因为音响效果的失败形成了错音、背景音和现场音脱节以及现场声音无混响等差失；节目自身的艺术质量也出现了滑坡，如港台歌手失去了原创力和附带的轰动效应，大陆歌手新人缺位，小品无法超越以前数年的水平；几位男性主持人也失去了在各自擅长的节目中的既有魅力；将西施和貂蝉两人相差700年左右说成相差1000年；《空山竹语》中主持人说："中国有句古话叫'竹报平安'，虽然现代人早已不把报平安的家信写在竹简上了。"竹报平安指的是平安家信，并非在竹简上写平安信。诸多问题汇总成一种缺失肃穆感的整体印象，而肃穆感的缺失直接导致本届"春晚"整体的虚弱性、淡化性和空泛性，也使得晚会主体失去了重心。

（本文作者：张洁、田园）

附：2012年中央电视台春节联欢晚会节目单

首播时间：2012年1月22日20：00
总导演：哈文
主持人：朱军、李咏、撒贝宁、李思思、董卿、毕福剑
1. 开场童谣：邓鸣贺
2. 开场联唱《东西南北大拜年》
   （1）《欢乐中国年》 演唱：李谷一、王珞丹、蔡卓妍、冯绍峰，主持人参与
   （2）《闹秧歌》 演唱：胡宝善、胡军（家庭）
   （3）《小拜年》 演唱：陈羽凡、白百何（家庭）、胡海泉（家庭）
   （4）《采茶舞曲》 演唱：沙溢、胡可（家庭）

（5）《祝福你》 演唱：张卫健、张茜（家庭）
3. 绛州鼓乐《鼓韵龙腾》 表演：山西绛州鼓乐艺术团、河南登封少林塔沟武术学校
4. 群口相声《小合唱》 表演：王宏伟、佟铁鑫、吕继宏、刘和刚、周炜
5. 创意钢琴《金蛇狂舞》+歌曲《龙的传人》 表演：李云迪、王力宏
6. 歌曲《万物生》 演唱：萨顶顶
7. 小品《天网恢恢》 表演：蔡明、王宁、常远、郭丰周
8. 舞蹈《龙凤呈祥》 表演：李倩、张傲月领舞
9. 短片《回家过年》
10. 歌曲《好久没回家》 演唱：陈坤
11. 歌曲《叫一声爸妈》 演唱：宋祖英
12. 小品《荆轲刺秦》 表演：黄宏、邵峰、沙溢
13. 杂技《空山竹语》 表演：李振宇、左朝峰、袁飞
14. 民族歌舞《追爱》 表演：雷佳、沙呷俊楠、湖南魅力湘西歌舞团、中国邮政艺术团
15. 小品《今天的幸福》 表演：沈腾、黄杨、艾伦
16. 歌曲《因为爱情》 演唱：王菲、陈奕迅
17. 魔术《幻镜》 表演：刘谦
18. 现代芭蕾《天鹅湖》 表演：俄罗斯TODES舞团
19. 相声剧《爱的代驾》 表演：冯巩、牛莉、阎学晶
20. 歌曲《把幸福给你》 演唱：孙楠
21. 小品《面试》 表演：郭冬临、魏积安、傅浚琪、何军
22. 戏曲节目《戏迷一家亲》 表演：刘佩琦、李明启、高长志、张杰、李沛泽、李泽林
23. 相声《奋斗》 表演：曹云金、刘云天
24. 歌曲《新贵妃醉酒》 演唱：李玉刚
25. 短片《春晚记忆》
26. 歌曲《致敬30年》
　　（1）《冬天里的一把火》 演唱：金美儿
　　（2）《故乡的云》 演唱：费翔
　　（3）《爱的奉献》 演唱：韦唯、吴秀波
　　（4）《常回家看看》 演唱：蔡国庆、王珞丹
　　（5）《前门情思大碗茶》 演唱：李谷一
　　（6）《我的中国心》 演唱：张明敏
27. 舞蹈《雀之恋》 表演：杨丽萍、王迪

28. 歌曲《大爱》 演唱：刘欢
29. 歌曲《我要回家》 演唱：朱之文
30. 舞蹈《老妈妈》 表演：四川广元老妈妈艺术团
31. 歌曲《好人就在身边》 演唱：谭晶
32. 歌曲《远方的家》 演唱：张也
33. 歌舞《中国美》 表演：玖月奇迹、玉米提、万玛尖措、薛一村子、赛娜、柴森森、李杨、苏宁
34. 创意儿童节目：《除夕的传说》 表演：韩庚
35. 儿童节目《玩具总动员》 表演：哈尔滨工业大学机器人创新基地
36. 舞蹈《舞动冰凌》 表演：吉林省歌舞团
37. 歌曲《思乡曲》 演唱：蒋大为
38. 水晶球舞蹈《眷恋》 表演：胡启志
39. 歌曲《天下一家》 演唱：王莉、廖昌永

舞美新突破　节目亮点多

——2013年春晚记忆

2012年是一个时代开局之年。11月8日至14日，中国共产党第十八次全国代表大会在北京举行，会议确定了全面建成小康社会和全面深化改革开放的目标。十八大的胜利召开，形成了新的中央领导集体，中国社会发展进入新的阶段、面临全新的挑战，也带来新的动力和机遇。

十八大为2013年春晚的创作意旨指明了方向，提供了更为广阔的创作灵感和思路，丰富了节目内涵。2013年央视春晚，全国共有7.5亿观众收看了直播节目，全国并机总收视份额高达70.88%，比2012年提升了1.01个百分点。中国网络电视台还与腾讯、搜狐等8家网站组建春晚传播联盟，视频直播累计观看达2.09亿人次，较2012年春晚上升了141%。最高同时在线人数达2255万人，较2012年春晚上升97%。

2013年全球共有133个国家和地区的363家电视机构转播或部分使用了央视的春晚节目信号，台湾天空网等2家转播机构也对春晚进行了转播。此外，除夕直播期间，4603万海内外独立用户通过中国网络电视台观看春晚，较2012年春晚上升76%，覆盖全球210多个国家和地区。

2013年2月10日（正月初一），"百度贴吧"的官方微博发布贴吧春晚直播贴相关数据："除夕之夜，13亿中国人中有约8亿人次收看了春晚，与此同时，贴吧春晚直播贴点击量于大年初一上午10点39分突破42亿！相当于平均每个中国人至少参与3次！"此外，从2月4日至除夕，微博平台相关内容达630万条，是2012年春晚的近7倍。①

这些数据表明，2013年春晚达到了收视新高度，开启了春晚的新时代。但与此同时，随着我国社会的不断发展，社会环境也日趋复杂多变。一方面，人们的生活层次不断提高，日常审美情趣和欣赏品位不断提升，对春晚的制作水准和节目质量要求也越来越高；另一方面，在网络媒体的冲击下，电视媒体间的竞争日趋白热化，央视一家独大的局面开始遭遇挑战，对央视春晚也形成了一定冲击。

---

① 数据来自于范素锋：《开门亲民创新2013年央视春晚华彩落幕》，《广告人》2013年第3期。

舞美设计新突破　技术艺术巧融合

本届春晚犹如好莱坞大片一般的舞美效果不得不让人称道。歌曲《春暖花开》舞美视频影像一出，就引得年轻人一阵欢呼；如万花筒般绚烂的儿童节目《剪花花》更是让观众震撼不已，视频内容与舞蹈搭配巧妙，彰显了舞蹈的极致之美；《风吹麦浪》中的舞台效果炫酷至极，仿佛将人带到麦田之中；席琳·迪翁带来的经典电影《泰坦尼克号》主题曲《我心永恒》，借助水幕，搭建了深海场景，效果逼真；郎朗和侯宏澜的合作节目《指尖与足尖》，展现出芭蕾舞演员在三角钢琴上舞蹈的视觉美景，令人耳目一新。

图1　那英《春暖花开》

图2　邓鸣璐、邓鸣贺《剪花花》

图3　孙俪、李健《风吹麦浪》

图4　席琳·迪翁《我心永恒》

2013年春晚的舞台设计在视觉上可谓创新十足，持续了2012年春晚舞台美术画面的精美度与真实情境感，而且又有了全新的突破。

首先，舞台空间扩大了，除向两旁扩展以外，在纵深以及空间层次上又有了新的变化。在观众席的方向，舞台延伸出一个狭长区域，用来充当某些节目的表演区，也成为同特定位置观众交流的平台；在舞台中间到后方的位置上，则分布了若干可以升降的台阶，升降的高度和层级可随节目的需要而变化，使舞台充满层次感，在视觉上

图 5 郎朗与侯宏澜《指尖与足尖》

造成某种奇观。① 如开场六位主持人打破以往平面出场效果，借助 LED 屏的红毯"天梯"徐徐走来，气势壮观。

为配合舞台空间的扩展，春晚在 360 平方米录音棚中搭建了 5.1 制式环绕声播出系统，在 1 号演播厅独立架设环绕声效果话筒，从听觉上给广大观众带来全新感受。统一环绕声、立体声播出系统和现场扩声系统相统一，实现了几个系统独立制作，系统资源共享，互为备份，确保了春晚直播的顺利进行。

其次，灯光营造出立体的舞台视觉效果，凸显出"大灯光"的视觉呈现理念。除常规的表演区域灯光外，舞台上方的灯光效果是本次春晚的亮点，由灯光制造出的立体效果使观众在真实与幻觉之间感受技术为艺术带来的革新。② 例如，在王力宏演唱的歌曲《十二生肖》中，舞台上方的灯光就呈现出了立体道具的作用。本届春晚的灯光设计减少了以往对于舞台背景光的渲染，更加注重人物肤色的质感和形体光的塑造，以及人物所处的整个三维虚拟艺术真实环境当中的光比处理，大量全息三维影像制作取代了传统的布景绘景。

图 6 王力宏《十二生肖》

① 曲国军：《简洁而不简单——2013 年央视春晚舞美灯光设计之我见》，《现在电视技术》2013 年第 4 期。
② 朱星辰：《2013 年央视春晚艺术特色》，《当代电视》2013 年第 3 期。

最后，舞台设计得"意"忘"型"，构成一个会呼吸的、立体的、360度观演关系的舞台。2013年春晚的舞台创意源于中国传统美学，从无形到有形，千变万化，重在写意，充分利用舞台机构物理相对运动构成三维空间，充分利用整体创意模块变换构成梦幻世界，强化了电视美术的独特性。满场悬浮的立体灯笼、春联、中国结，第一次大范围应用AR（增强现实）技术，让春晚视觉效果异常出彩。① 王宏伟演唱的《甲板上的马头琴》将我国"辽宁号"航母直接驶进演播室；李玉刚和三位"神九"航天员合作完成的节目《嫦娥》，将中国古老的神话传说和我国实现飞天梦想的科技成就相结合，直接将直播现场虚拟成广寒宫，随后"神舟飞船"出现在演播室上空，宇航员借助威亚再现太空漫步，舞台的"三维"与场景的"渐变"为观众营造出时空交错、虚实相生的效果。

图7　王宏伟《甲板上的马头琴》

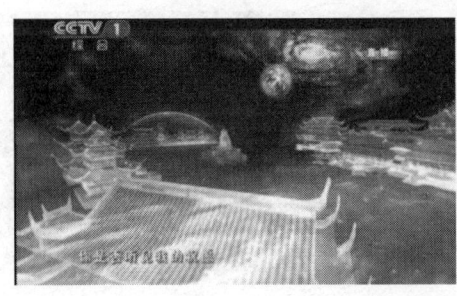

图8　李玉刚《嫦娥》

春晚的大屏幕华丽多变，使每一个变化都完美地与节目内容相呼应，并与演员形成"人景合一"的三维效果。同以往的春晚舞美相比，用实体材料搭成的舞台背景几乎全部换成了三维画面，除一部分小品仍然需要实体置景以外，其他节目几乎完全实现了舞台布景的高科技虚拟化。这种舞美设计大大节约了材料，节约了成本。

---

① 王韡：《一场听觉与视觉的饕餮盛宴——评2013年央视春晚歌唱类节目》，《音乐生活》2013年第5期。

内容形式求创新　升级管理促发展

为了让节目更具观赏性，2013年央视春晚进行了全方位、多方面的创新。

首先，从内容方面着手创新出好的节目。春晚创新的重点在于内容，而成败的关键在于细节，炫动的舞美设计、爆笑的段子笑料、星光璀璨的演员阵容背后，精彩的节目内容才是一台晚会成功的根本。春晚通过极具特色的节目创意展现了丰富的节目内涵，开启了新年新貌的崭新篇章，弘扬了传统的春节民俗，如《中国味道》《十二生肖》及《剪花花》等。此外，歌曲《给我你的爱》唱出了人间大爱，《一辈子朋友》歌颂了至深友情，《我心永恒》讴歌永恒爱情，《我爱你中国》点燃无限爱国激情。

九个语言类节目取材广泛，包袱翻新，紧接地气，在制造欢乐的同时传递温情，针砭时弊。小品《想跳就跳》聚焦特殊的老年群体，以火爆当下的广场舞为题材，描述了一位执着于舞蹈的古稀老人对生活的美好追求，侧面反映出我国进入老龄化社会的实际，体现了对老年人这一特殊群体的人文关怀；《我要上春晚》让包袱笑料横飞于几位民间达人的绝活才艺当中，拉近了春晚与百姓的距离，真正实现了与民同乐；《大城小事》《你摊上事儿了》《搭把手不孤独》则深入社会底层，挖掘出租车司机、保安、民工等城市打工一族的人情百态，让观众走近他们的喜乐悲欢，产生情感共振。

图9　蔡明、潘长江《想跳就跳》

图10　小品《我要上春晚》

其次，着力进行"电视化呈现"的形式创新。就节目形态而言，春晚始终是一台"电视联欢晚会"，遵循电视晚会的基本规律，用电视化的语言呈现，也是晚会整体创新的关键。因此，2013年春晚在各种不同类型节目的创作中，都考虑到了内容和形式与电视呈现方式的最佳契合。除了传统的歌舞节目外，语言类、杂技魔术类以及创意类节目中，都体现出了节目与舞台、节目与镜头等不同程度的融合。

2013年的开场设计别出心裁，是春晚历史上前所未有的创新。40多位央视名嘴悉数亮相，演唱了一首专门为春晚改编的神曲《欢歌贺新春》，此"神曲"由19首契合春节氛围的歌曲剪辑而成，其中包括《恭喜发财》《开门红》《走四方》《常回家看看》《好运来》《好日子》等大家耳熟能详的曲目，亮相的"名嘴"更是出人意料，几乎涵盖了央视各个频道的节目主持人，像张宏民、康辉、欧阳夏丹这些平时正襟危坐的新闻主播也换上了喜庆的节日新装唱起了歌，体现了与全国人民欢度春节的极大诚意，也烘托出浓浓的新年气氛。

图11　央视主持人合唱《欢歌贺新春》

再次，演员阵容出新，国内新人、国际艺人倾力加盟。多年来，"推新人、展新貌"一直是春晚努力和前进的方向，本届春晚更是在这方面下足了功夫，给更多的实力新人充分展示的舞台和机会。参与人群的广泛性，体现了春晚全民大联欢的特点，也是对"开门办春晚"口号的有效实践。

2013年的春晚继续对新人的使用制定量化指标，保持参与春晚直播的主要演员中的新人比例。无论是语言类，还是歌舞类，所有节目都在创作的全过程对这一指标充分考虑、严格执行。节目筛选过程中的第一标尺是节目质量，在节目质量达到同等水平的前提下，侧重大胆起用新人丰富春晚舞台。

歌舞类节目方面，"迷幻王子"林宥嘉、"海豚公主"张靓颖、偶像与实力兼具的张杰、中国新摇滚乐的代表人物汪峰等实力歌手首度登上春晚舞台。几位歌手都具备扎实的唱功，在年轻观众中具有超高的人气和号召力，春晚新人的加盟为春晚舞台注入了新鲜血液，促进多元文化价值的拓展和包容，使"开门办春晚"的方针真真正正落到实处。

图12　郭德纲、于谦《败家子》

语言类节目方面,"非著名相声演员"郭德纲和于谦终于成功完成了他们在春晚舞台的首秀,被寄予厚望的他们最终没有让众人失望;开心麻花团队携两个小品《大城小事》和《今天的幸福2》,也刮起了一股新兴爆笑风潮。

图13　开心麻花《大城小事》

图14　开心麻花《今天的幸福2》

本届春晚还吸引了国际一流艺术家和团体的加盟,嘉宾层面得到极大丰富。全球最畅销的女歌手、被媒体誉为20世纪90年代至今的跨世纪天后歌手之一的席琳·迪翁加盟春晚,与宋祖英中西合璧唱响《茉莉花》;著名作曲和演奏家雅尼也与中国古筝演奏家常静实现了完美混搭;土耳其火舞舞蹈团激情上演了"新世纪舞蹈界最完美神话"的舞蹈《火》,为春晚增添了浓郁的伊斯兰风情。此外,孔子学院学员、加拿大美声歌唱家托马斯与中国京剧名角于魁智合作的一曲《迎来春色换人间》,展现了我国京剧文化的博大精深和中华文化在世界范围内的广泛影响;白丽莎、茹丝、吴孟天等孔子学院学员唱响春晚代表曲目《难忘今宵》,成为春晚走向世界、与西方文化融合接轨的重要标志。

图15　宋祖英、席琳·迪翁《茉莉花》

最后,管理方面创新升级。2013年春晚创作团队为了创作出更多符合大众审美要求的节目,剧组召开了多场观众座谈会,曾专门奔赴杭州与当地居民座谈,倾听基层观众呼声。为了更好地适应春晚创作需求,春晚剧组专门设立了视觉包装组,并加大

图 16　土耳其火舞舞蹈团《火》

图 17　托马斯、于魁智《迎来春色换人间》

图 18　李谷一、孔子学院学生《难忘今宵》

了宣传组的人员配置，更好地配合整个剧组的工作。全面、高效、主动出击的"全媒体联动方式"宣传推广也成为本届春晚在舆论阵地取胜的关键所在。在微博、网络视频直播等新媒体方式迅猛发展的今天，春晚充分利用各种资源，在媒体宣传阵地上取得主动权和话语权，为整台晚会的制作、播出和传播赢得了良好健康的舆论氛围。2013年春晚还史无前例地将观众评价前置，增加了节目测评环节，健全了节目评价体系。一方面，入选春晚的多首新歌和多个相声小品都组织专业测评机构进行了科学测试，并根据测试结果对节目进行了改进和调整；另一方面剧组还走进学校、社区和部队开展慰问演出，与普通百姓面对面。剧组希望此举在给基层观众带去欢乐的同时，也能够借此获得观众第一手反馈信息，对节目效果做出更科学的评判。①

转型之路求极致　革故鼎新再辉煌

首先，使用混搭方式促进资源的极致化利用。

往期春晚主持人以多取胜，但却没有多到极致。本届春晚由48位央视著名主持人将多首怀旧歌曲的高潮部分串接成了一首"神曲"《欢歌贺新春》拉开帷幕，主持人的"人海战术"以雄伟的气势将气氛冲高，打破了以往"百猴闹新春"式的焦点散乱的开场群舞。伴随着被重新剪辑的近二十首契合春节主题的歌曲，观众顿时情绪振奋，十足的新意扑面而来。

明星大腕与草根艺人的混搭也为春晚增色颇多，成为中央电视台"拆门办春晚（哈文语）"的重要体现。《直通春晚》推送的三位新生代实力"好声音"歌手——平安、许艺娜和阿普萨萨，在春晚舞台上一展歌喉，终于让梦想照进现实；小品《我要上春晚》中的乡亲们纷纷秀出绝活，这些草根艺人使春晚舞台更"接地气"，极大地拉近了与观众的距离。

跨艺术门类的混搭则是本届春晚的最大亮点。李云迪与刘谦一位是钢琴界巨星，一个是魔术界大牌，将这样两位跨界大腕通过近景魔术《魔琴》巧妙地融合为一体，成为一道极其新鲜的视听大餐，让观众叹为观止、大饱眼福。

图19　刘谦、李云迪《魔琴》

本届春晚将国内与国际明星混搭，将明星大腕与草根艺人混搭，将不同的艺术门类混搭，时尚与传统在这里做到了无缝结合，将资源整合发挥到了极致。这使得整台春晚如同一桌"中西合璧"的"满汉全席"，这桌"满汉全席"原料并无特殊之处，却因相互之间别出心裁的烹饪手段与搭配组合，酝酿出了一番别样风味。

---

① 吕逸涛：《2013年央视"春晚"的创新点初探》，《电视研究》2013年第3期。

其次，使用浓缩的方式促进节奏的极致化。[①]

一台晚会的节奏控制，主持人发挥着重要作用，本届春晚主持人精心策划的串场本身就像是一个节目，干净利落，毫不啰唆。超过一半的节目中，主持人的介入是深度的，要么直接参与，要么大胆放前缀。比如在蔡明和潘长江的小品《想跳就跳》开始之前，主持人就与蔡明进行了一段颇为有趣的对话，主持人的"自嘲表达"成了网友热衷的经典语录。比如调侃李咏的"长脸"，老毕的"满脸褶子"等，都让人捧腹。总体来讲，主持人在整台节目中发挥了资源拼接、主题承接与幽默脱口秀三大功能，在内容衔接和氛围营造上发挥了巨大作用，完成了从"报幕员"到"气氛领袖"的角色转变。

对比往年春晚，本届歌舞类节目镜头叙事节奏大大加快、信息量更为密集。央视春晚导播在此次春晚的镜头表现和切换上也颇显功力，技术上避免了以往"精彩时刻切观众"的老诟病，镜头中已鲜有大量现场观众"傻笑"的画面，春晚让现场观众真正成为整台表演的一部分。与往年春晚不同的是，小舞台前围坐的青年观众与相声小品演员极为接近，形成围观效应，让现场观众真正融入了节目进程之中，而分舞台和升降台则完善了舞台的功能区分隔，使得各节目之间的衔接和递进迅速而自然，从而营造出干净利索、紧凑无缝的衔接，易于集中观众注意力，有助于节目的可持续收视和有效传播。

再次，使用共鸣方式促使社会热点的极致化植入。

党宣、政宣思想的硬性传播和对现实民生问题的浅尝辄止一直是春晚急需突破的瓶颈，本届春晚的语言类节目大胆地将新闻舆论与文艺嫁接，让观众大呼畅快和过瘾。

图20 孙涛、秦海璐《你摊上事儿了》

图21 郭冬临、冯巩《搭把手不孤独》

由孙涛、秦海璐等人表演的小品《你摊上事了》，通过演员独特又符合当下现实的形象设计、幽默搞笑的对白和自然的矛盾碰撞，反映了农民工讨薪、"房媳事件"[②]

[①] 冷凇、孙元龙：《极致化思维唱响央视春晚的转型之路——2013央视春晚的突围与创新》，《视听》2013年第2期。

等社会热点问题和事件。郭德纲与于谦的相声《败家子》在看似荒诞的捧逗之中深刻地表达了对虚开发票、戴表官员腐败现象的讽刺。郭冬临与冯巩的小品《搭把手不孤独》通过司机师傅收入4000元结余40元的计算，反映出出租行业的疾苦。①

社会热点和焦点问题精妙无痕的植入使得党宣、政宣思想植入的自然程度大大超过以往，让社会正能量与中国特色社会主义的意识形态承载有了大幅度跨越，甚至类似北京"7·21"雨灾等本被认为敏感的事件也都登上了春晚的"话题舞台"。可见，春晚在经过多年的探索以后，终于为民生民意的顺畅表达找到了正确合理的方法和技巧，2013年春晚必将成为一次舆论环境开放的文艺"试验田"。

特别值得一提的是，2013年央视春晚首次植入了公益微电影《回家——迟来的新衣篇》，讲述了在广东打工的一群农民工骑摩托车回老家过年的真实故事。短小的篇幅将中国人回家的历程演绎成一部部心灵史诗，阐释了"回家"对于中国人的特殊含义。一句"这一生我们都走在回家的路上"，在最应欢聚、乡愁最浓的时刻，会引起多少人的共鸣。在追求利益最大化的今天，充满正能量的微电影宛如甘露沁人心脾。它使春晚的温情和热度得以放大到极致，打动心灵，同时体现了央视春晚塑造中华民族核心价值观的意识和文化自觉，把家国情怀抒发到极致。

（本文作者：郝丽丽、王琳）

附：2013年中央电视台春节联欢晚会节目单

首播时间：2013年2月9日 20：00
总导演：哈文
主持人：朱军、李咏、董卿、毕福剑、撒贝宁、李思思
1. 开场联唱《欢歌贺新春》　演唱：中央电视台48位主持人
2. 歌曲《中国味道》　演唱：凤凰传奇
3. 歌曲《十二生肖》　演唱：王力宏
4. 小品《我要上春晚》　表演：周炜、刘大成、石头、张尧、张玉娇、丁德龙、张学敏、孙朝阳
5. 器乐演奏《琴筝和鸣》　表演：雅尼（美国）、常静
6. 小品《想跳就跳》　表演：潘长江、蔡明等
7. 歌曲《春暖花开》　演唱：那英
8. 儿童节目《剪花花》　表演：邓鸣贺、邓鸣璐、中国舞蹈家协会南方舞蹈学校

---

① 冷淞、孙元龙：《极致化思维唱响央视春晚的转型之路——2013央视春晚的突围与创新》，《视听》2013年第2期。

9. 相声《这事儿不赖我》 表演：曹云金、刘云天
10. 歌曲《茉莉花》 演唱：宋祖英、席琳·迪翁（加拿大）
11. 歌曲《我心永恒》 演唱：席琳·迪翁（加拿大）
12. 小品《大城小事》 表演：艾伦、王宁、常远
13. 歌曲《嫦娥》 演唱：李玉刚 表演：孙越、周龙、冯继国、中国杂技团
14. 歌曲《报喜》 演唱：陈慧琳
15. 歌曲《甲板上的马头琴》 演唱：王宏伟
16. 武术《少年中国》 表演：赵文卓、范龙飞、侯英岗、杨亚霖、于海亮、杨先锋、陈思捷、李仕明、崔滕晓
17. 小品《你摊上事儿了》 表演：秦海璐、王茜华、孙涛、方清平
18. 杂技《冰与火》 表演：赵丽、张权、广州军区战士杂技团
19. 歌曲《一辈子朋友》 演唱：杨坤、张靓颖
20. 小品《今年的幸福2》 表演：沈腾、马丽、杜晓宇、王琦
21. 歌曲《幸福》 演唱：毛阿敏
22. 魔术《魔琴》 表演：刘谦、李云迪
23. 歌曲联唱《直通春晚》
    （1）《山路十八弯》 演唱：阿普萨萨
    （2）《我是一只小小鸟》 演唱：许艺娜
    （3）《我爱你中国》 演唱：平安
24. 舞蹈《火》表演：土耳其火舞舞蹈团
25. 歌曲《风吹麦浪》演唱：李健、孙俪
26. 歌曲《净土》演唱：孙楠
27. 歌曲串烧《留声2012》
    （1）《滴答》 演唱：李晨、侃侃
    （2）《我的歌声里》 演唱：杜淳、曲婉婷
28. 乐舞《指尖与足尖》 表演：郎朗、侯宏澜
29. 相声《败家子》 表演：郭德纲、于谦
30. 京剧《迎来春色换人间》 演唱：于魁智、托马斯（加拿大孔子学院学员）
31. 歌曲《给我你的爱》 演唱：张杰、林宥嘉
32. 歌曲《我爱你中国》 演唱：汪峰
33. 歌曲《家人》 演唱：谭晶
34. 歌曲《美丽中国》 演唱：沙宝亮、徐千雅
35. 歌曲《中国范儿》 演唱：玖月奇迹
36. 相声《东西南北大拜年》 表演：赵炎、逗笑、逗乐、大新、程刚、张钢、张华伟、

张攀、刘铨淼
37. 相声剧《搭把手不孤单》 表演：冯巩、郭冬临、阎学晶
38. 歌曲《Shero》 演唱：SHE
39. 歌曲《冬天里的一把火》 演唱：吴克群、《梦想合唱团》冠军宁波队
40. 歌曲《难忘今宵》 演唱：李谷一、张英席、白丽莎（澳大利亚）、茹丝（肯尼亚）、李天翼（匈牙利）、吴孟天（美国）

导演成噱头 节目"接地气"

——2014年春晚记忆

2014年春晚是央视的第32届春节联欢晚会,这是一个"节俭令"下的春晚,一个首次向社会聘请导演团队的春晚,一个由贺岁电影导演到贺岁晚会总导演的冯小刚的春晚……

经由31年风雨历程的央视春晚,恰如《"春晚"又一年》专题片所示,进入了前行的"瓶颈期"。凭借资源和平台优势,春晚的影响力愈来愈大,而随之承载的功能和身份也愈来愈多,再加上文化环境的不断变化,春晚的步履愈发蹒跚。2010年网络春晚兴起,春晚遭遇对手,不得不以牺牲商业利益为代价,"去商业化"的结果是2012年春晚堪称"史上最干净"的"三无晚会"(无广告插播、无贺电贺信、无植入性广告)。不曾想,正当2013年央视春晚以炫目的舞台、精致的节目再显身手时,各卫视春晚群雄逐鹿,以其鲜明的区域化特色夺人眼球,央视春晚再遇强手。

2014年央视春晚路在何方?2013年6月8日,中共中央政治局委员、中宣部部长刘奇葆到央视调研春晚筹备工作时指出:"春晚是央视主办,但要作为一个国家项目,动员和组织更多更广泛的力量参加进来,要改革导演选聘机制,面向全社会邀聘总导演以及各门类节目的导演。把最新的理念、最有特色的创意体现到春晚节目中来。"最后的结果,重任落在了冯小刚及其团队身上。冯氏能否"救世"?经历过贺岁片洗礼的冯氏掌握着年关节点老百姓的心理需求,他"化繁为简""化重为轻",为春晚定下了一个轻松的基调,春晚的开场片可以看作是其基调的"公然宣告"。

冯小刚挂帅春晚 "接地气"赢回观众

本届春晚最大的改革,就是真正实现了开门办春晚,大胆邀请了冯小刚担任总导演。

"当得知今年春晚的导演是冯小刚时,就知道今年的春晚终将是一场史无前例的盛宴。"新闻评论网站Wangpost点评说,执导过包括《手机》等近20部电影的冯小刚,无疑是当前中国电影市场最佳的商业电影导演之一,其观众票房最能说明问题,这也说明冯小刚导演知道如何抓住观众的心。借冯小刚商业上的成功赢回观众,是此届春晚的一大押宝。这些年来,春晚屡屡采用"人海战术",大场面、大布景,强调火爆、热烈、喜庆,沿着这一思路走来,让人对春晚越来越"疲劳"。而2014马年春晚从开场的先导片《春晚是什么》到整个晚会,都比较流畅、自然、平实,恢复了春晚应有的一种调子。①

有评论家认为,冯小刚虽然没有改变春晚的整体格局,但是局部有亮点,仅从这方面来看,冯小刚已经完成了改变春晚的"任务"。毕竟要突破春晚的固有模式,不是一次春晚、一位导演就能完成的。如果冯小刚完全抛弃现有的春晚模式,会冒很大风险;如果他不做太大改变,又会失去开门办春晚和"接地气"的意义——这是冯小刚的为难之处。在春晚前最后一次与网友互动时,冯小刚曾说过这么一番话:"大多数人对我执导春晚有期待,但我其实非常想讲一个问题,我个人的能力,面对这么一个有30多年历史的春晚,这么多年下来,它已经成为一个新民俗,想改变它的任何一个部分,都很难。"确实如此。业内人士表示,如果说春晚是精神大餐的话,那么导演就是配菜的,而不是种菜的;如果菜从货源上就有问题,导演也是"巧妇难为无米之炊"。春晚远不是一个春晚导演的能力能够决定的,它是国家的文艺水平、创作能力、制作能力现状的整体体现。

"如果冯小刚的出马仍不能给人眼前一亮的感觉,那么,就没有理由期待春晚在观念上、模式上进行更大的改变。"一位媒体人如是说。不论是春晚改变了冯小刚,还是冯小刚改变了春晚,毋庸置疑,开门办春晚,冯小刚迈出了第一步。

"春晚"品牌的创立无疑靠的是老百姓的认可,"春晚"品牌的保持仍然要靠老百姓的喜欢。而冯小刚的作品向来以"接地气"著称,他的艺术成就由两个阶段构成,贺岁片为其赢得了"市民导演"之美誉;大片《集结号》《唐山大地震》《一九四二》又使其成功地向主旋律靠拢。纵观当今影视导演,能把官方意识形态与公众多元需求统一结合的掌门人,冯氏当仁不让。2014年春晚舞台上,冯氏运用其最擅长的平实叙事手段,让春晚成功回归了"服务于人民"的本质。

2014年春晚,我们很少看到"宏大叙事"作品,更多呈现的是与之相对应的注重个人化和生活化细节描写并具有多元化特点的小叙事。② 从节目名称上就能看出这种变化,如《想你的365天》《群发的我不回》《扰民了您》《时间都去哪儿了》《我的要求不算高》《扶不扶》《说你什么好》《我就这么个人》《团圆饭》《老阿姨》等。只有放下身段才能"接地气",事实证明,"接地气"和"主旋律"并不是"水油关系",而是"水乳交融"的关系。主旋律不仅仅是崇高和宏大,更是对个体尊严和价值的肯定,对亲情爱情的渴求,对公平公正的呼唤。一首《我的要求不算高》,把宏

---

① 郑娜:《2014春晚:改变从10%开始》,《人民日报(海外版)》2014年2月12日第5版。
② 魏南江:《2014央视"春晚":以平实彰显温暖 以回归实现超越》,《中国电视》2014年第4期。

大叙事背景和小人物的视点融为一体,唱出了普通人的中国梦:"八十平方米的小窝,还有一个温柔的老婆,孩子能顺利上大学,毕业就有好工作,每天上下班很畅通,没有早晚交通高峰,天天去户外做运动,看蔚蓝的天空……人民币很坚挺,老百姓腰板很硬……它很小也很普通,我不求变成龙和凤,我只想活在幸福中……"平凡而又实在,直白而又自然,有效实践了政治话语和娱乐话语的有机衔接,传达的都是"正能量"。即使是"大歌"——零点开启的《天耀中华》,也有别于往届春晚颂歌式的"精神导师式的说教[①]",而是选用著名音乐制作人何沐阳的作品。何氏把全世界多个国家的国歌歌词研究了一遍,从中找到了一种人类共有的情感坐标,把人类共有的特性放置于中华民族这个概念里,融入悲天悯人的情怀。歌曲以"我"的视角为切入点,祈求上苍保佑我中华大地国泰民安、繁荣昌盛,准确地阐述了国家民族和个体血肉相连的关系。

图1 黄渤《我的要求不算高》

图2 姚贝娜《天耀中华》

人情人性是一切艺术永恒的主题,听人生情感故事是人类的共同爱好,以人生故事为主旨、以情感温暖人心,是今年春晚的亮点。尤其是在没有逻辑故事的魔术、武术、歌曲等节目中渗透百姓故事,实现了"魔术故事化""武术故事化""歌曲故事化"的突破。如魔术《团圆饭》中,从"我"旅行途中见到的各国"钞票"起始,继而讲述自己的海外生活,常以"面包"充饥而渴望一碗热气腾腾的"米饭",最终向观众朋友们献上一桌实景的阖家欢聚的"团圆饭"。边讲边做,打破了魔术特有的神秘性,让魔术回归"日常生活",既符合中国人传统的审美习惯,也吻合春节喜庆的氛围。再如,武术《剑心书韵》开头就是父传子受、其乐融融的场面,天真的"儿子"时而俯地仰视,时而请教父亲技法,时而为父亲的武功竖起大拇指,富有生活气息的故事化表达,让人觉得亲切而温馨。"歌曲故事化"的精彩更不待说,专门为2014年春晚创作的《群发的我不回》,把人们司空见惯却又见怪不怪的生活现象搬上了舞台。歌曲以"小时候跟着爸妈去拜年""大学毕业买了手机""不小心给老板转发了去年的对联"三个松散互不关联的小故事连缀全篇,充满戏剧色彩和喜剧性,好听易懂、趣味横生,引发了观众对生活本真的思考。这个作品的直接效果就是导致全国范围内短信转发的骤减，这恐怕就是春晚文化的力量吧。文化既"化人"，也"化心"，更能改变人们的行为方式和思维习惯。《时间都去哪儿了》更是一首直击人心、富有生活质感的佳作，歌声响起，伴随着舞台背景呈现的是儿子和父亲 30 年的故事，亲情不由荡漾在每个观众的心田，久久不愿散去。是啊，在这年关节点上，不禁让人追问："我们的时间又都去哪儿了？"连国家主席习近平在 2014 年 2 月 7 日访问俄罗斯索契接受俄罗斯电视台专访时，也非常有感触地谈起了这首歌："今年春节期间，中国有一首歌，叫《时间都去哪儿了》。对我来说，问题在于我个人的时间都去哪儿了？当然是都被工作占去了。"春晚就是这样：同一个时刻，同一个舞台，同一首歌，激起了每一个人的共鸣。若干年后，也就形成了"集体共同记忆"，亦即"春晚"的记忆了。①

图 3　YIF《团圆饭》

图 4　成龙等《剑心书韵》

图 5　郝云《群发的我不回》

图 6　王铮亮《时间都去哪儿了》

短片开场成亮点　荧屏艺术重回归

往年春晚通常都是用一个热热闹闹的大型开场舞作为开篇，而马年春晚则打破了这一惯例，上来就借鉴了电影的拍摄手法，展现了一段开场短片《春晚是什么》，给

---

① 魏南江：《2014 央视"春晚"：以平实彰显温暖以回归实现超越》，《中国电视》2014 年第 4 期。

人耳目一新的感觉,也给春晚打上了鲜明的冯氏烙印。"2014央视春节联欢晚会"官方微博上这样写道:这是央视32年来首次以短片的形式揭开晚会序幕。片中不仅有葛优、李雪健、范伟、陈道明、姚晨等冯小刚的老朋友,还有姚明、林丹、马云等各界名人,普通老百姓也穿插其中发言,各自阐述心目中的春晚概念。"葛大爷"一贯冷幽默:"春晚不就是春节的晚上么?"退下小品舞台的范伟则一身轻松:"今年就当观众了。"更令观众感到亲切的是,冯小刚借片中人物之口对春晚进行了吐槽。"看什么春晚,俗气!""春晚看什么?吐槽啊!"学者张颐武说,该短片把社会上的众声喧哗表现了出来。在一个日益多元化的社会,公众对于春晚的期待越来越多元化,众口更加难调。同时,春晚的功能也发生着深刻的变化:由20世纪80年代到90年代中期的吸引全家老小"目不转睛"地观看,到现在的"伴音伴影"式存在。观众一方面需要春晚作为除夕夜团圆的一个文化符号,另一方面对它的要求和趣味更加多样化。①

短片式的表达让春晚不再显得"高大上",而是充满了人情味儿和趣味。不同于以往网友们"从头吐槽到尾",在"2014央视春节联欢晚会"官方微博上,开场短片得到许多网友的"赞"。有网友直言:创意短片很不错,拍出了电影的感觉,春晚也是时候改变了。

从开篇的《春晚是什么》,到穿插在节目中的《筷子》《观众动物入场》短片,原生态的纪实性采访、真实质朴的同期声人物对白、幽默拟人的情节设计,让观众们捧腹惊叹的同时体会到温馨感人的内在力量。有研究者认为,2014年春晚扬弃了传统的单一文艺节目表演模式,大胆引入微电影、微纪实形式,真正发挥了电视本体艺术的特点,将春晚从舞台艺术拉回到电视荧屏艺术中来,真正回归影视纪实本体。《春晚是什么》是冯小刚对"春晚"的个性解读,以这种自嘲的方式消解了宏大场面,力求在情感上拉近与观众的距离,有着鲜明的"冯氏"烙印。以这样一个让社会各界对"春晚"品头论足,借片中人物之口进行自嘲的方式拉开晚会大幕,这在春晚历史上是第一次。这种开门见山、与观众进行情感上互动的方式,传达出真诚、温暖的基调。万马奔腾与春运大军的电影蒙太奇,扩展了观众对春晚的想象空间。《春晚是什么》作为马年春晚打出的第一张牌,体现了冯小刚作为中国成功的商业片导演的功力。

歌舞节目大集会　语言节目数量少

本届春晚歌舞类节目可以说是大集会,一方面继续延续了历届春晚草根圆梦的环节,强调春晚的亲民性、接地气。例如,广西卫视《一声所爱大地飞歌》汪小敏、湖南卫视《快乐男声》华晨宇、浙江卫视《中国好声音》李琦、北京卫视《最美和声》

---

① 郑娜:《2014春晚:改变从10%开始》,《人民日报(海外版)》2014年2月12日第5版。

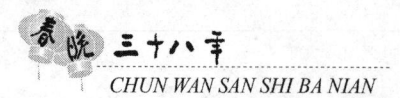

肖懿航等各大选秀节目冠军纷纷亮相春晚,在春晚尾声默契演绎了歌曲串场。歌舞《英雄组歌》再现经典、抒发情怀,回望了20世纪五六十年代生人的青春岁月,其中《练兵舞》芭蕾舞剧这一艺术形态首次登上春晚,赢得了老一辈观众的认可;一方面国际艺人融入春晚越发鲜明。其中刘欢、苏菲·玛索和庾澄庆、李敏镐两对"跨国组合"成为本届春晚的最大亮点。2014年,中法两国迎来建交50周年,为此本届春晚特邀"法国吉祥物"苏菲·玛索登台,与中国歌手刘欢共同演唱法国经典民谣《玫瑰人生》,演唱结束后,又以献春联的形式为大家送祝福。她的出现为本届春晚增添了不少喜庆色彩和美好寓意,歌曲全程以法语演唱,不仅为年味浓厚的春晚增添了法国异域风采,也象征着中法两国的友好外交关系,展现出中国的良好形象。因电视剧《继承者们》走红的韩星李敏镐与庾澄庆共唱《情非得已》,收视率一度飙升。匈牙利Attraction舞团带来的《符号中国》,让舞者在幕布后面用自己的影子打造古代马车、天坛、石狮子、火箭、"春"字等特色中国符号,通过"第三人称"的视角展示出外国人对中国典型符号的认可,体现出中国日益强大的国际地位和国家软实力。

语言类节目继续关注社会热点,但从节目数量来看只有5个,是三十多年来央视春晚上语言类节目数量最少的一届。《扰民了您》,"毒舌"蔡明再次坐轮椅出场,一人舌战三位北漂男:"选秀男"大鹏、"厨师男"岳云鹏、"卖房男"华少,通过调侃社会不公、房价过高等问题,展现青年励志追梦的主题。沈腾、马丽、杜晓宇带来的小品《扶不扶》,关注的是2013年困扰中国人的社会热点——老人摔倒了扶不扶?小品《我就这么个人》关注社会上溜须拍马、投机取巧的行贿丑态,极具讽刺意义。《人到礼到》讲述了因份子钱引发的家庭矛盾。曹云金创作的相声《说你什么好》,集结了2013年众多网络流行语,以自我调侃的形式,讽刺自身素质低下,还总爱埋怨他人的人。

主持团队引关注　参与互动展新意

春节联欢晚会的主题,就是通过营造四海一家、普天同庆的节日气氛,用宏大的场面和欢快的节目将信息传达给受众,使其对国家价值观念和周围社会氛围有一个更深层面的感知和判断,这种宏大主题与现场气氛理所当然地由晚会主持人来做引导和规范。马年春晚的另一个亮点,就是主持人的角色比以往更加"好玩儿"。回顾春晚发展历程,可以看到主持人角色定位发展的几个阶段:1983年到1990年,主要由曲艺演员担任节目的衔接与串联,而以演员为主体的主持人构成,在个性表现上有较大的空间;1991年到1999年,以赵忠祥、倪萍为代表的央视主持人全面接管春晚主持,他们已不再是简单的节目串联,更像是晚会的大司仪,掌控着仪式的进展,这一阶段主持人的媒介角色得到强化,并最终奠定了综艺节目主持人的基本行为范式;2000年以后，主持人开始新的个性化追求，但媒介司仪的色彩并未减退。① 央视春晚到现在已经走过了三十几年的历史，主持人选择认可度较高的为1983年的首届央视春晚与2014年的马年央视春晚，主要原因在于这两届央视春晚的主持人团队最接地气。

在2014年春晚中，头脑灵活、语言幽默的演员张国立加入主持队伍，更多的包袱、笑料与调侃也随之加入到主持人的串联词中。此外，主持人与观众的情感交流方式也变得更为平等、真挚。张国立作为一位演员，一位表演艺术家，他成功地塑造了一系列深受人民群众喜爱的小人物形象。在2014年春晚的主持过程中，他戏谑的调侃、切合主题的插科打诨让整场晚会浓重的仪式感与教化意味隐藏起来，转而让现场以及电视机前的观众参与进来，让观众在思考中真切体会成为新民俗的央视春晚所包含的仪式感、教化作用和共同的民族情感，潜移默化中切合了中国梦的时代要求。

另一方面，此届央视春晚的主持团队由于有了张国立的存在，重现了1983年首届央视春晚中主持人与全国观众之间的"智力竞赛"。这种潜藏着的"智力竞赛"比拼，充分调动观众的竞争意识，使得观众对于春晚的参与性大大增强，互动性与趣味性在整台春晚中延续。五位主持人中，三位男性分工明确。五位主持人的总体语言风格轻松有趣、平易近人，没有了往年的大段煽情，时尚的网络流行语和民间俗语俯拾皆是。实际上，在冯小刚最初的设想中，关于主持人的设计比最终呈现得更为大胆。马年春晚播出后，有媒体曝出五位主持人原计划的是"福禄寿喜财"造型。此外，张国立与董卿还有一段即兴舞蹈出场。最后由于节目变更，使得这些内容都没能呈现在观众面前。即便有诸多创意与设想没有实现，观众还是可以感受到主持人幽默风趣喜剧色彩的强化。主持人身段的降低，使整台晚会的调性也更加"接地气"了。我们不得不说，这可以看作是冯小刚所带领的春晚导演团队对过去一段时期春晚主持模式的突破，更是首届央视春晚经典模式的复归，是在发展中传承，在传承中的创新。

图7 张国立主持春晚

---

① 朱彬、高宏：《2014马年央视春晚形式创新探析》，《山西广播电视大学学报》2014年第3期。

简约舞台不简单　设计精心亦讨巧

就春晚舞台而言，央视春节联欢晚会从最初的朴素平实，到逐渐现代化，再到全球顶级的华丽舞台，历经了数次调整与转变。冯小刚担任总导演的2014年央视春晚则可以看作是向最初几届央视春晚平实温馨风格的回归。

最初央视春晚的观众席是茶座式，其好处在于整场晚会的互动性与趣味性强，在场的观众能够充分融入整场表演的各个环节当中。后来的央视春晚为了增加现场观众人数以及舞台设置的需要，将观众席改成排座式，使得观众与演员间的距离日渐疏远，观众的参与度也越来越差。对于茶座式观众席的重新设置源于2012年春晚，时任总导演哈文为了配合演出舞台的重大变革以及现场气氛的需要，将茶座与圆桌重新搬回到春晚的演播大厅。2014年央视春晚则将茶座式与联排式的观众席加以结合，既保证了演出现场的热烈气氛，又合理增加了现场观众的人数。

还有一点不得不提，犹如1983年首届央视春节联欢晚会设置电话热线一般，在本届央视春晚上实现了扫描二维码参与春晚互动的环节。与其让网友在其他平台吐槽春晚，不如顺势将其转化为主动向全国观众发出互动邀请，从而活跃了晚会气氛。

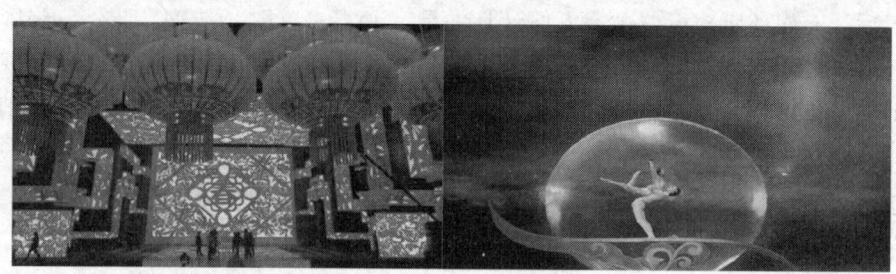

图8　2014春晚舞台

随着科技的不断发展，绚丽的舞台效果在春晚舞台上不断呈现，这种视觉盛宴帮助演员呈现给观众更加赏心悦目的表演。冯小刚和他的导演团队在舞美方面坚持的理念是"节俭"，"节"，是节制与节约；而"俭"，是简约不简单。2014年央视春晚舞美设计上用朴实的中国结取代，这一设计非常讨巧，舞美设计灵感来自中国传统的符号"中国结"，在众多红色麻绳的巧妙拆合、交叉穿梭下，形成了一个立体的、多空间的、四维的"中国结"。舞美总设计师陈岩让春晚回归简朴，重新打造了一个简约的舞台。充分利用了舞台上像线阵模块等常年应用的设备，给它们穿上了另外一种风格的外衣。其次，舞美设计在材料选择上也做到了极致的单纯化。整个舞台以LED大屏幕作主体，以"红丝线"连接贯穿，将"红灯笼"和白色LED灯珠拼成的"马"作为装饰，让红丝绒幕和LED星星灯作背景。这些被红色麻绳串联起来的LED矩阵，通过视频素材三维影像的设计与制作，浓浓的中国喜庆年味被充分表达出来。①

（本文作者：郝丽丽、王琳）

附：2014年中央电视台春节联欢晚会节目单

首播时间：2014年1月30日20：00
总导演：冯小刚
主持人：张国立、朱军、董卿、毕福剑、李思思

1. 春晚短片《春晚是什么》
2. 开场歌曲《想你的365天》 演唱：李玟、沙宝亮、张靓颖、林志炫
3. 《直通春晚》优秀节目
    (1)《敬酒歌》 演唱：韦晴晴
    (2)《酒歌》 演唱：萨其拉
    (3)《雪白的鸽子》 演唱：马小明
    (4)《阿依合尼木》 演唱：玉米提
    (5)《雪域欢歌》 演唱：次仁央宗
4. 歌曲《群发的我不回》 演唱：郝云
5. 小品《扰民了您》 表演：蔡明、华少、岳云鹏、大鹏、穆雪峰
6. 舞蹈《万马奔腾》 领舞：黎星、孙科、朱晗、曾明、张傲月、张镇新、李晋、李庚、王帅
7. 歌曲《时间都去哪儿了》 演唱：王铮亮
8. 歌曲《我的要求不算高》 演唱：黄渤
9. 小品《扶不扶》 表演：沈腾、马丽、杜晓宇
10. 歌曲《倍儿爽》 演唱：大张伟
11. 创意武术《剑心书韵》 表演：成龙、王巍堡、山东省莱州中华武校
12. 歌曲《最好的夜晚》 演唱：梁家辉、陈慧琳
13. 腹语《空空拜年》 表演：刘成
14. 歌曲《张灯结彩》 表演：王二妮、阿宝
15. 歌舞《英雄组歌》
    (1) 芭蕾舞《练兵舞》 表演：中央芭蕾舞团
    (2) 歌曲《万泉河水》 演唱：孙楠

---

① 曲国军：《浅谈2014年央视春晚舞美灯光设计的特点》，《现代电视技术》2014年第3期。

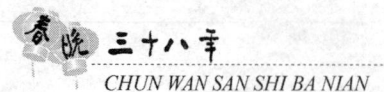

(3) 歌曲《英雄赞歌》 演唱：王芳、总政歌舞团
16. 歌曲《光荣与梦想》 演唱：总政歌舞团
17. 创意舞蹈《符号中国》 表演：匈牙利 Attraction 舞团
18. 歌曲《玫瑰人生》 演唱：苏菲·玛索、刘欢
19. 相声《说你什么好》 表演：曹云金、刘云天
20. 舞蹈《小马欢腾》 表演：麒麟 BABY、俞杰婷、连浩琛、空军蓝天幼儿艺术团等
21. 京剧《同光十三绝》 表演：李胜素、王艳、迟小秋、张佳春、李博、王越、袁慧琴、杜喆、于魁智、国家京剧院一团
22. 小品《我就这么个人》 表演：冯巩、曹随风、蒋诗萌
23. 歌曲《情非得已》 演唱：李敏镐、庾澄庆
24. 创意形体秀《魔幻三兄弟》 表演：何子君、王元虎、李依洋
25. 魔术《团圆饭》 表演：YIF
26. 歌曲《答案》 演唱：杨坤、郭采洁
27. 小品《人到礼到》 表演：郭冬临、牛莉、邵峰
28. 杂技《梦蝶》 表演：张婉、李童、广州军区战士杂技团
29. 歌曲《老阿姨》 演唱：韩磊
30. 舞蹈《百花争妍》 领舞：李倩、林晨
31. 歌曲《我的中国梦》 演唱：张明敏
32. 歌曲《天下黄河九十九道弯》 演唱：王向荣、杜朋朋
33. 歌曲《套马杆》 演唱：乌兰图雅、乌日娜
34. 歌曲《天耀中华》 演唱：姚贝娜
35. 曲韵串串烧《年味儿》 演唱：张国立等
36. 创意器乐《野蜂飞舞》 表演：郎朗、魔杰二人组、雪儿
37. 《春晚好声音》

  (1) 歌曲《站在高岗上》 演唱：汪小敏

  (2) 歌曲《在那遥远的地方》 演唱：华晨宇

  (3) 歌曲《康定情歌》 演唱：肖懿航

  (4) 歌曲《青春舞曲》 演唱：李琦

  (5) 歌曲《卷珠帘》 演唱：霍尊

38. 歌曲《难忘今宵》 演唱：李谷一、蒋大为、蔡国庆、张燕、关牧村、杨洪基、曲比阿乌

雅俗共赏美 "微视"展奇观

——2015年春晚记忆

2014年10月15日，文艺工作座谈会的召开为整个文艺界创作吹响了时代号角，也激发了文艺工作者高涨的创作热情。作为堪称中国电视文艺界"现象级节目"的春晚无疑肩负着展现文艺创作风貌的重任。2015年春晚以"家和万事兴"为主题，以"吉祥过大年""团圆话家常""家和万事兴""中华全家福"四大"节目群"与中华儿女共同讲述中国故事，展现中国精神，欢度中国新年。

媒介融合巧传播 微视互动大联欢

自春晚诞生后，电视直播的形式持续了24年。2007年，央视春晚首次开通央视官网在线直播，但因其用户量少及平台覆盖率低、清晰流畅欠佳等因素，传播效果不如人意。2015年，央视春晚忍痛割爱，直接将春晚网络直播权转让给爱奇艺视频网站，此举足见央视春晚在网络媒体运营方面的力不从心，传统媒体与新媒体融合成为必然趋势。

事实证明，央视春晚与新媒体合作是明智之举，爱奇艺春晚独家直播总播放人数超过4000万、总播放量突破7001万，最高同时在线人数超过1400万，直播流量创下全球单平台在线直播纪录。① 随着移动互联网的深度发展，"一云多屏"的传播模式已成常态，看电视已不局限于客厅的电视屏，电脑、PC端、手机、iPad、IPTV等多屏终端消费电视内容成为主流用户的使用习惯。爱奇艺作为独家直播2015央视春晚的网络视频平台，采用在全球范围可同时承担千万人高清在线观看的HCDN混合分发网络，保证了高清流畅的视频效果。同时，爱奇艺PPS移动终端在科技创新力方面领先同行，其平时装机量逾8亿次，移动端流量占其全网流量逾六成，积聚了庞大的用户群，最终造就了"一云多屏"的春晚网络直播收视奇观，为央视春晚网络直播的下一轮战

---

① 数据参考：《爱奇艺独家直播央视羊年"春晚"创造全球在线直播纪录》，《北京晨报》http://news.xinhuanet.com/info/2015-02/26/c134018502.htm。

略转型奠定了良好基础。此外，2015年春晚网络直播在"即时互动"方面对即时技术的运用做了极大提升，爱奇艺与微博深度融合，爱奇艺"弹幕"技术大显身手。在春晚网络直播过程中，爱奇艺与微博成功尝试了用户评论与节目直播及时互动的无缝对接，微博用户关于春晚节目的评论以弹幕形式，无间断实时呈现在爱奇艺春晚网络直播中，当晚弹幕总数破亿，用户主要运用汉文字、颜文字参与话语表达，"满屏弹幕共话春晚"成为春晚消费新方式。①

爱奇艺创纪录的直播成绩，从整体上讲，极大地拓展了春晚的传播，扩大了春晚的传播地域，使更多海外华人能收看和参与春晚。全球华人在不同空间能聚集在同一时段欢度佳节，真正实现全球华人共话春晚、欢度今宵的民俗大联欢，华人的家国情怀在春晚得以集体释放，这是中华民族的集体主义精神在全球的深度延展，也是民族凝聚力的拓展。不得不承认，随着媒介技术的发展，"地球村"名副其实了，"中华大家庭"的社会意义和空间建构与地理的关系不再密切，而是由"新媒介地方感"建立起共同的情感和记忆。同时，央视春晚所展现的节目也是中国形象、中国文化走向国际的一种艺术样式，春晚的新媒体网络直播拓展了中国影视文化"走出去"的渠道，增强了中国影视文化的国际影响力。具有"国家寓意"的央视春晚，大胆转让网络直播权给实力雄厚的爱奇艺，其对春晚文化传播的意义远超央视自身的收视声誉。

2015央视春晚还与微信联动，首次实现"微视"跨屏互动，产生了全球"看春晚、摇微信、抢红包"的媒介文化奇观，这是电视与微信深度融合成功的一次尝试，也是中国传统春晚最盛大的一次互动狂欢，产生了"春晚""微视"新文化：守望春晚，情系微信。新媒介技术改变社会生活，微信改变红包的发放和接受方式，颠覆了长辈给晚辈、上级领导给下级员工发红包以及红包发送一般限于现实中相识的人与人之间的传统秩序，而微信红包主客体虚拟化、全民化，不在乎谁在发，也不在乎红包的金额，转而追求"抢"红包的刺激与此过程的快乐。

大年三十是"一夜连双岁，五更分二年"的重要时刻，人们自古就有闭门在家"共欢新故岁，迎送一宵中"的"守岁"习俗，时至今日逐渐演变为大家一边看"春晚"一边"守岁"的新民俗，春晚也就成了每年积聚人气的最高时段。"人气"是吸引广告商的法宝，每年央视春晚广告费都是一笔不菲的收入。2015年央视春晚广告启用屡遭诟病的"植入式"广告，但这次广告迥异于以前影响观众观看节目的植入式广告，实现了观众争相抢"广告"的狂欢景象。"植入式"广告的回归，首先归功于移动互联网强大的荷载支付功能，尤其微信后台实施了"有损服务、柔性可用、大系统小做"的三大应对策略，有效地解决了数据运作难点；其次，将受惠对象变为消费者，转变传统出售广告时段的旧有逻辑，广告企业主承担红包费用，红包上显示该企业的

---

① 谢婉若、石磊：《传统电视的一云多屏融合传播——以2015央视"春晚"转型为例》，《中国电视》2015年第7期。

信息，用户获得实惠的同时，广告企业也实现了更有效的广告到达率。央视春晚"红包"植入式广告不仅通过微信红包招商获取部分广告费，而且在春晚直播中分时段以吉祥物阳阳"预告"的方式"广而告之"派发红包信息，"红包"之饵不时将观众拉回至节目前，赚得"人气"，对央视而言，可谓"人财"兼得。

雅俗共赏话现实　传统元素巧融入

2015年春晚在娱乐性上至少有两点是值得肯定的：一是节目品位雅俗共赏，二是节目内容贴近现实。虽然中国自古就有"雅"和"俗"的精英审美和平民大众审美的疏离和对抗，但不可否认的是，人类向往情感和精神愉悦的本性是相同的，从某种程度上讲，"雅"和"俗"只是人们用于标识自身品位的审美意识标签。此外，伴随人们生活水平的提高、教育的普及以及新媒体发展下观众眼界的开阔，现在的民众已然超越了"俗"的欣赏程度，他们对于艺术作品有了更高的要求，目光也变得更为挑剔。2015年春晚中的音乐类节目就体现了"雅"和"俗"的共存与结合。比如，《明星反串闹新春》中《万事如意》和《小镇姑娘》的重新编曲就向观众展示了民族和通俗音乐的精彩碰撞，而由羽泉演绎的京剧选段《三家店》和于魁智反串的流行歌曲《奔跑》，又让我们看到了传统与现代、通俗与高雅的有机融合。在创意类节目《锦绣》中，晚会设计人员运用全息成像技术演绎了以苏绣、湘绣、蜀绣和粤绣为代表的中国传统刺绣的美轮美奂，让观众在"虚实结合、真假难辨"的全新视觉体验中感受到中国传统文化的魅力和精髓。而后，流行歌手李宇春演唱的同名歌曲更使观众沉浸在优美的画面和醉人的音乐中难以抽离。这一刻，没有人去分辨节目的高雅或通俗，也没有人刻意站排精英或平民队伍，有的只是感官的美妙感受、精神的愉悦和共鸣。①

图1　李宇春《锦绣》

节目的现实贴近性和平民化是2015年春晚的另一亮点。由青年相声演员搭档演出的

---

① 于华：《看2015年央视春晚的进步》，《当代电视》2015年第4期。

相声节目《我忍不了》被安排在黄金时段，节目中青年演员岳云鹏用幽默诙谐的语言配合夸张的表情揭露了现实生活中常见的种种陋习，调侃了占小便宜、公交车内不让座以及随手投掷垃圾、景区乱写乱画等发生在身边的不文明行为，整部作品不仅娱乐元素十足，还在幽默讽刺中催人反省与思考。另一个以反腐为主题的相声《这不是我的》，一经播出便引起观众的热烈反响，贪官贪得无厌的嘴脸被青年演员苗阜刻画得入木三分，舆论认为该作品对于官员腐败问题的讽刺尺度堪称"三十年来之最"，在网络调查中这个相声节目也被评为最受观众欢迎的节目。电视媒体不仅是政府的喉舌，也是民众话语的传声筒。从某种程度上讲，关注民生和贴近现实是娱乐大众的根基，娱乐不仅是让人发笑，也是为了让人在一吐为快的同时感到全身轻松，而这正是观众娱乐的目的。

图2　岳云鹏、孙越《我忍不了》　　　　图3　苗阜、王声《这不是我的》

春节不仅是14亿华人的传统佳节，也是很多东方国家的重要节日。近年来，伴随中国经济实力的增长和频繁的对外国际交流，春节已出现全球化趋势，在西方的一些国家和地区，春节也成为法定假日之一。看春晚，不仅是全球华人的新民俗，也是向世界开放的传播中国灿烂文化、传递中国珍爱和平信念的重要窗口。在弘扬中国梦的主体思路下，此次羊年春晚一方面以弘扬中国梦为主体思路，充分融入了社会主义核心价值观。如歌曲《把心交给你》《时代的勇气》唱出了国家领导人为人民谋福祉，与人民同呼吸、共命运、心连心的时代赞歌；《共筑中国梦》展示了人民为实现中国梦努力向前的豪情风貌；张丰毅、段奕宏、朱亚文三个硬汉共同演唱《中华好儿孙》，彰显出中华子孙的"精气神"；进行曲《强军战歌》在歌唱家阎维文倾情献唱的同时，中国人民解放军海陆空三军仪仗队亮相现场，展现出中国军人的飒爽英姿，号召广大官兵坚定强军信念、献身强军实践。

另一方面，不遗余力地传播中国民族文化。创意儿童节目《自古英雄出少年》和武术节目《江山如画》不仅向世界展示了中国传统武术的精湛技艺，也让国人看到了古老文化在当代焕发的勃勃生机；戏曲集萃《梨园芳华》是晚会唯一的戏曲类节目，强大的演员阵容、精彩的演唱和整齐划一的动作表演让观众体会到了中国戏曲的博大精深；在杂技节目《青花瓷》中，演员们柔韧有力的极限动作更是让人屏气凝神、叹为观止,而清新淡雅的中国青花瓷器背景则将观众带入浓浓的中国传统文化氛围之中;在歌舞节目《丝路霓裳》中,充满西域特色的舞蹈和那英缥缈悠长的歌声配合丝绸之路主题的沙画表演,在带给观众美轮美奂的视听感受的同时,也向世界展示了中国开放、友好的精神文化风貌以及博大精深和源远流长的中华文明。① 更值得一提的是,除了通过节目形式营造民族文化氛围外,晚会还通过晒全家福互动环节、小品、歌曲及主持人串词等方式传递了团圆、孝道、善良、忠贞等中国传统价值观念。开场歌舞《四世同堂合家欢》展现了中国人理想中的全家团聚、其乐融融的幸福场面,"家和万事兴"不但表达了中国人浓重的家庭观念,也向世界传递了中华民族笃信和平、珍视和平的理念;歌曲《回家的路》和《乡愁》则道出了在外的游子对家的渴望和对故土的眷恋,从而表现出对于血脉和亲情的重视已经渗透到中华儿女的血液之中,成为留在炎黄子孙身上的深深印记;在小品《小棉袄》和歌曲《拉住妈妈的手》中,演员分别通过语言和歌声演绎了维系中国家庭的浓浓父女情和母子情,舐犊情深和反哺之情不仅是千百年来维系一个个家庭的情感纽带,更是值得在当下继续传承和发扬的中华美德;而歌曲《当你老了》中简单的歌词配合舒缓的节奏更是把相濡以沫的夫妻深情表达得淋漓尽致,让人感受到"执子之手,与子偕老"这句中国古老的誓言所传递出的忠贞、力量与感动。

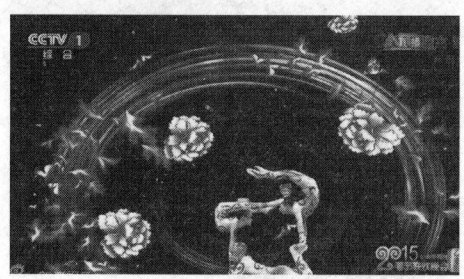

图4 杂技《青花瓷》

图5 舞蹈《丝路霓裳》

图6 刘和刚《拉住妈妈的手》

图7 莫文蔚《当你老了》

---

① 李智贤:《看2015年央视春晚的进步》,《电影评介》2015年第9期。

出重拳反腐倡廉　树新风弘扬正气

"低俗媚俗的节目不用、思想境界格调不高的节目不用、有污点和道德瑕疵的演员不用",央视羊年春晚的这条准则,着实让观众收获了营养更为丰富的"心灵鸡汤"。[①] 2015年春晚,通过歌曲、小品的形式将发生在我们身边的好人、好事——呈现在观众面前。《车站奇遇》既表现了空巢老人期盼与儿女团聚的急迫之情,也展现了无论是双鬓白发的老人还是刚刚上岗的青年人,都有一份乐于助人的热情;《一定找到你》中郭冬临依旧是一个"爱管闲事"的老好人;《社区民警于三快》讲述了孙涛饰演的民警于三快要调回老家工作,但因牵挂这里的工作与群众,多次返回的感人故事。"做一个好人"在小品中频频出现,让观众在捧腹大笑的同时传达出满满的正能量。

图8　蔡明、潘长江《车站奇遇》

图9　刘涛、郭冬临《一定找到你》

图10　孙涛、邵峰《社区民警于三快》

2015年春晚的反腐题材无论从数量上还是在力度上都前所未有,10个语言类节目中反腐题材就占据了三个。其中,周炜、武宾的相声《圈子》是春晚的老题材,讽刺的是基层群众"托关系"这一社会话题。这个相声结构严谨,点面结合,先展示了"交圈"的运作轨迹,然后选了一个相对夸张又极富喜剧效果的例子,以"枸杞"和"狗骑"谐音的笑料包袱,令人捧腹。最后那段小贯口,内容掷地有声,词句铿锵押

---

① 郝颖:《羊年央视春晚:一次传播学意义上的涅槃》,《新闻研究导刊》2015年第6期。

韵。2014年春晚相声完败于小品，2015年春晚终于"羊"眉吐气。在历年春晚中李婉芬的《送礼》、赵本山的《拜年》、冯巩的《我就是这么个人》等都是按照"群众给领导送礼，然后被领导点化"的套路，而由马丽、沈腾、杜晓宇讽刺巴结领导现象的小品《投其所好》与苗阜、王声的相声《这不是我的》更直接描述了某些领导受贿的细节。相声《这不是我的》无情地揭露了那些贪污腐化的领导"收钱、收房、收情人"的堕落行为，该节目也被称为"三十年来讽刺尺度最大"的相声。小品《投其所好》也以鲜活的人物形象表现了大尺度的反腐力度。其中的人物都是逢迎溜须的"马屁精"，具体到哪位领导的个人喜好都记得很清楚，小品无情地批判了"马屁精"的丑恶嘴脸，也说了生活中很多人想说而不敢言说的真心话，严肃宏大的主题中不乏轻松、幽默。这个小品难得的是小切口、大主题，嬉笑嘲讽之后点明老百姓的心声"别老记着领导喜欢什么，要想想老百姓需要什么"。

图11　周炜、武宾《圈子》

图12　沈腾、马丽《投其所好》

开源创意节成本　大力创新强效果

在马年春晚之前，春晚舞台富丽堂皇，各种高科技纷纷引入春晚舞台，给人以强烈的视觉冲击，而庞大华丽舞台背后的投入同样令人吃惊。2013年春晚中总共使用了304块LED屏，不仅可以360度呈现画面，而且还能延伸到观众席中互动，加上全息投影，席琳·迪翁演唱时的水幕等，整个舞台的造价超过3亿元。2015年哈文重回春晚，她延续马年春晚"朴实节俭办春晚"的风格，"舞台节俭"但是"创意不减"，导演组大胆创新，史无前例地设置了两个舞台，一号演播厅以歌舞为主，二号演播厅则是语言类专场。两个舞台间形成了"打擂"的局面，"你那边有反转，我这边有反串""你出一个好节目，我这边有更好的"，以"竞技"的形式表现春晚，无疑增加了春晚的联欢性，同时也能更好地与观众互动和交流。

2015年春晚再一次将虚拟植入技术应用在了春晚当中，进一步突出虚拟植入技术在晚会中的作用，加大虚拟植入图形内容的比重，此次应用的特点是：创意理念新、创作规模大、技术多元化。重点创作的作品是《多远都要在一起》和《难忘今宵》两首歌，以及羊年春晚吉祥物"阳阳"，包括互动环节在内，晚会总共完成了 23 个节目和环节的虚拟植入图形内容应用。得益于一号演播大厅观众席左后方长摇臂机位、舞台正前方电轨 ROSS 机位以及观众席右后方固定机位这三个虚拟机位全方位、多视角的联合演绎呈现，虚拟植入图形内容在真实空间中虚实结合的逼真效果得以更大程度地发挥，同时也为设计师提供了更为广阔的创作空间。① 同时，2015 年的央视春晚还将立体舞台效果推向一个高峰，为了配合现场的三维立体成像效果，使用了全息投影技术，这是一种无须配戴眼镜的 3D 技术，观众可以看到立体的虚拟人物。李宇春在歌曲《锦绣》中的表演，就是用了全息投影技术，并达到了很好的效果。

图 13 邓紫棋《多远都要在一起》

吉祥物首登春晚　主持人再现新颜

为进一步满足观众精神文化需求，春晚不断地对节目形式、节目内容、舞美设计等提出新的要求、进行新的改革，而主持人队伍也在不断更新、壮大。1983 年春晚开播并没有固定的主持团队，到 1996 年周涛等人的加入为春晚注入新鲜血液。2000 年以后春晚主持人队伍逐步稳定发展，2003—2005 年保持在 4 人，2009—2013 年主持人数量固定在 6 人，2015 年增至 8 人。由于 2015 年春晚开启两个演播大厅模式，所以也将主持人分为两个团队。董卿、李思思、撒贝宁、康辉坐镇一号演播大厅；朱迅、尼格买提等则负责串联二号演播大厅的语言类节目。

最独具创新的是导演组还设置了一个特殊的人物——春晚吉祥物"阳阳"，它以特邀主持人的身份加入主持人队伍中来，不仅与观众互动还承担着串联春晚的重任，吉祥物的加入在春晚历史上是首创。"阳阳"代表了十二生肖的羊，也为春晚增添了"羊年"元素，象征着"活泼阳光、三阳开泰"的美好寓意。

---

① 白宇：《中央电视台 2015 年春节联欢晚会制作浅析》，《现代电视技术》2016 年第 6 期。

图 14 吉祥物"阳阳"

2015年3月2日，CTR市场研究公司总经理徐立军在"新春看央视——春晚广告案例赏析及新节目发布会"上发布了2015年央视春晚收视权威数据。数据显示：春节假期期间（2015年2月18日20：00至2015年2月24日24：00），央视春晚多屏总收视率达到49.61%，累计覆盖电视观众9.03亿人。央视春晚电视端总收视率（除夕当晚直播总收视率、初一至初六重播总收视率、除夕到初六电视七天时移收视率）达到45.30%，比去年提升0.77个百分点。新媒体总收视率为5.06%，比去年提升1.18个百分点。累计覆盖电视观众9.03亿人，直播覆盖6.9亿人。2015年央视春晚人均收视时长为155.5分钟，比2014年的149分钟增长6分钟。2015年央视春晚网络点播收视较2014年央视春晚提升101.2%，春节假期期间每天的网络在线点播人数超千万，峰值达到5380万人。网络点播总时长达2.2亿小时，是2014年春晚的2.3倍。2015年央视春晚15—24岁年轻观众的比例高于近五年春晚，占比14.93%，比去年春晚增长8.6%，成为近五年来最年轻春晚。此外，本届春晚有效地吸引了高收入人群，高收入观众的比例提升42.0%。春节七天，央视春晚相关微博的提及量达到1987.6万次，除夕当天央视春晚相关微博的阅读人数达到9134万人，阅读次数接近10亿次。近1000万用户主动参与春晚相关微博的原创及转发。"春晚""阳阳""红包""喜乐街"成为网友最热议话题。春节期间，"央视春晚"微信账号粉丝数量由24万激增至145万，微博粉丝从240万增长至434万。"央视新闻"微信用户增长94万，微博日增粉丝203.5万。"央视文艺"微信账号粉丝数量由53万激增至172万。如此惊人的增长速度，更加印证了央视春晚强大的号召力。①

2015年央视春晚的高收视率印证了媒介融合的脚步铿锵有力。随着其他卫视纷纷举办自家"春晚"、文化消费模式的多元、受众话语权的回归，尤其在网络与移动新媒体的裹挟下，央视春晚的收视率日益下滑。时过境迁，在新媒体发展如日中天的语境下，央视春晚顺势而上，2015年与新媒体大联欢，开启了电视春晚在传播形态方面

---

① 数据来源于CTR市场研究公司。

的又一轮转型,"将专业权威的内容对接新媒体平台上受众的需求,寻找到新的内容生产方式和话语表达方式,实现修辞融合和跨媒介叙事",① 标志着电视主流媒体转型的新突破。

(本文作者:郝丽丽、王琳)

附:2015年中央电视台春节联欢晚会节目单

首播时间:2015年2月18日20:00
总导演:哈文
主持人:朱军、董卿、康辉、撒贝宁、李思思、毕福剑、朱迅、尼格买提

1. 开场《四世同堂合家欢》表演:陶玉玲、雷恪生、张凯丽、韩童生、佟大为、关悦、张峻豪、李光羲、杨洪基、刘秉义、于淑珍、耿莲凤、朱明瑛、关牧村、邓玉华
2. 歌曲《中华好儿孙》演唱:张丰毅、段奕宏、朱亚文
3. 小品《喜乐街》表演:贾玲、沙溢、李菁、瞿颖
4. 联唱《明星反串闹新春》
    (1)《万事如意》演唱:陶喆
    (2)《小镇姑娘》演唱:张也
    (3) 京剧《三家店》选段 演唱:陈羽凡、胡海泉
    (4)《奔跑》演唱:于魁智
    (5)《最炫民族风》《小苹果》演唱:筷子兄弟、凤凰传奇
5. 相声《我忍不了》表演:岳云鹏、孙越
6. 创意儿童节目《自古英雄出少年》表演:王浩、王芊千、孟子钦、田正、张家兴、山东省莱州中华武校
7. 歌曲《回家的路》演唱:刘德华
8. 小品《车站奇遇》表演:蔡明、潘长江、穆雪峰
9. 歌曲《当你老了》演唱:莫文蔚
10. 歌曲《拉住妈妈的手》演唱:刘和刚
11. 小品《小棉袄》表演:冯巩、高晓攀、尤宪超、张小斐
12. 杂技《青花瓷》表演:邓洪富、汤小燕、陈思洋、四川省遂宁市杂技团
13. 魔术《纸牌幻想》表演:周家宏

---

① 石磊、于毛毛:《从马航失联报道看主流媒体微博传播》,《新闻战线》2014年11期。

14. 歌曲《多远都要在一起》演唱：邓紫棋
15. 小品《投其所好》表演：沈腾、马丽、杜晓宇
16. 舞蹈《丝路霓裳》表演：中国东方演艺集团
17. 歌曲《丝路》 演唱：那英
18. 武术《江山如画》表演：张震、吴京、冉千鑫、孙瑛、黄雪晴、梁壁荧、乔良帅、河南少林塔沟武术学校
19. 小品《高手在民间》表演：杨帆、杨子一、孙丽霞、周丽珍、李立秋、贺东
20. 非物质文化遗产创意节目《锦绣》演唱：李宇春
21. 小品《一定找到你》表演：郭冬临、刘涛、郭丰周、富俊淇、吴江、于健
22. 戏曲集萃《梨园芳华》表演：孙亮、朱凌宇、詹磊、于泳、杨涛、迟小秋、吕洋、郭伟等
23. 歌曲《共筑中国梦》演唱：廖昌永、殷秀梅
24. 小品《社区民警于三快》表演：孙涛、邵峰、宋阳等
25. 歌曲《从前慢》演唱：刘欢、郎朗、吕思清
26. 歌曲《乡愁》演唱：雷佳
27. 歌曲《人间天河》演唱：韩磊、阿鲁阿卓
28. 歌曲《把心交给你》演唱：莫华伦、吕薇、中国传媒大学合唱团
29. 民族创意服装秀《大地春晖》表演：杨月秋、李飞、孟庆旸等
30. 相声《圈子》表演：周炜、武宾
31. 歌曲《幸福家家有》演唱：陆毅、鲍蕾、陆雨萱
32. 歌曲《搭把手》演唱：孙楠
33. 歌曲《强军战歌》演唱：阎维文、中国人民解放军三军仪仗队
34. 相声《这不是我的》表演：苗阜、王声
35. 歌曲《时代的勇气》演唱：张英席、王莉
36. 歌曲《难忘今宵》演唱：李谷一

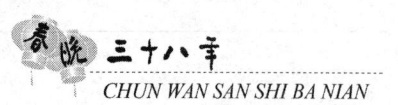

国家意志彰　百姓情怀抒

——2016年春晚记忆

2016年央视春晚以"你我中国梦，全面建小康"为主题，运用"1+4"主分会场，设计"共筑中国梦全面建小康""共抒中国情传承民族魂""东西南北中共舞中国风""共享中国年全民大联欢"四大内容板块，主题表达明确，方式方法灵活，精心编排节目，为海内外观众奉献了一台"接地气、聚人气、鼓士气、兴喜气，有温度、有筋骨"的文化盛宴，营造了欢乐祥和、喜庆热烈的节日氛围，传递出社会正能量和浓浓的家国情怀。

2016年央视春晚播出期间，通过电视、网络、社交媒体等多终端、多渠道，海内外收视与互动的观众总规模达10.33亿人。其中，全国共有6.9亿观众收看春晚直播，总收视率31.1%，总收视份额71.5%。在网络上看春晚直播的用户达1.38亿人，同比增长41%；最高同时在线2081万人，同比增长23%。从分钟走势来看，2016年春晚的最高分钟收视率为36.11%，出现在21：27；最高分钟收视份额为76.66%，出现在23：54；分钟收视率整体高于2015年春晚。此外，全球164个国家和地区的409家电视机构使用了央视中、英、西、法、阿、俄6个国际频道的直播节目信号，其中394家全程转播，海外传播力度、覆盖广度均创新高。日本"CCTV大富"频道采用同声传译方式，中日双语全程转播央视春晚，覆盖日本全国。缅甸国家电视台旗下的娱乐频道首次直播了央视春晚。央视网在Facebook、YouTube等多个海外社交平台实施了高清信号直播。①

分会场再度运用　中国年情深味浓

2016年猴年春晚由央视主会场和东、西、南、北四个分会场组成。以央视一号演播厅为主会场，设置了泉州、西安、广州、呼伦贝尔4个分会场，东西南北各地民俗

---

① 数据来自于李嫒嫒：《10.33亿受众观看直播　央视2016年春晚份额创七年新高》，《中国广告》2016年第4期。

文化精彩涌入，彰显了中华民族浓浓的"年文化"。1996年央视春晚也曾经采用过主分会场叠加的形式，20年后新技术、新创意令这种组接更加和谐。当歌曲《美丽的中国走起来》在央视演播大厅唱响时，四个分会场的航拍画面适时切入，神州共庆、大气磅礴。受众可以突破空间限制，在家中坐观天下景，共享佳节情。在《山水中国美》《天地人和》《直挂云帆》等节目中，大屏幕结合虚拟技术，体现出绚烂夺目、纵深立体的场景效果，或给受众栩栩如生的视觉还原感，仿若步入自然；或给受众铿锵有力的心理冲击感，启迪感悟人生；或给受众层层递进的义理升华感，传递精神内涵。

四个分会场的选择不仅表现了神州的广博，更彰显出地方特色：泉州的沿海景观，西安的古都情怀，广州的南国风韵，呼伦贝尔的雪域风情。

作为"海上丝绸之路"标志性起点的泉州，呈现了拍胸舞、火鼎公婆、龙阁阵、跳火群等原汁原味的闽南风情；加之《琅琊榜》中"苏哥哥"胡歌牵手许茹芸演唱的《相亲相爱一家人》，与多层同心圆造型舞蹈的同时呈现，表达了"两岸一家亲"的浓浓民族团结之情。西安作为古代丝绸之路起点与"一带一路"起点，十三朝古都的气势磅礴，壮观的演出团队呈现了陕西精彩绝伦的腰鼓、社火、杂技等节目。西安分会场还有许多新颖独特的节目，《丝绸之路》古朴、深沉、久远、蕴藉，《华阴老腔一声喊》将摇滚与民乐、西乐结合，风格鲜明大胆，那一声声爽利的呐喊、一股股冲天的豪劲将岁月唤回，为乡土增色。通过春晚舞台传达出对非物质文化遗产的保护，对传统技术、技艺的关注，这也是春晚这一媒介事件的一大用武之地。千年商都广州在"最美夜景"的国际媒体港，呈现了岭南地区颇具地域特色的浓浓年味儿。呼伦贝尔的牧民们，在银装素裹的北国草原，以强壮的马队、驼队和熊熊的篝火以及美丽的雪雕表达了对春天的期盼与祝福。中华儿女欢庆团圆、共迎新春的喜悦之情，在欢乐中凝聚与升华，展示了巨大的民族凝聚力、向心力与繁荣昌盛的大国形象。

凸显"中国梦" 谱写新乐章

2016年春晚"你我中国梦、全面建小康"的主题，既恢宏大气也体贴入微。晚会将全国人民的年度记忆形成令人难忘的审美表达，展示出全国各族人民在党中央领导下实现"中国梦"的坚定决心，以及在"十三五"开局之年和全面建成小康社会决胜阶段的必胜信心。春节是中华民族的盛大节日，也是华夏大地每个家庭团聚欢乐的时刻。猴年春晚将家国情怀演绎得生动细腻，既有国家意志的抒发，也有家庭温情的展示。

歌舞类节目突出时代感和创意性，尤其是非物质文化遗产节目的播出兼具时代特色。歌曲演唱节目中让传统文化与现代元素巧妙融合，别具一格，既有原创时代新曲如《雪恋》《相逢春天》等，也有红色老歌如《回声嘹亮》歌曲组合；既有阳刚之气的表达，如《铁血忠诚》，也有柔情似水的倾诉，如《多想对你说》。林心如、梁咏琪和刘涛等三地演员演出的《山水中国美》，以全新的表现形态为观众勾勒出美好的华夏山水，传递出保护生态的理念，苏州评弹的音韵在优美的歌声中显得格外唯美动人。歌手谭维维和她的电声乐队与华阴老腔艺人合作的歌曲《华阴老腔一声喊》，融现代音乐元素与"非遗"元素的西北民间艺术为一体，新颖的形式让观众感受到极强的艺术感染力。[①] 歌曲《多想对你说》唱出了实现"中国梦"的伟大信心和决心。《时间都去哪儿了》《拉住妈妈的手》等是前两年春晚上让观众感动的节目，而2016年春晚，一首《父子》表现出传统观念中"慈母严父"的"父亲"形象，歌曲将父子之间那种隐忍含蓄、不事张扬的情感演绎得可歌可泣。这首歌曲之所以能够深刻体现父子之情，首先节目表现力上，歌词朴素易懂，演唱饱含真情，演员杨洋动情处潸然泪下，让人十分动容；其次在节目编排上，不仅有歌曲的演唱，还配合了背景画面介绍父子成长；最后以公益广告《父亲的旅程》结尾，编排紧凑，一气呵成，进一步升华了传统孝道主题。歌曲《六尺巷》是对于地缘亲情基础上邻里仁义的赞美，是中国梦主题的现实体现，其中既有徽州戏曲元素，又有安徽话掺杂在歌曲中，既有乡情又具时代特色，赵薇的演唱沁人心脾、别有情调，体现了浓浓的邻里亲情和礼让、包容等道理。在广州分会场，歌手孙楠演唱时，有500多个来自深圳的智能机器人组成方阵为其伴舞，机器人一起倒立的场面相当震撼。

图1 《山水中国美》

图2 《华阴老腔一声喊》

图3 佟铁鑫、杨洋《父子》

图4 赵薇《六尺巷》

---

① 周思明：《二〇一六央视春晚：在继承与创新中绽放精彩》，《中国艺术报》2016年2月15日。

杂技《直挂云帆》讲述的是年轻船长带领船员抗击风浪，最终扬起红色大帆劈波斩浪、扬帆远行的故事，彰显了"十三五"发展蓝图已然绘就，在全面建成小康社会的决胜阶段，全国人民面对挑战扬帆起航的信心和勇气。首登春晚舞台的甄子丹表演的创意武术《天地人和》，传达"外化于行，内化于心"之理念，在传递武术精神的同时，不忘"猴文化"，舞台上有20多根好似木桩的柱子，时而变身供演员行走的木桩，时而成为演员手中的"金箍棒"。这些表演糅合传统与现代、民间技艺和高科技等多种元素，为观众带来全新炫目的视觉冲击。

图5　杂技《直挂云帆》

图6　孙楠《冲向巅峰》

作为猴年春晚舞台上唯一戏曲类节目，《戏游花果山》借鉴《西游记》中"美猴王"孙悟空的故事，将京剧、豫剧、越剧等多个剧种串联起来，多位地方戏曲名家同台演出，献上多个知名戏曲唱段，77位来自山东莱州中华武校的小演员参与表演，一个个灵动顽皮的小猴，为传统戏曲带来勃勃生机。

图7　《戏游花果山》

语言类节目是最能反映当下生活、针砭时弊的艺术形式，是春晚的重要组成部分。2016年春晚共有39个节目，语言类节目占了7个，其题材丰富、内容覆盖面广，涉及优秀传统文化、生态文明建设、中华传统美德、励志奋斗的精神态度、当下社会不良现象等内容，形成笑中有思、寓教于乐的传播效果。情景剧《将军与士兵》以9·3大阅兵为创作背景，展现中国军队在强军路上的昂扬斗志。小品《快乐老爸》《放心吧》《快递小乔》《是谁呢》等都紧扣当下，深受观众喜爱。孙涛、邵峰表演的小品《放心吧》通过手机诈骗电话"你猜我是谁"引发一连串误会。孙涛扮演一位热心肠病人，帮邵峰父亲办出院手续，戒备心特强的邵峰死活不信电话那头的孙涛是个好人。孙涛为与邵峰见面，穿着病号服，头上扎着红围脖，大跳《我在这儿等着你回来》，让人忍俊不禁，而孙涛一句"臣妾做不到啊！"点中了观众的"笑穴"。笑过之后，带来的是观众的深刻反思。冯巩、徐帆、白凯南、王孝天主演的小品《快乐老爸》，是一个正能量满满的作品，其中不乏悬念，表现人间大爱，其关键词就是温暖，展现我们身边的凡人善举。主创者希望通过这样的作品，让好人文化风行，成为社会主流，让大家从中收获更多感动。小品串联了大量网络语言，比如"我就是我，不一样的烟火""颜值""暖男""长腿欧巴""主要看气质""吓死宝宝了""明明可以靠脸吃饭，偏偏要靠才华""坑爹""别夸我，我会骄傲"等，在逗人发笑的同时彰显鲜明的时代性。著名笑星刘亚津与郭冬临、关晓彤等合作演出的小品《是谁呢》，讲述一个好干部身上散发出的正能量，反映出"反腐永远在路上"以及领导干部要有"不敢腐、不能腐、不想腐"的思想境界。① 由李寅飞、李丁表演的相声《我知道》，题材涉及环保，批评铺张浪费、破坏生态的不良现象。表演者李寅飞、李丁是在第七届全国电视相声大赛脱颖而出的相声新人，李寅飞还因拥有清华大学博士学历而引发关注。

舞台呈现多样化　虚拟现实巧融合

2016年春晚以北京中央电视台1号演播室为主会场，在泉州、西安、广州、呼伦贝尔四个地方分别设立分会场，除夕之夜通过现场画面的实时传送，五大会场密切联动，共同完成五个多小时的演出。

在泉州设立分会场，主要为宣传海上丝绸之路先行区建设，密切两岸同胞交往、交流，营造全民大联欢的重要气氛。舞台设计以当地的海船作为主体形象，文庙南面的泮池作为舞台的前景，并用传统手工花灯装饰回廊和大成殿，一艘红宝船高扬红色风帆，仿佛正逐浪驶向远方。会场内外，大红灯笼高挂，不仅营造浓浓的喜庆气氛，也呼应了1号厅主会场的结构设计，更有虚拟植入画面结合现实场景的配合呈现，最终完成了《美丽中国走起来》《快乐想念》等节目的完美表演。②

西安作为丝绸之路起点，汉文化中心，象征源远流长的中华文化，分会场的舞台设计充分体现了西安古城的特色。以"永定门"一侧为拍摄主视觉背景，南门瓮城选

---

① 周思明：《二〇一六央视春晚：在继承与创新中绽放精彩》，《中国艺术报》2016年2月15日。
② 周双喜：《2016年央视春晚视觉呈现》，《现代电视技术》2016年第5期。

图 8　泉州分会场

为分会场场地。南门瓮城是西安的地标性建筑，城墙也是西安最具代表的元素之一，瓮城四周被修复的明城墙所包围，城墙面积大，场地资源利用也最为丰富便利，同时南门有永宁之寓意，表示向火神祷告，勿起火灾，永保安宁，寓意深刻。在节目表演方面，地域文化和历史文化是呈现的重点所在，同时陕西独特的民俗如腰鼓、社火，也都是重点体现的文化元素。

图 9　西安分会场

呼伦贝尔分会场由蒙古包内景和外景两部分组成，晚会场地面临的最大考验是低温严寒，当地气温白天为零下 20 度左右，夜晚降至零下 40 度以下，所以为了确保直播顺利进行，分室内、室外两个场地。在设计表演场地时将融入当地的民族特色文化以及象征吉祥的符号图案作为设计核心。外景主要拍摄拜年和合唱，展现冬日塞外草原的苍茫与壮阔，以及牧民天地为家的情怀。室内则以歌舞表演为主，展现多民族大家庭聚会的热闹氛围，体现各民族大团结的主旨。

不同于泉州分会场的闽南特色、西安分会场古老与现代的融合、呼伦贝尔分会场的民族风情，广州分会场以充满现代气息的广州国际媒体港为表演场地，有着强大的功能优势。广州分会场位于广州的中轴线，毗邻地标建筑广州塔，一览广州最美夜景。演出的节目《发光时代》《冲向巅峰》也处处体现地方文化元素，南拳如虎，与岭南名画动静相宜；粤音清扬，与西关风情相得益彰。南狮、钱鼓舞、潮州大锣鼓等尽显

图 10 呼伦贝尔分会场雪雕

岭南文化新风采；无人机、机器人表演，充分展现了广东实施创新驱动发展战略的新风貌。节目表演融合现代风格和地域文化，演员服装、配饰也尽显岭南文化特色，彰显了传统岭南文化内涵和当代广东的新魅力。

图 11 广州分会场

  2016 年春晚还大量应用了虚拟植入技术，晚会共有 12 个节目通过虚拟植入技术结合现实进行舞美呈现、节目内容呈现，达到虚实合一的完美效果。其中包括了开场歌舞《春到福来》、儿童节目《幸福成长》、武术《天地人和》、歌曲《雪恋》《吉祥吉祥》、结尾《难忘今宵》等，还有泉州分会场通过虚拟植入"郑和号"帆船、绚烂烟花、妈祖灯阵等，给电视画面以锦上添花的视觉效果。开场歌舞《春到福来》通过虚拟植入花海与剪纸，打造了一个精彩纷呈、年味浓郁的开场，随着开场大幕拉起，整个舞台仿佛置身于一个巨大的灯笼内。歌曲《雪恋》在本次春晚的虚拟植入技术中首次运用光学跟踪技术，机位可以不受限制地自由移动，360 度全方位展现节目中植入的虚拟元素"冰花"配合演员及舞台呈现的唯美视觉效果，进一步丰富了虚拟植入内容的展示空间和拍摄手段。歌曲《吉祥吉祥》在设计时，不仅凸显歌曲的风格，同时凸显歌曲表达内容的民族风和时尚感，用虚拟植入元素自空间与多重元素组成的总空间，营造出在绚烂多彩的万花筒世界中游走穿梭的空间感。

  泉州分会场首次采用春晚舞台户外虚拟场景植入，较之室内虚拟场景不同的是户

图 12　萨顶顶《吉祥吉祥》

外虚拟场景有更多的干扰因素,同时还要考虑自然光和天气因素,需要参考并结合周围现实中的自然景观和建筑群落,避免空间和透视穿帮,从而达到以假乱真的目的。户外虚拟植入以粒子形状汇聚成逼真的"郑和号"帆船,在现场制作与结合夜景调试中解决了贴图与现场融合、模型面数精简等诸多问题,最终实现了虚拟绚烂烟花、水仙花海、妈祖灯阵以及围绕古树的光影粒子等虚拟特效。

图 13　泉州分会场的礼花虚拟植入

春晚携手支付宝　全民互动"咻"惊喜

《第一财经日报》从支付宝方面得到的数据显示,2016 年春晚观众的互动热情爆棚,除夕当晚从 20:36 第一轮"咻一咻"抢红包福卡活动开始,到此轮结束时互动次数就达到了 677 亿次,而 2015 年春晚整场的总互动次数是 110 亿次。也就是说,2016 年春晚第一轮 5 分钟互动次数已经超过了 2015 年春晚四小时的累计互动次数。[①] 春晚对支付宝的最大价值就在于除夕之夜的全民黄金注意力,与春晚捆绑的企业可以借"人情"的价值进行企业营销,而春晚又从支付宝处"咻"出了什么价值呢?基于互

---

① 关健:《5 分钟互动次数超去年春晚整场支付宝"阳谋"成真》,《第一财经日报》2016 年 2 月 7 日。

联网的红包形式,可以让用户获得红包收益,这就开创了春晚、企业、用户三方共赢的局面。

2015年春晚微信的"摇一摇"抢红包模式,对于春晚来说有一个比较麻烦的问题:用户会将注意力放在微信的信息流内容中,等同于一个注意力黑洞,而支付宝方面表示"咻一咻"的模式将会把观众的注意力最后再带回到春晚,形成正向循环的注意力闭环,这无疑也会给春晚巨大的注意力回流。① 再比如支付宝中的口令红包,主持人在台上提问,用户在下面回答,共同分享红包,相比于"摇一摇"的单向互动行为,更多地增加了春晚与观众的互动形式,而企业的品牌宣传在此期间也得以极大加强。从中我们可以看出,互联网并非仅仅只是在淘汰传统行业,互联网还会给传统行业打开更多的机会,春晚与互联网企业的积极合作就是一个很好的示范。

表达空间多样拓展　传播方式多屏共振

春晚舞台主色调为大红色,并在舞台上摆放了2016盆鲜艳欲滴的"最红杜鹃",成为猴年春晚舞台的亮点之一。这2016盆杜鹃来自红色文化之乡——湖南湘潭,其有两层意义:其一,红色与春晚喜庆气氛十分契合,寓意新一年的红红火火;其二,2016年是毛泽东主席、周恩来总理、"红军之父"朱德元帅逝世40周年,而选用从红色文化之乡湖南湘潭空运来的这2016盆"革命之花"来装饰春晚舞台,显然带有另一层特别的纪念意义。

本届春晚在大力创新的同时,也兼顾了传承,包括歌、舞、杂技、小品、相声、魔术、戏曲等多个艺术门类。也许有的年轻观众不喜欢戏曲类节目,但的确有一些老票友希望在春晚上看到原汁原味的戏曲表演。可以说除了春晚,没有什么晚会节目类型这么一应俱全。为兼顾南北方观众审美需求,主创者改变2015年春晚只有1个南方节目的狭隘格局,南方节目增至5个,包括苏州评弹、西南少数民族歌舞等,这种调整使春晚的收视格局变得较为均衡。② 此外,春晚直播通过央视网,创新使用全媒体传播方式,达到"大屏带小屏、一屏带多屏、多屏共振"的效果,以先进的互联网传播手段,吸引年轻观众,增加节目黏着度,实现台网融合。如此设计具有一种隐喻意味,寓意着春晚以主旋律引领多样化,既彰显国家意志,也抒发百姓情怀的创作思想诉求。总之,2016年央视春晚,彰显了大国风范、民族气魄、现代意识和创新精神,在国内外观众中产生了强烈反响。

(本文作者:郝丽丽、王琳)

---

① 郝颖:《探索中创新奏时代强音——猴年央视春晚浅析》,《视听》2016年第3期。
② 周思明:《二〇一六央视春晚:在继承与创新中绽放精彩》,《中国艺术报》2016年2月15日。

附：2016年中央电视台春节联欢晚会节目单

首播时间：2016年2月7日 20：00

总导演：吕逸涛

主持人：周涛、朱军、董卿、撒贝宁、尼格买提、李思思

（泉州分会场）李佳明、赵琳硕

（西安分会场）朱迅、徐杰

（广州分会场）任鲁豫、邓璐

（呼伦贝尔分会场）马跃、欧仁图雅

1. 开场歌舞《春到福来》 表演：闫妮、沙溢、蔡国庆、林依轮、刘雨欣、徐桂花、李维、郑兴琦、丁豪夫、潘兴源
2. 歌曲《美丽中国走起来》 演唱：凤凰传奇、玖月奇迹
3. 小品《快乐老爸》 表演：冯巩、徐帆、白凯南、王孝天
4. 歌曲《走在小康路上》 演唱：张也
5. 儿童节目《幸福成长》 表演：加油男孩组合、月亮姐姐、红果果、绿泡泡
6. 小品《放心吧》 表演：孙涛、邵峰、王宏坤、李屹伦
7. 歌曲《山水中国美》 演唱：刘涛、梁咏琪、林心如、高博文、张建珍、上海评弹团、苏州评弹学校
8. [福建泉州分会场]

    （1）歌舞《快乐想念》 表演：沙宝亮、吉克隽逸

    （2）歌舞《相亲相爱》 演唱：胡歌、许茹芸
9. 舞蹈《茉莉花》 表演：亚特兰大晨星舞蹈学校
10. 短片《新春贺岁》
11. 小品《将军与士兵》 表演：侯勇、句号、于恒

    歌曲《铁血忠诚》 演唱：三军仪仗队
12. 歌曲《多想对你说》 演唱：雷佳
13. [陕西西安分会场]

    （1）鼓乐表演《盛世鼓舞》 表演：黄豆豆

    （2）歌曲《丝绸之路》 演唱：徐千雅、喻越越
14. 戏曲《戏游花果山》 表演：孟广禄、迟小秋、小香玉、单仰萍、何云、茅善玉、朱元昊、陈丽俐、赵永伟等、山东莱州中华武校、吉林省京剧院
15. 歌曲《华阴老腔一声喊》 表演：谭维维、张喜民、陕西渭南华阴老腔保护中心
16. 小品《快递小乔》 表演：乔杉、修睿、娄艺潇

17. 歌曲《父子》 演唱：佟铁鑫、杨洋

[公益广告《父亲的旅程》]

18. 武术《天地人和》 表演：甄子丹、山东莱州中华武校

19. 歌曲组合《回声嘹亮》

  （1）《没有共产党就没有新中国》 演唱：霍勇、师鹏、刘和刚

  （2）《过雪山草地》 演唱：阎维文

  （3）《山丹丹花开红艳艳》 演唱：贠恩凤、王向荣、王二妮

  （4）《我的祖国》 演唱：郭兰英、王莉、王庆爽、尤泓斐、金婷婷

20. [广东广州分会场]

  （1）歌曲《发光时代》 演唱：张杰

  （2）歌曲《冲向巅峰》 演唱：孙楠

21. 杂技《直挂云帆》 表演：李童、登封市少林鹅坡武术专修院

[公益广告《门》]

22. 小品《是谁呢》 表演：郭冬临、黄杨、刘亚津、马天宇、关晓彤

23. 歌舞《在你伟大的怀抱里》 表演：杜淳、蒋欣、汪小敏等

24. [内蒙古呼伦贝尔分会场]

  （1）歌曲《酒歌》+《春天来了》+《守望相助》 表演：五彩呼伦贝尔儿童合唱团、布仁巴雅尔、乌日娜、诺尔曼、金山、云飞、图雅娜莎

25. 歌曲《雪恋》 演唱：陈思思

26. 歌曲《六尺巷》 演唱：赵薇

27. 小品《网购奇遇》 表演：蔡明、潘长江、高粱粱

拜年贺电榜

28. 歌曲《光荣》 演唱：殷秀梅

[零点] 开门纳福

29. 歌曲《相逢春天》 演唱：廖昌永、吕薇、张英席、张妮

[公益广告《梦想照亮故乡》]

30. 魔术《家的思念》 表演：王亦丰（YIF）

31. 歌曲《小梦想大梦想》 演唱：平安、王紫凝

32. 相声《我知道》 表演：李寅飞、李丁

33. 歌曲《吉祥吉祥》 演唱：萨顶顶

34. 歌曲《难忘今宵》 演唱：李谷一、王传越、钟丽燕、汤非 童声：周安信、王莳溪

金鸡报春来　科技助风采

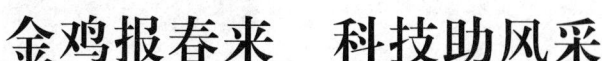

——2017年春晚记忆

2017年央视春晚沿袭上一届传统，由一个主会场和上海、哈尔滨、桂林、凉山四个分会场组成，紧扣"大美中国梦，金鸡报春来"的主题，通过"欢乐中国年、奋进中国人、温暖中国情、大美中国梦"四个篇章，在轻松愉快的氛围中抒发了中华儿女阖家团圆、其乐融融的家国情怀。

本届春晚处于35年的时间节点，晚会开场前以短片形式展现了过去34届春晚的经典节目和热点话语，向春晚35年致敬，并集合了2016年一年全民关注的大事件。2016年，神州十一号飞船成功升空并实现了与"天宫二号"空间试验站的交会对接，春晚现场中国航天工程十一位航天员集体亮相，在晚会现场举行了按手模仪式。2016年，纪念红军长征胜利八十周年大会举行，习总书记在大会上做重要讲话，所以春晚中设置了"致敬老红军"环节，向全国人民介绍王定国等五位参加过长征的老红军，除夕之夜为105岁王定国老红军庆生，老人也成了春晚"最红明星"。

2017年央视春晚总收视份额达到了78.72%，其中全国（含地方台转播）电视直播收视率达30.88%，跨屏收视率达31.46%。据中央电视台消息，2017年春晚并机频道总收视率达到17.64%，相对2016年提高了0.48个百分点。其中，综合频道收视率为7.65%，比2016年提高了0.67个百分点；综艺频道收视率为5.45%，比2017年提高了0.04个百分点。① 央视春晚在互联网上也热议不断：美兰德监测央视春晚相关网媒关注度1.62万条，微博提及量5600余万条，相关微博话题阅读数总量达到63亿次，视频点击量近4.9亿次；相关微信文章5500余篇。春晚播出当天，微博提及量超过4300万条，最高峰在23点时达到2500余万条讨论。此外，2017年央视春晚多个微博话题阅读总量超亿次，超过千万次的有14个话题，可见观众对春晚的热情之高。②

---

① http://www.southmoney.com/redianxinwen/201702/1049230.html.
② 数据来源：美兰德视频网络传播监测与研究数据库。

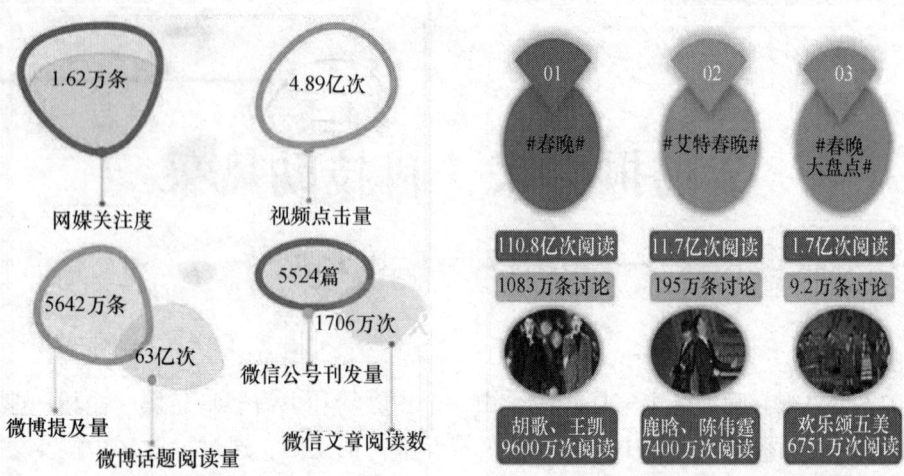

图1　2017年央视春晚网络传播大数据　　　图2　2017年央视春晚微博热议话题

语言作品主题深　质量数量新突破

2017年央视春晚语言类节目共有9个，在央视公布的春晚收视率排名前五的节目中，语言类节目就占了两个，分别是小品《真情永驻》和相声《新虎口遐想》。本届春晚的语言类节目看似都是小事件，背后表达的却是深刻的社会主题。春晚总导演杨东升对语言类节目提出了一个很详细的要求："语言类节目不仅要是小品，更重要的要是作品。""小品"和"作品"的区别在于是否具有主题和内涵，一个"小品"若是没有深刻的主题表达，虽然能让观众一时捧腹大笑，但很快就会从观众的话语体系中消失。而融合了时下社会热点进行主题式表达的"作品"，则能做到娱乐性和流传性的一致。

最有代表性的语言类节目是姜昆和戴志诚合说的相声《新虎口遐想》，1987年姜昆和唐杰忠合作的相声《虎口遐想》是相声界广为流传的经典之作，这一作品囊括了当时众多的生活符号，比如公用电话、电车、电视台拍摄等，这些元素贴近社会现实，至今都让观众记忆犹新。时隔三十年，姜昆在《虎口遐想》的基础上创作了《新虎口遐想》，这一相声更是具有当下时代特色，紧紧把握时代脉搏，相声中包含了众多流行的生活元素，比如朋友圈、自媒体、大数据、食品安全等，尤其是最后"苍蝇老虎一起打"的结束语更是紧扣了当下大力反腐的议题。十分钟的作品围绕民生百态针砭时弊、锋芒犹存，这部横跨三十年的作品之所以能够经典再现，源自对当年优秀作品的信任、对当下生活的敏锐观察。

图 3 《新虎口遐想》

　　小品《大城小爱》聚焦城市中俗称"蜘蛛人"的高空清洁工群体，表现了我们常见但却并不了解的新兴行业劳动者的苦与乐。为了再现这一群体的工作状态，力求真实地还原细节，创作人员深入其中体验生活，小品中写字楼里的白领们微笑着向他们伸大拇指这一情节，就是根据"蜘蛛人"的描述写进作品里面的。小品《老伴》则讲述了敬老院里老年人的人生晚景和生活趣事，关注的是中国老龄化社会背景下的养老问题。《天山情》是 2017 年央视春晚小品中的一抹亮色，它是春晚历史上第一个由少数民族演员担任主演的少数民族题材的喜剧作品，讲述了新疆格库铁路修建过程中汉族和维吾尔族兄弟之间发生的互相帮助且妙趣横生的故事，展现了边疆少数民族地区的人文风情，表现了铁路的修建对少数民族生活方式和工作方式的改变，最终呈现了民族大团结的时代主题。小品中嵌入的台词"我们各民族兄弟像石榴籽一样抱在一起"，正是习近平总书记在第二次中央新疆座谈会上讲话的内容，这个作品将民族大团结的主题通过喜剧形式表达出来，在取得娱乐效果的同时也使得中央的民族政策深入人心。小品《一个女婿半个儿》是开心麻花团队的作品，聚焦的是 2016 年屡次成为社会热点事件的电信诈骗问题。小品通过一个老人被骗，女婿和儿子想方设法宽慰老人并教育老人，从而引发的一连串啼笑皆非的故事，向人们揭露了社会上猖獗的电信诈骗行为，提醒观众提高警惕、注意提防。

图 4　小品《大城小爱》

图 5　小品《老伴》

图6 小品《天山情》

图7 小品《一个女婿半个儿》

舞美成为参与者　会场变身风景线

今年春晚的舞美设计已经从原来的静态背景进化成为春晚表演的重要参与者。2017年春晚主会场舞台共有可升降屏幕173块，其中地面132块、天空41块，共动用高清图片145张，视觉动画2小时20分钟。每个节目的舞台造型都有变化，变化最多的是开场舞蹈《美丽中国年》，舞台变化出了十多种不同的造型。歌曲《爱你一万年》没有一个伴舞，全部都是依靠地屏和空中的LED屏来呈现节目效果。2017春晚舞台的132块可升降LED高清屏幕全部是从2012年沿用至今的，但设计人员把精力投入在升降设备的运用上去了，通过利用升降设备塑造出了与节目相辅相成的舞台效果。由132块LED屏幕组成的主舞台升降幅度可达4.5米，设计人员要准确控制每块LED屏幕的晃动幅度，相邻屏幕的间距需要精确到1.5厘米，以保证屏幕的正常升降。为了保证系统安全无误地播出，每块LED屏幕的视频和音频线都是双路的，一旦一路出现问题，另一路会及时顶上。

图8 舞蹈《美丽中国年》

图9 歌曲《爱你一万年》

2017年春晚的舞美设计以"渊源共生、和谐共荣"的传统祥云图案为灵感,最大的变化在于舞台上空,位于舞台上空的祥云装置由41块大屏幕组成,每块大屏幕都是一个独立的吊点,根据节目的需要上下移动,变幻出不同的图案组合,这也是近十年来春晚首次对舞台上空的老旧设备进行改造创新,利用吊点把春晚舞台的灯光、视频都统一融在一起。

2017年春晚唯一的舞蹈节目《清风》以如梦似幻的光效和别出心裁的设计为观众带来了清新典雅的东方审美体验,体现了春晚舞台的艺术水准。《清风》采用了"莲花"与"水"的高洁、美好意象,以舞蹈的形式诠释了中国人对于生命与美的赞颂。为了将舞蹈中充满无限生命力的水与莲花的艺术形象呈现出来,162位群舞演员和她们的服装道具也成了舞美的构成部分,舞蹈演员的舞蹈动作和手掌中的灯光变化完美配合,营造出富有变化的舞台效果,给人无限想象的空间。

图10 舞蹈《清风》

四个分会场的舞美设计也是各具特色。上海分会场的舞美以光为特色,体现了时尚、科技、开放、交融的海派文化;哈尔滨会场以冰为主题,节目以冰上表演为主,展现冰雪文化特色;四川凉山分会场以火为主角,彝族以火为图腾,火光中的舞台让人精神振奋;广西桂林则以水为舞台,既展现了优美的景色,又体现了绿色发展理念,彰显了山水文化的风采。

其中,上海分会场设在上海东方明珠广播塔下,是春晚四个分会场中唯一一个位于城市中心的舞台会场。为了体现国际大都市的繁华,春晚舞台将光作为核心要素,运用超大面积的LED屏和灯光,在黄浦江旁打造了一个神奇的"光舞台"。上海分会场还有一个特点就是"情",除夕之夜,团圆是大家共同的愿望,春晚让文体明星家庭和普通市民家庭一起唱响具有上海特色的"紫竹调",带来了温馨的"家"味道。"紫竹调"是上海地方戏"沪剧"的基本曲调,此次春晚上演的《紫竹调·家的味道》是为了体现家庭亲情而重新填写的词。当音乐响起,舞台背景变幻出上海的石库门建筑群和大红灯笼,甚至连舞台背后东方明珠巨大的球体都变成了红灯笼,温馨的氛围让春晚舞台充满了喜庆的味道。而在舞台上,五百名身着旗袍的演员也成为一道亮丽的风景线。明星们和他们的家人除夕夜一起登上春晚舞台,对于他们来说有着特殊的意义，这些平时可能难得相聚的家庭在中国人最看重的日子里得以团聚，亲情的意义得以最大化地呈现。

图 11　上海分会场

哈尔滨分会场设立在 80 万平方米的哈尔滨冰雪大世界里面，舞台和冰雪景观交相辉映。舞台中央是三层的冰天坛，用冰量达到 14000 立方米，所使用的冰块都是在 2016 年 12 月初取自松花江的天然冰。这些天然冰块取出来以后通过型冰切割机切成型，足足花了 17 天的时间，来建设完成具有规模的天坛冰体。除了冰天坛的主背景，这次哈尔滨分会场的舞台也全都是用冰面制成，在冰面上进行舞美和灯光的设计。

图 12　哈尔滨分会场

四川凉山分会场的节目《火舞欢腾》给大家留下了深刻的印象，节目中的小伙子们单手玩转中国式"火立方"，引来观众阵阵喝彩。表演者是来自台湾的"即将成真"火舞团，他们舞蹈的特色就是将火元素融入现代舞，只要是能够点燃的东西都能成为他们的舞蹈道具。舞团的成员都不是专业的舞蹈演员，只是凭借着对火舞的爱好组成社团，在台湾地区颇具人气。从 2014 年开始，他们参加了包括央视《直通春晚》等多个节目的演出，惊险刺激的近身火舞让他们声名鹊起。这次春晚表演中，演员拿着大小不一的火棍火球飞旋起舞、辗转腾挪，火焰上下跳动、近身旋转，看起来极具视觉震撼力。崇尚火的民族遇上了台湾的火舞团，熊熊燃烧的火焰点燃了热情，更串起了海峡两岸的同根情谊。

广西桂林分会场是一个巨大的水舞台，"美丽中国、青山绿水"的主题在碧波荡漾的漓江之上呈现得淋漓尽致。舞台像融合在江水里面，形成了一种水流的美感，消

图 13　四川凉山分会场

失了舞台的存在感。晚会主舞台采用黑白相间的环保防滑涂料粉刷，距离水面仅有 20 厘米左右，当夜幕降临，舞台在灯光的照耀下与山水融为一体，演员们在上面跳舞就如同在碧波上起舞，若隐若现，犹如水的涟漪一般。演出中，通体发光的轻舟、红帆和划船的船工，与漓江一道组成了一幅美丽的山水画卷。为了打造"一江春水满江红"的效果，主创团队专门从大型歌舞表演"印象刘三姐"中抽调了 120 名船工，他们的表演分为"红绸"和"渔火"两个部分，10 根红绸，最长的有 200 米，船工脚踏竹排，手里拉着百米长的红绸，随着音乐的节奏舞动。

图 14　广西桂林分会场

总之，2017 年春晚的舞美为观众呈现了宛如仙境般的视觉盛宴，一方面体现了央视春晚团队对于做好"春晚"这顿年夜饭的用心；另一方面也体现了央视在舞美设计上已达到世界级水准。

传统题材新表现　科技元素广应用

春晚是由一个个具体的节目组成的，节目内容是吸引观众的关键，这些年科技元素成为丰富节目内容不可或缺的组成要素。2017 年央视春晚中，科技元素更是具有举足轻重的地位，这在分会场中表现得尤为突出。

上海分会场的舞台主要运用一些铁结构和 LED 能源等环保材料，体现了绿色、时尚、炫酷的设计宗旨。会场有两千平方米的屏幕、7600 米的灯带和将近 600 个电脑灯，空中配合发光的 LED 彩球。为了让观众从不同的角度来欣赏春晚，不少高点机位和航拍被运用到春晚的转播中，春晚剧组在东方明珠周边架设了很多向高空投射的灯，并且在舞台上布置了数十盏 LED 灯束，从而使得舞台更加璀璨。舞台设计者还通过 LED 屏幕和可编程的灯带变化让舞台"活"起来，灯带和背景屏幕、地屏形成一体，从地面至屏幕到上空的气球，再到璀璨的东方明珠，形成一种行云流水的感觉。

四川凉山分会场以火为核心创意，以大凉山彝文化水景风情剧《阿惹妞》演出现场为依托，在表演中融入彝族传统的火把等民俗，加入焰火、喷火等高科技特效。表演面积超过 1.5 万平方米，其中水、火等特效面积超过 1 万平方米，56 个直径为 2 米的民族文化柱群燃烧起熊熊火焰，3300 名演员围绕着巨大的火堆，男孩们点燃火把，女孩们转动黄伞，吟唱着彝族传统歌曲《朵洛荷》，为全国人民送上新年的祝福，这也创下了春晚举办 35 年来分会场表演人数最多的纪录。凉山分会场的表演场地内布置了数百个火的喷头，水与火是场地最大的特点，在场地中还有一个有趣的特效，就是在顶起的水柱上面会有燃烧的火焰，第一次把水火真正地做到了交融。

哈尔滨分会场的演员都是在室外完成表演的，演员身着专门为春晚演出研制的石墨烯材料的保暖衣，这款保暖衣是由石墨烯聚合物的热敏电阻发热材料做成的，是一种辅助耐寒材料，还可以自己控制温度，根据人体温的变化进行恒温保暖，温度可达到 39℃~40℃。

广西桂林分会场的点睛之笔是 32 位威亚演员穿着华美的服饰从天而降，仿佛金凤凰蹁跹于山水之间，这样的表演是世界首创，难度也是首屈一指的。通过 64 台机器编程威亚在空中的造型，呈现出人与山水相得益彰的 3D 效果并精确到每个威亚演员的定位，这是团队花了一年时间反复测算出来的。此次春晚的威亚节目也是全球范围内首次运用灯光设计，灯光编程和威亚运动的编程要糅合在一起，灯光要克服一系列的技术性问题，比如自带电源和无线的控制信号，为了能跟威亚的运动程序平滑地融合在一起，设计人员经过多次试验以确保无误。通过威亚运动，演员能在空中制造出形式多样的艺术图案，在水面形成精美绝伦的倒影，把桂林山水通过灯光的渲染为观众呈现出来。在《歌从漓江来》威亚演员的上边，有 32 台跟着威亚运动的灯具，在没有电源拖线的情况下，灯具可以随着节目的节奏跟着演员做上下左右的移动，有一种灯光运动的感觉。

春晚主会场的舞蹈节目《清风》为了实现演员手中灯光和音乐舞蹈的精确配合，导演组和专业团队合作研发了一种能同时控制 162 盏 LED 灯光的芯片，随着演员手势的变化，灯光颜色也会有相应的变化。全部灯光由电脑控制，从电脑发出的信号源被

162位演员同时接收，演员手中的水晶球伴随着灯光变幻出不同的色彩，晶莹剔透，自然流转，给观众舒缓灵动的视觉享受。《清风》的高科技运用不仅体现在演员的道具上，还体现在一个重要方面就是环绕拍摄技术的运用，这种技术又被称为"子弹时间"。此前，这种技术主要用于商业广告的拍摄，用于全方位展现人在运动时充满爆发力的动作。这次《清风》共有3个镜头使用了环绕拍摄技术，由80台单反相机组成的环状设备拍摄领舞的动作，这些相机在设定好的时间内从不同的角度拍摄一张演员的照片，之后再通过后期技术将这80张照片合成一段长约3秒、共80帧的动作视频，另一组群舞镜头则由50台相机以同样的原理拍摄；这三段画面在播出时与直播画面搭配使用，让观众能够从360度全方位欣赏演员的动作。

歌曲《满城烟花》是2017年春晚的原创歌曲，用以致敬岁月、温暖中国。在演唱当中，烟花必然是舞台重点呈现的元素。由于春晚主会场的舞台在室内，漫天雪花和满城烟花的舞台效果主要依靠LED特效来呈现。此外，节目首次引入无人机来辅助舞台效果的呈现。舞台上有50架无人机同台进行演出，20架顶着雪花灯的无人机负责舞台的领舞，舞台两边各15架顶着小红灯笼的无人机负责配舞工作，每架无人机都配备850纳米的LED灯，通过它组成一个立体拓扑结构进行定位，后台用计算机给无人机设定程序从而达到翩翩起舞的效果。在《满城烟花》4分20秒的歌曲中，这50架无人机的表演虽然只占据了短短的1分30秒，但却创造了国内室内舞台无人机数量最多的纪录。

图15 歌曲《满城烟花》

弘扬传统文化　彰显中华美学

2017央视春晚在舞台设计、节目种类、节目内容、演员服饰、包装形式、视频画面等诸方面体现了中华美学精神和传统艺术精髓，融合了时代艺术新潮，展示出中国风格、中国气派和中国力量。

继"阳阳"和"康康"之后，2017 年央视春晚推出历史上第三个吉祥物——"凤尾鸡"。"凤尾鸡"是由陕西省非物质遗产传承人、凤翔县泥塑大师胡新明在 2016 年 8 月创作完成的，这件作品突出了大吉大利、阳刚、年轻化的特征。"凤尾鸡"是在传统泥塑鸡的基础上进行设计创新的，融合了鸡和凤的特征，同时也保留了传统泥塑的特点。"凤尾鸡"是一只趾高气扬的大公鸡，象征着朝气蓬勃，鲜艳的红色的鸡冠，像东方升起的红太阳，而鸡肚子上的牡丹花，有"凤戏牡丹"的寓意，寓意吉祥。鸡脖子和肚子是最传统、最喜庆的大红色，有镇邪的作用。鸡的脸设计成黑色，是参考了很多年画中鱼脸的颜色，象征着成熟和坚定的力量。鸡尾是按照凤尾设计的，五条卷曲的凤尾是大红和大绿，不仅是为了美观，也蕴含五魁的寓意，十分喜庆。

凤翔彩绘泥塑是陕西省凤翔县的特色传统民间艺术，是首批国家级非物质文化遗产保护项目之一。三千多年前，凤翔泥塑已经诞生，是我国具有悠久历史文化的传统民俗艺术品之一，如今已经成为中国民间艺术中独具特色的精品。凤翔泥塑是用当地特有的黑油板板土、白色封洗土、上等好棉花、糯米等六种天然材料配制而成的泥塑。"凤尾鸡"之所以能在众多央视鸡年春晚吉祥物评选中脱颖而出，是因为它既具有中国特色的色彩和中国传统民俗的花卉，同时也在造型上将现代和传统文化完美结合，是中华民族民间艺术的典型代表。

图 16　春晚吉祥物——凤尾鸡

中华武术源远流长，迄今可以考证的历史有 4200 年之久，它讲究刚柔并济、内外兼修，是中华民族优秀的历史文化结晶。2017 年春晚由 29 位世界冠军、9 位亚洲冠军和 42 位全国冠军共同演绎了一台精彩绝伦的武术节目《中国骄傲》，其中很多高难度的绝活是第一次在春晚舞台上呈现。《中国骄傲》集中了国家武术队最优秀的冠军运动员，无论是长拳、南拳，还是刀棍、枪剑、太极，都有自己的独门绝技。18 岁的武术冠军吴照华表演的刀术里面的最后一个动作是"旋子转体 720 度接劈叉"，这是在传统武术基础上进行的创新，发展成竞技武术特有的一个高难度动作。另一个夺人眼球的表演是猴棍，这是一项中国传统武术项目，表演需要模仿猴子的形态和眼神，并结合武术棍的难点动作来呈现。单人表演展示的是"绝技"，双人对打考验的则是默契。春晚武术最扣人心弦的对练项目之一，是由来自天津的赵兰兰、陈磊组合带来的"双刀进枪"，进攻和防守之间，速度、力度和狠度都达到了极致。

图 17　武术《中国骄傲》

在 2017 年央视春晚舞台上，打动了海内外亿万观众的一个节目是电影演员成龙带领着 160 位大学生、结合手语深情演唱的歌曲《国家》。参演的大学生代表，涵盖了 56 个民族和港澳台的大学生，演员构成从身份和数量上都远超过节目编排之初——40 组三口之家的版本，也创下了春晚舞台上运用手语元素演出人数最多的纪录。《国家》的歌词中涉及二十几个核心手语元素，在此基础上根据歌词排列变换，演员除了需要牢记歌词对应的手语动作外，还要根据旋律控制手势变换的幅度和速度。考虑舞台呈现效果，伴舞的手语动作其实经过了艺术化处理，再将歌曲中国与家的情感注入手语动作中。这首由王平久填词、金培达作曲的《国家》，在 2009 年国庆 60 年联欢晚会上亮相后，被成龙通过数百次的公开演唱带到了国内外各大舞台上，除了标志性的手语动作，歌曲中亘古不变的是华人的家国情怀。

图 18　歌曲《国家》

正如歌曲《国家》里唱到的那样，"都说国很大，其实一个家"，每年的央视春晚正是将小家的温情汇聚成国家的大爱。无论是历时一年的筹备，还是将近百次的打磨，为的就是在除夕之夜给辛苦一年回家团聚的人、依然坚守在岗位的人、置身海外的游子们，送上一道来自国和家的年夜饭。

（本文作者：郝丽丽、王琳）

附：2017年中央电视台春节联欢晚会节目单

首播时间：2017年1月27日20：00
总导演：杨东升
主持人：朱军、董卿、康辉、朱迅、尼格买提
　　　　（上海分会场）孟盛楠、曹可凡
　　　　（四川凉山分会场）杨帆、阿侯尔里
　　　　（广西桂林分会场）张曹、高枫
　　　　（黑龙江哈尔滨分会场）管彤、周巍

1. 歌舞《美丽中国年》　演唱：刘涛、蒋欣、王子文、杨紫、乔欣、TFBOYS
2. 儿童歌舞《金鸡报晓》　演唱：空军蓝天幼儿艺术团
3. 小品《大城小爱》　表演：刘亮、白鸽、郭金杰
4. 歌曲《在此刻》　演唱：胡歌、王凯
5. 小品《老伴》　表演：蔡明、潘长江、潘斌龙
6. [四川凉山分会场]
　　（1）舞蹈《火舞欢腾》　表演：赵敦毅、赖宽志、林圣玮、即将成真火舞团
　　（2）歌舞《情深谊长》　演唱：吉克隽逸
　　（3）歌舞《太阳出来喜洋洋》　演唱：李克勤（中国香港）、蔡卓妍（中国香港）
7. 相声《姥说》　表演：高晓攀、尤宪超
8. 舞蹈《清风》　领舞：李艳超
9. 小品《真情永驻》　表演：孙涛、阎学晶、刘仪伟
10. 歌曲《满城烟花》　演唱：毛阿敏、张杰
11. [广西桂林分会场]
　　（1）歌舞《歌从漓江来》　演唱：黄婉秋、张信哲（中国台湾）、邓紫棋（中国香港）
　　（2）歌舞《带上月光上路》　演唱：关晓彤、马天宇、王嘉
12. 相声《新虎口遐想》　表演：姜昆、戴志诚
13. 《继往开来军旗红》　致敬老红军：王定国等五位参加过长征的老红军；快板表演　表演者：朱光斗
14. 歌曲《当那一天来临》　演唱：张英席、霍勇、刘和刚、师鹏、汤子星、陈小涛、中国人民解放军三军仪仗队

[公益广告《新春·新愿》]

15. 歌曲《爱你一万年》　演唱：陈伟霆（中国香港）、鹿晗

16. 小品《一个女婿半个儿》 表演：沈腾、艾伦、魏翔、吴江、杨沅翰
17. 戏曲《薪火相传》 表演：孟广禄、杨赤、张露戈、刘坤青、方奕淋、刘晏彤、王伊瑞、马尔聪、姚昱彤、田珈萱、蒋文涵、张楚怡、邓鸣璐、王荔、何赛飞、邵雁、吴美莲、周源源、袁慧琴、翟墨、黄丽珠、侯宇、陈琛、李军、王平、杜喆、张建峰、冯冠博、李博
18. 歌舞《看山看水看中国》 演唱：吕继宏、张也
19. 小品《天山情》 表演：阿布都沙拉木（维吾尔族）、迪丽呼玛尔（维吾尔族）、尚大庆等
20. [黑龙江哈尔滨分会场]
    （1）歌舞《冰雪彩虹》 演唱：玖月奇迹
    （2）冰舞《冰雪梦飞扬》 表演：黑龙江省杂技团、哈尔滨市冬季运动项目管理中心等
21. 武术《中国骄傲》 表演：国家武术队
[公益广告《等·到》]
22. 歌舞《健康动起来》 演唱：井柏然、张艺兴
23. 相声剧《信任》 表演：冯巩、林永健、宋宁、傅园慧
主持人介绍全国文明家庭、道德模范代表
24. 歌曲《千年之约》 演唱：韩红
按手模仪式：十一位英雄的航天员
25. 歌曲《国家》 演唱：成龙（中国香港）、大学生
26. [上海分会场]
    （1）歌曲与杂技《梦想之城》 演唱：李玟（中国香港）、林俊杰（新加坡）、上海杂技团、上海丝芭组合
    （2）歌曲与旗袍秀《紫竹调·家的味道》 演唱：吴孟超一家、姜丽萍一家、廖昌永一家、黄豆豆一家、吴敏霞一家、邹市明一家、韩雪一家、平安一家
27. 歌曲《欢乐夜》 演唱：凤凰传奇
28. 歌曲《不忘初心》 演唱：韩磊、谭维维
[零点钟声]
29. 歌舞《母亲是中华》 演唱：王莉、金婷婷、汤非、周澎
快闪《海外华人华侨拜年》
互动环节《五福临门贺新春》
30. 小品《阿峰其人》 表演：董其峰、方菁萍、李想、钦婉云
31. 歌曲《离别草原》 演唱：云飞、云朵
[公益广告《包住》]

32. 杂技《双花争艳》　表演：刘藤、鲁斯兰娜（乌克兰）
33. 歌曲《一片深情》　演唱：吴彤
34. 歌曲《壮丽航程》　演唱：阎维文、殷秀梅
35. 歌曲《难忘今宵》　演唱：李谷一、关牧村、高音、刘雨欣、汪小敏、李光、更却才仁

点亮中国赞 拥抱新时代

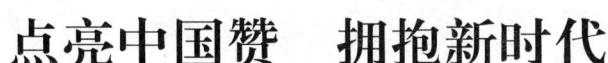

——2018年春晚记忆

2018年是改革开放40周年,是"十九大"开局之年,是实施"十三五"规划承上启下的关键一年和推进供给侧结构性改革的深化之年,因此2018年春晚注定不同寻常,它承接着改革开放40周年的回首和庆祝,也见证着"新时代"的开端。

2018年央视春晚以"喜气洋洋、欢乐吉祥"为主题,围绕"迈向新时代、盛世中国年、欢乐新天地、共圆中国梦"四大核心内容,生动地展示了万千气象的新时代和决胜小康的新蓝图。本届春晚由杨东升"再掌帅印",去年他首次担任春晚总导演,在此之前他曾参与6次央视春晚创作工作,岗位也遍及导播、歌舞导演、执行导演多个领域,对于2018年的春晚,他表示"这是新时代的第一个春晚,所以在'新'字上做了很多文章。"① 纵观整台晚会,从节目用人、节目内容、节目形态、呈现方式到舞台设计方面都有新的变化,在导演组坚持拒绝平庸的创作理念下,原创主题歌曲高潮迭出,语言类节目元素多样,舞台效果富有深意,互动形式再次拓展。今年春晚力求推新人、出新意,采取了由康辉、朱迅、任鲁豫、李思思、尼格买提组成的全新主持人阵容,首次登上春晚舞台的演员、歌手、舞蹈家等也占据了演员总人数的三分之一②。春晚播出期间,通过电视、网络、社交媒体等多终端多渠道,海内外收看春晚的观众总规模达到11.31亿人。诸多观众表示,2018年春晚是最具深情的一次春晚,人们从中看到了豪情、感受了温情、激荡了情怀,不少节目收获了喜爱和口碑。③

原创歌舞登舞台 大力讴歌新时代

在2018年春晚整台晚会中,歌舞类节目占据了一半以上的比重。这些节目中有新

---

① CCTV文化十分独家专访:《2018年春晚总导演杨东升:春晚就是一种陪伴》,https://mp.weixin.qq.com/s/FaNXxCdZGUTJynfsEkdt4w。
② CCTV4:《启航新时代展现新姿态》,https://mp.weixin.qq.com/s/gszM6YG_MaXQV-8Eua3Lig。
③ 刘阳:《拥抱新时代焕发新气象——2018年央视春晚成功播出广受好评》,《人民日报》2018年2月17日。

创作的时代主题歌曲,如《赞赞新时代》《再一次出发》《幸福新起点》《我和2035有个约》《我们的新时代》;有的歌颂祖国、弘扬传统文化,如《中国》《龙的传人》《天耀中华》《我爱你中国》《山笑水笑人欢笑》《丝路绽放》;有的感慨变化、欢度佳节,如《年夜饭》《万紫千红中国年》《旺旺年》《我的春晚我的年》;有的展现地域文化、表现民族风情,如《尽情欢歌》《太阳鼓》《对歌对到日落坡》《中华手拉手》《亮花鞋》等。

图1 歌曲《赞赞新时代》

从歌曲主旨和反映内容看,2018年春晚歌曲的关键词是"展望"。习近平总书记在党的十九大报告中庄严宣称:中国特色社会主义进入新时代。在习近平新时代中国特色社会主义思想指引下,各族人民团结奋斗、戮力同心,不断创造美好生活、走向共同富裕、实现伟大中国梦、建设现代化强国的决心在这一特定的时间节点被鼓动和激发,康庄大道、其乐融融、青山绿水的愿景再次唱响,让人们看到了中国的价值与力量。《再一次出发》以梦和初心为起点,描绘追梦人的雄姿英发和千秋大业的壮丽蓝图;《我和2035有个约》歌颂了新时代、新向往,TFBOYS唱道:"我和2035有个约,约在新征途的新起点,用真心去创领两个一百年,未来由我们主演。"动感欢快的韵律、奋发积极的歌词凝聚着对青春的激情,饱含着对新生力量的期许;十九大后我

图2 歌曲《我和2035有个约》

国社会主义现代化奋斗目标进一步拓展为"富强民主文明和谐美丽",歌曲《山笑水笑人欢笑》体现了党和国家建设美丽中国的决心,展现了近年来生态文明建设取得的巨大成就。

从歌曲选材和演唱形式来看,本次春晚呈现出大联欢的盛世,民族团结作为重要题材得以彰显。自 2016 年以来,春晚重新启动"1+4"主分会场模式,在分会场的选定上颇有讲究。2016 年设置了泉州、西安、广州、呼伦贝尔 4 个分会场;2017 年设置在上海、哈尔滨、桂林和凉山;2018 年则选定为珠海、泰安、三亚和贵州。从分会场的选择上看,必定有一个少数民族,以此彰显 56 个民族一家亲的文化概念。《尽情欢歌》《对歌对到日落坡》《太阳鼓》展现了侗族的亲切与热情,3000 多名群演穿戴整齐的民族服饰汇成了侗族歌舞盛宴,吹芦笙、锦鸡舞、长桌宴、舞龙嘘花,凸显了贵州非物质文化符号的融合表达,随着"复兴号"高铁驶进苗乡桐寨,配合着多彩变幻的艺术效果,黔东南的新发展、新面貌映入眼帘;《中华手拉手》多民族欢聚一堂,营造出各族人民同心共筑中国梦的浓厚氛围。

从演唱的主体来看,2018 年央视春晚加大了大陆与香港、台湾、澳门地区歌手的联袂,24 首歌曲中有 10 首歌来自两岸合作,其中王菲、那英继《相约一九九八》,20 年后再携手,缓缓唱响岁月的变迁与恩赐;获 2017 年电影票房冠军的吴京与成龙共唱爱国歌曲《中国》;泰安分会场由大陆的黄晓明、香港的钟汉良、台湾的言承旭以及澳门的夏利奥形成新组合,唱响《龙的传人》,显现出中国精神与气派。除此之外,此次春晚还邀请了美国、俄罗斯、法国、意大利、拉脱维亚等歌手共唱《我爱你中国》,彰显出改革开放四十周年中国的日益强盛。从演唱主体的年龄结构来看,本届春晚容纳了大量"小鲜肉"。面对年轻人观看春晚的流失,导演组尝试用新的元素、新的表达方式去塑造春晚,让大批青年演员用深入浅出的歌词、朗朗上口的旋律,唱出中华儿女的昂扬斗志,打造老中青都可以观看的晚会。

图 3　王菲、那英《岁月》

小品相声勇创新　主题广泛寓意深

　　语言类节目从筹备开始，杨东升导演就收到了 40 多个剧本，最终因为时间有限，入围 2018 年春晚语言类节目的共有 8 个，分别为《真假老师》《学车》《回家》《提意见》《我爱诗词》《同喜同乐》《单车问答》《为您服务》。春晚官方微博表示，此次语言类节目在题材内容、体裁样式、演员阵容、表演风格上都有所创新和突破。春晚小品融入了诸多时代背景、大政方针，整体内容更贴近生活，内涵品质进一步提高。

　　贾玲团队带来了本届春晚的第一个小品《真假老师》，以城市留守儿童为题材，折射出 2017 年校园暴力事件多发的热点问题，揭示良好家庭教育的重要性。小品《回家》取材于台湾演员方芳的真实经历，通过台胞过年回大陆探亲，阐述了蔡英文上台以来海峡两岸交流不畅的现状，表达了两岸人民渴望团圆的心情。该小品的设置场景为大陆农村，通过农村家庭的环境展现，进一步打破了大众对中国农村贫穷落后的刻板印象。十九大报告中，习近平从不同角度强调要提高党的执政能力和领导水平，持之以恒正风肃纪，拓宽监督的渠道、方法，切实激发广大公民的主人翁精神、保障民主监督的有序推进。小品《为您服务》聚焦社会民生，传达了从业者的服务意识和敬业态度；《提意见》将官僚主义、形式主义作为深耕内容，呼应了十九大强调的党员干部作风问题；冯巩今年回归了自己的相声本行，带来了《我爱诗词》群口相声，以诗词比拼的形式彰显中国文化的源远流长、对接"一带一路"倡议；相声《单车问答》以我国"新四大发明"之一共享单车为题材，批判了乱停乱放的不文明现象，呼吁大家珍惜共享经济带来的便利。

图 4　小品《回家》

　　2018 年春晚语言类节目主题介入现实，主题丰富多元、寓意深刻。从相濡以沫的爱的传递，到儿童成长的雨露阳光；从正风肃纪的作风要求，到求真务实的工作自觉；从窗口行业的微笑服务，到文化社区的其乐融融；从脱贫致富的东北乡村，到共享时代的都市街头；从海峡两岸骨肉同胞的血缘亲情，到"一带一路"的中非友谊。① 总的来说，做到了南北兼顾，通过开辟新的题材、启用新的阵容、融入新的符号，书写了 2017 年的百态缩影，凝聚了"传承、陪伴、共享、发展"的内在观念。但语言类节目几年来创造流行语的能力依然欠缺，虽然导演组吸收了全国观众意见，减少了网络老梗的使用，但爆款还是较难产生。

"混搭"成为新看点　跨类融合获称赞

2018 年央视春晚的一大亮点来自各节目在形式和内容上的"混搭"，通过杂技与舞蹈、体育与舞蹈、魔术与歌曲等艺术门类的跨类融合、混搭，带给观众全新的审美体验，获得普遍好评。

《告白气球》借助全息投影、增强现实带来了视觉上的特效，这种技术与艺术的结合，在 2012 年春晚创意儿童节目《除夕的传说》中就有所应用，当时韩庚与 CG 进行实时互动，形成了"人画合一"的壮景；2015 年春晚创意类节目《锦绣》中也有所体现，李宇春演唱歌曲的同时，借助全息成像技术展现了中国传统刺绣的魅力，虚实结合、美轮美奂；2018 年的《告白气球》再进一步，不仅打通了技术与艺术的结合，也实现了艺术门类的跨界融合，通过声光特效和魔术表演将音乐意境具象化，丰富了音乐的表现力，带来视觉上的享受。当晚该节目以 32.5% 的收视率成为央视春晚节目第一名。

图 5　魔术与歌曲《告白气球》

《波涛之上》《沙场砺兵》和《欢乐的节日》分别展现了体育与舞蹈的融合以及杂技与舞蹈的结合。通过舞蹈展现人物的表情、抒发情感的变化，借助动作姿态塑造形象；通过体育、杂技带来惊奇、刺激的审美感受，映衬出人物形象的刚韧与拼搏，形

---

① 周思明：《2018 央视春晚：艺术地呈现"世界之中国"的新意》，《中国艺术报》2018 年 2 月 23 日第 5 版。

成对立统一的和谐美。

在节目内容上，也出现了众多"混搭"，如武术节目《双雄会》，"北崇少林，南尊武当"，导演组让以道家文化为内涵的武当派身着白衣展示"美"的修为，让以禅宗文化为内涵的少林派赤膊上阵展现"力"的刚劲，通过"力"与"美"的碰撞，展现传统技艺的协作与融合。戏曲《盛世梨园美》更是聚集了京剧、越剧、赣剧、豫剧、舞剧、地方戏等，在有限的时间内展现了戏剧之精髓。

国际元素广吸纳　文化自信强输出

2018年央视春晚启用两岸演员的比例大幅提升，中华一家亲的氛围浓厚。为展现"一带一路"成果，本届春晚不仅在节目中处处彰显新时代风貌、大国外交风采，还邀请了众多国外友人参与节目，力图实现中华文化在世界范围的传播和认同。回顾历年春晚，国外友人参演已成家常便饭，从1985年春晚第一位外籍华人登台到2018年的"国际大联欢"，国外友人的加入顺应了全球化语境下中国对外开放的需求。① 通过对1983—2018年36届春晚节目的统计，2018年无论从国外友人参演节目的数量、参演者数量还是参演的节目类型，都堪称之最。主会场32个节目中，国外友人参与了5个，涉及门类包含歌曲、舞蹈、小品、杂技，来自十余个国家近百名外国友人欢聚在春晚舞台上。

此次歌舞类节目中，国外友人参演了3个，分别是《欢乐的节日》《不同凡响》《我爱你中国》。在语言叙事上，歌曲类的演唱形式皆为中文，通过共用一种语言，营造支持认可的国际关系，建构大国形象的传播行为。② 如由多个国家组成的国际歌唱家团队带来的歌曲《我爱你中国》，让外国人变成了"中国通"，借助歌曲直抒国外友人对中国的热爱，凸显出中外友谊的深厚，彰显出中国文化的感召力。非语言叙事主要集中在舞蹈节目上，如来自俄罗斯、英国、埃及等演员在春晚舞台上展示异域风情舞姿的《欢乐的节日》，充分展现出节日的欢乐与普天同庆的主题，节目最后所有表演者共同舞动中国秧歌，表达了春晚成为世界大联欢的趋向以及各国人民和谐共处的"欢乐"。中外文化在语言类节目中的展现能对晚会起到增砖添瓦的作用，通过幽默的喜剧手法让观众在欣赏歌舞戏剧之余活跃神经、回味无穷，加深交流。③

2018年中非小品《同喜同乐》渗入了"相亲""共享新郎""黄历"等大量具有中国特色的现代化符号，通过反复强调的"蒙内铁路"，将宏大的故事主题串联起来，节目最后全体演员大声说道"中非友谊情似火，共创未来结硕果"，表达了两国友谊

---

① 颜文静：《传播符号学视角下外国人参演的央视春晚节目研究》，山东大学硕士论文2019年5月。
② 陈璐：《春晚中的外国形象研究》，《新闻前哨》2015年第3期。
③ 宫承波、张君昌、王甫：《春晚三十年》，泰山出版社2012年版，第37页。

长青的美好祝愿,深化了小品主题。外国人参演语言类节目意义重大,但由于文化、地域的差异,更需在前期加强对节目形式的把控,反复推敲,减少不必要的误读。

图6 小品《同喜同乐》

2018年春晚的国际性还体现在由48位来自不同国家的极限跳伞运动员在高空中用身体绘制的"福"字,以及来自世界部分国家、国际组织领导人录制祝福视频向中国人民拜年的场景。

除了对国际元素的广泛接纳,"一带一路"的文化输出在本届春晚中也频频体现。当今亚洲各国间合作最为火热的就是习近平提出的共建丝绸之路经济带,冯巩等人出演的《我爱诗词》中,先后提及古丝绸之路的重要站点。除此之外,导演组的特别设计环节获得了广大观众的瞩目和惊叹,该环节由张国立、单霁翔、许荣茂和观众一起见证国宝《丝路山水地图》的回归,现场直播达到了31.8%的关注度。

2018年央视春晚大量展现国际元素、输出文化自信,在某种意义上,也是积聚重新引领世界文化的胆识与魄力的开始。①

4K转播新体验 "中"字舞台展新意

中央电视台分党组成员姜文波在接受记者采访时表示:2018年春晚采用多项新技术、新应用,在春晚高清电视直播的同时,同步制作4K超高清春晚点播服务,更好地为观众服务。在整个过程中,观众可以通过电视、央视网、移动端进行全程观看春晚节目及VR视频。除了4K春晚之外,本届春晚还借助粒子跟踪系统、激光矩阵、全息等前沿科技,让主会场熠熠生辉,四大分会场"个性鲜明"。

其中作为改革开放最早的前沿城市珠海为观众带来了一场震撼的"黑科技三无"表演,300架无人机组成海豚造型越过港珠澳大桥,无人船照亮整个海面,无人车行

---

① 峻冰、蒋峰:《2018央视春晚的审美创新与品牌重塑》,《四川戏剧》2018年第10期,第39-45页。

图7 舞蹈《丝路绽放》VR效果

驶在大桥上，形成了海陆空三大维度的表演，① 展露出我国的科技实力。

图8 广东珠海分会场

在舞台设计方面，采用了中国的"中"这个字符，作为舞台的主旨象征和标志符号。2018央视春晚总导演杨东升表示："'中'字是最能代表中国的一个极为重要的汉字，简简单单的四个笔画，无论在世界哪个角落，大家几乎都认识它，这种设计理念，就是对以往的一种超越。"② 几何体的构造通过不同方向的移动、不同层次的解构，筑成不同的舞台空间。孙楠和谭维维献唱歌曲《幸福新起点》时最能体现这一设计理念，舞者在"中"字的边框内完成表演，舞台背景缓缓呈现巨大的"中"字。把中国传统元素、民族特色与现代设计理念相结合，从视觉上展现出国家的凝聚力与东方文化与艺术的独特魅力。

---

① 李丹：《2018央视春晚航拍大揭秘科技元素打造最潮春晚》，《影视制作》2018年第4期，第30-35页。
② 翟宏宇、郭乾坤：《包罗万"象"不如守"中"——解读2018年央视春晚舞美的独特之处》，《现代电视技术》2018年第4期，第42-43页，51页。

图 9 歌曲《幸福新起点》

传播渠道涉面广 红包互动再升级

党的十九大制定了新时代建设网络强国、数字中国、智慧社会的战略部署，2018年央视春晚在做好春晚主线的同时，也进一步推进媒体融合，强化春晚的文化符号、品牌属性，打造"智慧春晚"。本届春晚分别与手机淘宝、新浪微博合作，力图形成一体化协同制作、多渠道协同分发、多终端互动呈现、全媒体精准传播的战略布局和结构框架，① 通过大小屏的相融拓宽长尾效应，展现春晚的意义。

春晚与社交媒体微博开发了"点亮中国赞"的功能，以家国情怀为主线，邀请网友发布精彩点评、分享 2017 年最感动的瞬间、许下新年愿望，形成"上微博、聊春晚、边看边聊点亮中国赞"的互动模式。与此同时，直播现场进行实时数据返屏，进一步强化春晚的互联网思维，提升春晚的传播影响力，反哺对春晚内容的关注。春晚直播期间，共上榜 94 个热搜词，累计搜索热度 1.1 亿次，"王菲厨房手套""主持人眉毛"等相继登上热搜榜榜首。点亮"中国赞"活动截至 2018 年 2 月 15 日 24：00，集赞总数为 20.58 亿，"中国赞"话题总阅读量 66 亿次，讨论量 3919 万次，产生 3758 万条相关博文。② 春晚与淘宝平台研讨出的全新"福袋"模式，借助 AR、AI、混合现实技术等形成回屏互动，实现春晚品牌价值与用户的连接。本届春晚的红包互动全面升级，主打"家庭"概念，一人中奖即全家中奖，增强了家庭观看的黏性。晚会直播过程中还特别设计了"春晚来电"，观众能通过手机镜头观看明星正在进行的活动，提高了观众参与春晚议程的积极性，增强了春晚的集体记忆。

"历届春节晚会主创人员都把民族国家的整体性逻辑和现代化的进化论逻辑作为春

---

① 任帅:《2018 年中央电视台春节联欢晚会宣传方案设计》，浙江大学硕士论文 2018 年 6 月。
② 任帅:《2018 年中央电视台春节联欢晚会宣传方案设计》，浙江大学硕士论文 2018 年 6 月。

节晚会潜在的叙事规范，以此来组织各种可以利用的文化资源，以形成一个富裕、欢乐、团结的整体形象。"① 2018 年春晚，作为中国共产党胜利召开第十九次全国代表大会之后的第一届春晚，具有重要的使命意义。在强化国家意识、树立国家形象、展现时代风采的基础上，将十九大思想内涵艺术化地贯穿、融合到各类节目当中，通过原创的时代主题歌曲传递国家和民族情怀，立意深刻的语言类节目点明民生热点，跨类融合的艺术对接增添舞台活力，广泛吸纳的国际元素重塑文化自信，技术与文化结合的舞台设计实现奇观盛宴，媒体合作、深化互动的方式拓展、提升了春晚品牌的影响力。

（本文作者：王琳）

附：2018 年春节联欢晚会节目单

首播时间：2018 年 2 月 15 日 20：00
总导演：杨东升
主持人：任鲁豫、康辉、朱迅、尼格买提、李思思
（贵州黔东南分会场）马跃、窦爱莉
（广东珠海分会场）杨帆、桂嘉晨
（山东曲阜泰安分会场）李佳明、李毅
（海南三亚分会场）张泽群、王丝

1. 开场《万紫千红中国年》 表演：凤凰传奇、容祖儿（中国香港）、周渝民（中国台湾）、沙溢、胡可、佟丽娅、陈晓；魔术：李宁、胡凯伦（中国台湾）
2. 舞蹈《欢乐的节日》 表演：张傲月、蔡亦寒、郝若琦、李炜然、小白桦俄罗斯民族舞蹈团、尤兹依尔（阿塞拜疆）、塔拉（英国）、瓦利德（英国）、王红超、张悦、杨皓云、杨皓翔、张磊、姚双新
3. 小品《真假老师》 表演：贾玲、张小斐、许君聪、何欢
4. 歌曲《赞赞新时代》 表演：李易峰、景甜、江疏影
5. 小品《学车》 表演：蔡明、潘长江、贾冰
6. [贵州黔东南分会场]
   （1）侗族大歌《尽情欢歌》 表演：黎平县万人侗族大歌合唱团、黎平县侗族大歌艺术团
   （2）歌舞《太阳鼓》 表演：林志炫（中国台湾）

---

① 吴海清：《论央视春节晚会对春节文化的重构》，《河北学刊》，2004 年第 6 期。

（3）歌舞《对歌对到日落坡》 表演：阿幼朵、蝶当久

7. 魔术与歌曲《告白气球》 表演：周杰伦（中国台湾）、蔡威泽（中国台湾）

［公益广告：家国兴旺］

8. 少儿歌舞《旺旺年》 表演：郭成（飞人表演）、乔麦元、王贤梅（驯狗表演）、山东省莱州中华武校、空军蓝天幼儿艺术团、海军海娃艺术团、魔术气球人

9. 小品《回家》 表演：方芳（中国台湾）、张晨光（中国台湾）、王姬、杜宁林、狄志杰（中国台湾）等

10. 歌曲《岁月》 表演：王菲（中国香港）、那英

［特别设计国宝回归《丝路山水地图》］ 嘉宾：张国立、单霁翔（故宫博物院院长）、许荣茂（香港世茂集团董事局主席）

11. 舞蹈《丝路绽放》 表演：星海音乐学院、吉林市歌舞团、三亚市歌舞剧院、中国邮政艺术团、中国电信武汉艺术团、济南大学

12. 小品《提意见》 表演：孙涛、秦海璐、王宏坤

13. ［广东珠海分会场］

（1）歌曲《勇气》 表演：派伟俊（中国台湾）（《2017我要上春晚》晋级选手）；杂技：长隆横琴国际马戏城；威亚：珠海市蓝海之略艺术团、珠海市圆明新园旅游有限公司艺术团

14. 歌曲《我的春晚我的年》 表演：王凯、杨洋

15. 相声《我爱诗词》 表演：冯巩、贾旭明、曹随风、侯林林

16. 歌曲《山笑水笑人欢笑》 表演：吕继宏、张也

17. 歌曲《中国》 表演：成龙（中国香港）、吴京

18. 武术《双雄会》 表演：释延淀、清风子、中国嵩山少林寺武僧团、郑州大学体育学院、河南少林塔沟武术学校

19. ［山东曲阜泰安分会场］

（1）歌曲《龙的传人》 表演：黄晓明、钟汉良（中国香港）、言承旭（中国台湾）、夏利奥（中国澳门）

（2）钢琴协奏曲《黄河颂》 选段指挥：李心草；钢琴演奏：李云迪、陈萨

（3）歌曲《天耀中华》 表演：领唱加合唱

20. 小品《同喜同乐》 表演：郑恺、娄乃鸣、大兵、周埃乐（加蓬）、蒙内铁路乘务组（肯尼亚）、Zaouly面具舞团（科特迪瓦）等

21. 歌曲《最好的舞台》 表演：黄渤、陈伟霆（中国香港）、张艺兴；齐舞表演：舞邦（SINOSTAGE）

22. 戏曲《盛世梨园美》

（1）京剧《大赐福》 表演：孟广禄、杨赤、王越、方旭

（2）地方戏《观灯》 表演：杨婷娜、李旭丹、陈俐、廖聪、金不换、徐福先

（3）舞剧《粉墨登场》选段 表演：山西艺术职业学院华晋舞剧团

（4）京剧《天女散花》选段 表演：李胜素、姜亦珊、张馨月、刘京、马佳

（5）京剧《碧海丹心戚继光》 表演：李军、张建峰、杜喆、冯冠博、李博

23. 歌曲《再一次出发》 表演：韩磊

[介绍全国道德模范]

24. 体育与舞蹈《波涛之上》 领舞：胡适；表演：南京体育学院、吉林市歌舞团、三亚市歌舞剧院、星海音乐学院、山东师范大学、山东青年政治学院

25. 歌曲《幸福新起点》 表演：孙楠、谭维维；领舞：潘永超、秦丹妮

26. [海南三亚分会场]

　　（1）钢琴协奏曲《新丝绸之路》 钢琴演奏：马克西姆（克罗地亚）、吴牧野

　　（2）歌曲《乘风破浪》 表演：古巨基（中国香港）、张碧晨、平安、喻越越

27. 杂技与舞蹈《沙场砺兵》 杂技：潘跃新、大兴东杂技团；舞蹈：三亚市歌舞剧院、山东师范大学、山东青年政治学院

28. 歌曲《我和2035有个约》 表演：加油男孩组合（TFBOYS）

29. 相声《单车问答》 表演：董建春、李丁

30. 歌曲《不同凡响》 表演：萧敬腾（中国台湾）、袁娅维（《2017我要上春晚》晋级选手）、迪玛希（哈萨克斯坦）

31. 歌曲《我们的新时代》 表演：阎维文、雷佳

【零点钟声】

32. 民族歌舞《中华手拉手》 表演：云朵、云飞、曹芙嘉、扎西顿珠、金美儿、呼斯楞、王紫格（《2017我要上春晚》晋级选手）、傲日其楞（《星光大道》2017年度总冠军）等

33. 小品《为您服务》 表演：林永健、杨少华、李明启、王丽云、李琦、李诚儒、戴春荣、李建义、张立、杨紫、白凯南、蒋诗萌、郭金杰等

34. 舞蹈《亮花鞋》 表演：阆中春节文化民俗艺术团、星海音乐学院、中国电信武汉艺术团、四川大学

[世界部分国家、国际组织领导人拜年]

35. 歌曲《我爱你中国》 表演：张英席、金婷婷、田浩江（美国）、朱丽叶（美国）、雅娜（俄罗斯）、茱莉亚（美国）、塔拉（美国）、苏菲（法国）、朱塞佩（意大利）、安德利亚（意大利）、瓦迪斯（拉脱维亚）

36. 歌舞《难忘今宵》 表演：李谷一、霍勇、刘雨欣、汤非

奋进新时代　欢度幸福年

——2019 年春晚记忆

2019 年是新中国成立 70 周年，是决胜全面建成小康社会第一个百年奋斗目标的关键之年。回顾 2018 年，习近平总书记表示："我们过得很充实、走得很坚定。"生态文明保卫战顺利推进；中国制造转型升级；脱贫攻坚、乡村振兴频传喜讯；改革开放 40 周年进行重构性改革；博鳌亚洲论坛、上海合作组织、中非合作论坛等外交活动不断扩大……这些成就源自辛勤的奋斗者，来自努力的追梦人。在这一背景下，2019 年央视春晚以革命、建设、改革三大历史维度为切入，设立了革命老区江西吉安井冈山、"共和国长子"老工业基地吉林长春以及改革开放的"窗口"广东深圳三大分会场，勾勒出中国从站起来到富起来、强起来的历史轨迹。

2019 年春晚是中央广播电视总台成立后的首届春晚，总导演由央视综艺频道副总监刘真担任。本届春晚从创作理念与主题把控、节目内容与形式、技术革新与融合方面都进行了提升与革新。整台节目处处点亮当代中国人追求"中国梦"的坚定、书写"新时代"的决心、力图构筑"人类命运共同体"的真诚和豪迈。

守正创新：家国同构、筑梦未来，歌舞传递中国梦

从 1983 年到 2019 年，历经 37 年的打磨和沉淀，央视春节联欢晚会不断强化着其见证中国大众文化萌芽和发展，用影像记录历史变迁，作为国家意识形态宣传平台与主流文化共进共振的责任和使命①。2019 年春晚延续并加强了"家国同构、筑梦未来"的叙事模式，在艺术实践中嵌入了"爱国""梦想""团聚"三大关键词，以中国历史的三大进程为自然过渡，将革命赞歌、经典名曲、爱国劲曲、时尚新曲等曲目相融合，歌唱出时代的进步、美好愿望的成真以及各族同胞实现中国梦的坚定信念。

在叙事模式上，通过"1+3"会场模式，充分运用会场的地理生态、景观装配，展现会场历史解说的功能，将国家情怀与个人情怀自然贯连。如在江西井冈山分会场，

---

① 洪晓：《央视"春晚"的国家意识形态表征演变（1983-2017）》，《名家欣赏》2017 年第 12 期，第 140 页。

将万亩梯田和金山作为舞台主体,通过"糍粑舞""板凳龙",《请茶歌》《映山红》展现地方特色,歌颂革命烈士;朗诵节目《可爱的中国》和歌曲《新的天地》紧随其后,从井冈山这一分会场实现了时空的关联——革命老区率先脱贫,民族复兴奋进接力。吉林长春分会场,以汽车、工业、科技为舞台元素,以《雪花赋》《时代号子》为主题歌曲,从冰雪风光和工业发展两大维度出发,展现出东北老工业基地振兴的实力以及工人们劳动奋进的动力。广东深圳分会场,聚焦改革成果,大力展现科技与时尚,歌舞《青春畅想》中全柔性屏特制的"柔衣"登台亮相、大型仿人服务机器人与演员共表演、千架无人机低空盘旋、AR技术打造的"云轨""飞车""水流""鲸鱼",户外投影秀影射的未来城市,共同映照出人们对新时代美好生活的憧憬。①

图 1　深圳分会场与长春分会场

在主题融合上,有的突出"爱国"这一关键词,庆祝新中国成立 70 周年,抒发爱国情怀,展现时代风貌,如主会场《中国喜事》《我和我的祖国》《幸福中国一起走》《点赞新时代》《和祖国在一起》。其中《我和我的祖国》由老中青三代艺术家联袂演唱,身后由身着 56 个民族服饰的演艺人员齐声合唱,背景画面频频闪现祖国的大好河山以及 2018 年中国在科技领域的进步和突破:港珠澳大桥的开通、大兴国际机场的蓝图、嫦娥四号探测器成功发射、北斗导航向全球组网的迈出、国产大型水陆两栖飞机水上首飞、第二艘航母出海试航……这首歌将人民对祖国的爱恋之情展现得淋漓尽致,也成为 2019 年传唱度最高的一首歌。本届春晚还生动展示了"梦想"这一关键词的各个层次。《我们都是追梦人》《青春畅想》,一群年轻人歌唱着追逐梦想的勇气和信念,"心中有力量,举目高眺,不怕万里路遥""走在追梦路上,寒来暑往乘风破浪",表达了年轻人的活力与激情;《我奋斗,我幸福》唱出了中年人为家、为国的奋斗、坚守与无悔。《夜空中最亮的星》演唱人员均为《2018 年我要上春晚》晋级选手,在表述年轻人对梦想坚持的同时,也寓意着普通人的梦想成真。

---

① 陈寅、杨洛琪:《2019 年央视春晚的艺术创新与融合传播》,《电视研究》2019 年第 7 期,第 44—46 页。

图 2　歌舞《我和我的祖国》

文化名片：戏曲武术绎经典，四海绝技齐相聚

2019 年的央视春晚具有浓浓的中国味，通过戏曲、舞狮、武术等国粹经典展现了中国优秀的传统文化，以春风化雨的方式对大众进行"人文化成"①。如今年的戏剧节目《锦绣丽园》在 21:10 播出，与以往春晚的戏剧节目相比，此次安排在黄金时段且总时长达 8 分半，为历年之最，可见今年导演组对国粹戏剧的重视。《锦绣丽园》以串烧形式涵盖了京剧、越剧、豫剧、黄梅戏等不同流派剧种，包含《观灯》《梁祝》《智取威虎山》等经典选段。节目还穿插了三段小戏童的精彩演绎，一是开场时一群戏童朗诵戏曲祖训词；二是在《观灯》中一群"小文丑"踩着"矮子步"扮演七品芝麻官；三是结尾时戏童献唱《智取威虎山》，三段儿童表演穿插其中，传递出戏剧传承从小抓起的理念。本届春晚的压轴作品《英姿》也融入了戏剧元素，传统的川剧戏服、冠帽、靠旗、单翎与现代舞蹈艺术融合出新的形式，展示出巾帼不让须眉的英姿。

武术《少林魂》创下了历年春晚单个节目参演人数最多的新纪录。在音乐伴奏下，上万人在少林功夫的基础上，不断移动位置，变换出八卦阵、人塔等图案，在动与静、聚与散的演绎中展现出中华武术行云流水、气吞山河的气魄。最为壮观的是，河南少林塔沟武校的师生们用红色绸带排出一幅 6000 多平方米的五星红旗，通过人浪展现出国旗迎风飘扬的效果，视觉景象震撼，民族凝聚尽展。舞蹈与武术融合的《百狮报喜贺新春》全长三分五十秒，是本届春晚最长的舞蹈节目，以南狮表演为核心，首创高难度梅花桩动作，一气呵成完成三分多钟的飞跃②，彰显出泱泱大国的男子气概和气氛浓郁的民族自信。

---

① 曹银忠、刘晓琳：《媒介融合视域下的央视春晚思想政治教育功能探析——以 2019 年的央视春节联欢晚会为例》，《电子科技大学学报（社科版）》2019 年第 4 期，第 101–107 页。

② 央视新闻：《揭秘：春晚最长舞蹈是如何炼成的》，https://mp.weixin.qq.com/s/2N4ABA5-Om9OlPxa0hvs7g。

图 3　武术《少林魂》

荟萃类杂技节目《争奇斗技》由来自五湖四海的七大杂技团、十大门类组成，在节目编排上分为三个单元，第一个单元将红绸飞天、蹬鼓、吊环技艺元素为组合，随着逐渐加快的音乐不断拔高动作难度，形成美好生活共同努力的篇章；随后以横向钻圈、纵向蹦床为搭配，添加火焰元素，营造出红火欢腾的新年气氛；最后一单元由空竹、弹球表演组成，循环往复的旋转腾挪，寓意着岁月轮回，旧时代的远去，新时代的到来。不同技艺的展现，既营造出群英荟萃、万众齐心的氛围，也贴合了本届春晚"奋进新时代、欢度幸福年"的主题。

传统文化的创新在《敦煌·飞天》中尤为凸显，阴阳调和、刚柔并济，在舞美设计和服装方面，借助 VR 技术，将现实与传统对接，剥离时空、活化文物，还原出敦煌壁画的盛景；在内容与形式上，景深是《飞天》图，前景是舞蹈演员曼妙惊鸿的演绎，将中国传统舞蹈敦煌舞与西方芭蕾舞相嫁接，展现出民族文化现代化的艺术美感，使人联想到"一带一路"合作交流的美好未来。

图 4　舞蹈《敦煌·飞天》

聚焦民生：批评类、讽刺性小品数量创十年新高

与春晚同时诞生的中国喜剧小品，从20世纪80年代的"单纯欢乐"到90年代的"目标期待"，后来的"惯性挑刺儿"，再到至今的"笑口难开"，① 中国语言类节目随着央视春晚的演变轨迹不断地进行着艺术调整，体现出大众审美水平的不断提高以及新时代艺术的创新走向。2019年央视春晚的语言类节目加强了以人民为中心的创作导向，话题中心从"夫妻、家庭关系"转向"职场"，批评类小品数量创十年新高②。

从题材选择来看，本届春晚小品题材紧扣民生，涵盖春运站台的温情、职场中的人际关系、市场诈骗的乱象、家长争取教育资源的现实、鞭挞领导干部不良作风等内容，演职人员通过走基层、搞调研、再创作的形式为大众展现了社会生活的百态群像。党的十八大以来，以习近平同志为核心的党中央坚持全面从严治党、"打虎拍蝇"、八项规定、纠正"四风""两学一做"等反腐倡廉战略不断推进。小品《演戏给你看》在这一背景下诞生，讲述了为应付上级检查，村委会主任强迫村民歌颂自己并请来县剧团演员当主演，村民孙二愣子误将暗访的高科长当成"同行"，高科长将计就计，摸清了村里的实情，揭露了村主任欺上瞒下、弄虚作假的丑态。该小品反映了基层干部的腐败现象，批判了某些干部不作为、乱作为，搞形式主义、官僚主义的不良作风，也间接地为了解民情提供了方式方法，展示了精准扶贫、基层反腐的成果。今年春晚语言类节目有8个，其中"职场"题材的小品占据了3个，分别是《办公室的故事》《啼笑皆非》《爱的代价》，通过女总监、保洁员、代驾员这些小群体展现出职场的复杂关系。

图5 小品《演戏给你看》

---

① 谢旭慧、张珵：《2019年央视春晚小品述评》，《艺术百家》2019年第3期，第80-85页，第103页。
② 赵佐燕、戴玉：《2019央视春晚批评类小品数量创十年新高》，《解放日报》2019年2月6日。

从表现样式来看，今年春晚的语言类节目与2018年春晚相比形成了"逆转"，讽刺、批评类小品的数量占半数以上。如小品《"儿子"来了》批判了针对老年人的诈骗行为；《演戏给你看》讽刺了村主任的官僚作风；《啼笑皆非》批判了保洁员对工作的态度，顾客对投诉权利的滥用；《办公室的故事》揭露了领导与员工之间管理沟通的缺乏；《占座位》反映了家长对孩子陪伴的缺乏。近年来喜剧小品越发注重自身的讽喻功能，刻画的丑角形象也越来越生活化，但从喜剧冲突的搭建样式来看，本届春晚小品主要以误会和巧合进行串联。如《演戏给你看》由于错认反贪局长为剧团演员而将错就错揭露了实情；《啼笑皆非》通过清洁工与雇主、清洁工之间的误会搭建起剧情；《办公室的故事》误将快递员当员工、被开员工恰巧为总裁千金、女朋友生日与女总监为同一天，过度的偶然堆积在一起，使艺术手段的展现略显单一，难免产生故事失真和对小品细节的怀疑。

从演员阵容来看，本届春晚大力整合喜剧团队，德云社、开心麻花、爱笑兄弟、大碗娱乐等汇聚一堂，外加巧妙搭配脱口秀演员、影视演员，形成喜剧界编、导、演的强阵容。如演员阵容最大的小品《站台》，通过五对夫妻、老中青三代，反映出亲情、友情、爱情的珍贵，影视演员杨紫与佟大为、脱口秀演员王自健皆在其中。《"儿子"来了》中，著名演员葛优用其特有的节奏和风格为节目增添了独特的韵味。

图6　小品《"儿子"来了》

求新求变：体育艺术大融合，创意节目齐称赞

坚持创新是艺术永葆生命力的前提，本届春晚坚守跨界融合的创作理念，进一步丰富节目的多元类型和表现样式，其中创意类节目《青春跃起来》《绽放》将体育与艺术相结合，皆获得大众认可。由人气明星李易峰、朱一龙领衔的《青春跃起来》，充分诠释了"无奋斗，不青春"的内涵，该节目邀请了斯洛文尼亚以及匈牙利的扣篮团队，调用国内优秀的扣球表演队、CBA啦啦队、技巧啦啦队以及平均年龄为10岁的

STC 街舞团，在春晚舞台上首次充分展示花式篮球的精彩表演，并作为开场时段的节目用青春激情点燃全场。

图 7　创意节目《青春跃起来》

特别设计节目《绽放》是花样游泳和芭蕾舞的结合，该节目由台湾明星林志玲携手武汉汉秀艺术团，湖北、湖南省体育局花样游泳队以及辽宁芭蕾舞团共同打造的创意节目，林志玲在花瓣中缓缓走出，接着坐拥花环升入空中，随后纵身跃入水中，穿越花样运动员组成的"春之环"。《绽放》的导演张敏表示："这个节目放在春晚的历史上都是难度很高的，也是春晚节目首次在水面上做的一个呈现，将水陆空三大空间相结合，展示了水上芭蕾、地面芭蕾、高空跳水融为一体的创意之美。"①

图 8　特别设计节目《绽放》

跨屏联欢：技术革新、因时而动，融媒体实践创纪录

2018 年 3 月 21 日，中共中央印发《深化党和国家机构改革方案》，将原中央电视台、中央人民广播电台、中国国际广播电台三台合并为中央广播电视总台，归口中共

---

① 人民网湖北频道：湖北选送《绽放》美轮美奂惊艳央视春晚，http://hb.people.com.cn/n2/2019/0206/c192237-32615871.html。

中央宣传部领导,加强对意识形态、舆论阵地的把控。① 同时,国家顶层设计进一步推进,《新闻出版广播影视"十三五"发展规划》中明确提出,要大力支持大型主流媒体建设统一指挥调度的融媒体中心。② 机构合并搭建"中央厨房",利于实现传统主流媒体的弯道超车。2018年中央广播电视总台还与移动、联通、电信三大通信公司以及华为公司共同合作,携手启动建设我国第一个基于5G技术的国家级新媒体平台。在数字技术的助力下,媒介信息以更快、更广、更清晰的样态传入寻常百姓家。2019年的央视春晚是中央广播电视总台成立后的第一届春晚,不仅创下了如4K制作、5G传输、观众规模达11.73亿人、跨屏总收视率达30.07%、美誉度高达96.98%等诸多纪录,③ 还通过短视频、互动评论等网状立体的传播渠道、传播形式,让春晚品牌资源的利用实现最大化,让主流意识、核心价值观以艺术化的方式"入耳入脑入心"。

在技术革新层面,首次实现5G+VR的实时制作传输测试、4K超高清VR制播、智能语音识别字幕技术,加之AI、AR、云计算、仿生机等技术的完备,营造出身临其境的梦幻舞台。④ 如儿童节目《找朋友》中奇幻的自然景象、《敦煌·飞天》的飘逸美感、深圳分会场凤凰飞天仿生扑翼机的应用等。

图9 少儿节目《找朋友》的VR虚拟效果

在直播互动上,2019年央视春晚与人工智能技术和大数据分析有优势的百度进行合作,在《春晚进行时》引入智能机器人"小度",讲解春晚故事,丰富春晚内涵。通过数据分析,集结全网信息,解读春晚知识,外延春晚品牌。直播期间,百度为四轮红包互动提供9亿元现金。截至2月4日零点,"好运中国年"主题红包互动达208亿次。

2018年是"抖音元年",央视春晚紧抓互联网风口,与抖音进行了内容合作,以

---

① 《深化党和国家机构改革方案》,《光明日报》2018年3月22日。
② 中共中央办公厅、国务院办公厅:《国家"十三五"时期文化发展改革规划纲要》,《人民日报》2018年5月8日。
③ 央广网:《2019年春晚将运用4K、5G等新技术呈现前所未有的视听效果》,http://app.myzaker.com/news/article.php?pk=5c52f86177ac6403f925250e。
④ 楚卫华:《2019年央视春晚的美学分析》,《文化学刊》2019年第8期,第65-67页。

"幸福又一年"为主题发起了覆盖全球的"五大行动",分别是"春晚看我的""看我瞬移回家""拜个抖音年""新年心同步""我们都是追梦人"。伴随着春晚进程,"五大行动"层层递进。截至2月4日零点,春晚与抖音联合推出的《幸福又一年》视频,观看量突破247.8亿次,"我们都是追梦人"单个视频的最高点赞数突破223万个①。此次春晚搭载抖音,在创新传播方式、吸引年轻化用户方面作出了努力,在春晚直播期间,抖音的模仿秀"春晚看我的"活动让"观看"切实变为"参与",提升了用户对春晚的沉浸式体验;春运主题"看我瞬移回家"的视频玩法,用年轻人喜欢的方式记录了回家的盛况与团聚的意义。此次央视春晚与抖音的合作还专门设立了"春晚官方抖音账号",通过设置话题挑战、拜年舞等创意玩法,结合贴纸、AR等人工智能技术带动用户拍摄视频,进行网上拜年,营造了"喜气洋洋、欢乐吉祥"的新年氛围;与此同时,贯通抖音海外版TikTok,进一步方便全球观众互动,传递年俗文化、中国精神。1月28日至2月4日,抖音开展了"集音符,赢彩头"等通关式赢福利活动,用户通过随拍,记录跟春晚有关的生活视频,并能随机获得"美好生活音符",集齐七大音符,除夕当晚可共分5亿元现金。这种即拍即享的方式,大大降低了普通人的创作门槛,使抖音平台的用户基数不断向三线以下城市扩展,35岁以下用户占比90%,这不仅与春晚受众不谋而合,还契合了春晚年轻化诉求。"我们都是追梦人"活动让依然坚守在岗位上的人们参与其中,制作了大量正能量短视频,由此衍生的春节手势舞还吸引了众多明星、素人的参与。

借助总台"一键触发"的优势,今年的春晚实现了全民跨屏大联欢,热点话题持续霸屏,大屏小屏形成互补。

图10 抖音在春晚期间上线的"我们都是追梦人"活动

---

① 马扬:《浅谈2019年央视春晚融媒体实践》,《电视研究》2019年第5期,第49—50页。

　　作为延续了37年的华人"年夜饭",2019年央视春晚植根中华民族优秀传统文化,坚守以人民为中心的创作理念,乘搭媒体大融合的时代快车,在节目内容、节目形态、话语方式、传播途径、技术手段等方面都做出了努力和创新。作为中央广播电视总台组建成立后的首届春晚,充分发挥集群优势,将内容与渠道并举,实现了传统媒介与新兴媒介的耦合,呈现出传播载体的跨屏互动,内容分发的立体模式,构建起守正为本、引导为要、人民为轴、融合为先的传播格局,为大众呈现了一台内核正、价值美、品相好、传播广的春节盛典。

(本文作者:王琳)

附:2019年春节联欢晚会节目单

首播时间: 2019年2月4日20:00
总导演: 刘真
主持人: 康辉、任鲁豫、朱迅、尼格买提、李思思
　　　　　(江西吉安井冈山分会场)张宇、尹颂
　　　　　(吉林长春一汽分会场)张泽群、杨帆
　　　　　(广东深圳分会场)杨帆、庞玮

1. 开场舞蹈《春海》 表演:王倩、宋玉龙、李响、蔡亦寒、罗嘉诚、孙灿、庞冠宇、彭捷、秦朗、敖定雯、王占峰、常思诺、李荣志、戚缤月、朱清浩、王雨童、孔伟凯、李心玥、陈云、龚晋、林清景、刘延强、王浩然、王拓、苏华策等

2. [三地分会场拜年]
　　(1)歌舞《过新年》 表演:井冈山大学、吉安职业技术学院、江西省瑞金市红舞星舞蹈培训学校、井冈山小学
　　(2)歌舞《红太阳照边疆》 表演:池春兰、廉春美、展新、崔红兰、丁宇、全权日、卢家宝、王晨
　　(3)《花开南国》

3. 舞蹈《百狮报喜贺新春》 表演:刘伽、佛山市南海区比麟堂、中南民族大学音乐舞蹈学院、四川大学艺术学院、西华大学音乐与舞蹈学院、南宁市艺术剧院有限责任公司、贵州师范大学音乐学院、中国邮政艺术团、中国电信武汉艺术团、河南少林塔沟武校

4. 相声《妙言趣语》 表演:岳云鹏、孙越

5. 歌舞《中国喜事》 演唱:凤凰传奇、钟汉良(中国香港)、迪丽热巴、张艺兴、周冬雨

6. 创意表演《青春跃起来》 表演：李易峰、朱一龙、扣篮酷王团队（斯洛文尼亚）、重力领主花式扣篮团队（匈牙利）、JS花式篮球蹦床扣篮表演队、延安STC舞蹈工作室、华东师范大学全明星健美操啦啦队、浙江稠州蕞红啦啦队（以上为《2018我要上春晚》选送）

7. 小品《站台》 表演：尚大庆、李文启、黄晓娟、佟大为、杨紫、王自健、孙茜、李闯

8. 歌舞《妈，我回来啦》 演唱：容祖儿（中国香港）、林志炫（中国台湾）、沙宝亮、涵子（海外华人）

9. [江西井冈山分会场]

    (1) 歌舞《请茶歌》 演唱：刘涛、黄晓明

    (2) 歌舞《映山红》 演唱：吉克隽逸

    (3) 朗诵《可爱的中国》 节选表演：刘劲、刘佩琦、李光洁

    (4) 歌舞《新的天地》 演唱：郁可唯、平安、喻越越

10. 戏曲《锦绣梨园》 表演：闫巍、吴奇峪、王胜男、浙江婺剧艺术研究院、吉林市歌舞团、河南少林塔沟武校、空军蓝天幼儿艺术团

    (1) 京剧《合家欢》 表演：袁慧琴、康静、张兰

    (2) 豫剧、京剧《观灯》 表演：金不换、谈元、邵海龙

    (3) 黄梅戏、越剧《梁山伯与祝英台》 表演：赵媛媛、陈雪萍、程丞、吴美莲、廖琪瑛、娄周英

    (4) 粤剧《粤韵新篇》 表演：曾小敏、彭庆华、文汝清

    (5) 京剧《赤桑镇》 表演：孟广禄、方旭、王嘉庆

    (6) 京剧《庆丰年》 表演：王珮瑜、张建峰、杜喆

    (7) 京剧《智取威虎山》 表演：胡文阁、五一幼儿园

11. 小品《办公室的故事》 表演：闫妮、周一围、吴海龙、张维威、沈月、李栋、李佳旭

12. 歌舞《时间的远方》 演唱：孙楠、张杰

13. 武术《少林魂》 表演：河南少林塔沟武校

14. 小品《"儿子"来了》 表演：葛优、蔡明、潘长江、乔杉、翟天临、郭晓小

15. 歌舞《我们都是追梦人》 表演：秦岚、江疏影、景甜、王俊凯、王源、易烊千玺（加油男孩）、吴磊

16. 小品《占位子》 表演：沈腾、马丽、艾伦、常远、魏翔

17. 歌舞《找朋友》 表演：空军蓝天幼儿艺术团、东莞市长安镇中心幼儿园

18. 歌舞《今夜无眠》 演唱：费玉清（中国台湾）、陈慧琳（中国香港）

19. 小品《演戏给你看》 表演：孙涛、林永健、句号

20. [吉林长春一汽分会场]

  (1) 歌舞《雪花赋》 演唱：杨宗纬（中国台湾）、杨颖（中国香港）

  (2) 歌舞《时代号子》 演唱：刘烨、白宇

21. 舞蹈《敦煌·飞天》 领舞：鲁娜、邱芸庭、王济禹等；表演：中央芭蕾舞团、北京舞蹈学院芭蕾舞系

[公益广告《过年》]

22. 歌舞《我和我的祖国》 演唱：郭淑珍、李光曦、胡松华、刘秉义、于淑珍、杨洪基、德德玛、关牧村、张英席、金婷婷、霍勇、周晓琳、钟丽燕、夏利奥（中国澳门）

23. 小品《啼笑皆非》 表演：贾玲、张小斐、许君聪

24. 歌舞《我奋斗我幸福》 演唱：成龙（中国香港）、陈伟霆（中国香港）、邓伦

25. 歌舞《幸福中国一起走》 表演：张也、吕继宏

[特别设计]

全国道德模范、时代楷模拜年

"英雄航班"川航3U8633机组

26. 歌舞《点赞新时代》 演唱：乌兰图雅（《2018我要上春晚》晋级选手）、师鹏、沙溢、胡可、云朵、云飞

27. [广东深圳分会场]

  (1) 歌舞《青春畅想》 演唱：关晓彤、王嘉、韩雪、魏大勋、台风少年团

  (2) 歌舞《朋友》 演唱：周华健（中国香港）、任贤齐（中国香港）；钢琴演奏：郎朗

28. 歌舞《和祖国在一起》 演唱：雷佳、韩磊

[零点钟声]

[三地分会场拜年]

29. 歌舞《同心共筑中国梦》 演唱：曹芙嘉、弦子、阿云嘎、昂萨（《星光大道》2018年度总冠军）、聚来提

30. 杂技《争奇斗技》 表演：河南省杂技集团、济南杂技团、大连战士红星艺术团、广西杂技团、沧州杂技团高红星、纪咏勋（中国台湾）、宜宾市杂技团

31. 特别设计《绽放》 表演：林志玲（中国台湾）、武汉汉秀艺术团、湖北省体育局花样游泳队、湖南省体育局花样游泳队、辽宁芭蕾舞团

32. 小品《爱的代驾》 表演：郭冬临、邵峰等

33. 歌曲《夜空中最亮的星》 演唱：于毅、扎西平措、傲日其楞（均为《2018我要上春晚》晋级选手)

[公益广告《新春新声》]

34. 舞蹈《英姿》 领舞：李祎然、王家鑫、胡图兰；表演：成都市文化艺术学校、四川省歌舞剧院有限责任公司、四川省艺术职业学院
35. 歌舞《难忘今宵》 演唱：李谷一、刘和刚、王莉、汤非

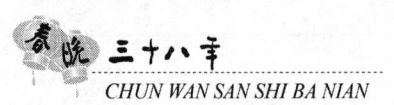

同心聚合力　共筑小康梦
——2020 年春晚记忆

2020 年 1 月 24 日晚 8 时，在辞旧迎新的除夕之夜，一年一度的"春节联欢晚会"又拉开了序幕。本届春晚以"共圆小康梦，欢乐过大年"为主题，以全面建成小康社会、坚决打赢脱贫攻坚战为主线，通过创新演员阵容、节目形态、舞台美术、融合传播、科技应用让人耳目一新。

阖家团聚、其乐融融、共度春节是中国人的传统，但 2020 年的除夕夜对许多人而言却心情复杂，一场突发的新型冠状病毒性肺炎由武汉迅速蔓延至全国，生与死、时间与速度、焦虑与担忧萦绕在每个人的心头。作为国家媒体的央视春晚直面疫情，及时加入相关节目，致敬奋战在防疫一线的工作人员和坚守在疫区的人民，凝聚全国人民共克时艰的力量，平复恐慌，坚定信心。正是这个临时添加的节目让这届春晚不仅有年味，更有温度。

回首刚刚过去的 2019 年，恰逢新中国成立 70 周年，中华民族迎来了从站起来、富起来到强起来的伟大飞跃。央视春晚节目通过联结"小家"与"大家"，表现了给全国各族人民带来的获得感、安全感、幸福感和自豪感，展现了中华民族伟大复兴的美好图景。嫦娥四号、长征五号、雪龙 2 号、北斗导航、"复兴号"高铁在春晚短片中悉数亮相，中国制造、中国建造、中国创造的成绩引人注目……而这些成就来自新时代奋斗者的心血和汗水，彰显出不同凡响的中国风采、中国精神、中国力量。2020 年是全面建成小康社会、脱贫攻坚决战决胜之年，是十三五规划的收官之年，站在即将实现第一个百年奋斗目标的历史节点上，央视春晚秉承"接地气、聚人气、鼓士气"的思想，聚焦了百姓生活，反映了社会现实，传播了主流价值，弘扬了中国之美。

《爱的桥梁》戳泪点　齐心协力抗疫情

新年欢庆之时，由武汉开始蔓延的新型冠状病毒性肺炎疫情牵动着大众的心，面对传染性强、发展迅速的疫情，本届春晚完成所有联排后临时增加了未经彩排的疫情防控主题节目，以鼓励武汉人民勇敢抗击疫情。与此同时，河南郑州、粤港澳大湾区两大分会场由原定直播改为录制。央视新闻官方微博倡议大家,在家看春晚,消息一经发出,阅读量突破3亿次,网友纷纷对此表示理解和支持。纵观微博热搜,也只有"春晚""疫情"两类话题,人们一边观看春晚一边关注疫情,这种冰火两重天的热议状态注定让这届春晚具有深意。一方面,春晚作为一场盛大联欢的集体仪式、辞旧迎新的文化符号,内涵年度大事、展望美好未来的年终晚会,承载着华夏儿女的时代记忆和家国情怀;另一方面,现实沉重的公共卫生事件与喜气洋洋春晚氛围的割裂,也不禁让人再次审视春晚的痼疾。

据央视鼠年春晚总撰稿秦新民披露,2020年央视春晚开播10小时前,节目单进行了调整,特别增加了关于疫情防控的情景报告节目《爱的桥梁》。该节目由央视文艺中心与央视新闻中心联合打造,白岩松亲笔创作,与康辉、水均益、贺红梅、海霞、欧阳夏丹共同演绎。这是春晚历史上准备时间最短的节目,但也正如白岩松所言,这个"最短"包含了太多"最长"。"我们在这过年,你们却帮我们过关""我们爱你们!不止在今天,还在未来生命中的每一天""您安全了,14亿人都安全了""隔离病毒,但绝不会隔离爱"等暖句,在辞旧迎新的除夕夜,在疫情防控紧锣密鼓的时刻,春晚此次临时之举让人倍感温暖。六位央视主持人用朴实的语句歌颂了奋战一线的工作人员,呼吁大家共渡难关,平复疫情带来的恐慌,科普预防病毒的举措,凝聚、号召全国人民守望相助、团结一心战胜疫情。公益广告《大爱无疆》展现了医护人员忘我救治的场景,回顾了人们不畏疫情艰险,用爱传递平安的点滴。虽然这个未经彩排的临时节目在细节上难言完美,但它传递出一个信号:齐心协力,众志成城,没有过不去的坎儿。

图1 情景报告《爱的桥梁》

该节目一经播出立即登上话题热搜榜,全网提及量超16.4万次,全网二次传播倍率超1400倍,100多家媒体在新媒体端对节目内容进行了转载,相关内容在两微一端浏览量达 1.27 亿次，路透社、美联社、德新社等众多西方媒体也对此节目做了报道和评论。①"暖心"成为该节目的评论热词，节目金句被纷纷引用，众多网友留下了感动的眼泪，称赞春晚展示了"媒体的社会责任心和积极影响力""在这个特殊的节日，用简单的形式将中华儿女的心凝聚在一起"。该节目不但获得了一致好评，被誉为今年春晚最具亮点的节目，更显现出国家媒体的政治责任与人文关怀，以及新时代春晚的创新力。

《爱是桥梁》相关热搜词	最初上榜时间	持续时长	最高排名
春晚抗肺炎朗诵看哭了	2020/1/24 21:05	3:54:58	8
春晚历史上首次没有彩排的片段	2020/1/24 21:06	0:39:00	11
唯一没有彩排过的春晚节目	2020/1/24 21:33	4:26:01	2
央视主播春晚朗诵后嘱咐网友	2020/1/24 23:25	2:34:39	18
春晚现场致敬一线医务人员	2020/1/25 0:21	1:38:47	13

图 2　《爱是桥梁》节目微博相关热搜词及持续时长、最高排名

主持团队大换血　以老带新贺新春

回顾春晚主持人角色定位的发展历程，有以下几个阶段：1983 年到 1990 年，主要由曲艺演员担任节目的衔接与串联，此时主持人的审美范式聚焦于"乐"，因此串场更多展现的是轻松、活泼、幽默、诙谐的娱乐化色彩；1991 年到 1999 年，相对固定的、科班出身的主持群逐渐形成，以赵忠祥、倪萍为代表的央视主持人全面接管春晚主持，主持人的媒介色彩得到强化，不再是简单的节目串场，更多以媒介司仪的定位传递主流声音，实现政治导向；00 年代，随着消费主义的崛起，朱军、周涛、李咏、董卿等主持群体开始向大众文化复归；10 年代，娱乐文化的兴盛，综艺节目的盛行，一些极具个人魅力的主持人走进大众视野并被大众认可和喜爱，撒贝宁、毕福剑、李思思、尼格买提等不同风格的主持人纷纷加入春晚主持团队。当观众开始成为主导，影响节目内容的呈现，春晚也开始大力改革创新，试图在官方主导文化、精英文化、大众文化等各种文化体制因素中实现融合发展。②

---

①　腾讯新闻：《央视 2020 年春晚权威报告出炉　观众规模 12.32！》，https://new.qq.com/omn/20200125/20200125A0G1HN00.html。

②　战迪、刘琦：《央视春晚主持人的审美流变及其文化隐喻》，《新闻界》2015 年第 11 期，第 30-34 页。

图 3　2020 年春晚主持团队

2020 年央视春晚主持团队进行了突破性的大换血，人们熟悉的董卿、李思思、撒贝宁等都不在其中了，主会场由"新面孔"影视演员佟丽娅和主持人大赛中表现优异的尹颂、张舒越接班，搭档"老面孔"任鲁豫、尼格买提，通过以老带新的方式完成主持团队的华丽更替。另外，粤港澳大湾区分会场，香港演员胡杏儿也以主持人的身份登台。跨界主持在近年来的综艺节目中较为常见，在春晚舞台上也有不少先例，例如早期的刘晓庆、王刚，2000 年春晚主持人行列的赵薇，2014 年冯小刚执导春晚时担任主持的张国立。事实证明，演员主持一定程度上能激活话题，随着春晚的持续播出，佟丽娅的网媒关注度逐渐走高，在 1 月 25 日凌晨 1 点至 2 点，其网媒报道贡献度近30%，多数网友对其晚会播出期间的现场表现表示认可。①

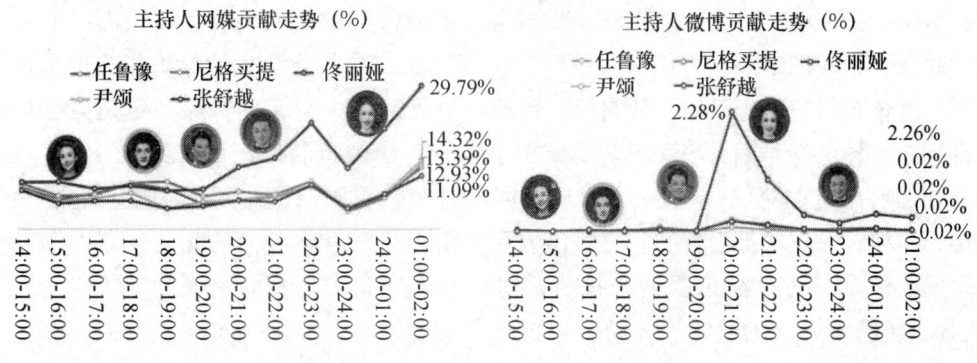

图 4　2020 年总台春晚主会场主持人对网媒和微博贡献度

新旧交替，加之第一代主持人赵忠祥的去世，本届央视春晚主持团队还未登台就颇多争议。春晚播出后，有网友吐槽新人主持表情僵硬、开口犹豫、语速不稳，甚至零点倒计时的把控力较弱，但多数人还是对春晚采用新人的举措表示支持。舞台需要活力与朝气，新鲜血液、跨界演绎的大量涌入，也符合春晚向年轻人靠拢的愿景。

---

① 广电独家：《2020 鼠年春晚"九大亮点"引热议，点燃中国团圆情》，https://www.sohu.com/a/369012575_613537。

歌舞传递主旋律　小康景象尽展现

2020年央视春晚共设置了42个节目，其中歌舞类节目24个，成为主体。今年歌舞类节目普遍与时代主题紧密贴合，歌颂美好家园、厚植家国情怀、祈盼国泰民安、坚定脱贫攻坚、唱响新春期待，充分呈现出祖国各地欣欣向荣的美好景象，展现了决战脱贫攻坚、全面建成小康社会的奋斗激情与殷切期望。

从主题立意上，2020年是全面建成小康社会收官之年，也是脱贫攻坚决战决胜之年。主会场上，阵阵歌声回望着过去、寄望着未来，《边塞喜讯》歌唱出边塞脱贫攻坚取得的好消息，舞台上大型剪纸道具展示出各地脱贫致富的新气象。新年钟声敲响后，蒙古族歌手乌兰图雅与凤凰传奇、杜江、王鸥、魏大勋共同演唱原创歌曲《锦绣小康》，唱出了国人即将迎来全面小康的自豪与喜悦，各少数民族齐聚在绚烂多彩的背景下，将热闹祥和的节日氛围推制高点。

两大分会场在新时代的主题下，展现出鲜明的地域特色。粤港澳大湾区分会场取景港珠澳大桥白海豚岛，融合了当地的人文特色，展示了大湾区的发展成果。2019年是澳门回归20周年，20年来，澳门融入国家发展大格局，成为中国和国际社会交流的重要窗口，粤港澳大湾区建设推进以及去年港珠澳大桥的建成通车是落实"一国两制"，促进粤港澳三地繁荣稳定、共同奋进的重要举措。《万里长城永不倒》《共同家园》《明天会更美好》等歌舞节目，擘画出湾区城市群的流光溢彩，描绘出粤港澳三地共迎新春、同创未来、争创一流湾区的美好图景。郑州分会场地处中华腹地、黄河之滨，讲好黄河故事，坚定文化自信，传递中华民族伟大复兴的中原力量是该会场的主旨所在。杨洪基、霍勇等著名艺术家携手年轻一代美声歌唱家在亦真亦幻的壶口瀑布背景中唱响《黄河颂》，唱出了对母亲河的赞美，更唱出中华民族生生不息、代代相传的精神。纵观舞美设计，借宫灯组成河图洛书灯阵，将黄河的壮美景观以动态形式呈现给观众，身穿鲤鱼服的杂技演员时而跳跃于高空，时而登上"帆船"，尽展"直挂云帆济沧海"的坚定。郎朗、高昱宸在羊皮筏子上奏响《黄河》名曲，舞台变成蓝色"银河"，宛若"银河落九天"的盛景。孙楠、李宇春演唱《幸福长流的母亲河》，来自全国各地脱贫攻坚一线的干部群众代表以及千名大学生代表轻声合唱，舞蹈演员拼出"牡丹""祝福"等图案与字样，寓意2020年脱贫攻坚夺取全胜的磅礴力量，祖国各项事业宏图大展，百姓生活万事如意。① 歌舞《编花篮》以欢腾热烈的舞蹈、沁人心脾的歌唱，彰显了九曲黄河奔腾向前、百折不挠的磅礴气势。

从演出主体看，年轻面孔、跨界组合、"老中青"三代共结合的人员配置特点鲜

---

① 新华网河南频道：《央视春晚郑州分会场惊艳亮相》，http://www.ha.xinhuanet.com/news/2020-01/25/c_1125501083.htm。

图 5　河南郑州、粤港澳大湾区两大分会场

明。为了赢得年轻观众，2020 年央视春晚人气偶像在节目数量和参与程度上全面制霸，年轻演员数量达到历届最高 84 个，占整台晚会的 80%。李现、朱一龙、周冬雨、李沁、马思纯齐唱《你好 2020》，送来对新年的祝福；杨紫、张韶涵、王源、徐子崴共唱《再次相约二十年》；熟悉的小品演员宋丹丹、林永健，影视演员张国立携同莫文蔚（中国香港）、罗志祥（中国台湾）、龙紫岚（中国澳门）等共唱开场歌舞《春潮颂》；吴磊、彭于晏（中国台湾）、彭昱畅亮相魔术表演，同魔术师甄泽权（中国香港）开启奇幻世界。老一辈艺术家与青年歌手的携手同台频频展现，90 岁的郭兰英再度登台，与青年歌手、两个分会场合唱《我的祖国》，引发观众强烈共鸣；91 岁的李光羲及蒋大为、佟铁鑫、蔡国庆、莫华伦与青年歌手共同献唱《亲爱的中国》，爱国主旋律久久回荡，爱国豪情黏合汇聚；李谷一再次唱响《难忘今宵》，铭记过去，展望未来，老将坚守、新人出新的春晚舞台如同新时代的大门缓缓开启。

图 6　歌舞《我的祖国》

从审美模式上，多元化、消费化的下沉趋势越发明显，平民意识加强，大众开始更多的关注衣食住行等物质生活，接地气、世俗化的节目策略在近几年的央视春晚中不断显现。纵观 2020 鼠年春晚，有国际化视角，如俄罗斯、喀麦隆、阿塞拜疆、印度等舞蹈团带来的《一带一路嘉年华》，彰显出"一带一路"所带来的福祉，带领观众共享异国风情和多彩审美；有古典、时尚的文化交融，如现代舞《晨光曲》，复刻 20 世纪 30 年代的上海风情，一个个身着旗袍的女子缓缓走出，尽展东方女性的婀娜、含

蓄、温婉；与此同时，街舞也登上春晚舞台，由罗志祥、王嘉尔、易烊千玺等高人气明星表演；主旋律歌曲依然存在，关注"小家"的情感歌曲及通俗类歌曲不断涌现，如李荣浩、于毅、王俊凯同台演唱的《爸爸妈妈》，国产精品科幻力作《流浪地球》以及因疫情延迟播放的反映中国女排40年发展历程的电影《夺冠》，都以歌曲形式登上春晚舞台。下沉市场话语权得到重视，年度热曲《野狼Disco》改编成了全新的《过年迪斯科》，原唱董宝石与陈伟霆、张艺兴共同演绎，国产车、国产衣、5G网速写进歌词，"带你见爸妈，感受家乡变化"贴近生活，混搭的港台金曲风、东北喊麦的市侩、复古迪斯科的节奏再次将春晚带上热搜。

图7　舞蹈《晨光曲》

小品题材接地气　流量扎堆引热议

重头戏语言类节目在"零点报时"前数量达到了8个，数量可人。从节目呈现看，节目内容更多聚焦于百姓生活，通过反映社会现实，展现了社会责任与担当。小品聚焦的职业群体呈现多元趋势，主题注重"以小见大"，涵盖家庭、工作、婚恋、官场等。例如，岳云鹏、孙越的《生活趣谈》是语言类节目中唯一的相声，通过"小姐姐""小哥哥"的流行梗、调侃当代花样道歉方式、婚前婚后态度变化等生活素材与观众进行互动。贾玲、张小斐的《婆婆妈妈》讲述了普通家庭里的婆媳故事；郭涛、梅婷等原班人马续写"回忆杀"《父母爱情》，展现老一辈军人家庭情感相处的方式，歌颂了忠贞不渝的爱情；《喜欢你喜欢我》融入独具特色的四川方言，从喜闻乐见的笑点中表达年轻人对美好爱情的向往；《快乐其实很简单》紧接时代地气，在快节奏背景下传递"返璞归真"的生活哲理；《机场姐妹花》道出了服务行业的委屈与不易，彰显了爱岗敬业的责任和态度；《风雪饺子情》聚焦小家的难团聚以及岗位的常坚守，向除夕之夜仍奋战在各行各业的一线人员致敬；老搭档沈腾、马丽带来的《走过场》从真实生活中取材，直指形式主义、官僚主义，通过"领导还没来探望你，你病怎么能好了呢?""领导,我给你空出了一个位置,回头给您P上去就行。""肩带肘肘带腕腕带手"等讽刺话语,夸张形象的动作语态直击社会痛处,让百姓在笑声中为正风肃纪点赞。

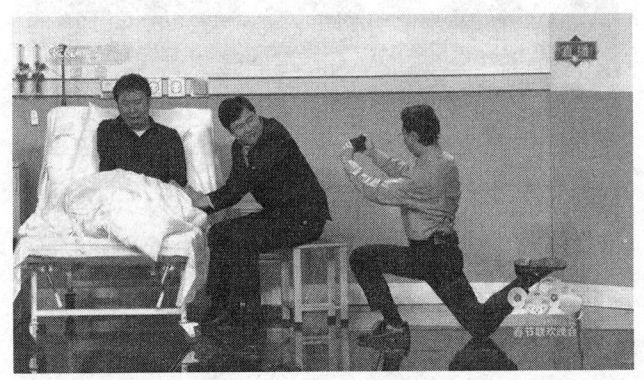

图8 小品《走过场》

本届央视春晚语言类节目参演人员新旧交接的仪式感尤为明显。鼠年春晚总导演杨东升在接受央视采访中说道:"小品模式有了较大创新,小品的演员一半以上都为新面孔。"赵本山、冯巩、宋丹丹、蔡明、潘长江等"老面孔"纷纷离场,开心麻花、大碗娱乐、德云社等团队成为新一代喜剧的标杆,影视演员、流量明星加入小品行列,扛起年轻市场的收视率。春晚逐渐从原先的"造星"向吸纳"流量"靠拢,2020年的春晚俨然一份"全年热剧、热门歌曲、热门综艺"大盘点。因《陈情令》大火的肖战,《庆余年》中的张若昀、李沁,《亲爱的,热爱的》中的李现、杨紫等流量艺人现身春晚舞台,掀起饭圈狂欢,形成家庭场景中"明星科普"的观看模式。小品中肖战谢娜、秦岚张若昀组CP,黄晓明调侃"明学"成为热议话题。据酷云数据统计,在肖战、谢娜、鞠婧祎合作的小品播出期间,网络端的关注度、影响力大幅上升,广大粉丝群体为自己喜爱的"爱豆"打call、示爱,其中"肖战央视春晚"的阅读量高达11.2亿次,讨论量166.6万次。从微热点春晚大数据可知,《喜欢你喜欢我》以43.33的热度指数成为鼠年春晚最"热"节目。截至24日24时,春晚新媒体平台直播用户规模为6.06亿人,相比去年增加了7900万人,累计到达人次为11.16亿次,全网共产生579万条信息,"春晚"累计阅读量超700亿次,电视端直播为5.89亿人,其中18岁以下受众有了明显升高。① 可见春晚不断向"00后"观众的喜好靠拢,拥抱流量明星、助推春晚热度的效果已然可见。

---

① 腾讯新闻,《央视2020年春晚权威报告出炉 观众规模12.32!》,https://new.qq.com/omn/20200125/20200125A0G1HN00.html。

图8 小品《喜欢你喜欢我》

科技春晚新体验 融合传播创佳绩

科技创新是艺术创新的强大支持。此次央视春晚继续坚持"5G+8K/4K+AI"技术路线,全面展示多个首创。一是充分利用5G网络,实现主会场、分会场的全覆盖,借助"5K+8G"技术,实现8K版春晚制作,并发行2020春晚直播电影;二是应用40多套轨道机器人、无人机、在线虚拟系统等特种设备,实现全要素4K超高清电视智能直播[1];三是舞美设计将"景观性"美学贯穿全程,借助三层立体舞美、飞屏技术,营造出"裸眼3D"的极致体验。120块LED打造的灯珠矩阵,增强舞台的延展性与层次感,形成美轮美奂的舞台效果。歌曲《带着地球去流浪》,星环、地球、银河系等环绕飞屏渐次出现,演员与观众仿佛置身空旷的宇宙空间,无比震撼;[2]四是首次实现春晚画面全程VR播出,用户可通过央视频客户端多视角、全景式地感受晚会。例如,舞蹈《泉》利用AR技术,将人与机器天鹅相配合,展现出寂静的泉水之美。

今年的央视春晚开拓求变,视觉特效与节目内容无缝结合,VR视频与现场直播相得益彰,舞台与观众席融为一体,媒体矩阵与跨屏联动共同发力,不仅为观众带来了一场耳目一新的艺术体验,更实现了人群、地域、终端的全覆盖和传播效果最大化。互动方面,首次融入"快闪"概念,全面提升了观众的参与感,例如在开场歌舞《春潮颂》中,现场观众与演员共同舞动扇子,舞台界限打破,观众兴致高涨。在大小屏联动的格局下,今年春晚与快手短视频合作,推出10亿春晚红包,以"点赞中国年"

---

[1] 央广网:《中央广播电视总台首次春晚VR直播,"央视频"打造科技"年夜饭"》,https://www.sohu.com/a/368762634_362042。

[2] 王瑨、周飞亚:《奋进新时代 共圆小康梦——2020年中央广播电视总台春节联欢晚会侧记》,《人民日报》2020年1月28日。

图9　歌曲《带着地球去流浪》　　　　图10　舞蹈《泉》

为主题,通过"视频+点赞"的新玩法,进行春晚的独家互动。与此同时,春晚授予快手全球网络直播版权和短视频版权,实现了节目的传播延展,助力春晚的传播效益。此外,本届春晚继续与电商淘宝合作,不仅带来了聚划算10亿元的商品补贴,还拓宽合作宽度,首发春晚周边"团圆春碗",启动"春晚团圆饭"活动,通过春晚IP的流量引导、互联网的传播优势助力脱贫攻坚。

图11　快手短视频"点赞中国年"的核心内容

融合传播方面,央视春晚继续延续全媒体传播,依托各媒体资源,形成全平台、多渠道、矩阵式、国际化的传播格局。据酷云EYE数据显示,今年春晚的收视率较往年大幅增长。截至24日24时,电视端直播为5.89亿人,仅CCTV1的春晚大屏直播市占率就达到了71.8157%,稳居第一。另有560多家海外媒体转播和报道了春晚,海内外观众总规模达12.32亿人,网络正向评价比率达98.65%,相对去年提升了1.67个百分点。① 同时,春晚也在积极攻占年轻人的喜好,不断掌握新一代用户的消费行

---

① 广电独家:《2020鼠年春晚"九大亮点"引热议,点燃中国团圆情》,https://www.sohu.com/a/369012575_613537。

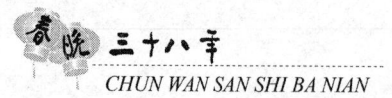

为和话语体系,以符合受众习惯的传播方式展现节目,初步实现了"观众在哪里,就将节目送到哪里",走上了融合传播的"年轻化"路线。2020年央视春晚共有52个话题登上微博热榜,阅读量累计达165.6亿次,用户通过央视新媒体平台及腾讯、爱奇艺、优酷、微博、快手等第三方合作平台对春晚内容的点播总到达人次为30.66亿次。①

历经38年的春晚,已然成为中国人过年的新民俗,成为大众媒体渗入传统年节风俗的典型范例:20世纪80年代的鼓掌、欢呼、翘首企盼;90年代的争议、指责、提议停办;21世纪的低迷、改革、众说纷纭。②春晚伴随时代而行,几经沉浮,不断革新,力求突破。2020年的总台春晚在合力打赢疫情防控阻击战中徐徐展开,通过万众一心,表达中华儿女面对困难齐心协力、奋勇向前的力量;通过守正创新,抒发决胜全面建成小康社会、决战脱贫攻坚的喜悦;通过拥抱科技,展现神州大地日新月异的发展变化;通过转变审美,搭建老少皆宜的文化盛宴;通过融合传播,展示中华民族的文化自信、力量气派。只争朝夕,不负韶华,总台汇聚全台能量,谱写了庚子鼠年的美好开篇。

(本文作者:王琳)

附:2020年春节联欢晚会节目单

首播时间:2020年1月24日 20:00
总导演:杨东升
主持人:任鲁豫、尼格买提、佟丽娅、尹颂、张舒越
    (粤港澳大湾区分会场)陈星、胡杏儿、刘中志、许鲁南
    (河南郑州分会场)张泽群、马跃、庞晓戈、米娜

1. 开场歌舞《春潮颂》 表演:宋丹丹、张国立、林永健、莫文蔚(中国香港)、罗志祥(中国台湾)、龙紫岚(中国澳门)及部分主要演员
2. 舞蹈《一带一路嘉年华》 表演:俄罗斯莫伊谢耶夫学院舞蹈团、喀麦隆阿蓓舞团、阿塞拜疆国立学院舞蹈团、印度《泰姬快车》舞蹈团、吉林市歌舞团
3. 相声《生活趣谈》 表演:岳云鹏、孙越
4. 歌舞《过年迪斯科》 表演:陈伟霆(中国香港)、张艺兴、董宝石
5. 朗诵《爱的桥梁》 表演:白岩松、康辉、水均益、贺红梅、海霞、欧阳夏丹

---

① 新华网:《全球多地直播吸引海外观众,2020年春晚融合传播刷新纪录,多个"首次"彰显创新》,http://www.xinhuanet.com/world/2020-01/26/c_1125502351.htm。
② 宫承波、张君昌、王甫主编:《春晚三十年》,泰山出版社2012年版,第203页。

6. 小品《婆婆妈妈》 表演：贾玲、张小斐、许君聪、卜钰、孙集斌

7. 歌舞《春风十万里》 表演：张也、刘涛

8. 小品《走过场》 表演：沈腾、马丽、黄才伦、陶亮、刘坤、魏玮

9. 杂技《绽放》 表演：西安战士战旗杂技团（《2019我要上春晚》晋级选手）、广东省技巧队

10. 小品《风雪饺子情》 表演：贾冰、秦岚、张若昀、沙溢、吴磊

11. [粤港澳大湾区分会场]

    （1）歌曲《万里长城永不倒》 表演：成龙（中国香港）

    （2）歌曲《共同家园》 表演：刘嘉玲（中国香港）、陈坤、夏利奥（中国澳门）

12. 魔术《层出不穷》 表演：甄泽权（中国香港）、吴磊、彭于晏（中国台湾）、彭昱畅

13. 歌舞《你好2020》 表演：朱一龙、周冬雨、李沁、李现、马思纯

14. 舞蹈《晨光曲》 领舞：朱洁静，表演：上海歌舞团

15. 歌曲《带着地球去流浪》 表演：刘欢、郑楚馨

16. 小品《机场姐妹花》 表演：黄晓明、金靖、宋祖儿、王自健、孙芳雅、钟佳颖、代月明

[特别设计环节]

全国道德模范代表、国家荣誉称号获得者、"最美奋斗者"代表、"时代楷模"代表、"人民满意的公务员"代表、"最美人物"代表拜年

17. 歌舞《我的祖国》 表演：郭兰英（90岁）、金婷婷、褚海辰、阿鲁阿卓、云朵；芭蕾：中国残疾人艺术团；粤港澳大湾区分会场、河南郑州分会场、主会场共同合唱

18. 少儿歌舞《"鼠"我们幸福》 表演：空军蓝天幼儿艺术团、捌拍未来艺术中心

19. 小品《父母爱情》 表演：郭涛、梅婷、刘琳、李文启、尚大庆、张立、张龄心、张陆、柳明明、彭婧、柳欣言

20. 歌曲《爸爸妈妈》 表演：李荣浩、于毅、王俊凯

21. [河南郑州分会场]

    （1）歌曲《黄河颂》（节选） 表演：杨洪基、霍勇、丁毅、蔡程昱、仝卓、高天鹤、鞠红川、马佳

    （2）钢琴协奏曲《黄河》第三乐章（节选） 钢琴演奏：郎朗（中国香港）、高昱宸

    （3）歌曲《幸福长流母亲河》 表演：孙楠、李宇春

22. 戏曲《璀璨梨园》

    （1）开篇表演：楼胜

(2) 京剧《空城计》选段　表演：王珮瑜、杨少彭、杜喆、薄云天（7岁）、李智仁（6岁）

(3) 越剧《红楼梦》选段　表演：吴凤花、李敏

(4) 昆曲《扈家庄》选段　表演：谷好好、冯蕴、赵文英

(5) 京剧《蟠桃会》选段　表演：孟广禄、翟墨、李哲

23. 小品《喜欢你喜欢我》　表演：谢娜、肖战、鞠婧祎、杨迪、刘维、蒋诗萌

24. 歌舞《边塞喜讯》　表演：吕继宏、周旋

25. 小品《快乐其实很简单》　表演：孙涛、闫妮、王迅

26. 歌舞《青春的起点》　表演：罗志祥（中国台湾）、王嘉尔（中国香港）、易烊千玺；说唱：李汶翰、嘉羿、何昶希、李鑫一；演奏：李杨冠宇、辽源市显顺琵琶学校；舞蹈：ShowPro 舞团

27. 歌舞《亲爱的祖国》　表演：李光羲（91岁）、蒋大为、佟铁鑫、蔡国庆、莫华伦（中国香港）、张英席、石倚洁、阿云嘎、郑云龙、郑棋元（《2019我要上春晚》晋级选手）

[零点钟声]

[分会场拜年]

28. [粤港澳大湾区分会场]

歌舞《明天会更好》节选　表演：欧阳娜娜（中国台湾）及全体演员

29. [河南郑州分会场]

(1) 歌舞《编花篮》节选　表演：全体演员

(2) 歌舞《锦绣小康》　表演：乌兰图雅、凤凰传奇、杜江、王鸥、魏大勋

30. 歌舞《再次相约二十年》　表演：张韶涵（中国台湾）、徐子崴、杨紫、王源

31. 舞蹈《泉》　领舞：宋洁；表演：张天爱

32. 武术《武林雄风》　表演：河南少林塔沟武校、宁夏体育运动训练管理中心武术队、天津武术队、惠英红（中国香港）、马建超、孙瑛

33. 歌曲《生命之河》　表演：谭维维、韩雪

34. 歌曲《难忘今宵》　表演：李谷一、汤非、云飞、扎西顿珠、龙婷（中国香港）（《星光大道》2019年度总冠军）

图书在版编目（CIP）数据

春晚三十八年 / 宫承波，张君昌，王甫主编 . -- 北京：中国广播影视出版社，2020.8
ISBN 978-7-5043-8481-2

Ⅰ. ①春… Ⅱ. ①宫… ②张… ③王… Ⅲ. ①春节—晚会—概况—中国 Ⅳ. ①G229.2

中国版本图书馆CIP数据核字（2020）第143177号

春晚三十八年
——伴行改革开放 欢乐国人大年
宫承波 张君昌 王 甫 主编

责任编辑	王丽丹 谭修齐
装帧设计	嘉信一丁
责任校对	龚 晨

出版发行	中国广播影视出版社
电　　话	010-86093580　010-86093583
社　　址	北京市西城区真武庙二条9号
邮　　编	100045
网　　址	www.crtp.com.cn
微　　博	http://weibo.com/crtp
电子信箱	crtp8@sina.com

经　　销	全国各地新华书店
印　　刷	河北鑫兆源印刷有限公司

开　　本	787毫米×1092毫米　1/16
字　　数	520（千）字
印　　张	29.75
版　　次	2020年8月第1版　2020年8月第1次印刷

书　　号	ISBN 978-7-5043-8481-2
定　　价	98.00元

（版权所有　翻印必究·印装有误　负责调换）